本成果受到中国人民大学"统筹推进世界一流大学和一流学科建设"专项经费的支持（项目批准号：15XNLG09）

大国学研究文库

儒学新诠

The New Explication of Confucianism

韩 星◎著

中国社会科学出版社

图书在版编目（CIP）数据

儒学新诠 / 韩星著. —北京：中国社会科学出版社，2016.5
（大国学研究文库）
ISBN 978-7-5161-6985-8

Ⅰ.①儒… Ⅱ.①韩… Ⅲ.①儒学—研究 Ⅳ.①B222.05

中国版本图书馆 CIP 数据核字（2015）第 251171 号

出 版 人	赵剑英
责任编辑	史慕鸿
责任校对	季　静
责任印制	戴　宽

出　　版	中国社会科学出版社
社　　址	北京鼓楼西大街甲 158 号
邮　　编	100720
网　　址	http://www.csspw.cn
发 行 部	010-84083685
门 市 部	010-84029450
经　　销	新华书店及其他书店
印　　刷	北京明恒达印务有限公司
装　　订	廊坊市广阳区广增装订厂
版　　次	2016 年 5 月第 1 版
印　　次	2016 年 5 月第 1 次印刷
开　　本	710×1000　1/16
印　　张	21.5
插　　页	2
字　　数	366 千字
定　　价	79.00 元

凡购买中国社会科学出版社图书，如有质量问题请与本社营销中心联系调换
电话：010-84083683
版权所有　侵权必究

目　录

第一章　儒家的身体观及其修身之道 ……………………（1）
　一　当代世界哲学的"身体"转向 ……………………………（1）
　二　儒家身体观的主流形态：身心一体、心为主宰 …………（9）
　三　身心合一前提下的修身之道 ……………………………（17）

第二章　儒家蒙学教育
　　　——儒学社会化的基本途径 ……………………………（28）
　一　儒家蒙学教育 ……………………………………………（28）
　二　儒家蒙学教育的实践 ……………………………………（32）
　三　《弟子规》所体现的儒家伦理道德教育 ………………（36）

第三章　儒经与中国文化的核心价值 ……………………（43）
　一　什么是经典？ ……………………………………………（43）
　二　儒经与学统 ………………………………………………（44）
　三　儒经与核心价值 …………………………………………（47）
　四　传统文化与中国社会主义核心价值观的关系 …………（51）
　五　儒经与中国文化的复兴 …………………………………（56）

第四章　孔子儒家与中华民族共有精神家园的重建 ……（60）
　一　精神、精神家园、民族精神家园 ………………………（60）
　二　建设中华民族共有精神家园的现实意义和历史意义 …（63）
　三　孔子是中华民族的精神导师 ……………………………（71）
　四　儒学是中华民族的精神轴心 ……………………………（76）

第五章 儒家中国道、教、政视野下的政教关系问题 …… (79)
- 一 "政教关系"的一般理论 …… (79)
- 二 中国道、教、政视野下的政教关系问题 …… (81)
- 三 中国历史上政教关系的主要特征 …… (93)

第六章 道统的失落与官本位之兴盛
——基于中国传统政治文化的思考 …… (97)
- 一 从官天下到官本位 …… (98)
- 二 道统、学统与政统、治统 …… (100)
- 三 士人政府及其制度安排 …… (104)
- 四 中国官本位何以能够大行其道 …… (108)

第七章 重建中国式的道统与政统关系 …… (111)
- 一 道与政合一 …… (112)
- 二 道与政的二分互动 …… (115)
- 三 道统与政统的失落与重建 …… (122)

第八章 寓治于教
——儒家教化与社会治理 …… (125)
- 一 概念和问题 …… (125)
- 二 从"政教关系"说起 …… (127)
- 三 儒家教化对政治和社会治理的重要作用 …… (130)
- 四 儒家教化的三维展开 …… (133)
- 五 儒家教化与社会治理的多维结构 …… (146)
- 六 儒家寓治于教对当代中国社会治理的意义 …… (153)

第九章 以儒为主,多元整合 …… (156)
- 一 儒家是"文教"吗? …… (156)
- 二 儒家是否"宗教"? …… (161)
- 三 以儒为主,多元整合 …… (167)

第十章　儒学与中国文化主体性的重建 …………………… (170)
一　主体性与中国文化主体性重建 ………………………… (170)
二　多元文明与中国文化的主体性重建 …………………… (173)
三　多元思想与儒学的主体性重构 ………………………… (177)
四　儒者道德主体性的重塑 ………………………………… (181)

第十一章　王权主义覆盖下的儒学、国学 …………………… (187)
一　王权主义的理论来源与现实动因 ……………………… (187)
二　王权主义的基本观点与主要特征 ……………………… (189)
三　王权主义覆盖下的儒学 ………………………………… (191)
四　对《关于倡导国学几个问题的质疑》的质疑 ………… (198)

第十二章　古代王权政治与儒家的批判传统 ………………… (202)
一　儒家与专制问题 ………………………………………… (202)
二　先秦儒家的批判精神 …………………………………… (207)
三　秦汉政治文化整合与儒家限制王权的努力 …………… (211)
四　东汉儒家的异端积极地进行思想批判 ………………… (217)
五　东汉儒家的隐者消极地反抗王权专制 ………………… (221)
六　隋唐宋明儒家高扬道统,进行社会、政治和文化批判 …… (223)
七　明清儒者反政治专制和思想专制,进行社会批判 ……… (233)

第十三章　社会儒学
　　　　——儒学的现代转型与复兴之路 ……………………… (246)
一　明清以来儒学的衰颓与遭遇 …………………………… (246)
二　现代新儒家对儒学的现代化转换及其局限 …………… (250)
三　儒学传统的三元和合结构 ……………………………… (254)
四　社会儒学的意蕴与展开 ………………………………… (263)
五　儒学的现代转换与复兴之路 …………………………… (284)

第十四章　儒家天地人一体观与生态文明 …………………… (291)
一　天地人一体,以人为主体 ……………………………… (291)
二　天地人一体:儒家生态文明理论与实践 ……………… (308)

三　天地人一体观的生态文明意义 …………………………（313）

第十五章　全球化背景下的儒学与中国文化整合 …………（317）
　一　全球化时代文化发展的特点及其带来的问题 ……………（317）
　二　文化整合与主体性确立 ……………………………………（322）
　三　儒学与中国文化整合 ………………………………………（326）

第一章

儒家的身体观及其修身之道

一 当代世界哲学的"身体"转向

当代人类哲学也正处于一个"范式"的转型期,即从现代主义向后现代主义转型,具体来说就是从形而上向形而下的转向,从思辨世界向生活世界的转向,从意识哲学向身体哲学的转向。其中"身体性"问题从"遮蔽"逐渐走向"澄明",成为目前西方学界关注的重要话题,不仅渗透于诸多哲学问题的探究之中,而且还影响至其他学科领域,形成"身体现象学"、"身体伦理学"、"身体美学"等等。从这个意义上说,"身体"已经是现代学术思想言述的重要视角之一。

西方哲学对于灵魂和肉体一直是一种二元对抗的思维模式。两希传统中,一直就存在着身心的紧张乃至冲突。在希腊,苏格拉底认为灵魂和肉体作为独立的实体,前者是后者的使用者和支配者,比较强调肉灵对立中对肉体完全驾驭的一面。在柏拉图的哲学中身体和灵魂的二元对立是一个基本构架。《斐多篇》中关于灵魂的著名神话就把肉身看成不仅是高耸的令人恐怖与战栗的围墙,同时更是一个温柔的陷阱,罪恶的渊薮,堕落的胎盘,灵魂与肉体的结合只不过是理念堕落的结果。在《高尔吉亚篇》中柏拉图也拼命地贬低身体,认为是身体的欲望和需求导致了尘世间的苦难和罪恶。在《理想国》中柏拉图同样对身体的满足感嗤之以鼻,强调灵魂的快乐足以压倒身体的满足。而在希伯来,神学家保罗则说:"我以神的慈悲劝你们,将身体献上,当作活祭。"① 诺斯底主义基本上相信的就是善恶二元论的思想。他们认为物质是恶的,灵性是善的。所以,在

---

① 《新约·罗马书》12:1。

他们的思想中，人的肉体是恶的，是败坏的，是灵魂的监狱。奥古斯丁将上帝之城与世俗之城对立起来。前者居住的是上帝拯救的人，后者居住的是被上帝抛弃的人。欲望的身体无法通达上帝之城，上帝和身体的关系就犹如柏拉图理念和身体的关系。奥古斯丁使禁欲主义拉开了漫长序幕，中世纪教会和修道院的历史就是身体郁郁寡欢、沉默无语的历史。文艺复兴和宗教改革使身体走出了神学的禁锢，获得了巨大的解放和赞美。

当代英国哲学家怀特海讲，"两千年的西方哲学史都是柏拉图的注脚"。① 有关灵肉二分思想在柏拉图那里是隐秘而曲折的起源，到了近代意识哲学，特别是在笛卡尔那里，灵魂和肉体的二元对立更为凸显出来。二者是两个独立不依的实体，彼此互不关联，有着根本的不同，不能相提并论：肉体是在空间中延展的、可以被分割的广延物，而灵魂则是非空间的、不可以分割的实体存在。"我思故我在"，"我"的本质是我的精神或我的灵魂，它是跟我的身体根本有别的，没有身体它照样可以存在。而作为肉体的身体是"虚伪的"、"骗人的"，他甚至将身体比拟为心灵的"铁镣"。② 因此，笛卡尔哲学实质上是一种"尊"心"卑"身的哲学。笛卡尔以身心割裂、对立的二元论奠定了现代性得以展开的理论基石，其后的哲学家像莱布尼茨的"预定和谐论"、斯宾诺莎的"身心合一论"等都是在试图解决身心的同一性问题。到黑格尔这里，身体的问题最后被看成是"绝对理念"异化的结果，人被彻底地抽象为意识和精神，人的历史被抽象为意识和精神的历史。正如当代美国著名分析哲学家塞尔（J. R. Searle）所言，近代哲学在处理身心关系实质上是一种"还原主义的思维偏向"，作为肉体的身体被强行纳入巨大的思辨体系之中，肉体仅仅被还原成了一个概念或者符号，抑或是一台毫无生气的机器。"人们不怎么在哲学中谴责身体了，但这也意味着身体消失了，消失在心灵对知识的孜孜探索中。以前，人们压制身体，是因为身体是个问题；现在，人们忽视身体，是因为身体不再是个问题。以前，神学总要警告身体；现在，科学不再理睬身体。以前，信仰因为身体的捣乱要管制身体；现在，理性

---

① [英]怀特海：《过程与实在》，杨富斌译，中国城市出版社2003年版，第70页。
② [法]笛卡尔：《第一哲学沉思集》，庞景仁译，商务印书馆1986年版，第90页。

因为身体的反智性而放逐身体。"① 真正开始"身体"转向的是费尔巴哈。他说："身体属于我的存在；不仅如此，身体中的全部都是我自己，是我特有的本质。""旧哲学的出发点是这样一个命题：'我是一个抽象的实体，一个仅仅思维的实体，肉体是不属于我的本质的'；新哲学则以另一个命题为出发点：'我是一个实在的感觉的本质，肉体总体就是我们的自我，我的实体本身。'"② 这就开始突破了西方长期以来实体主义的樊篱，走向非实体主义。尼采是真正实现西方哲学身体转向的哲学家，他蔑视自柏拉图到黑格尔以来的所有哲学传统，他明确提出了"一切从身体出发"的口号，将人看成是身体的存在。尼采说："这就是人的肉，一切有机生命发展的最遥远和最切近的过去靠了它又恢复了生机，变得有血有肉。一条没有边际、悄无声息的水流，似乎流经它、超越它、奔突而去。因为，肉体乃是比陈旧的'灵魂'更令人惊异的思想。无论在什么时代，相信肉体都胜似相信我们无比实在的产业和最可靠的存在。简言之，相信我们的自我胜似相信精神。"③ 在《查拉斯图拉如是说》中，他说："我是肉体与灵魂。""我整个地是肉体，而不是其他什么；灵魂是肉体某一部分的名称……被你称为'精神'的，是你的肉体的工具，你的大理智的小工具与小玩物。"④ 在尼采看来，生命是唯一的存在，生命之外一无所有，存在是生命之自我创造和自我毁灭的永恒回复。而生命是肉体，因此，不是上帝（理性）创造了肉体，而是肉体创造了上帝（理性），是肉体的生生死死的本性赋予了上帝的本性。

在这种哲学"身体"转向中，身体现象学异军突起，许多现象学家如胡塞尔、舍勒、马塞尔、萨特、梅洛－庞蒂、施密茨等等都曾致力于对身体的探究。在他们看来，身体绝不只是世界之中的一个物体，相反世界的存在恰恰是通过身体这一中介的。身体现象学的特色在于从现象学的角度对身体所进行的研究，具体来说，它要避免一切先入的理论成见，一切有关身体的科学理论、文化习见均得被搁置一边，无论生理学、生物学、

---

① 汪民安、陈永国：《后身体文化、权力和生命政治学·编者前言》，吉林人民出版社2003年版，第8页。
② ［德］费尔巴哈：《费尔巴哈哲学著作选集》上卷，荣震华译，商务印书馆1984年版，第169页。
③ ［德］尼采：《权力意志》，张念东、凌素心译，中央编译出版社2000年版，第22页。
④ ［德］尼采：《查拉斯图拉如是说》，尹溟译，文化艺术出版社1987年版，第31页。

化学告诉了我们多么正确的身体知识，无论机械主义、机体主义对身体有多么思辨的见解，这一切东西从根本上讲，都还只是一些"身体理论"而非"身体现象"。身体现象学瞄准的是"身体现象"而非"身体理论"。"身体现象"的着眼点是身体之为身体，注重身体是如何显现的，身体给予我们的"源始现象"情形如何才是身体现象学的主题。① 现象学家诉诸现象学方法其旨趣就是要让此"源始现象"从遮盖它的种种身体理论中挣脱出来而如其所是地得以展现。但是，什么是"源始现象"？什么是现象学方法？对这些问题不同的现象学家有不尽相同的看法。胡塞尔（Edmund Husserl）首先提出了"现象即本质"的现象学方法，提出了诸如"主体间性"、"生活世界"、"他我"等一系列与西方传统哲学大异其趣的概念，为西方哲学中"身体性"问题的根本性转向埋下了伏笔。例如，"意向性"理论的提出（所谓意识的"意向性"即意识之于其对象的关联性），实际上就是试图弥合传统西方哲学中由于认知主义所造成的"个别/一般"、"现象/本质"之间根深蒂固的巨大裂痕。身心二元论只不过是"个别/一般"、"现象/本质"等西方传统哲学中普遍存在的二元对立结构的具体表征。由意向活动和意向对象取代了传统西方哲学中的认识主体和认识客体，就将一种"你死我活"的对立斗争转化为一种双向的交互关系，使肉体和心灵在意向活动中彼此关联，成为一个息息相关的生命整体。"意向性"理论也成为日后其他现象学家解决身心对立问题的最根本性原则。因此，可以说胡塞尔的意向性理论为解决肉体与心灵二分的问题提供了方法论意义上的必要准备。② 梅洛-庞蒂（Maurice Merleau-Ponty）的"身体哲学"是在现象学的基础上形成的，也是对现象学独创性的发展。他将"现象之身"提升到哲学本体论的高度，抛弃了传统的身体工具性的含义，使身体不是单纯的工具，它还是我们自身在这个世界中的表达，是意义世界开显的场所。在《知觉现象学》中，梅洛-庞蒂运用了大量心理学和生理学的事实证明肉体和心灵的不可分性，"灵魂和身体的结合不是由两种外在的东西——一个是客体，另一个是主体——之间的一种随意决定来保证的。灵魂和身体的结合每时每刻在存在的运动中

---

① 陈立胜：《"回到身体"：当代思想中的"身体"转向及其意义》，中山大学哲学系网站。
② 李重：《身体的澄明之途——对西方哲学中的"身体性"问题的思考》，《西安交通大学学报》（社会科学版）2006年第5期。

实现"。① 他以格式塔心理学为背景提出了"身体图式"的概念，从身体出发消解肉体和心灵的对立，"我在一种共有中拥有我的整个身体。我通过身体图式得知我的每一条肢体的位置，因为我的全部肢体都包含在身体图式中"。②"只有当我实现身体的功能，我是走向世界的身体，我才能理解有生命的身体的功能"③，因此，"身体"是在与世界交往过程中的实现自身的，是意义的"纽结"，是"意义的发生场"。他提出"挺身于世界"，世界的意义就在身体知觉的感知中不断拓展、延伸，身体和世界联系的范围也不断扩大，最终成为一种休戚相关的关系，即"世界之肉"。梅洛-庞蒂以"世界之肉"来隐喻身体，以此去更加如其自身那样地来显示野性的、蛮荒的生活世界。梅洛-庞蒂还提出"身体间性"（intercorporéité）的概念，指出"身体是这种奇特的物体，它把自己的各部分当作世界的一般象征来使用，我们就是以这种方式得以'经常接触'这个世界，'理解'这个世界，发现这个世界的一种意义"。④ 这样，他剥夺了意识看似不可移易的独立性和主动性，将意识交付给作为整体的"身体"，使其成为我们进入世界，认识他人的唯一出口。总之，梅洛-庞蒂的"身体"不再是作为意识对象，或者是生物学意义上的诸器官的组合，而是一种将"身体"置于一种处境当中，将"身体图式"与"世界图式"合二为一的"活"的有机整体。⑤

在社会学领域，福柯开了社会学家探究社会机制建构、重构身体的先河，他看到了社会方方面面都将身体作为一个焦点，都对身体进行精心的规划、设计和表现。他指出，自古典时代以来，身体就被当作权力的对象和目标，遭遇操纵、改造和规训的命运。它"直接卷入某种政治领域"，"权力关系直接控制它，干预它，给它打上标记，练习它，折磨它，强迫它完成某些任务、表现某些仪式和发出某些符号……""其目的不是增加人体的技能，也不是强化对人体的征服，而是要建立一种关系，要通过这

---

① ［法］莫里斯·梅洛-庞蒂：《知觉现象学》，姜志辉译，商务印书馆2001年版，第125页。

② 同上书，第135页。

③ 同上书，第109页。

④ 同上书，第302页。

⑤ 李重：《身体的澄明之途——对西方哲学中的"身体性"问题的思考》，《西安交通大学学报》（社会科学版）2006年第5期。

种机制本身来使人体在变得更有用时也变得更顺从，或是因更顺从而变得更有用。"① 奥尼尔（John O'Neill）在《身体形态》一书中，提出五种身体：（1）"世界身体"。"人们通常是以自己身体来构想宇宙以及以宇宙来反观其身体——宇宙和人类身体之间存在着一种和谐性和整体性……""人类是通过其身体来构想自然和社会的。这也就是说，人类首先是将世界和社会构想为一个巨大的身体。以此出发，他们由身体的结构组成推衍出了世界、社会以及动物的种属类别。"②（2）社会身体。它构成了内在于公共生活的深层交往结构，身体是社会秩序与价值的象征，如左手与右手的二元对立在某些社会中就具有社会与宗教的意义。（3）政治身体。在古希腊，城邦系统被视为源自一个"最早的城市"，即"一个放大了的身体"，城邦组织系统的和谐如同身体的诸器官之间处于和谐的统一状态一样。（4）消费身体。这是需求的身体，它是商业美学所利用的资源、时装工业算计的对象。（5）医学身体。身体的医学化是身体全面工业化的一个重要的组成部分，"我们生命中的每一个阶段——怀孕、生产、哺育、性交、疾病、痛苦、衰老、死亡等——均置于职业化和官僚化中心的处置之下"。③ 英国社会学家吉登斯在对现代性下自我认同的研究中，也非常重视身体的因素，他指出，"自我，当然是由其肉体体现的。对身体的轮廓和特性的觉知，是对世界的创造性探索的真正的起源"。"身体不仅仅是我们'拥有'的物理实体，它也是一个行动系统，一种实践模式，并且在日常生活的互动中，身体的实际嵌入，是维持连贯的自我认同感的基本途径。"④

应该看到，随着西方世界进入现代工业社会，西方哲学的身体转向则出现了两极化的倾向：一方面理性主义成为宰制性的工具理性和技术理性，肉体成为一种工具符号，肉体的日常话语权被完全剥夺。另一方面，肉体刚刚突破道德樊篱，现在又不自觉地陷入自我放纵和物欲沉沦的陷阱

---

① ［法］米歇尔·福柯：《规训与惩罚：监狱的诞生》，刘北成译，生活·读书·新知三联书店1999年版，第156页。

② ［加拿大］约翰·奥尼尔：《身体形态——现代社会的五种身体》，张旭春译，春风文艺出版社1999年版，第16、17页。

③ 同上书，第123页。

④ ［英］吉登斯：《现代性与自我认同》，赵旭东、方文译，生活·读书·新知三联书店1998年版，第61—62、111页。

之中，湮没于肉体的欢愉和感官的刺激之中。在哲学上，从福柯的《规训与惩罚》《疯癫与文明》、德勒兹和伽塔里的《反俄狄浦斯》，到巴特耶的《色情史》，等等，他们的理论把人类的历史看成无非是"肉体"的历史的变奏。还有西方大批女权主义者、文学家、艺术家把肉体视为"整个社会的一个隐喻"，以肉体的差异性、多样性、可变性对抗现代科学理性的同一性、不变性、抽象性。显然，现代科学理性对肉体的摧残迫害与后现代主义对肉体性的推崇备至正构成现代社会一个悖论，是二元对抗思维模式的极端化，是一种非此即彼的哲学态度。因此，这种"身体"转向本质上就"是一种矫枉过正的哲学文化思潮。它对理性、基础、中心、进化的彻底否定，它所运用的单一的'逆向思维'的方法，又使它以偏概全地从一个极端走向另一个极端，其'深刻的片面'方式是一种典型的'要么全部，要么全不'的法国式思想模式的体现"。①

中国当代哲学怎么认识这种身体转向？哲学界普遍有一种观点，认为西方当代哲学的身体转向是中国哲学研究范式转换的一个重要契机，沿着这一思路试图深化中国哲学的研究，并提出了一些有价值的观点，如有学者说：

> 原本意义上的中国古代哲学一开始就是一种旗帜鲜明的身体哲学。
>
> 这种所谓的身体哲学，我认为它是一种完全不同于西方意识哲学的，具有全新"范式"的哲学。该区别即：如果说传统西方哲学是一种以意识为其根本的哲学，是一种意识本体论的哲学的话，那么与之迥异，中国古代哲学则为一种以身体为其根本的哲学，是一种身体本体论的哲学。不是"意识"而是"身体"始终被置于中国哲人关注的中心，不是"我思故我在"而是"安身方可立命"应被视为中国古代哲学的堪称纲领性的结论。具体来说，这种区别最显著的表现在它们的哲学对象上，如果说传统西方哲学是以意识、范畴、宇宙为研究对象的话，那么中国古代哲学则是以身体、两性、家庭或家族为研究对象的，所以身体、两性、家庭或家族就成为一组别具一格式的中国古代哲学的范畴。这些范畴可以说体现在中国古代哲学的所有领

---

① 张再林：《后现代主义与中国传统文化》，《人文杂志》2002年第2期。

域，比如说体现在宇宙论、伦理学、宗教观，乃至中国哲学整个的发展历史过程当中。①

他强调："中国哲学之真正本体，其为渊源于周易和周礼的'身体'，而并非为宋明理学所强调并为今人所热议、所醉心的'心体'。"② 在这个基础上，他认为：如果说西方哲学史是一我思之于我思对象不断逼近的线性论的历史的话，那么中国哲学史则体现为一根身的道体一辟一阖的循环论的历史。就其大致脉络而言，先秦哲学标志着身体的挺立，宋明哲学则意味着身体的退隐和与之相谐的心识的觉醒，而明清哲学则代表着向身体的回归运动，并宣示："身体是中国哲学走向世界的桥梁，又是中国哲学步入今天之通途达道。"③ 这种以西方身体哲学的基本思路和逻辑来解读中国哲学本来是具有新意的，但是如果把中国哲学中的"身"与西方现代哲学转向的身体哲学的"身体"进行比附也会有枘凿方圆的问题，把整个中国哲学史简化为身体哲学的历史大概也有以偏概全的弊端，最终把作为中国哲学本源之一的身体提升到一种身体本体论的高度，反而正好可能使中国哲学在新的意义上丧失自己的独立性、主体性而成为西方哲学的附庸。

之所以现在有学者们对这个问题有偏向于身的提法，从根源上说人类自从诞生那一天起身与心、灵与肉就是处于对立统一之中，为此，不同的文化对这一问题的处理也是在对立中寻求统一，在紧张中寻求平衡。从中国思想发展演变上说，大致来说，太古哲学是以形躯起念的，"人类最原始，最素朴的哲学语言乃是纯粹依形躯而起念的哲学语言"。④ 这里的"形躯"即所谓的"根身"。到了春秋战国，中国思想迎来了多元化自由竞争的历史机遇，人文的转折与理性的建构，奠定了中国文化未来发展的方向和道路，以后就逐渐走向了心为主宰，身心合一，体用不二的基本结

---

① 张再林：《为什么要研究中国古代的"身体哲学"？——张再林访谈录》，《作为身体哲学的中国古代哲学》，中国社会科学出版社2008年版，第257页。
② 张再林：《作为身体哲学的中国古代哲学·序》，第6页。
③ 张再林：《作为身体哲学的中国哲学的历史》，《西北大学学报》2007年第3期。
④ 唐力权：《周易与怀特海之间——场有哲学序论》，台北：黎明文化事业有限公司1986年6月版，第13页。

构。尽管仔细区分起来比较复杂，如儒家有"二源三派"①；道家道教虽然容易被人们简单地认为是以身体内修炼为主，但其实是在心身不二、性命双修的意义上讲身体内修炼的；医家虽然是直接治疗身体疾病的，但是从来不是西方的头痛医头，而是非常强调心性修养才是身体健康的根本。但是，应该看到，宋明理学，特别是陆王心学确实有把心极端化，偏向心性形而上学的倾向，并以此作为儒家的正统，也即"道统"，并为现代新儒家在接着宋明理学讲时特别凸显出来，所以有大陆一度的所谓唯心主义的批评，有今天学人受西方哲学身体转向影响对身体哲学的钟情。这种转向是非常必要的，但也应警觉一种强调身体挺立或"回归"而相对忽视心的矫枉过正的做法。"我们现在可以去做并能做好的，也许还是如何实现身与心的有效对话问题，发掘中国文化中'身体'之'内外交辉'（黄俊杰语）的特质问题，从而在'一瓣心香'与'身体之花'之间实现动态的对话、平衡与互补。"② 在笔者看来，这种以西方身体哲学的思路和逻辑来解读中国哲学的做法，有以偏概全之弊。因此，有必要重新梳理中国传统哲学尤其是儒家哲学身体观的实际内涵。

二 儒家身体观的主流形态：身心一体、心为主宰

1. 身、身体的含义

儒家修身的"身"到底是什么含义？《说文》："身，躬也。象人之形。"清王引之《经义述闻·通说上》："人自顶以下，踵以上，总谓之身。颈以下，股以上，亦谓之身。"《字汇·身部》："身，躯也。耳目鼻口百体共为一身。"这些都说明身的本义是人的躯干，在这个意义上的"身"常常是与"心"相对的。"身"除了表示形躯的基本意思之外，还

---

① 杨儒宾《儒家身体观》提出先秦儒家身体观的二源三派说：一、践形观：强调形—气—心结构，主张生命与道德合一，人身乃精神化身体（孟子）。二、自然气化说：强调自然与人身同是气化产物，存在着内在感应。在秦、汉后蔚为大宗，但《管子》两篇精气说及《左传》、《易传》等文献已见梗概。三、礼义观：社会化的身体，强调人的本质、身体与社会的建构分不开（荀子）。杨儒宾进而指出，践形观可视为精神化的身体观，气化身体观可视为自然气化/宇宙化的身体观，礼义身体观可视为社会化的身体观。纳入形躯生理意义上的身体，更可名之为儒家"四体一体的身体观"，"四体绵密地编织于身体主体之上"。台北"中研院"中国文哲研究所筹备处，1996年，第7—9页。

② 燕连福：《中国哲学身体研究的三个向度》，《哲学动态》2007年第11期。

有相近的概念如"体":体验、体察、体认、体贴、体会、体恤、体谅、体行等。相关的概念有食、色、性(性欲)、六欲(生、死、耳、目、口、鼻)等属于生物本能方面的。可见,"身"在中国思想中有狭义即形躯结构的含义和广义即统摄形、气、心而为形神相合、身心一体的生命整体的含义。儒家对于形躯之身是正视的,并在一定限度内给予肯定。儒家对形躯之身的认识和基本态度如周与沉所言肯定中有节制。倘逐一检视孔、孟涉及"身"的言论,会看到"身"不简单是形躯之身,更多时候实为生命、人格的另一种表述。① 生命作为一个整体,身与心、形与神、内与外、大与小、现象与本质、部分与整体始终是不可割裂地融合为一有机体而存在、成长。

从总体上说,与西方身心主流的二元论不同,中国的传统思想对于身体持有独特的观念。杜维明认为:"最能代表儒家特色的反思,是修身(selfcultivation)的哲理与实践。"② 他特别指出,这个"身"绝不仅仅是肉体之身躯,其中有多重深刻内涵,"身体不仅仅是生理的实体或各种器官的聚合,而且是活力的存在方式。身体的功能的确类似于'动力站'和'交往中心'。因此,身体象一个导管,据此我们与各种能源相互交流,从而在日常人生中实现生命的终极意义"。③ "身体并非一件私有物,而是天地与父母的馈赠。我们并不拥有自己的身体;我们成为自己身体的过程即是充分认识作为实存的人的自己。在此应该注意三个突出特点:(1)身体是一个载体,作为上天合作创造者的人藉此投身于参赞化育和承担道德责任的伟大转化之中;(2)身体是一种成就,作为天、地以及万物的受惠者的人藉此保持并丰富其作为尽孝的子女以及尽责的守护者的性质;(3)身体是一支导管,人藉此与各种生存方式相沟通,从而在普通的人类存在中认识生活的终极意义。"④

身体还涉及心、灵、神,所以"在儒学中是用身体(身)、心知(心)、灵觉(灵)、神明(神)的来体现个人,中间有很多层面,不能

---

① 周与沉:《身体:思想与修行》,中国社会科学出版社2005年版,第132页。
② 杜维明:《现代精神与儒家传统》,载《杜维明文集》第二卷,武汉出版社2002年版,第285页。
③ 杜维明:《修身》,载《杜维明文集》第四卷,第623页。
④ 杜维明:《个人、社群与道——古代群体批判的自我意识的出现》,载《杜维明文集》第四卷,第638—639页。

把它看得过于简单"。① "身"在中国文化传统中是十分神圣的。儒家认为身体发肤受之父母,不敢损伤。这个"身"就不单是生物的存在,有其深厚的内涵和多层次的价值,并非停留在口腔化阶段,只会吃,而是一个可以无穷地发挥人性光辉的基点。② 因此,在中国思想史上,天和人,身和心,凡俗和神圣,物质和精神,人和社会都是合一的,不是西方式的二元对立,并且与其他文化也大不一样。

2. 身心一体

中国传统的身体观与西方二元分立的逻辑思维不同,是在身心和合中讲分别,合中有分,分则仍合。尽管在中国思想史上也存在着心性与身体的断裂,理念对肉身的压抑,但身心一体,心物一如才是主流,不存在与心无关的"身",也不存在把形躯、欲望、情感都剔除掉的"心",身心的互渗、交融与转化才是其身体观的主要脉络。梁漱溟说道:"身心浑然一体相连通,而察其性向则互异耳。"③ 钱穆亦云:"惟中国人之视心身则有别……中国人乃于和合中见分别,亦即分别中见和合。虽有分别,仍浑然和合为一体。西方人天与人别,内与外别,仅主分别,不复和合。但谓中国人有和合,不再有分别,则亦失之。"④ 日本学者汤浅泰雄早就论及这个问题,认为东方包括印度、中国、日本在内的民族其身体观的突出特点是"身心合一"。⑤ 西方著名中国哲学史家如安乐哲(Roger T. Ames)等也认为中国哲学的"身体"是一种"身心互渗的过程"。⑥ 因此,在儒家思想发展过程中,"心性论与身体观乃是一体的两面,没有无心性之身体,也没有无身体之心性。身体体现了心性,心性也显著了身体"。⑦

儒家认为人的身与心是浑然一体的,言身必言心,言心必言身,两者是不可分割的,也不是二元对立。《易经》以阴阳二元和合的思路讨论了身心关系,强调生命的整体性、有机性,认为人的身心整体功能的发挥由

---

① 杜维明:《文化认同与创新》,载《杜维明文集》第四卷,第465页。
② 杜维明:《现代精神与儒家传统》,载《杜维明文集》第二卷,第309页。
③ 梁漱溟:《人心与人生》,学林出版社1984年版,第105页。
④ 钱穆:《略论中国宗教》,载《现代中国学术论衡》,生活·读书·新知三联书店2001年版,第2页。
⑤ [日]汤浅泰雄:《灵肉探微——神秘的东方身心观》,马超译,中国友谊出版社1990年版,第8页。
⑥ [美]安乐哲:《中国古典哲学中身体的意义》,《世界哲学》2006年第5期。
⑦ 杨儒宾:《儒家身体观》,第1页。

身心两个方面决定，而身心是人的一体之二元。《易经》阴阳之道讲阴阳互根，孤阴不生，独阳不长，身心也是互为体用、互相涵摄的关系。进一步，身心各自也是一对阴阳，如心就其性质而言是刚健的、主动的、积极的、主导性的，显然属于阳；但若就其形态特征而言，心是隐蔽的、微妙的、莫测的、退藏的，这些又具有阴的特性。对于身来说也是一样。这就是在有机整体的意义上来把握身心关系的。《易传·文言传》也说"君子黄中通理，正位居体，美在其中，畅于四肢，发于事业"，这是从身心一体的角度来谈君子修之于内而发之于外，内圣外王，和谐美好的人格境界。

孔子注重整全人格的存在，强调身心一体才能代表完整的自我。孔子对人们"三戒"的告诫就是在承认人性和生理—身体特点的基础上强调心理—精神调节，以保全生命的健康和人格的完善。《论语·季氏》："君子有三戒：少之时，血气未定，戒之在色；及其壮也，血气方刚，戒之在斗；及其老也，血气既衰，戒之在得。"这里的"三戒"是告诫人们要以心对"血气"进行理性的控制和调节，使身心都处于健康状态，同时处理好与他人的关系，不走极端，不入歧途。

孔子认为仁是人之为人的本质。《论语·里仁》载孔子说："我未见好仁者，恶不仁者。好仁者无以尚之，恶不仁者其为仁矣，不使不仁者加乎其身。"好仁者积极地行仁，恶不仁者只是消极地拒绝不仁。无论是积极行仁还是消极拒绝不仁，最终都归结到自我的主观能动性。"实际上仁是人性的核心，没有仁，人就不能成为真正的人。仁作为能力的美德和行为的愿望由个人尽心尽力地实现，因此它便与心和身都有了联系，并且在形成一个理想目标及实现这一目标的理想行为的过程中，将身心联在了一起。"[①] 仁也是孔子心目中最高的道德理想，当"仁"与"身"相辅相成时有利于人的健康长寿，《论语·雍也》载孔子说："仁者寿"，《礼记·中庸》引孔子："故大德……必得其寿。"但当"仁"与"身"发生矛盾，不能兼得时，孔子又提出了杀身成仁的观点。"子曰：'志士仁人，无求生以害仁，有杀身以成仁。'"（《论语·卫灵公》）杀身成仁其实是生命价值的最高体现，虽然从个体生命的角度来讲是不得已而为之。

---

① 成中英：《从康德、海德格尔到孔子》，载《成中英文集》第一卷，湖北人民出版社2006年版，第98—99页。

郭店楚简《五行》还把"仁"写为"㣫",是儒家身心一体思想的典型体现。《五行》认为"仁"这一最高道德境界,形成于心,而完成于身。道德要形之于内(心),是生命内在的充盈,虽然就通过行为表现于外(身),显发于形色,内在的道德只有通过身的践行才能实现,身心一体贯通,呈现出金声玉振的圣人气象。正如有学者所论:"仁德是种扎根于形气神一体显现的道德,它是儒家体现的身体观的道德。'仁'字从身从心,子思借此字告诉学者:道德必须在身体上体现出来,它体现的轨迹可以由心而身,也可以由身而心。""身心为仁,这是儒家的大本大宗。"①

《大学》提出"德润身":"德润身,心广体胖",说明道德修养与身体健康是相辅相成的。

与孔子相比,孟子把身心之学更往心为主宰的方向大大地发展了,他把心十字形地立体打开,在赋予心下学上达的知性、知天功能之外,又认为心能有诸内而形诸外。《孟子·尽心上》曰:"尽其心者,知其性也。知其性,则知天矣。存其心,养其性,所以事天也。"又曰:"形色,天性也。惟圣人然后可以践形。"所谓"践形"是指人的道德精神可以充实浮现于人的身体,是道德涵养经由身体的外在显示。孟子继续说:"君子所性,仁义礼智根于心。其生色也,睟然见于面,盎于背,施于四体,四体不言而喻。"(《孟子·尽心上》)这里以心为本,以身为末,是一种生理存在与道德存在浑然融会时的崇高生命气象,表现了一种身心合一、内外一体的观念,与上面提到的《易传·文言》的黄中通理正相互发明。孟子把孔子作为"践形"的理想,《孟子·万章下》说:"孔子之谓集大成。集大成也者,金声而玉振之也。金声也者,始条理也;玉振之也者,终条理也。始条理者,智之事也;终条理者,圣之事也。"如同奏乐,以金钟发声,以玉磬收韵,集众音之大成一样,孔子其思想学说集古圣先贤之大成,体现出金声玉振的圣人气象。孟子还提出"万物皆备于我",冯友兰先生认为这说明天地万物皆与"我"浑然一体的精神境界,并不是说,自然界的现象都是"我"所作为,如自然界刮风下雨,这等于"我"能"呼风唤雨"。这种境界的哲学意义,就是取消主观和客观的界限,中

---

① 杨儒宾:《子思学派试探》,载《郭店楚简国际学术研讨会论文集》,湖北人民出版社2000年版,第606—624页。

国哲学称为"合内外之道"。① 此外，孟子还有"心—气—形"一体化的身心观，这方面台湾学者杨儒宾先生已经进行了深入阐释②，兹不重复。

荀子虽然认为人的形体是精神产生的基础："形具而神生，好恶、喜怒、哀乐藏焉"（《荀子·天论篇》），但还是强调形体与精神的全面修养。《荀子·礼论》曰："礼者，养也。刍豢稻粱，五味调香，所以养口也；椒兰芬苾，所以养鼻也；雕琢、刻镂、黼黻、文章，所以养目也；钟鼓、管磬、琴瑟、竽笙，所以养耳也；疏房、檖䫉、越席、床笫、几筵，所以养体也。故礼者，养也。""礼"是用来调节人们的欲望、满足人们身心各方面需要的。《荀子·劝学篇》曰："君子之学也，入乎耳，箸乎心，布乎四体，形乎动静，端而言，蝡而动，一可以为法则。小人之学也，入乎耳，出乎口。口耳之间则四寸耳，曷足以美七尺之躯哉！"君子之学是身心合一，内外一体的，可以使人的生命呈现出美好的光辉；而小人则仅仅停留在口耳之间，没有深入内心，其生命自然不可能呈现出美好的光辉。

3. 心为身之主宰

当然，儒家的身心一体观不是身心等量齐观，而是以心为主宰的。孔子说"性相近也，习相远也"（《论语·阳货》），又说"七十而从心所欲不逾矩"（《论语·为政》），并说颜回"其心三月不违仁"（《论语·雍也》），孔子没有明确说明"性"的善恶问题，而注意的是"性"作为身心统一的先天本源可善可恶，而"心"作为后天自我的主宰具有向善的主体性和能动性。

郭店楚简《五行》简45—46一段文字："耳目鼻口手足六者，心之役也。心曰唯，莫敢不唯；偌，莫敢不偌；进，莫敢不进；后，莫敢不后；深，莫敢不深，浅莫敢不浅。和则同，同则善。"类似文字亦出现在马王堆帛书上，说明耳目鼻口手足六个器官是按照心灵的引导而行动的，强调心对于感官的指导作用。

孟子提出了"四心"说，即恻隐之心、羞恶之心、辞让之心和是非之心，认为要做一个真正的人必须具备此"四心"。《孟子·公孙丑上》中说："无恻隐之心，非人也；无羞恶之心，非人也；无辞让之心，非人

---

① 冯友兰：《程颢、程颐（续）》，《哲学研究》1980年第11期。
② 杨儒宾：《儒家身体观》，第11页。

也;无是非之心,非人也。……人之有是四端也,犹其有四体也。"《孟子·告子上》中说:"恻隐之心,人皆有之;羞恶之心,人皆有之;恭敬之心,人皆有之;是非之心,人皆有之。恻隐之心,仁也;羞恶之心,义也;恭敬之心,礼也;是非之心,智也。仁义礼智,非由外铄我也,我固有之也。"孟子认为"四心"即是道德之心,亦即是仁、义、礼、智道德的萌芽。可以看出,一方面他是以否定的方式说不具备此四者则不成为人;另一方面,他是以肯定的方式说此四者为人所固有。在此基础上,孟子强调人要确立"本心"。人虽然具有与生俱来的善性,但是人生在世,受各种物欲引诱,本来的善性在一天天变恶。孟子认为这就是失其本心,"此之谓失其本心"(《孟子·告子上》)。这里的"本心"是指什么?"本心"就是"我固有之"的恻隐之心、羞恶之心、辞让之心和是非之心。"失其本心"也就是"放其良心"。他以牛山之木为比喻,说道:"虽存乎人者,岂无仁义之心哉?其所以放其良心者,亦犹斧斤之于木也,旦旦而伐之,可以为美乎?"(《孟子·告子上》)孟子身心观把身看成心进行道德修行的场域,心对身有统帅、支配作用,而气是心身之间的联络,上受心之统帅,但也可反作用于心,下可充盈身,从而达到"践形",完成道德人格的培养。孟子作为心学的鼻祖,对后来的心性之学影响很大,特别是宋明诸儒。

荀子讲心的地方也很多,只是与孟子在理路上有明显差别。荀子以心为天君以治五官,为有形之肉身的主宰,其对其他器官的决定性作用更为突出,《荀子·解蔽篇》云:"心者,形之君也,而神明之主也,出令而无所受令。自禁也,自使也,自夺也,自取也,自行也,自止也。"关于心是形之君,《荀子·天论篇》进一步解释说:"天职既立,天功既成,形具而神生,好、恶、喜、怒、哀、乐臧焉,夫是之谓'天情';耳、目、鼻、口、形能各有接而不相能也,夫是之谓'天官';心居中虚,以治五官,夫是之谓'天君'。"按照荀子的看法,好、恶、喜、怒、哀、乐等感情是人生来就有的,这些感情所依存的耳、目、鼻、口、形等器官也是人生来就有的,但是,耳、目、鼻、口、形这五官都有一个天生就有的主宰者,那就是心。荀子之所以称心为"天君",就是因为它是天官之君,更是天情之君。这里心作为"天君"对九窍之官的主宰并不是二元对立的,是建立在同一人体之上的,是同质的构成,并有内在的经络血脉贯通,有精气流行,是一个生命的整体。徐复观先生对此发挥说:"中国文化所说的心，指的是人的生理构造中的一部分而言，即指的是五官百骸中的一部分在心的这一部分所发生的作用，认定人生价值的根源所在。"①

汉代儒者对这些心性问题不是很感兴趣，讲的不多。但也有讨论，如董仲舒在《春秋繁露·通身国》中说"身以心为本"，在《春秋繁露·天地之行》用了个比喻，说："一国之君，其犹一体之心也：隐居深宫，若心之藏于胸；至贵无与敌，若心之神无与双也；……内有四辅，若心之有肝、肺、脾、肾也；外有百官，若心之有形体孔窍也；亲圣近贤，若神明皆聚于心也。"显然，在董仲舒看来，心是人身之君，是人之为人的决定因素，心想做什么，人身就会随心欲而动，它对人的主宰就如同皇帝对大臣的主宰一样。心是整个身体思想、道德、意识的中心，决定人的仁贪、善恶、贤不肖。人要禁制贪欲之性、丑恶之行，就得依靠心的力量。

宋明理学家也强调心的主宰功能和作用。程颢说："人有四百四病，皆不由自家。则是心须教由自家。"②朱熹说："心，主宰之谓也。""心者，一身之主宰。"③所谓一身之主宰，是指心能够统御人身体的各个部位，如耳、目、鼻、舌、身等。又说："心者，人之所以主乎身者也，一而不二者也，为主而不为客者也，命物而不命于物者也。"④心的主宰表现为一而不二，它为主不为客，作用于物而不为物所管摄。又说："心者人之神明，所以聚众理而应万事者也。"⑤心作为人的精神主体，能够聚合事物之理以应和事物的变化发展。

陆九渊以发明本心为宗旨。《象山年谱》这样评介："先生之讲学也，先欲复本心以为主宰，既得其本心，从此涵养，使日充月明。读书考古，不过欲明此理，尽此心耳。其教人为学，端绪在此。"⑥所谓本心，就是孟子所说的"先立乎其大者"，即先明本心，收拾精神，自做主宰。立得此本心，人才能自立，自立乃确立人的自我主体性。王阳明从陆九渊"心即理"说出发，认为"身之主宰便是心，心之所发便是意，意之本体

---

① 徐复观：《心的文化》，载《中国思想史论集》，上海书店出版社2004年版，第211页。
② 朱熹、吕祖谦纂：《近思录》卷四《存养》，张京华辑校：《近思录集释》上，岳麓书社2010年版，第493页。
③ （宋）黎靖德编：《朱子语类》卷五，中华书局1994年版，第94、96页。
④ 《朱文公文集》卷六十七《观心说》，四部丛刊本。
⑤ （宋）朱熹：《孟子集注》，《四书章句集注》，中华书局1983年版，第349页。
⑥ （宋）陆九渊：《陆九渊集》，中华书局1980年版，第502页。

便是知，意之所在便是物。如意在于事亲，即事亲便是一物；意在于事君，即事君便是一物；意在于仁民爱物，即仁民爱物便是一物；意在于视听言动，即视听言动便是一物。所以某说无心外之理，无心外之物。"①王阳明说："心者身之主也，而心之虚灵明觉，即所谓本然之良知也。其虚灵明觉之良知，应感而动者谓之意，有知而后有意，无知则无意矣。知非意之体乎？意之所用，必有其物，物即事也……凡意之所在，无有无物者，有是意即有是物，无是意即无是物矣，物非意之用乎？"② 这就是说，作为身之主的心的本质属性是虚灵明觉，是良知，它表现出来的则是"意"。

三 身心合一前提下的修身之道

1. 修身为本

《大学》是儒家修身之道的宝典，就全书的文字结构可以归纳为两大部分：（1）三纲领：明明德、亲民、止于至善，是从大纲讲大学之道。（2）八条目：格物、致知、诚意、正心、修身、齐家、治国、平天下，是从细目讲大学之道。"八条目"是为了落实"三纲领"，实现"明明德于天下"的具体步骤，是一套环环相扣的系统，其中心环节是修身。以"修身"为界，又可以分为前后两个部分：格物、致知、诚意、正心所要达到的结果是修身，离开修身的格、致、诚、正都失去了意义；修身又是齐家、治国、平天下的前提，齐、治、平是修身的主体推衍。因此，"修身"作为"八条目"中心环节在其中起着决定性的作用，是实现"止于至善"总体目标和达到"明明德于天下"最终理想的根本，即所谓"修身为本"。在"八条目"中，修身是本，齐家、治国、平天下是末，齐家、治国、平天下要以修身为条件，所谓"欲治其国者，先齐其家，欲齐其家者，先修其身"；而由修身出发，便可能家齐、国治、天下平，所谓"身修而后家齐，家齐而后国治，国治而后天下平"。"八条目"展示了双向互逆的思路：一是从"明明德于天下"到"格物"，即"明明德于天下"→治国→齐家→修身→正心→诚意→致知→格物；二是始于"格

---

① （明）王阳明：《传习录》一，《阳明先生集要》上，中华书局2008年版，第36页。
② （明）王阳明：《答顾东桥书》，《阳明先生集要》上，第212页。

物"，终于"平天下"，即格物→致知→诚意→正心→修身→齐家→治国→平天下。这两条思路正好相反，第一条思路是逆向的，是由终极理想向起点的逆推，前一项是后一项的发展，后一项是前一项的基础；第二条思路是顺向的，是由始基向终极的顺推，前一项是后一项的基础，后一项是前一项的发展。最后归结为"自天子以至于庶人，壹是皆以修身为本"。修身之所以为本，是因为《大学》所说的"身"是身心不分的生命整体，这对于每一个人都是普遍适用的，所以"按照《大学》的说法，自上层统治者和文化精英直到贩夫走卒，都应以修身作为根本。根本不立则道不得流行。所有为着人的发展的道德的、社会的以及政治的制度设施都依赖于修身，由此方可达致家庭稳固、社群规整、邦国安定乃至天下太平。这种与道德、社会和政治相通的个人主义基于一种简单的观念，即整体健全取决于它的各组成部分的活力。人的终极完善意味着家庭、学校、社群、国家乃至天下之每一以及一切成员的良好修养"。因此，"修身在自我与形形色色的政治、社会、文化团体构成的社群的链环中居于中心地位。就个人方面而言，修身涉及复杂的经验学习与心智锻炼过程。就人类总体发展而言，修身则为家庭稳固、社会有序和世界和谐的基础。……修身的核心地位促使中国思想家们将伦理付诸实施，将审美作为经验，将形上学转化为智慧，将认识论运用于沟通"。①

《中庸》也把修身放在非常重要的地位："凡为天下国家有九经，曰：修身也，尊贤也，亲亲也，敬大臣也，体群臣也，子庶民也，来百工也，柔远人也，怀诸侯也。修身则道立。"这里的"九经"就是治理国家平天下需要遵循的九条原则，反映了儒家要从修身做起，由近及远，推己及人的基本思路，其实也就是忠恕之道。只有通过修身，才能优化自己的素质，才谈得上尊贤等其他八条原则的实行。修身在这里是前提，"修身则道立"强调了修身对于确立人生之道的基础性作用。

孟子对《大学》修身为本作了进一步的发挥，《孟子·离娄上》说："天下之本在国，国之本在家，家之本在身。"这样就以层层逆推的方式更明确地把修身看成是齐家、治国、平天下的开端和基础。

2. 内外交养，重在修心

从孔子开创儒家学派，修养的途径和方法就存在着向内和向外两个向

---

① 杜维明：《修身》，《杜维明文集》第四卷，第628—629、614—615页。

度。孔子的"仁"与"礼"相辅相成，不可分离，但又存在着一定张力，这就为其后学向内或向外发展埋下了伏笔。孔子之后，以孟子为代表主要沿着向内的方向发展，认为人本来就具有善性，所以不须外求，通过内省、尽心，可以知性、知天，所以修养就要存心、养性、事天，所以修养的途径是反省内求，具体的修养方法有寡欲、求放心、诚、慎独、养气、践行等；以荀子为代表主要沿着向外的方向发展，把天看成是自然而然的，人性也是自然而然的，自然的性恶使人本身缺乏善，所以修养的途径是格物外求，具体的修养方法有闻见、思虑、学习、正名、知统类、解蔽、虚壹而静、行为等。①

儒家认为"修身"的根本在于"修心"。因为"身"是"心"的基础，"心"是"身"的主宰。如前所述，儒家认为在身心关系上，心居于主宰的地位。因此，"修身"的根本就是"修心"。怎么修心？《大学》讲"正心"："所谓修身在正其心者：身有所忿懥，则不得其正；有所恐惧，则不得其正；有所好乐，则不得其正；有所忧患，则不得其正；心不在焉，视而不见，听而不闻，食而不知其味。此谓修身在正其心。"按照八条目的先后关系讲，正心在修身之先，是先有正心而后才有身修，但这里却讲"身有所"云云，是说先有身不正，而后才有心不正，显然于理不通，所以程颢认为"身"为"心"之误，应该加以改正，这是有道理的。"正其心"，也就是要以端正的心思（理智）来驾驭感情，调节身心情绪，以保持中正平和的心态，集中精神修养品性。正心是修齐治平的根本，正心优先于、重于修身。

孟子教人修心功夫的方法就是"求其放心"，即把失去了的善心寻找回来。他以人丢失了鸡狗为例，说道："人有鸡犬放，则知求之；有放心，而不知求！学问之道无他，求其放心而已矣。"（《孟子·告子上》）怎么把心找回来？他进一步提出要时时"操存"。他引孔子的话说："'操则存，舍则亡，出入无时，莫知其乡'，惟心之谓与？"（《孟子·告子上》）还讲"养心"："养心莫善于寡欲"（《孟子·尽心下》）。还讲"存心"："君子所以异于人者，以其存心也。君子以仁存心，以礼存心。"（《孟子·离娄下》）孟子讲修心的地方很多，成为儒家心性修养的集大成者，后来宋儒谈心性修养大都宗法孟子。以"修心"为"修身"的根本

---

① 郑淑媛：《先秦儒家的精神修养》，人民出版社2006年版，第73—80、179页。

就使得思孟学派为代表的心性之学成为中国思想史的主流。

荀子也讲心性修养,只是与孟子在理路上有差别。《荀子·修身篇》讲治气养心之术:"血气刚强,则柔之以调和;知虑渐深,则一之以易良;勇胆猛戾,则辅之以道顺;齐给便利,则节之以动止;狭隘褊小,则廓之以广大;卑湿重迟贪利,则抗之以高志;庸众驽散,则劫之以师友;怠慢僄弃,则照之以祸灾;愚款端悫,则合之以礼乐,通之以思索。凡治气养心之术,莫径由礼,莫要得师,莫神一好。夫是之谓治气养心之术也。"这是讲通过礼乐教化使人变化气质,校正个人的缺点,与孟子把良心存养起来再下修养的功夫不同。荀子可能受到稷下黄老道家的影响,强调心性修养要"虚壹而静"。在《荀子·解蔽篇》中说:"人何以知道?曰心。心何以知道?曰虚壹而静。"虚壹而静是荀子对黄老学派静因之道的继承。

先秦儒家修身之道向内、向外两种倾向在后来的儒学发展史上互为消长。董仲舒从天人感应的基本观念出发,提出了人心副天心的基本主张,借以沟通天人,以天的权威提高儒家仁义道德的权威,但一定程度上偏离了先秦儒家的心性学说。当然,他的思想中有一些观点还是提出了以心为本的思想,值得注意,如《春秋繁露·通身国》说:"身以心为本",《春秋繁露·深察名号》说:"栣众恶于内,弗使得发于外者,心也。故心之名也栣也。"心是身体的根本,有能够捍御外物的能力,能够禁制身体各种各样的贪欲恶念,使之不得外发为言论行为,心的这种作用叫作"栣"。《春秋繁露·身之养重于义》强调"利以养其体,义以养其心",是说利是养护身体的,义是调养心灵的。

隋唐以后,儒家更多地受到佛教心性学说的影响。宋明理学家进一步发展了早期儒家学者有关心性的理论,同时,吸收佛教、道家的心性学说,多有理论上的创获和实践上的修为,内外交养,身心整合成为其修身之道的新追求。程颐说:"'持其志,无暴其气',内外交相养也。"① 又说:

> 颜渊问克己复礼之目,夫子曰:"非礼勿视,非礼勿听,非礼勿言,非礼勿动。"四者身之用也,由乎中而应乎外,制于外所以

---

① 《近思录》卷四《存养》。

养其中也。①

朱熹在修养论上注重"内外交养",强调修养过程应该内外双重向度并重。如他说:"'以义制事,以礼制心',此是内外交相养法。事在外,义由内制;心在内,礼由外作。"②"古人于礼、乐、射、御、书、数等事,皆至理之所寓。游乎此,则心无所放,而日用之间本末具举,而内外交相养矣。"③"内无妄思,外无妄动。"④ 在朱熹这里,"内无妄思"就是"心无妄思",是修身的根本;"外无妄动"就是"行无妄动",是修身的必要条件。二者相辅相成,使身心合一,人格完善。

明儒徐问也说:

> 《易》以"尺蠖之屈,龙蛇之蛰",皆自外而内,"退藏于密"之事。下言"精义入神,穷理入于微妙",如《中庸》之尽精微,乃为致用之本。利用安身,顺而利往,如《易》义以方外,乃为崇德之资,此正是内外交相养之道。⑤

由上可见,宋明以后诸儒注重内外兼修,对内外交养问题有不断深入的讨论,形成了内本外末,由内而外的基本思路,并以此作为追求内圣与外王相统一的修身之道。

3. 修身的最高境界:与道合一

甲骨文中"太"、"天"、"元"等字皆像直立的人形,这说明在天地与人浑然一体的时候人们逐渐形成了"即身而道在"的观念,把身体提升至"天道"的高度,形成所谓"道身"。中国古代的"道"既不同于西方基督教所谓"道成肉身"之道,也不同于西方哲学的"逻各斯"。金岳霖说:"中国思想中最崇高的概念似乎是道。所谓行道、修道、得道,都是以道为最终的目标。思想与情感两方面的最基本的原动力似乎也是

---

① 《近思录》卷五《改过迁善 克己复礼》。
② 《朱子语类》卷七十八,第1983页。
③ 《朱子语类》卷三十四,第866页。
④ 《朱子语类》卷十二,第211页。
⑤ (清)黄宗羲:《明儒学案》卷五十二《诸儒学案中六》,中华书局2008年版,第1245页。

道。成仁赴义都是行道；凡非迫于势而又求心之所安而为之，或不得已而为之，或知其不可而为之的事，无论其直接的目的是仁是义，或是孝是忠，而间接的目标总是行道。"① 金先生论"道"不仅仅取自道家之"道"，也可以说是儒道墨兼而有之之"道"，不仅是中国思想最核心的范畴，而且是最基本的原动力。他特别注意到中国思想中道的理性和情感的双重性，揭示了生命存在（身）与道的一致性。儒家思想中身心不二之"身"可以载道，身心修养的最高境界是与道合而为一。

不仅道家，"道"也是儒家终极性的追求与现世的担当。孔子在《论语·雍也》中对子夏说："女为君子儒，无为小人儒。"他希望君子儒"学以致其道"（《论语·子张》），重视涵养"仁心"，以道作为生命的担当。孔子曰："君子食无求饱，居无求安，敏于学而慎于言，就有道而正焉，可谓好学也已。"（《论语·学而》）这里的"学"显然是指学修身之道，而不仅仅是我们今天的一般文化知识的学习。君子儒贵道，就会在身体上得到反映："君子所贵乎道者三：动容貌，斯远暴慢矣；正颜色，斯近信矣；出辞气，斯远鄙倍矣。"（《论语·泰伯》）也就是说，君子的修养上升到道的高度，就可见心性与身体的互动关系，天道内化于君子的心性，并由身体的"容貌"、"颜色"、"辞气"表现出来。

《论语·为政》中有一段孔子概括自己一生的话："吾十有五而志于学，三十而立，四十而不惑，五十而知天命，六十而耳顺，七十而从心所欲不逾矩。"这段话应该是他在七十岁以后时所讲的，是孔子站在人生的制高点上对自己一生的回顾和总结。在经历了"志于学"，"而立"，"不惑"，经过"知天命"，达到"耳顺"以后，不管外在的际遇如何变化，孔子的心态平和而坦然下来，常常静静地体会着天人之间的真谛，"道"渐渐在他身上流淌，终于充盈于他的心灵与身体，此时，他就是道，道就是他，他发出感叹：如今我从心所欲不逾矩！从"耳顺"到"从心所欲"是一个飞跃，使孔子摆脱了身体的局限，顺心而为，合于大道，进入了致广大、尽精微、通神明的圣人境界。这就是儒家超凡入圣，"即身成道"的内在超越型道路。

《中庸》说："文武之政，布在方策。其人存，则其政举；其人亡，则其政息。""为政在人，取人以身，修身以道，修道以仁。"为政在于

---

① 金岳霖：《论道》，商务印书馆1978年版，第16页。

得人，能否得人，在于为君者自身；为君者自身如何，在于为君者能否修身；为君者修身如何，在于修道；为君者修道如何，在于得仁。"修道"就是"知天命"、"明道"，"得仁"就是"亲亲"、"尊贤"。《中庸》继续说："君子不可以不修身；思修身不可以不事亲；思事亲不可以不知人；思知人不可以不知天。"这就是说，"知天"、"知人"、"事亲"是"修身"的前提，"修身"是为了"为政"，"为政"即是参与政治，治理社会。所以，儒家的"道"不远人，就是立足于亲亲尊尊基础之上的人之为人的本质——"仁"，修身就是修人之为人的"仁道"。

《孟子·尽心上》："天下有道，以道殉身；天下无道，以身殉道；未闻以道殉乎人者也。"强调贤人与道合一，不能以道作为交换的条件谋得政治利益。《孟子·尽心下》："身不行道，不行于妻子；使人不以道，不能行于妻子。"自己不按正道办事，正道在他妻子身上也行不通（更何况别人）；支配别人不能运用正道，连妻子也不能支配（更何况别人）。

荀子认为道有普遍性和超越性，人通过对道的体认可以达到"大清明"的境界："夫道者，体常而尽变，一隅不足以举之。"（《荀子·解蔽篇》）"大道者，所以变化遂成万物也。"（《荀子·哀公篇》）"以道观尽，古今一度也。"（《荀子·非相篇》）"人何以知道？曰心。心何以知？曰虚壹而静。心未尝不臧也，然而有所谓虚；心未尝不两也，然而有所谓壹；心未尝不动也，然而有所谓静。人生而有知，知而有志。志也者，臧也，然而有所谓虚。不以所已臧，害所将受，谓之虚。心生而有知，知而有异。异也者，同时兼知之。同时兼知之，两也，然而有所谓壹，不以夫一害此一，谓之壹。心，卧则梦，偷则自行，使之则谋，故心未尝不动也，然而有所谓静。不以梦剧乱知，谓之静。未得道而求道者，谓之虚壹而静。作之，则将须道者之虚，则人；将事道者之壹，则尽；将思道者静，则察。知道察，知道行，体道者也。虚壹而静，谓之大清明。"（《荀子·解蔽篇》）尽管道超越万物，超越古今，体常尽变，遂成万物，但是人还是可以认知道的，这就是通过心知道。心何以知道？心虚壹而静，使道以本来的面貌呈现出来而不被变形、扭曲，这实际上是体道，使修养主体实现人生圆满，成就圣人人格，达到大清明的精神境界。

宋儒指出，人身出于先天的本能往往有沉溺于私我而难以与道相通，如程颐说："大抵人有身，便有自私之理，宜其与道难一。"① 所以修身首先要克服来自身体本能的私欲，制约"身"而提升"心"。心与身比较起来可以亨通。张载说：

> 坎维心亨故行有尚，外虽积险，苟处之心亨不疑，则虽难必济而往有功也。今水临万仞之山，要下即下，无复凝滞之在前，惟知有义理而已，则复何回避？所以心通。②

这说明，心亨通也可能身并不亨通，但只要心中亨通不疑，即使有艰险也一定能够渡过，终能亨通。心可以通乎道。程颐曰："心通乎道，然后能辨是非，如持权衡以较轻重，孟子所谓知言是也。……心不通乎道，而较古人之是非，犹不持权衡而酌轻重，竭其目力，劳其心智，虽使时中，亦古人所谓'亿则屡中'，君子不贵也。"③ 心通乎道，就有了评判事物、辨别是非的基本标准与原则，这样才能更好地评判古人的是非。程颐还说："大人于否之时，守其正节，不杂乱于小人之群类，身虽否而道之亨也，故曰：'大人否，亨。'不以道而身亨，乃道否也。"④ 个人处于否塞不通没有什么，只要心通乎道。如果心与道不否塞，个人的命运终究会通达。

宋明理学在后来的发展中出现了存天理，灭人欲，走向极端的倾向。明清哲学家则通过向身体的回归来扭转这种倾向，王艮就是其中的代表人物。他发挥了《诗·大雅·烝民》中"既明且哲，以保其身"的处世哲学，把"明哲保身"看作良知良能，认为人生的第一要务就是保身全性。王艮所论"保身"之"身"一方面继承了传统儒家身心合一之"身"，另一方面他的"身"更多地是指人的身体、肉体生命而言，强调保全人的肉体生命的重要性，对肉体生命的安顿。王艮还指出"身"与"道"原是一件，强调在道的基础上身心共尊。他说："身也者，天地万物之本也；天地者，末也。身与道原是一件，至尊者此道，至尊者此身，尊身不

---

① 《近思录》卷五《改过迁善 克己复礼》。
② 《横渠易说》，《张载集》，中华书局1978年版，第121页。
③ （宋）程颐：《答朱长文书》，《河南程氏文集》卷九，《二程集》，中华书局1981年版，第601页。
④ 《近思录》卷七《出处进退 辞受之义》。

尊道，不谓之尊身；尊道不尊身，不谓之尊道。"① 在他看来，"身"与"道"均为天地间"至尊者"，"圣人以道济天下，是至尊者道也；人能弘道，是至尊者身也。道尊则身尊，身尊则道尊"。将无形（形而上）的天理"道"，与有形（形而下）的、作为"性"之载体的"身"，合而为一。由"道"、"身"合一，体现天人合一，这是王艮修身之道的形而上学依据。这一点被黄宗羲称为"圣人复起，不易斯言"② 的精彩之论，反映了劳动大众摆脱贫困、争取实现生存权利，维护自身人格尊严的愿望。王艮这种偏向肉体生命的"身"倒与当代西方哲学身体转向遥相契合了，但其理论缺陷也是明显的，就是忽略了心的主宰作用。

4. 修身的最高目标：成圣成贤

儒家认为修身的最终归宿是成就圣贤人格，所以修身的核心问题是如何学为圣贤之道，终极目标是通过希贤希圣，成圣成贤。

《大戴礼记·哀公问五仪》载孔子把人格划分为五个层次："庸人"、"士"、"君子"、"贤人"、"圣人"。谈到圣人时孔子说："所谓圣人者，知通乎大道，应变而不穷，能测万物之情性者也。大道者，所以变化而凝成万物者也。情性也者，所以理然、不然、取、舍者也。故其事大，配乎天地，参乎日月，杂于云蜺，总要万物，穆穆纯纯，其莫之能循；若天之司，莫之能职；百姓淡然，不知其善。若此，则可谓圣人矣。"这说明圣人是与大道相通，达到了天地（宇宙）境界的人。《论语·泰伯》载孔子曰："大哉尧之为君也！巍巍乎唯天为大，唯尧则之。荡荡乎，民无能名焉。巍巍乎其有成功也，焕乎其有文章。"尧作为天子，能够效法天，知晓天道，所以他被称为圣王，即圣人的前身。

郭店简对圣人的理解与孔子一致。楚简《五行》说"圣人知天道也"，知天道者就是圣人。又说"闻而知之，圣也"。帛书《五行》"说"云"闻之而知其天之道也"，就是对圣人知天道，知天道即圣人这一思想的发挥。

《中庸》也有许多地方谈到"圣人"之道："大哉圣人之道！洋洋乎！发育万物，峻极于天……"这里的圣人能"发育万物，峻极于天"，显然是可以通天道的人。

---

① （明）王艮：《答问补遗》，《王心斋全集》卷一，江苏教育出版社2001年版，第37页。
② （清）黄宗羲：《明儒学案》卷三十二《泰州学案一》，第711页。

孟子把成圣看成是人的天性，《孟子·尽心下》云："圣人之于天道也，命也，有性焉，君子不谓命也"，又云：

> 浩生不害问曰："乐正子，何人也？"孟子曰："善人也，信人也。"
> "何谓善？何谓信？"
> 曰："可欲之谓善，有诸己之谓信。充实之谓美，充实而有光辉之谓大，大而化之之谓圣，圣而不可知之之谓神。"

赵岐注说，"大而化之"，即"大行其道，使天下化之"是圣；"圣而不可知之"，即"有圣知之明，其道不可得知"，或"圣道达到妙不可测的境界"是神。这里圣与神相连，圣与道相通。

荀子认为圣人可以通过学习积累达到，《荀子·儒效篇》云："涂之人百姓，积善而全尽谓之圣人。彼求之而后得，为之而后成，积之而后高，尽之而后圣。故圣人也者，人之所积也。"荀子强调礼对于为学修身的重要性，最终也是要落实到成就圣贤人格上。他说："学恶乎始？恶乎终？曰：其数则始乎诵经，终乎读礼；其义则始乎为士，终乎为圣人。"（《荀子·劝学篇》）在荀子看来，为学的方法是从读经开始，最后归结到对礼的修习；为学的宗旨则是以培养士开始，最终造就圣人。由士到圣人这个过程的学习关键不是知识的增益，而是在生活实践中通过礼仪的践行完成身心的修养。

从根源上说人类自从诞生那一天起身与心、灵与肉就是处于对立统一之中，为此，不同的文化对这问题的处理也是在对立中寻求统一，在紧张中寻求平衡。从中国思想史来说，太古哲学是以形躯起念的，"人类最原始，最素朴的哲学语言乃是纯粹依形躯而起念的哲学语言"。[1] 这里的"形躯"即所谓的"根身"。到了春秋战国以后就逐渐走向了身心合一，心为主宰，体用不二的基本结构。尽管仔细区分起来比较复杂，如儒家有"二源三派"[2] 等，但总体上看儒家的身体观是以身心一体、心为主宰为主流形态的，在身心合一为前提下的修身之道强调个人以修身为本，修身

---

[1] 唐力权：《周易与怀特海之间——场有哲学序论》，第13页。
[2] 杨儒宾提出先秦儒家身体观的二源三派说，详见其《儒家身体观》，第7—9页。

是内外交养，重在修心，其最高境界是与道合一，其最高目标是成圣成贤。这既是中国古代以儒家为代表的身体观的主流形态，也是我们在比较、考察当代西方身体哲学时不应忽略和混淆的一种特质和独特性，不可不察。今天，一些学者受西方哲学身体转向影响对身体哲学钟情，这是可以理解的，但也应警觉这种过分强调身体挺立或"回归"而相对忽视心的矫枉过正之论有可能带来新的问题。

第二章

儒家蒙学教育
——儒学社会化的基本途径

谈到儒学，人们可以从先秦儒学到现代新儒学说出一个个概念、范畴，一套套理论来，可以说出从孔、孟、荀经朱熹到王阳明等著名圣贤大儒。但是，如果我们认真阅读他们浩繁的著述，就会发现其中大都是属于高深的哲学和艰深的学术，即使有道德箴言，也多是面对饱受儒学教育的"儒士"、"儒生"提出的，很少有适用于社会大众的道德训诫和伦理教言。可是，我们研究古代社会，又惊奇地发现，古代中国社会其实是一个典型的"儒学社会"或"儒教社会"或"儒家式社会"。那么，作为精英文化的儒家思想是通过何种渠道渗透、伸展影响到民间，转化为老百姓活生生的现实实践？它们是如何转化的？转化的过程及效果如何？答案是儒家蒙学教育，即中下层儒者实施的蒙学教育才是儒家思想传播到民间，促进儒学社会化的基本途径。所以，本章的重点不在于研究精英儒家的思想陈述，而着重研究儒家思想是如何通过蒙学教育灌输到中国人的现实生活中，在社会中发生实际影响的。

一 儒家蒙学教育

儒学极为重视教化，其落实的基本途径就是蒙学教育。陈来教授在《蒙学与世俗儒家伦理》[①] 一文中认为：中国文化的价值结构体系有两种，一是少数圣贤经典中记载的理想的价值体系，二是一般民众生活和日常行

---

① 陈来：《蒙学与世俗儒家伦理》，载《中国近世思想史研究》（增补版），生活·读书·新知三联书店2010年版，第478页。

为所表现的实际价值取向。简单地说，也就是精英儒家伦理和世俗儒家伦理。世俗儒家伦理和精英儒家伦理不同，它主要不是通过儒学思想家的著作去陈述它，而是由中下层儒者制定的童蒙读物形成并发生影响的。这种通俗儒家伦理读物的内容，在宋以后的中国历史上，在民众中流传极广，起着承载和传播儒学思想的功能和任务，从而构成了儒家思想社会化的基本途径。儒家思想在两千多年的历史发展中深入人心，成为一代又一代中国人，特别是读书人的安身立命之本，在很大程度上得力于传统蒙学的教化功能。

所谓蒙学，就是中国传统式的文化启蒙教育。"蒙"是幼稚、暗昧的意思，《易经·序卦》曰"蒙者，蒙也，物之稚也"，意谓幼童于事多暗昧，故称之童蒙。开导童蒙，使之明白事理称为启蒙，或发蒙。当代人编的《辞海》对"蒙学"的解释是："中国封建时代对儿童进行启蒙教育的学校。教育内容主要是识字、写字和封建道德教育。教材一般为《蒙求》、《千字文》、《三字经》、《百家姓》、《四书》等。没有固定年限。采用个别教学，注重背诵，练习。"《词源》的释义则比较简单："启蒙之学，犹之今之小学。"这里说"小学"不尽准确，因为蒙学的施教对象除了小学生外，实际上还包括了成年人中的尚处于蒙昧状态者。目前，学术界所称的蒙学有狭义和广义之分，广义上讲，泛指古代启蒙教育，包括其教育体制、教学方法、教材等内容；狭义上讲，专指启蒙教材，即童蒙读本。古代，儿童"开蒙"，接受教育的年龄一般在四岁左右，现在也有一种观点认为，四岁恰好是儿童学习汉字的最佳年龄段。蒙学阶段主要采用的教材就是所谓的"三百千千弟子规"（《三字经》、《百家姓》、《千字文》、《千家诗》、《弟子规》）等，同时，在蒙学阶段也会让儿童接触"四书"（《大学》、《中庸》、《论语》、《孟子》）等经典，为日后的学习打下基础。

蒙学教育在儒学发展和传播过程中具有基础性的地位。韩愈《答李翊书》中说："根之茂者其实遂，膏之沃者其光晔。"蒙学正是儒学的"根"和"膏"，一个人如果没有蒙学环节的教育就很难登堂入室进入儒学的学术殿堂。蒙学之所以受到如此的重视，是因为历代学者都意识到对儿童从小进行教育，特别是进行道德教育的重要性。明代沈鲤在《义学约》中说："蒙养极大事，亦最难事。盖终身事业此为根本，而混沌初开，非可以旦夕取效者。"① 明代霍韬在《霍渭厓家训》中也提出："家之兴由子弟之贤；弟子之贤由乎蒙养；蒙养以正，岂曰保家，亦以作圣。"② 把蒙养、保家、作圣看成一体，体现了蒙学教育的整体性。《易经·蒙卦》："蒙以养正，圣功也。"蒙童时代应培养纯正无邪的品质，这是造就圣人的成功之路。

蒙学教育的以"明人伦"为目的，培养健全的人格，养成良好的行为规范。蒙学教育中首要是教人如何做人，而且这种教育是终身的。少儿学做人，中青年要会做人，老了要教育后人做人。由于中国社会发展的特殊性，绝大多数人不识字。不识字可以生存，不会做人则不行，因而蒙学教育的重点很自然地放在学做人的这个根本上。

其次，强调"修身"，"自天子以至庶人，壹是皆以修身为本"，从小就树立"修身、齐家、治国、平天下"的雄心壮志，将来长大才有可能为国为民做一番大事业。

再次，培养理想的人格，最普遍的目标是做一个有道德有修养有文化有理想的"君子"，最高目标是希贤希圣，成为圣贤人物。成为圣贤是古人读书求学的方向及理想目标，尽管古来成圣成贤的人凤毛麟角，但是作为一种理想人格，千百年来希圣希贤已经成为中国人普遍的追求，所谓"高山仰止，景行行止；虽不能至，心向往之"（《史记·孔子世家》）。

蒙学教育内容主要是以孝悌为核心的儒家伦理道德教育，如《三字经》中明确提出"三纲五常"这些伦理观念，"三纲者，君臣义、父子亲、夫妇顺"，"曰仁义、礼智信，此五常，不容紊"。《千字文》中也有类似的句子："资文事君，曰严与敬，严当竭力，忠则尽命。"在一些习字书中，也不乏"尊卑长幼、忤慢谨防"，"孝弟忠信、礼义廉耻、好善恶恶、积德累仁"的道德说教，就连各类韵对中，也夹杂有"诗对礼"、"忠对信"、"道范对儒宗"、"父子对君臣"的价值观念的渗透。对此，朱熹《小学》引杨亿的话说："童稚之学，不止记诵，养其良知良能，当以先入之言为主。日记故事，不拘今古，必先以孝弟忠信、礼义廉耻等事，如黄香扇枕，陆绩怀橘，叔敖阴德，子路负米之类，只如俗说，便晓

---

① 徐梓、王雪梅：《蒙学要义》，山西教育出版社1991年版，第39页。
② （明）霍韬：《霍渭厓家训》一卷，涵芬楼秘笈本。

此道理。久久成熟，德性若自然矣。"① 可见，伦理道德教育是蒙学教育的主要内容。

"蒙学"的教育方法主要是"背诵"，公开宣称"读书百遍，其义自现"，让学生滚瓜烂熟地背诵，牢记于心中，让学生慢慢地去理解，在今后的漫长人生道路上去领悟和体会其中的深刻道理。古代的教学方法就是"读书"（背诵），这样通过反复的背诵，把课文的语言节奏熟记于口耳之间，课文的精美的语言通过感性认识逐渐变成自己的语言，文从字顺，日后作文就凭语感而不是凭语法。

蒙学教育始终肩负着承载和传播儒家思想的使命，具有化民成俗，促进社会和谐的文化功能。宋代以后蒙学繁荣，大量蒙学读物出现，儒学社会化得以在更大的力度和广度上展开。元代以后兴起社学。所谓社学即元、明、清三代的地方小学。创立于元至元二十三年（1286）。元制50家为一社，每社设学校一所，择通晓经书者为教师，施引教化，农闲时令子弟入学，读《孝经》、《小学》、《大学》、《论语》、《孟子》，并以教劝农桑为主要任务。明承元制，各府、州、县皆立社学，以教化为主要任务，教育15岁以下之幼童；教育内容更包括御制大诰、本朝律令及冠、婚、丧、祭等礼节，以及经史历算之类。清初令各直省的府、州、县置社学，每乡置社学一所，社师择"文义通晓，行宜谨厚"者充补。凡近乡子弟，年12以上，20以下，有志学文者，皆可入学肄业，入学者得免差役。社学不仅使受教育者接受初级教育，还在于化民成俗，推行乡村社会教化，向基层民众宣扬儒家的伦理道德。明代士大夫王阳明、魏校、叶春及、吕坤等认为社学具教化风俗的作用，在其辖境以社学教育童蒙，注重读书和礼乐等文化教养。明代吕坤在《复兴社学》中说：

> 掌印官晓谕百姓，今后子弟，可读书之年，即送社学读书，纵使穷忙，也须十月以后在学，三月以后回家。如此三年，果其材无可望省，令归业。
>
> 初入社学，八岁以下者，先读《三字经》，以习见闻。《百家姓》，以便日用。《千字文》亦有义理，有司先将此书令善书人写姜

---

① （宋）朱熹：《小学》，《朱子全书》13，上海古籍出版社、安徽教育出版社2010年版，第434页。

字体，刊布社学，师弟令之习学。①

可见，社学所用教材就是"三、百、千"这些通俗易懂、简明扼要，能够发挥文化普及和伦理教化功能的蒙学读物。

二 儒家蒙学教育的实践

蒙学教育怎样把抽象高深的儒家思想通过深入浅出、通俗易懂的形式传递给儿童甚至部分成年人的？

第一，在儒家伦理思想的指导下形成具体的伦理道德规范。

儒家伦理主要有五，即孟子所说的"五伦"："人之有道也，饱食、暖衣、逸居而无教，则近于禽兽。圣人有忧之，使契为司徒，教以人伦：父子有亲，君臣有义，夫妇有别，长幼有序，朋友有信。"（《孟子·滕文公上》）五伦是自尧舜以降中国传统伦理的核心。《中庸》说："天下之达道五，所以行之者三：曰君臣也，父子也，夫妇也，昆弟也，朋友之交也：五者天下之达道也。知、仁、勇三者，天下之达德也，所以行之者一也。""达道"的意思，一言其四通八达，为修身、齐家、治国、平天下的正路；二言其下学上达，为尽己、尽人、尽物，赞化育，参天地的阶梯。"五达道"就是说通过处理好五伦这人类社会当中人与人的五种基本关系，一个人就可以在社会中畅通无阻。《礼记·礼运》说："父慈，子孝；兄良，弟弟；夫义，妇听；长惠，幼顺；君仁，臣忠。十者谓之人义。"这里从十个方面提出了人们所应尽的道德责任和义务，其实是五种人伦关系展开的具体要求。五伦在人类社会发展中具有普世意义，只要人类社会存在一天，这五种基本关系就起着作用，就必须讲这五种伦理。

儒家蒙学教材当中有儒家伦理的具体规范，如清人万斛泉编撰的《童蒙须知韵语》中就如何对待父母、朋友、长者、众人等作出了详尽的规范：

父母长者前，应对必自名。即与朋友交，称谓莫忘形。

---

① （明）吕坤：《实政录》卷三，《吕坤全集》中，中华书局2008年版，第992—993页。

第二章　儒家蒙学教育

　　十年长于我，呼之勿以字。称某姓几兄，始得谦逊意。
　　年若长以倍，但当称某丈。兄事父事间，毫厘不可爽。
　　一出一入间，必向长者揖。为时虽暂尔，礼莫厌重习。
　　凡侍长者侧，拱手立正方。问则诚实对，所言不可忘。
　　凡从长者行，步履须安妥。行居路之右，住则必居左。
　　道路遇长者，必正立拱手。近前即趋揖，俟过然后走。
　　凡与人相揖，低头而屈腰。出声则收手，毋得稍轻佻。
　　凡与众人坐，相对必敛身。坐席勿广占，俨如见大宾。①

儒家蒙学遵循儿童的生理和心理特点，强调从生活细微之处培养儿童的道德习惯，将儒家伦理道德落实到实际生活中，让儿童自幼就受到这种人与人之间长幼尊卑的秩序的训练，久而久之，就会潜移默化为一种自觉的道德行为。

　　第二，重视道德行为的习惯养成。

　　《汉书·贾谊传》："少成若天性，习惯如自然。"俗话说，"没有规矩，不成方圆"，说出了培养青少年良好的行为习惯的重要性。儒家蒙学教育主要强调打基础，形成良好习惯。因此，儒家蒙学的道德教育可以说是一种外在规范的养成教育。由于儿童天性纯洁，蒙童心智未全，"蒙昧未知向方"，极易受到外界的熏染。因此，道德教育必须先入为主，使儿童从小接受纯正的儒家伦理思想，以端蒙养之基，为今后成为圣贤之人打下良好的基础。宋儒真德秀在《教子斋规》中说："养正之方，最小时为尤要。古人重胎教……今人纵不能尽然，乃至既生之后，曲意抚摩，积四五岁，仍然姑息，恣其所为，应诃反笑，逮于既长，养成骄惰，虽欲禁防，不可得矣。"② 清人陆世仪说："凡人有记性，有悟性。自十五以前，物欲未染，知识未开，则多记性、少悟性；十五后，知识既开，物欲渐染，则多悟性、少记性。"③ 教育的成功与否，幼童时期最为关键，此时染于苍则苍，染于黄则黄。道德教育应先入为主，先铄于外，然后渐化之。儒家蒙学所重视的行为习惯包括洒扫、应对、进退、饮食起居、待人

---

①（清）万斛泉：《童蒙须知韵语》一卷，清咸丰二年刻本。
②（宋）真德秀：《真西山教子斋规》，续修四库全书，乾隆培远堂刻汇印本。
③（清）陆世仪：《陆桴亭论小学》，续修四库全书。

接物、言谈举止等各个方面的具体要求和规范。朱熹为儿童的好习惯培养专门写了《童蒙须知》，从儿童的日常生活中的穿衣、勤洗、饮食、行走到读书、写字、背诵都有详细的规定。如他关于生活习惯是这么说的："大抵为人，先要身体端正。自冠巾、衣服、鞋袜，皆须收拾爱护，常令洁净整齐"；"凡脱衣服，必整齐折叠箧中，勿令散乱顿放，则不为尘埃杂秽所污，仍易于寻取，不致散失。著衣既久，则不免垢腻，须要勤洗浣。破绽，则补缀之"；"凡为人子弟，当洒扫居处之地，拂拭几案，当令洁净。文字笔砚，凡百器用，皆当严肃整齐，顿放有常处。取用既毕，复置元所"。① 这些规定非常符合儿童人格形成的规律。对于儿童教育来说，教育的核心不是传授知识，而是培养人的健康人格，而良好的行为习惯正是健康人格的牢固基础。

第三，在礼仪当中养成儿童的行为举止。

儒家历来重视礼乐文化。周公制礼作乐奠定了中国礼仪之邦的基础，春秋时期孔子面对王权衰落，礼崩乐坏，诸侯争霸的现实，对礼乐文化进行理论反思，对传统的礼乐文明加以人文理性的诠释，积极进行礼乐文化和道德理想的重建。孔子在推崇周礼的前提下，强调要对周礼进行"损益"，革新"周礼"的基本精神，如"周礼"规定的宗法制、世袭制在孔子这里也被打破了，他提出的"举贤才"，打破了亲亲尊尊，主张"学而优则仕"，向社会打开了取士的大门。孔子通过对周礼的损益创造性地提出了"仁"的思想，使之成为他整个思想体系的制高点，并与"礼"配合，在修己的同时治人，在人的伦理道德完善的基础上实现社会的良好秩序。人要从呱呱坠地时的自然人成长为社会所认同的社会人，就必须按照社会通行的行为准则即礼仪来规范自己。正是在这样的意义上，孔子强调"不知礼，无以立"（《论语·尧曰》），"约我以礼"（《论语·雍也》）。由孔子开创的儒学注重承继礼乐文化传统，传统礼仪成为儒学的重要教育内容。秦汉以后，随着儒学居于独尊地位，对礼仪的重视和教育拓展到了整个社会。儒家典籍有三部是讲礼仪的，就是所谓的"三礼"（《周礼》、《仪礼》、《礼记》），这是对上古礼乐文明的继承。不仅如此，儒学的学者还编撰了大量的日用乡礼、家礼著作。儒家蒙学也强调以礼仪教育来养成儿童的行为举止，如明代屠羲英的《童子礼》一开篇

---

① （宋）朱熹：《朱子童蒙须知》，续修四库全书。

就说：

> 养正莫先于礼。盖人之自失其正，以自外于圣人之途者，率以童幼之年，不闻礼教，则耳目手足，无所持循；作止语默，无所检束。及其既长，沿习偷安，循情任气，如已决之水，不可堤防；已放之条，不可盘郁，何所不至哉？是故朱子《小学》，必先洒扫应对之节，程子谓即此便可达天德，信非诬也。①

这就强调了礼教在养成儿童行为习惯中的重要性，并具体从衣着、盥洗、洒扫、坐卧、行走、语言、视听、饮食、进退等方面的行礼之法做了详细的规定。儒学正是通过礼仪教育对普通民众从小进行规范，从而在他们身上打下了深深的烙印：即一方面儒学传统由外在的行为方式得以显现；另一方面习惯成自然，儒学传统仿佛成了人们的天性。② 以礼仪对人们进行教化被称作"礼教"，说明礼仪教育对于人们认同儒学价值观具有重要作用。

第四，重视道德榜样的垂范作用。

儒家蒙学特别重视榜样的示范作用。颜之推在《颜氏家训·慕贤》引古人云："千载一圣，犹旦暮也；五百年一贤，犹比髀也。"说明圣贤之难得。以古人为榜样，学习古贤圣的品质，是榜样示范的重要方面。榜样的力量是无穷的，儒家蒙学特别重视运用历史上古圣先贤道德榜样的垂范作用，儒家经典中经常提到古代圣王明哲以及品德高尚者，以他们的行为方式和道德人格来体现儒家的道德理想，在为众人做示范的同时，也证明这类理想是通过修养可及的。儒家蒙学中有大量的圣贤人物及其事迹，如大禹治水，夷、齐义不食周粟，巢父、由让天下等，还有普通人的道德故事，如孔融让梨、黄香温席、陆绩怀橘、叔敖阴德等。《日记故事》收集了古人贤德、可师可法之事，专供儿童记诵。《二十四孝》是通过孝子的故事生动感人地对儿童进行孝道教育的。通过这些道德榜样的垂范作用形成了道德教育的传统，发挥着教化民众的作用。

儒家蒙学教育对中国社会有着深刻影响。传统启蒙教育的内容，正是

---

① （明）屠羲英：《屠提学童子礼》，续修四库全书。
② 陈卫平：《儒学传统的当代价值如何可能》，《上海师范大学学报》2006年第6期。

通过儿童这个联系社会各个阶层的渠道，深刻影响了全社会的人们。宋明以后，通过儒家蒙学教育，使儒学的世俗统治深入社会的最底层，从而构成了所谓"小传统"的政治文化氛围。从此，以情感道德为维系纽带的"教化之儒"统治成为后期王权政治结构的主潮，"教化之儒"实开辟了王权统治后期"教"甚重于"治"的政治传统。① 因此，从思想发展史的角度来看，无论儒家在历史上与佛家、道家等流派进行过怎样的杂糅和变化，中国传统社会自汉以后义无反顾地走向了一个以儒家思想为主导精神的社会形态。在这个意义上，我们可以称中国传统社会为"儒学社会"、"儒教社会"、"儒家式社会"、"乡土社会"以及"伦理本位的社会"，大致都是一个意思。

三 《弟子规》所体现的儒家伦理道德教育

《弟子规》原名《训蒙文》，为清朝康熙年间秀才李毓秀所作。《训蒙文》采用《论语·学而篇》"弟子入则孝，出则弟，谨而信，泛爱众，而亲仁，行有余力，则以学文"的文义，以三字一句，两句一韵编纂而成。作者是根据古代圣贤对弟子们的教诲编写了这本书，具体列举出为人子弟居家、事亲、出行、尊师、待人、接物、勤学等方面，着重在长辈对晚辈的期许及行为规范。全书以孝悌仁爱勤谨信义为核心，概括了历来对童蒙的要求，通俗易懂，朗朗上口，当时人士评价为"便于诵读讲解而皆切于实行"，"使蒙稚之民咸知大义"，从一问世就广为流传，成为教导儿童生活常规的好教材。稍后，山西平阳儒生贾存仁又对《训蒙文》作了一些修订，并改名为《弟子规》传世。由于内容平实，文字易懂，自清代中叶以降，此文流播极广，影响至大，被称为"便于诵读讲解而皆切于实行"，是启蒙养正，教育子弟敦伦尽分，防邪存诚，养成忠厚家风的上乘教材，私塾、义塾率多用之。同时，对于成年人研习教育同样具有提升素质、端正品行的实际效用。

所谓"弟子"，狭义是指父母的孩子、老师的学生。广义来讲，所有的人均可称为弟子，我们常常说活到老、学到老，就是现在讲的终身教育，只要你在学习，就有老师，你就是弟子。而弟子在日常生活中的行为

---

① 许纪霖、陈达凯主编：《中国现代化史》第一卷，上海三联书店1995年版，第130页。

规范，就叫作"规"。因此，不管大人还是小孩，要想做一个合格的弟子，就应当学习这部蒙学经典。

《弟子规》经过了宋、元、明、清四个朝代八百多年的锤炼，付出了很多文人、儒士的心血，传播到今天依然被国学大师、教育学者所推崇，足以证明了这是一本深为人们所重视的书，不同凡响。

《弟子规》内容结构呈由近及远、由低级到高级的序列组合，反映了儒家由做人，向君子、圣贤努力提升人格境界的基本思想构架，学了《弟子规》，也就初通了儒学经典的全貌了，可见《弟子规》在民族传统国学文化中的地位之重。

《弟子规》体现了儒家伦理道德。

1. 孝道

"入则孝"条目有六层意思，体现的是儒家的孝道。孝是爱心的根源，小孝治家、中孝治企、大孝治国。《弟子规》教育小孩在家里与父母相处时如何尽孝道：

（1）听父母话，接受教诲

"父母呼，应勿缓；父母命，行勿懒；父母教，须敬听；父母责，须顺承。"这是教育小孩对父母的尊重和礼貌。在家里尊重父母、对父母有礼貌的孩子在外面才能尊重别人。有人可能会说这样培养出来的"乖"孩子会不会没有主见，唯唯诺诺，将来走上社会没有出息？不会。这种教育与我们现在所强调的主体教育并不矛盾，顺承父母并非不要主体性，这其实是在确立与父母自然亲情关系基础上为未来走向社会确立基本的角色意识。

（2）照顾父母起居，让父母安心

"冬则温，夏则凊；晨则省，昏则定；出必告，返必面；居有常，业无变。"侍奉父母要体贴用心，要养成向父母请安、问好、报平安的习惯，居所、工作要稳定，以免父母忧虑不安。

（3）不任性，不藏私

"事虽小，勿擅为，苟擅为，子道亏；物虽小，勿私藏，苟私藏，亲心伤。"遇事先征求父母的意见，绝不能对父母这样亲近的人私藏物品，惹父母伤心。

（4）满足父母心愿，不讲条件

"亲所好，力为具；亲所恶，谨为去。身有伤，贻亲忧；德有伤，贻亲羞。亲爱我，孝何难？亲憎我，孝方贤。"要帮助父母实现愿望，解除忧患，要对自己的身体乃至生命负责（因为"身体发肤，受之父母"），不做伤风败俗的事情牵连父母，即使与父母的缘分不好，也要敞开宽广的胸怀孝敬他们。

（5）父母有错误时，用委婉的方式规劝

"亲有过，谏使更，怡吾色，柔吾声。谏不入，悦复谏，号泣随，挞无怨。"当父母有过错的时候应小心、委婉地劝导使父母改过向善。这要注意把握好时机，即使挨打，也无怨悔。

（6）精心侍候病中父母，办丧事要心存哀戚、合乎礼节

"亲有疾，药先尝，昼夜侍，不离床；丧三年，常悲咽，居处变，酒肉绝；丧尽礼，祭尽诚，事死者，如事生。"就现今时代而论守孝三年已不现实，但对逝去亲人的怀念与祭奠还应该是有的。"居处变，酒肉绝"也似过于刻板，但酒能乱性，年轻人又好冲动，许多不幸之事往往就发生在酒肉朋友的吆五喝六之中。因此，这段话蕴藏的精神价值并没有过时，它强调的是人应有对过世父母的情感上的回报，其意义并不在于恪守形式、不食酒肉，而是强调要有孝敬之心。今天这样的教育少了，于是就出现了空巢老人的悲哀，出现了不肖子孙虐待老人的悲剧。

2. 悌道

在《弟子规》"出则悌"条中体现的是儒家悌道，即人际关系建立的依据，与同事、尊长、领导相处之道。《弟子规》教育小孩如何在外面处理兄弟姐妹以及社会上长幼尊卑的人际关系：

（1）轻财忍忿，珍惜友谊

"兄道友，弟道恭；兄弟睦，孝在中。财物轻，怨何生；言语忍，忿自泯。"兄弟姐妹之间要互相尊重。这种尊重表现在：当哥哥、姐姐的要友爱弟妹，做弟弟、妹妹的要懂得尊敬哥哥、姐姐。财物上不斤斤计较，言语上包容忍让，就会避免不必要的冲突。

（2）长幼有序

"或饮食，或坐走，长者先，幼者后。长呼人，即代叫，人不在，己先到。"要尊重长辈，用餐或行走，都应该让长辈优先，主动为长辈服务。人必须具有服务意识，而服务首先从照顾身边的长辈开始。

（3）敬老尊贤

"称尊长，勿呼名；对尊长，勿见能；路遇长，疾趋揖，长无言，退

恭立；骑下马，乘下车，过犹待，百步余；长者立，幼勿坐；长者坐，命乃坐。尊长前，声要低，低不闻，却非宜。进必趋，退必迟；问起对，视勿移。"在社交生活中，要恪守尊重长者的礼仪，不可疏忽大意。

（4）像对待自己的父母兄姊一样尊敬亲戚中的长辈和兄姊

"事诸父，如事父；事诸兄，如事兄。"中国古代礼仪告诉我们，在亲戚中，如果有长辈，年纪像父辈，我们对待他也要像对待自己的父亲那样敬重。如果他的年纪像兄姊，我们也要像对待家里的兄姊一样尊敬。

3. 谨慎之道

"谨"的修养，含有六部分的内容：

（1）"朝起早，夜眠迟，老易至，惜此时。晨必盥，兼漱口；便溺回，辄净手。"说的是要有时间观念，懂得珍惜时间。在生活上要养成良好的卫生习惯。

（2）"冠必正，纽必结，袜与履，俱紧切。置冠服，有定位，勿乱顿，致污秽。"说的是要注意衣冠整洁。

（3）"衣贵洁，不贵华，上循分，下称家。对饮食，勿拣择，食适可，勿过则。年方少，勿饮酒，饮酒醉，最为丑。"说的是要衣食朴素，年少不要饮酒，更不要醉酒。

（4）"步从容，立端正，揖深圆，拜恭敬。勿践阈，勿跛倚，勿箕踞，勿摇髀。"说的是行立坐卧，仪容端正。

（5）"缓揭帘，勿有声，宽转弯，勿触棱。执虚器，如执盈；入虚室，如有人。事勿忙，忙多错，勿畏难，勿轻略。斗闹场，绝勿近；邪僻事，绝勿问。"说的是严于律己，一举一动，小心谨慎，远离邪僻。

（6）"将入门，问孰存；将上堂，声必扬。人问谁，对以名。吾与我，不分明。用人物，须明求。倘不问，即为偷。借人物，及时还。后有急，借不难。"说的是言行举止，光明正大，为人正派，襟怀磊落。

俗话说："诸葛一生唯谨慎，吕端大事不糊涂。"我们应该在生活的细节中养成良好的生活习惯，不给不良习气留下丝毫空间，这是古来成大事业者共有的品质。

4. 诚信之道

"信"的修养，也体现在六个方面：

（1）"凡出言，信为先。诈与妄，奚可焉？话说多，不如少。惟其是，勿佞巧。奸巧语，秽污词。市井气，切戒之。"说的是语言卫生。

（2）"见未真，勿轻言。知未的，勿轻传。事非宜，勿轻诺。苟轻诺，进退错。凡道字，重且舒。勿急疾，勿模糊。彼说长，此说短。不关己，莫闲管。"说的是知言明心。

（3）"见人善，即思齐。纵去远，以渐跻。见人恶，即内省。有则改，无加警。"说的是改过迁善。

（4）"唯德学，唯才艺。不如人，当自砺。若衣服，若饮食。不如人，勿生戚。"说的是个人品质。

（5）"闻过怒，闻誉乐。损友来，益友却。闻誉恐，闻过欣。直谅士，渐相亲。"说的是心正友直。

（6）"无心非，名为错。有心非，名为恶。过能改，归于无。倘掩饰，增一辜。"说的是是非善恶。

可见，"信"就是待人处世的诚实，言行一致，不自欺欺人。

综合"谨"与"信"的内容来看，都是从日常生活的自律、自省上修身养性，涵养德艺，使自己成为一个受人们喜爱，对社会有贡献的人。

5. 仁爱之道

"泛爱众"条中所强调的是儒家的仁者爱人思想扩展到社会广泛的人群。

（1）泛爱所有的人

"凡是人，皆须爱，天同覆，地同载。"用天覆地载的最高理念，来阐释"博爱之谓仁"的思想，将"泛爱众"提升到了《礼记·孔子闲居》中孔子所说的"天无私覆，地无私载，日月无私照，奉此三者，以劳天下，此谓之三无私"的高度，以提高人的思想境界。只要是人，就是同类，不分族群、人种、宗教信仰，都要相亲相爱。人与人同是天地所生万物滋长，应该不分你我，互相合作，才能维持好这个共生共荣的生命共同体。

（2）关爱自己

"行高者，名自高，人所重，非貌高；才大者，望自大，人所服，非言大。"关爱自己品行和才智的增长，而不单纯追求外表容貌。人与人之间的尊重是相互的，只有尊重他人，才能使别人尊重自己。

（3）爱意味着付出，不要嫉妒，不要势利，珍惜人家真情

"己有能，勿自私；人有能，勿轻訾；勿谄富，勿骄贫；勿厌故，勿喜新。"自己有能力为社会做事情，不要自私自利。对于他人的才华应当

学会欣赏，而不是嫉妒毁谤。不媚富骄贫，也不喜新厌旧。

（4）爱意味着设身处地替人着想，尊重别人的感受，隐恶扬善

"人不闲，勿事搅；人不安，勿话扰；人有短，切莫揭；人有私，切莫说。道人善，即是善，人知之，愈思勉；扬人恶，即是恶，疾之甚，祸且作。"在生活中不随便诋毁他人，不揭他人的短处，不恶意散布议论他人的私事。与人相处，要积极地发现他人的长处，他人的好处，以德相劝，这样彼此既能和谐相处，又可以相互提升人格修养。

（5）己立立人，行为文明。

"凡取与，贵分晓，与宜多，取宜少。将加人，先问己，己不欲，即速已，恩欲报，怨欲忘，报怨短，报恩长。"这就告诫我们，和他人相处不要贪图便宜，要见利思义，不该拿取的则不要拿，和他人相处要本着己所不欲，勿施于人的态度，付多取少。对他人的恩情要记得报答，对他人的怨恨要尽量忘记。这就是说，良好人际关系的维系要靠我们文明的行为和己立立人的处世之道。

6. 学习之道

（1）力行与学文

"不力行，但学问，长浮华，何成人？""但力行，不学文，任己见，昧理真。"这里对力行与学文的关系作了更为深入的阐述，如对《论语》"行有余力，则以学文"作了更为全面的阐释。

（2）读书法

"读书法，有三到。心眼口，信皆要。方读此，勿慕彼。此未终，彼勿起。宽为限，紧用功。工夫到，滞塞通。心有疑，随札记。就人问，求确义。"这是读书的经验之谈，对童蒙有很好的指导意义。

（3）读书环境与心境

"房室清，墙壁净，几案洁，笔砚正。墨磨偏，心不端，字不敬，心先病。"这里指出读书的环境与心境一显一隐的关系。"显"指看得见的外部环境，如房室、墙壁、几案、笔砚、典籍等；"隐"指潜藏的心理因素，如不端、不敬、心志等。处理好这二者的关系就能够进入读书学习的最佳状态。

（4）读什么书

"非圣书，屏勿视，蔽聪明，坏心志。勿自暴，勿自弃，圣与贤，可驯致。"成为什么样的人，与读什么样的书直接相关。这里告诫大家非圣

贤书莫读，虽然有些极端，但考虑到儿童懵懂未明，如果读了不健康的书，确实会遮蔽聪明，败坏心志。

最后还以"勿自暴，勿自弃，圣与贤，可驯致"作结，指出只要自强自励，最终必定是学有所成，功有所得，成为圣贤人物。

儒学复兴是今天学界常常谈及的一个话题，尽管赞同者有之，批评者有之。所谓"儒学复兴"，其宗旨就是认为儒家思想不仅没有过时，而且还代表着中国乃至世界文化发展的未来方向。儒学复兴不仅是儒学内部的要求，更是社会的需求。当今中国社会乃至全球，社会问题都非常严重。突出表现在工具理性宰制人生社会，人性物化，心为形役；物欲横流，道德沦丧。良心泯灭，麻木不仁。唯利是图，缺乏理想。人际关系冰冷，缺乏精神慰藉。人文世界趋于瓦解，自然生态濒临崩溃。面对这种末日世界般的社会状况，传统的佛教、道教乃至西来之基督教，能起到一些救治作用。但笔者认为关键还是要复兴儒学。儒学复兴之路在哪里？就在广阔的社会。我们现在的儒学研究主要停留在学院和书本上，只是观念的构想和学术的梳理，流于玄虚和空谈。要复兴儒学，就要使儒学成为现代社会普遍的价值认同，儒学的社会化无疑是儒学走出现代困境、完成现代复兴的根本出路。儒学的社会化可以有多种途径，儒家蒙学教育是基础性的途径，应该引起我们全社会的重视，也更要引起致力于儒学复兴事业的专家学者的重视。

第三章

儒经与中国文化的核心价值

一 什么是经典？

什么是经典？现在的一些报纸、书籍和影视节目中，我们经常看到或听到"经典"这个词，如经典葡萄酒、民族经典、红色经典电影、经典广告词等等。像"文化"一词一样，"经典"这个词显然已经被现代人滥用了。《现代汉语词典》认为"经典"有三层含义，即"传统的具有权威性的著作"，"各宗教宣扬教义的根本性著作"，"著作具有权威性的"。① 其他的语言工具书和百科全书的解释也基本上把"经典"一词的指称对象归结为典范著作和宗教经典。现在大家常说的经典一般是指具有原创性、奠基性、典范性、权威性，经过历史选择出来的，经久不衰的，在相关知识领域中最有价值的著作，后人尊敬它称之为经典。

当代学者陈平原认为："在我看来，所谓的'经典'（Canon），是在历史中建构起来的，而并非'不言而喻'，更谈不上'毋庸置疑'。……一部作品之成为'经典'，除了自身的资质，还需要历史机遇，需要时间淘洗，需要阐释者的高瞻远瞩，更需要广大读者的积极参与。"②

其实，"经典"一词古已有之，《汉书·孙宝传》载："尚犹有不相说，著于经典，两不相损。"陆德明著《经典释文》，所说的"经典"，包括了儒家的主要"经"，也包括了《老子》和《庄子》。在中国古代文化中，儒家、墨家、道家、法家、医家及其他诸杂家，都有他们的经典，儒

---

① 中国社会科学院语言研究所词典编辑室编：《现代汉语词典》（第 6 版），商务印书馆 2012 年版，第 681 页。

② 陈平原：《书的命运与人的精神——关于〈20 世纪中国人的精神生活丛书〉的访谈》，载《中华读书报》2001 年 11 月 21 日。

家先有六经，后来有"四书"，再后来发展到"十三经"；道家的《老子》、《庄子》，墨家的《墨子》，兵家的《孙子兵法》，法家的《韩非子》，佛家的《心经》、《金刚经》、《坛经》，医家的《黄帝内经》，史家的《史记》，这些都属于经典著作。西方的《荷马史诗》、《新旧约全书》、《莎士比亚戏剧集》等等，这些都是西方的"经典"。印度、伊斯兰教也有各自的"经典"。可以说，每一个文化民族都有它的经典。这是广义的经典。在中国文化史上，自汉武帝"罢黜百家，独尊儒术"之后，一般知识分子所称的"经典"就专指儒家《诗》、《书》等重要典籍而言，这就是狭义或专称意义的经典。这是由于秦汉以后儒家成为中国文化的主流，儒经成为中国文化的代表性经典。

二 儒经与学统

孔子把自己当时所能够见到的古代典籍进行了整理，形成了《诗》、《书》、《礼》、《乐》、《易》、《春秋》"六经"。他的学术旨趣是"述而不作"，即对古典文献只是整理而不是创作，实际上是在整理过程中表达自己的思想观点，"有述有作"，"述中有作"，开创了后来注经的学术传统。孔子开创的这一传统对日后中国经典诠释产生了重要影响。在一定意义上，"述而不作"成为中国经典诠释的基本形式特征。换言之，孔子之后，通过"传先王（贤）之旧"而进行阐述和创作成为中国经典诠释的基本形态。这一点在作为中国传统学术之正统的儒家经学中得到了鲜明的表现。就文体而言，构成经学的著述可分为"经"和"传"两类。"经"指原创性的经典，而"传"则指诠释经文的著述。但事实上，在经学发展演进的过程中，人们把某些儒家思想奠基时代的传注之作也称为"经"。如《春秋》是经，作为解释《春秋》的《春秋左传》、《春秋公羊传》、《春秋穀梁传》则是传。但至唐代，"三传"已被视为经。正如清代章学诚所说："今之所谓经，其强半皆古人之所谓传也。"① 不仅如此，在数量上经本身少之又少，即使到有宋一代，才合称"十三经"。而历代的传则成千上万，堪称汗牛充栋。中国文化传统中所谓经学，就是由一代代学人对为数极少的几本经不断加以传注、诠释而形成的。而传注、诠释的

---

① （清）章学诚：《文史通义·经解上》，辽宁教育出版社1998年版，第27页。

基本形态就是"述而不作"。

孔子对六经的诠释在中国学术思想上是最典型的且具有开创性的。《庄子·逍遥游》引老子的话说:"幸矣,子之不遇治世之君也!夫六经,先王之陈迹也,岂其所以迹哉!今子之所言,犹迹也。夫迹,履之所出,而迹岂履哉!"是说所谓儒家六经,就是先王之陈迹,是先王嘉言懿行之档案记录,是夏、商、周三代文明的精华。正如章学诚所认为的那样,六经原本只是有关政教的历史和事迹,是先王的政典制度,是治国平天下的大纲大法。但这些记录是珍贵的文献资料,使人只知其然,而不知其所以然。孔子之治六经,就是使人们明白其所以然,于是就通过新的"诠释"发明先王之大义,表述一己之思想。这不仅使孔子赢得了极高的名声,而且确实有助于中国古典文献的保存和流传,既为后世儒家提供了丰富的智慧资源,也为文明中华的文化发展与繁荣作出了划时代的贡献。关于孔子整理古代文献的意义,清人皮锡瑞在《经学历史》中有高度的赞扬:"读孔子所作之经,当知孔子作六经之旨。孔子有帝王之德而无帝王之位,晚年知道之不行,退而删定六经,以教万世。其微言大义实可为万世之准则。后之为人君者,必遵孔子之教,乃足以治一国;所谓'循之则治,违之则乱'。后之为士大夫者,亦必遵孔子之教,乃足以治一身;所谓'君子修之吉,小人悖之凶'。此万世之公言,非一人之私论也。孔子之教何在?即在所作六经之内。故孔子为万世师表,六经即万世教科书。"[①]就是说孔子挖掘出了六经深层的文化底蕴,构建起了自己"一以贯之"的思想体系。也就是说,儒家思想是通过古代文化典籍表达和发挥的,而这些文化典籍所代表的中国古代文化又是通过和依赖于儒家的世代努力而传承至今的。

儒经为什么成为中国文化的代表性经典?孔子经过整理发掘了这些典籍的思想蕴涵,同时用它们来教育学生,全面地继承了上古以来的传统文化。在这个意义上,可以说儒学代表了中国文化的正统。正因为如此,儒经被看成古代圣人的精心制作,是安身立命、治理国家和规范天下的大经大法。如班固在《汉书·儒林传》中就说:"古之儒者,博学乎《六艺》之文。《六艺》者,王教之典籍,先圣所以明天道,正人伦,致至治之成法也。"这就强调了儒经的来历及其政治教化功能,显示了儒经神圣化的

---

① (清)皮锡瑞:《经学历史》,周予同注释,中华书局2008年版,第1—2页。

一面。今人熊十力也说："夫儒学之为正统也，不自汉定一尊而始然。儒学以孔子为宗师，孔子哲学之根本大典，首推《易传》。而《易》则远绍羲皇。《诗》、《书》执礼，皆所雅言，《论语》识之。《春秋》因鲁史而立义，孟子称之。《中庸》云仲尼祖述尧、舜，宪章文、武。孟子言孔子集尧、舜以来之大成。此皆实录。古代圣帝明王立身行己之至德要道，与其平治天下之大经大法，孔子皆融会贯穿之，以造成伟大之学派。孔子自言'好古敏求'，又曰'述而不作'，曰'温故知新'。盖其所承接者既远且大，其所吸取者既厚且深。故其手定六经，悉因旧籍，而寓以一己之新意。名述而实创。是故儒学渊源，本远自历代圣明。而儒学完成，则又确始于孔子。但孔子既远承圣帝明王之精神遗产，则亦可于儒学而甄明中华民族之特性。何以故？以儒学思想为中夏累世圣明无间传来，非偶然发生故。由此可见儒学在中国思想界，元居正统地位，不自汉始。"① 这就非常清楚地论证了儒经作为中国文化正统的历史原因，孔子所继承的是远古至他那个时代圣王立的精神遗产，吸收了深厚的营养，开创了儒家的学统。由对儒家经典的诠释和普及而形成了经学传统，从西汉武帝开始，儒家的经学便成为官方意识形态，并逐渐成为主流的文化形态。历史上，皇权以经学作为统治的思想来源，社会以经学作为秩序的价值准则。历代的官方版刻经籍、社会启蒙读本、民间乡约村规，在思想观念上都与儒家经学有密切的关系。由于社会发展的广泛需要，经过历代学者的不断诠释，儒经成为中国文化的代表性经典，经学不断丰富，以至于成为学术的主流。因此，儒经的地位是中国文化自身发展的必然，而不是像有人说的是汉代以后统治者提倡的结果。

比较而言，诸子百家毕竟是"六经之支与流裔"，《汉书·艺文志·诸子略》这样评述："诸子十家，其可观者九家而已。皆起于王道既微，诸侯力政，时君世主，好恶殊方。是以九家之术，蜂出并作，各引一端，崇其所善，以此驰说，取合诸侯。……今异家者各推所长，穷知究虑，以明其指。虽有蔽短，合其要归，亦六经之支与流裔。"而"儒家者流……游文于六经之中，留意于仁义之际。祖述尧、舜，宪章文、武，宗师仲尼，以重其言，于道最为高。"《韩诗外传》卷五载："儒者，儒也，儒之

---

① 熊十力：《读经示要》卷二，《熊十力全集》第三卷，湖北教育出版社2001年版，第747—748页。

为言无也,不易之术也,千举万变,其道不穷,六经是也。"显然,可以说,儒家与诸子的关系是以儒家为源,以诸子为流,以儒家为体,以诸子为用,以儒家为本,以诸子为末。

从这个意义上,我们可以说,儒经是中国文化的源头和根本,经学是中国古代学术的主流和主体。

三 儒经与核心价值

儒经所表达和传承的内容无疑是非常丰富的,但其核心是什么?国学大师王国维说:"经者,常也,谓可为后世常法者也。"① 熊十力在《读经示要》第一讲开宗明义即说:"经者常道也。夫常道者,包天地,通古今,无时而不然也,无地而可易也。以其恒常,不可变改,故曰常道。夫此之所宗,而彼无是理,则非常道。经之道不如是也。古之传说,而今可遮拨,则非常道,经之道不如是也。戴东原曰:'经之至者道也',此语却是。"② 所谓"常"是不变的意思,经是常道、常法,一方面说经中包含了某些永恒、普遍的核心价值,有超越时空的意义;另一方面说经是可以被不断诠释,不断丰富,与时俱进,成为后世的指导思想、大经大法。当代大陆新儒家蒋庆谈到儒经时说:"所谓'经',就是最初由孔子整理编定的、继而由诸大儒阐发撰述的、在中国历史文化中逐渐形成的、体现'常理''常道'的、被历代中国人公认享有神圣性与权威性的、具有人生理想教育功能并在中国历史上长期作为课本教材的儒家诸经典。"③

说到"道",在中国思想史上这个观念由来已久,贯穿于整个中国思想发展的始终。张立文先生把"道"的含义概括为八种:(1) 道为道路,引申为规律。(2) 道是万物的本体或本原。(3) 道为一。(4) 道为无。(5) 道为理,为太极。(6) 道为心。(7) 道为气。(8) 道为人道。④ 春秋战国诸子几乎都对"道"有过阐发。道家自不待说,就是墨家、阴阳

---

① 王国维:《经学概论·总论》,《王国维文集》第四卷,中国文史出版社1997年版,第88页。
② 熊十力:《读经示要》卷一,《熊十力全集》第三卷,第569页。
③ 《读经与中国文化的复兴——蒋庆先生谈儿童读经面临的问题》,《原道》网站。
④ 张立文主编:《道》,中国人民大学出版社1989年版,第1—3页。

家就"道"同政治的关系，亦有过较多的论述。

孔子的道是什么含义？是怎么来的呢？孔子生长在一个礼崩乐坏，天下无道的时代，他对道有了自觉的意识，这就是通过对礼乐文化的历史反思来"悟道"的，所体悟出来的是历史之道、人文之道。比较起来，与孔子同时代的老子也是通过对礼乐文化的历史反思来"悟道"的，然而他悟出的则是宇宙之道、自然之道。这样说当然只是一种方便说法，很容易被人误解，所以更确切地说孔子应该是以人道为主而下学上达，通天地人，而老子则是天道为本，上道下贯，涵天地人。这样的差异体现在思想体系中，儒家是以人为本的人文主义性质的思想体系，而道家则是以天为本的自然主义性质的思想体系。体现在人格建树上，儒家和道家都追求理想的圣人人格，儒家的圣人是以古代圣王为理想模式的伦理道德楷模，而老子则是以大道自然为基调的顺应自然，崇尚无为的"圣人"。

孔子出身于殷商贵族家庭，从小深受礼乐文化传统的熏染，又谦虚谨慎，勤学好问，积累了丰富的礼乐知识。他对春秋时代的社会有一个基本的判断："天下有道，则礼乐征伐自天子出；天下无道，则礼乐征伐自诸侯出。……天下有道，则庶人不议。"（《论语·季氏》）这段话显然是孔子考察了历史和现实而得出的结论，是站在道的高度为社会的评判。要复兴礼乐，他认为不能光讲礼乐本身，还要追溯礼乐背后的"道"——用今天的话说相当于历史规律、文化精神、社会理想、政治理念等。"道"的失落意味着文化价值理想的失落和价值标准的失范，一句话核心价值的失落。是儒者的文化良知促使孔子走到了历史的前沿，立志改变"道之不行"的现状，重新恢复"天下有道"的局面。孔子苦心孤诣要找回的"道"，就是指儒家孜孜以求的古者先王之道，是尧舜禹汤文武周公一脉相承的文化传统，它代表着儒家文化的价值理想和最高典范。孔子的"道"自然是承继春秋以来中国文化由天道转到人道的这一历史趋势而进一步探讨的，其传统资源主要是礼乐文化，其价值指向基本上是人文精神，其最后的归宿大体上是社会政治秩序的重建。这就使他的"道"具有了更为广泛、深刻的历史文化意蕴。

历史上，周公"制礼作乐"，从而使礼制得以完善，所以孔子特别推崇周礼。在《论语》中，孔子屡屡称赞周代的礼乐文化："周监于二代，郁郁乎文哉！吾从周。"（《论语·八佾》）"周之德，其可谓至德也已矣。"（《论语·泰伯》）对于周礼的制定者周公更是钦佩有加，以至于连做梦也想着他："甚矣吾衰也！久矣吾不复梦见周公！"（《论语·述而》）对于孔子的道的自觉，朱熹注解说："道之显者谓之文，盖礼乐制度之谓也。不曰道而曰文，亦谦辞也"①，后来又强调："三代圣贤文章，皆从此心写出，文便是道。"② 戴震说："周道衰，舜禹汤文武周公致治之法，焕乎有文章者，弃为陈迹。孔子既不得位，不能垂诸制度礼乐，是以为之正本溯源，使人于千百世治乱之故，制度礼乐因革之宜，如持权衡以御轻重，如规矩准绳之于方圜平直。"③ 现代大儒梁漱溟说："中国数千年风教文化之所由形成，周孔之力最大。举周公来代表他以前那些人物，举孔子来代表他以后那些人物，故说'周孔教化'。周公及其所代表者，多半贡献在具体创造上，如礼乐制度之制作等。孔子则似是于昔贤制作，大有所悟，从而推阐其理以教人。道理之创发，自是更根本之贡献，启迪后人于无穷。所以在后两千多年的影响上说，孔子又远大过周公。"④ 现代新儒家牟宗三说："周公之制礼是随军事之扩张、政治之运用，而创发形下之形式。此种创造是广度之外被，是现实之组织。而孔子之创造，则是就现实之组织而为深度之上升。此不是周公的'据事制范'，而是'摄事归心'。是以非广被之现实之文，而是反身而上提之形上的仁义之理。……现实的周文以及前此圣王之用心及累积，一经孔子勘破，乃统体是道。是以孔子之点醒乃是形式之涌现，典型之成立。孔子以前，此典型隐而不彰；孔子以后，只是此典型之继体。"⑤ 可见，孔子正是通过礼乐文化的反思达致对"道"的自觉，开创了儒家之道统和学统。

孔子观殷夏所损益，追迹三代之礼，删定《六艺》，仁体礼用，仁智双彰，"尽人道之极致，立人伦之型范"。⑥ 孔子不但是其前两千五百年历史文化积累的集大成者，守成者，也是上古三代历史文化的反省者，还是其下两千五百年历史文化演进的开新者。虽然，孔子未有道统之言，但他谓天之历数尧、舜、禹递相传授，亦实启发了孟子的道统思想。上古三代

---

① （宋）朱熹：《论语集注》卷五，《四书章句集注》，第110页。
② （宋）黎靖德编：《朱子语类》卷一百三十九，第3319页。
③ （清）戴震：《孟子字义疏证·序》，中华书局1961年版，第1页。
④ 梁漱溟：《中国文化要义》，学林出版社1987年版，第102页。
⑤ 牟宗三：《历史哲学》，广西师范大学出版社2007年版，第88页。
⑥ 同上书，第83页。

圣圣相传之道，因孔子而点醒，而显彰，而守而不失，绵绵常存。① 因此，我们应该理解当年朱熹的话："此道更前绍圣贤，其说始备。自尧、舜以下，若不生个孔子，后人去何处讨分晓？"② "天不生仲尼，万古长如夜"③，这些说法并不是夸大其辞，而是深刻的见解，充分阐明了孔子是儒家道统谱系中的承前启后的中心人物。也许正是朱熹对道统的深刻把握，他才第一次将"道"与"统"合在一起提出了"道统"的概念。他曾说过："子贡虽未得道统，然其所知，似亦不在今人之后。"④ "《中庸》何为而作也？子思子忧道学失其传而作也。盖自上古圣神继天立极，而道统之传有自来矣。"⑤ 朱子虽然最早将"道"与"统"合在一起讲"道统"，但道统之说的创造人却并非朱子，而是唐代的儒家学者韩愈。

　　韩愈明确提出儒家有一个始终一贯的有异于佛老的"道"。他说："斯吾所谓道也，非向所谓老与佛之道也。"⑥ 他所说的儒者之道，即是"博爱之谓仁，行而宜之之谓义，由是而之焉之谓道，足乎己无待于外之谓德。仁与义为定名，道与德为虚位"。⑦ 按照韩愈的意思，"道"就是指作为儒家思想核心的"仁、义、道、德"。这已经不是历史之道，而是哲学之道。千百年来，传承儒家此道者有一个历史的发展过程。这个过程就是："尧以是传之舜，舜以是传之禹，禹以是传之汤，汤以是传之文、武、周公，文、武、周公传之孔子，孔子传之孟轲。轲之死，不得其传焉。"⑧ 一般认为，韩愈这个传承系列可能受到了佛教"法统"之说的影响。自从韩愈提出道统说，朱熹提出道统的概念，历来解说道统者都从"道"与"统"两个方面来理解道统。以今天的学术话语说，前者是哲学的，后者是历史的。而哲学又来源于历史，是历史的升华和提炼，并与历史紧密地结合在一体，与西方哲学与历史的相对独立发展形成了鲜明的

---

① 罗义俊：《中国道统：孔子的传统——儒家道统观发微》，http：//www.confucius2000.com/。
② 《朱子语类》卷九十三，第2350页。
③ 同上。
④ 《朱文公文集》卷三十六《与陆子静·六》，四部丛刊本。
⑤ （宋）朱熹：《中庸章句序》，《四书章句集注》，第14页。
⑥ 《原道》，（唐）韩愈撰，马其昶校注：《韩昌黎文集校注》，上海古籍出版社1986年版，第18页。
⑦ 同上书，第13页。
⑧ 同上书，第18页。

对比。

笔者认为，儒经所体现的道统按今天的话说就是所谓的核心价值。什么是核心价值？

核心价值本是一个舶来品，据初步文献搜索，该提法曾出现于1994年美国学者柯林斯和波拉斯发表的专著《基业长青》。作者认为，核心价值是指一个组织的最基本和持久的信念，具有内在性，被组织内的成员所看重，独立于环境、竞争要求和管理时尚。核心价值就是组织拥有的区别于其他组织的、不可替代的、最基本最持久的那部分组织特质，是组织赖以生存和发展的根本原因，是一个组织DNA中最核心的部分。保持核心价值和核心使命不变，同时又使经营目标、战略与行动适应变化的环境，是企业不断自我革新并取得长期优秀业绩的原因。

随着企业文化、组织文化研究的广泛开展，对于企业核心价值、地区核心价值、民族核心价值、国家核心价值的研究也越来越热烈。现在，我们是在更广泛的意义上使用这个概念的。任何社会都有一定的价值理念、价值标准和价值指向。社会的核心价值，是指能够体现社会主体成员的根本利益、反映社会主体成员的价值诉求、对社会变革与发展起维系和推动作用的思想观念、道德标准和价值取向。核心价值是一定社会的性质、本质和发展趋向的集中体现。核心价值在意识形态各个层面的具体展开，即形成社会核心价值体系，是一个国家、社会得以存在和发展的指导思想和精神支柱。

中国传统文化的核心价值观主要是从儒家经典中来的，诸如以人为本、天人合一、仁者爱人、贵和尚中、和而不同、自强不息、厚德载物、忧患意识、与时偕行、生生不息、诚信、民本、日新等都是中国优秀传统文化的核心价值观，已经为学者们进行过许多阐发。

四 传统文化与中国社会主义核心价值观的关系

今天，这些传统价值观念依然是我们实现民族统一，实现可持续发展的原动力，是我们应对挑战的最高行为准则。因此，现在提出的社会主义核心价值体系也应该是以传统文化为基础的。胡锦涛同志2006年4月21日在美国耶鲁大学的演讲中说："现时代中国强调的以人为本、与时俱进、社会和谐、和平发展，既有着中华文明的深厚根基，又体现了时代发

展的进步精神。"习近平总书记在2014年2月24日中共中央政治局第十三次集体学习时的讲话中指出:

> 培育和弘扬社会主义核心价值观必须立足中华优秀传统文化。牢固的核心价值观,都有其固有的根本。抛弃传统、丢掉根本,就等于割断了自己的精神命脉。博大精深的中华优秀传统文化是我们在世界文化激荡中站稳脚跟的根基。中华文化源远流长,积淀着中华民族最深层的精神追求,代表着中华民族独特的精神标识,为中华民族生生不息、发展壮大提供了丰厚滋养。中华传统美德是中华文化精髓,蕴含着丰富的思想道德资源。不忘本来才能开辟未来,善于继承才能更好创新。对历史文化特别是先人传承下来的价值理念和道德规范,要坚持古为今用、推陈出新,有鉴别地加以对待,有扬弃地予以继承,努力用中华民族创造的一切精神财富来以文化人、以文育人。
>
> 要讲清楚中华优秀传统文化的历史渊源、发展脉络、基本走向,讲清楚中华文化的独特创造、价值理念、鲜明特色,增强文化自信和价值观自信。要认真汲取中华优秀传统文化的思想精华和道德精髓,大力弘扬以爱国主义为核心的民族精神和以改革创新为核心的时代精神,深入挖掘和阐发中华优秀传统文化讲仁爱、重民本、守诚信、崇正义、尚和合、求大同的时代价值,使中华优秀传统文化成为涵养社会主义核心价值观的重要源泉。要处理好继承和创造性发展的关系,重点做好创造性转化和创新性发展。

这就说明中华优秀传统文化是社会主义核心价值观固有根本,是涵养社会主义核心价值观的重要源泉。今天,我们要讲清楚这个根本才能增强文化自信和价值观自信,从这个源泉里汲取思想精华和道德精髓才能做好创造性转化和创新性发展。因此,我们可以概括地说,优秀的传统文化与中国社会主义核心价值观是"源"和"流"的关系,"不忘本来才能开辟未来,善于继承才能更好创新",社会主义核心价值体系的形成应该在"继往"的前提下"开来"。

党的十八大报告以24个字凝练地概括了社会主义核心价值观:富强、民主、文明、和谐,自由、平等、公正、法治,爱国、敬业、诚信、友善。这24个字其实是12种价值观,其中有的是传统价值观的全部继承，有的是部分继承。下面将这 12 种价值观逐个结合中国历史文化略作分析。

富强——中国历史上曾经出现过不少强盛的历史时期，就是所谓的盛世。重要的如西汉时期的文景之治、东汉时期的光武中兴、大唐时期的贞观之治、盛唐时期的开元盛世、清朝时期的康乾盛世。这几个时期，总的来说，都是君主贤明，纳言听谏，体恤民情，爱民如子，臣子直言进谏，尽忠侍主报国，君臣上下团结，社会稳定，人口增长，经济繁荣，国家富强，百姓安居乐业。当今中国与西汉文景之治颇有相似之处。

民主——中国古代没有现代意义上的民主，但民本实质上是以民为社会、国家的价值主体，民本是传统文化优秀的核心价值观之一。由于历史局限性，儒家的民本思想不得已与君主制结合在一起，有人认为君主与民本存在着矛盾，即便如此，也潜含着从民本走向民主的种子。

文明——中国文明是世界上最古老的文明之一，也是世界上持续时间最长的文明，又称为"华夏文明"。唐孔颖达《春秋左传正义》曰："夏，大也。中国有礼仪之大，故称夏；有服章之美，谓之华。华，夏一也。"《史记·赵世家》："中国者，盖聪明睿智之所居也，万物财用之所聚也，贤圣之所教也，仁义之所施也，诗书礼乐之所用也，异敏技能之所试也，远方之所观赴也，蛮夷之所义行也。"《唐律名例疏议释义》说："中华者，中国也。亲被王教，自属中国，衣冠威仪，习俗孝悌，居身礼仪，故谓之中华。"今天的社会主义文明当然首先要继承几千年的礼仪道德，在确立我们自己文化主体性的基础上吸收消化外来文化，同时以自己文化传统为主体来参与世界多元文化的融合。

和谐——和谐无疑是我们中国传统文化的核心价值观之一。中国传统文化的和谐思想内容非常丰富，集中体现在四个方面，即天地人（宇宙）的整体和谐，人与社会关系的和谐，人与人关系的和谐，人自身身心关系的和谐。面对现代社会严重的生态危机、社会危机、精神危机，如何实现人与自然、人与社会以及人自身的协调发展，这些和谐思想具有重要的启迪意义和现代价值，是我们今天需要着力实践的。

自由——中国虽然没有现代意义上的自由，但不能说没有自由。中国古代的自由是一个中性词，指一种摆脱或超越了社会习俗、礼仪规范或正式制度的个人自在自得的存在状态或随情任性的行为方式。道家是中国古代自由的代表，庄子的《逍遥游》等名篇为"自由"奠定了思想基础。

相比较而言，中国古代"自由"一词主要被从否定意义上来理解和定位的。儒家的自由是一种中道自由，儒家提倡中正平和，不要走极端，注重伦理秩序，但也不乏自主人格和自由精神，如孔子的"随心所欲不逾矩"就是自由的最高境界。当今中国的自由诉求主要在制度层面，随着中国社会的不断进步，会逐步实现现代意义上的自由，实现马克思主义者所讲的人的从必然王国走向自由王国，实现人的全面而自由发展。

平等——很多人说中国古代是专制社会，封建等级社会，没有平等。这是表面的看法，中国古代社会确实是一个讲究礼法的亲疏远近、尊卑贵贱的等级社会，但这种等级是在承认人的自然差别情况下的合理合情的等差，在大、小传统中均不乏对平等的思想主张和要求，如儒家在承认人有天然差别的前提下主张人格平等，这特别体现在孔子以"忠恕"为核心规范的仁学思想中，"忠恕违道不远，施诸己而不愿，亦勿施于人"。"己所不欲，勿施于人"，"己欲立而立人，己欲达而达人"。"忠恕之道"是在把他人视为与自己在人格上平等的前提下将心比心，推己及人，在它后面隐含着的是一种"人格平等"的精神。儒家之所以要求视人如己，平等看待，是与儒学恻隐之心，仁者爱人的价值核心分不开的，这一点，孔子的"仁者爱人"与孟子"恻隐为仁之端"的思想就是清楚的说明。当今中国的平等主义是外在制度和法律层面的落实问题，需要我们不断争取。

公正——可以分解为公平和正义。公平是"一碗水端平"、"不偏袒"的意思，《管子·形势解》："天公平而无私，故美恶莫不覆；地公平而无私，故小大莫不载。"在现实中真正意义上的公平是不存在的，公平一般靠法律和协约保证，由活动的发起人（主要成员）制定，参与者遵守。"正义"在传统语境中是公道正直，正确合理的意思，如汉王符《潜夫论·潜叹》："正义之士与邪枉之人不两立之。"现在因为受西方罗尔斯正义论的影响，有学者在通过对"中国古典制度伦理学"，尤其是"儒家制度伦理学"思想资源的发掘，重建"中国正义论"，以回应"西方正义论"，为解决当代中国社会正义问题提供传统思想资源。

法治——"法治"一词很早就出现在古书中。《晏子春秋·谏上九》："昔者先君桓公之地狭于今，修法治，广政教，以霸诸侯。"在先秦法家注重法治，但完全否定了儒家的德礼之治，走向极端。儒家自孔子挖掘古代王道政治的思想资源，提出"道之以政，齐之以刑，民免而无耻；道之以德，齐之以礼，有耻且格"（《论语·为政》），朱熹《论语集注》云："愚谓政者，为治之具。刑者，辅治之法。德、礼则所以出治之本，而德又礼之本也。此其相为终始，虽不可以偏废，然政刑能使民远罪而已，德礼之效，则有以使民日迁善而不自知。故治民者不可徒恃其末，又当深探其本也。"[①] 认为"刑"、"政"是实现"治"的辅助方式，而"德"、"礼"则是实现"治"的根本的，而"德"又是根本的根本。这就是德礼为本，政刑为末，德礼政刑相辅相成，相维相济的儒家治道模式。所以，在中国古代，法治不是唯一的至高无上的，而只是治道之一个层面。当然，这里需要辨别"法治"与"人治"的关系。简单地说，我们现在理解的人治是领导说了算的"一言堂"，与独裁、专断联系在一起，而古代的"人治"主要是指贤人之治，通过选贤任能，让贤能者执政，制定法律，实行法治。

爱国——爱国主义是我们几千年的优秀传统，已有很多讨论，此略去不论。

敬业——敬业的意思就是专心致力于学业或工作。《论语·述而》："叶公问孔子于子路，子路不对。子曰：'女奚不曰，其为人也，发愤忘食，乐以忘忧，不知老之将至云尔。'"春秋时期，孔子带领学生周游列国讲学，来到楚国叶邑，叶公沈诸梁接待了他，他对孔子不怎么了解，就悄悄地问子路，子路一时不知怎么回答他。孔子事后得知就对子路说了这段话。表现出孔子致力于讲学传道，自强不息，积极乐观的精神面貌。他还批评那种整天吃饱饭，不动脑筋，不干什么正经事的人，《论语·阳货》："饱食终日，无所用心，难矣哉！"整天吃饱了饭，不肯用心去做事，这种人是很难造就的啊！

诚信——在中国古代更是随处可见，反复强调。诚信可以说是以儒家为主的中国文化核心价值观之一。关于"诚"，《礼记·中庸》就说："诚者天之道也，诚之者人之道也。"认为"诚"是天的根本属性，努力求诚以达到合乎诚的境界则是为人之道。又说"诚者，物之终始，不诚无物"。认为一切事物的存在皆依赖于"诚"。孟子说"是故诚者天之道也，思诚者人之道也"（《孟子·离娄上》）；又说"反身而诚，乐莫大焉"（《孟子·尽心上》），认为反省自己以达到诚的境界，就是最大的快乐。

---

① （宋）朱熹：《论语集注》卷一，《四书章句集注》，第54页。

荀子虽"不求知天",但也把"诚"看作进行道德修养的方法和境界。儒家把"信"作为立国、治国的根本。关于"信",孔子说:"人而无信,不知其可也。……其何以行之哉?"这就是说,一个人如果不讲信用,在世上就会寸步难行。这是讲个人的"信",孔子更强调国家层面的"信"。子贡问孔子如何从政,孔子回答说:"足食、足兵、民信之矣。"子贡又问:"必不得已而去,于斯三者何先?"孔子回答说:先去食后去兵,因为"自古皆有死,民无信不立"。汉儒把"信"列入"五常"之中,成为中国文化核心价值观的重要内容。当今中国由于一百多年来割断了传统文化,遗失了诚信价值观,造成诚信缺失、不讲信用,不仅危害经济社会发展,破坏市场和社会秩序,而且损害社会公正,损害群众利益,妨碍民族和社会文明进步。

友善——本意是指朋友之间的亲近和睦,后来泛化为对人乃至天地万物的友好与善待。儒家推崇的核心价值观以"仁"为核心的核心。仁的推衍是以同心圆的方式,由善心—自爱—爱亲人—泛爱众—爱物,即仁者与天地万物为一体。友善是仁爱推广到泛爱众和爱物层面的具体表现,是中国人难以舍去,无法泯灭的道德修为之一。但是,毋庸讳言,当今中国人由于一百多年来隔断了中华文明的优良传统,不讲儒家倡导的"修身、齐家、治国、平天下",所以国人的素质堪忧,且不说在国内,这几年突出的是国人出境旅游不文明,不友善的行为,使人们发出了《做文明、守法、友善的中国人》的呼吁,提出"友善是敲开心房的钥匙。一个微笑、一句问候、一声感谢,平凡的点滴往往会意想不到地拉近心与心的距离"。"我们应以良好的修养,展现自尊自信,热情坦率、以礼相待,在友善他人的同时赢得尊重。"

30年来,经济改革,人民生活提高,国家综合实力长足进步,社会的开放度与自由度有相当提升。在这样的背景下,伴随中华民族的伟大复兴,社会主义核心价值体系的构建,关系到中国整体的"软实力",关系到中国能否真的富强起来自立于世界民族之林。

五 儒经与中国文化的复兴

1. 回归元典,正本清源

文化元典的概念是著名思想史家、文化史专家冯天瑜先生在《中华元典精神》一书提出来的。在公元前 6 世纪前后的几百年里，几大文明古国的先民在思想上发生了一个突破性的发展，人们不满足于对现实的直观反映，而开始致力于对世界本质的探索，并思考作为实践与思维主体的人类自身在茫茫宇宙中的地位，形成了诸多关于宇宙、人生和社会的各种学说，并首次用完整的典籍将其记录下来，从而使得此前处于萌芽状态的、散漫的宗教、科学、文学、史学成就得以凝聚、综汇和升华。这些能够反映诸文明民族"元精神"的典籍可以称为"文化元典"。如《吠陀》和《佛典》是印度元典；《古圣书》是波斯元典；《理想国》、《形而上学》等哲学论著是古希腊元典；《圣经》是犹太教和基督教元典；六经以及儒家《论语》、《孟子》、《荀子》，道家《老子》、《庄子》，墨家《墨子》，法家《韩非子》等是中国文化的元典。从中国文化发展过程来看，每一次儒学和整个文化的更新，都表现为对前一儒学和文化思潮的矫正，表现为一种向元典的回归。今天我们迎来了中国文化复兴的大好时代，也应该在回归元典的基础上重建中国文化的核心价值体系。

回归元典，重建中国文化的核心价值体系就要对近代以来中国的历史和文化进行深刻的反思和批判，力求正本清源。就是要从文化的源头上弄清楚来龙去脉，以确立中国文化的根源和根本，借以重新定位和评价中国文化，使中国文化的发展走向大中至正之道路。正本清源就是要遥契古代圣贤之心志，以同情的理解进入经典，正确地理解经典的原意，把握经典的本意，而不要有先见偏见，不要望文生义，不要牵强附会。这是形成新思想的基本条件。

2. 与时偕行，返本开新

今天重提复兴，很多人容易感到是要回到过去，特别是受以往的革命思维的影响，仍然觉得是复古倒退。其实时光不可能倒流，我们是不可能回到过去的。一味地抱残守缺，食古不化，正如只知弃旧求新一样，并不是真正的儒者。孔子本人就经常强调"时中"，讲究"经"与"权"，因而被时人目为"圣之时者"。儒家思想在我国古代思想史和政治史上之所以具有超乎寻常的生命力，成为中国传统文化的主流思想，正是由于它具有与时俱进的特点，根据不同时代的需要，在自身内容上不断改进，以符合新时代的要求。先秦时代的孔子、荀子是这样，以后的董仲舒、理学家们也是这样。在这个意义上说，儒学的真精神就是生生不息，与时偕行。其实，这也是儒学生命力之所在。

返本开新，可以有不同的理解。笔者这里是说通过返回本源来开辟儒学乃至中国文化的新时代，新天地。具体地说，"返本"就要返回先秦乃至中华文明之源头，追根溯源，寻求中华文明和儒学的真精神。"开新"是要在吸收人类一切先进文明成果的基础上，立足中华大地，集中华夏文化圈华人的智慧，真正开出华夏文明的新时代。

3. 经以载道，确立主体

"经"在传统中有"常道"、"常理"的含义，"经"所呈现出来的是文字，它所承载的则是"道理"。诵经、注经、研经，其最终的目的是为了理解和把握经典所蕴含小至百姓日用，大至宇宙天地的道理。正因为如此，对儒经的诠释、研究和普及都要把把握经典的"道"作为最高的追求，即《汉书·艺文志》所说的儒者"于道最为高"。

近代以来文化观点的众说纷纭，都是因为失去了主体性以后的不知所从。中体西用在理路上就是试图确立这个主体性，但是当时的"体"已经是被掏空的"游魂"，不但与社会制度剥离了，而且与民族生命失去了联系，所以这一有价值的理论没有办法落实。因此，必须确立中华民族文化的主体性，而中华民族文化的发展历史又是以儒家为主体的，而儒家思想学说又是最重视儒者的道德人格主体性的。通过确立儒者道德人格的主体性推动儒学复兴，重建儒学在多元思潮中的主体性，进一步推动中国文化与世界多元文明和而不同，和谐共处。

在当前这种信仰缺失，道德沦丧，人心堕落，社会离析，违法犯罪司空见惯的状况下，儒者以其道德人格成就一个个实实在在的文化生命，才能通过承担儒家的事业来担当中国文化的事业，以个人的文化生命来成就民族的文化生命。

4. 多元整合，道集大成

面对当今多元思想文化的格局，儒家首先需要确立自己的主体性，然后以我为主，像历史上吸收道教、佛教更新发展一样，也在当今多元宗教文化中与各大宗教平等对话，与各种思想体系平等交流，和而不同，多元整合，重建民族文化体系。

中华五千年的上古文化传统由孔子作了继承和发挥，是对上古历史文化进行反思和总结，把历史的经验加以理论化、体系化的结果。可以说，他的思想学说是"集"了中国上古以来历史文化的"大成"。关于这方面古来人们都有认识，孟子曰："伯夷，圣之清者也；伊尹，圣之任者也；

柳下惠，圣之和者也；孔子，圣之时者也。孔子之谓集大成。"（《孟子·万章下》）赵岐注："孔子集先圣之大道，以成己之圣德者也。"因为孔子的集大成，他才能有自己的思想学说影响了至今两千五百多年中国历史文化。

  我们今天又处在全球化时代，处在中华民族复兴的历史时刻，我们学习孔子，弘扬儒学，就是要在重建我们文化主体性的基础上吸收消化外来文化，同时积极参与世界多元文化的交流对话，以集大成的思路开拓出中国文化发展的广阔道路。

第 四 章

孔子儒家与中华民族共有精神家园的重建

一　精神、精神家园、民族精神家园

何谓精神？《辞海·哲学分册》说："指人的意识、思维活动和一般心理状态。宗教信仰者和唯心主义者所讲的精神，就是对意识的神化。唯物主义者常把精神当作和意识同一意义的概念来使用，认为它是物质的最高产物。"① 实际上人们往往把它与物质相对而称。

中国古代的"精神"是指天地万物的精气、活力，一种奇妙难言的作用，一种事物运动发展的精微不显的内在动力。《周易·说卦传》上说："神也者，妙万物而为言者也。"万事万物所显示出来的独特的具有灵性的状态，就是古人所谓的"精神"。

"精神"一词还有更深一层的意思，我们可以从中国古代文献中概括、提炼出来。"精神"作为一个完整的词，始见于《庄子·天道篇》："水静犹明，而况精神！圣人之心静乎！天地之鉴也，万物之镜也。"又说："须精神之运，心术之动，然后从之者也。"在古代中国哲学中，人的精神亦称为"神明"。《庄子·齐物论》还说："劳神明为一。"《荀子·劝学》："积土成山，风雨兴焉；积水成渊，蛟龙生焉；积善成德，而神明自得，圣心备焉。"《荀子·王制》："圣王之用也：上察于天，下错于地，塞备天地之间，加施万物之上，微而明，短而长，狭而广，神明博大以至约。"以上文献中的神明都与精神基本同意，是指人的一种独特的思想意识和心理状态。

现在一般意义上的人的精神就是指人的信仰、理想、信念、伦理、道

---

① 《辞海·哲学分册》，上海辞书出版社1980年版，第1935页。

德、追求、憧憬等，毛泽东曾经说过："人是要有一点精神的。"① 一个人离开了精神就会意志不坚，缩手缩脚，畏葸不前，难以成就大事业；一个国家，一个民族离开了精神就会被人欺侮，受人凌辱，遭人侵略，积贫积弱，难以应对大灾大难，更难得以强盛。

精神家园，是一个漫长而又古老的命题，自从人类诞生的那一天起，人们就在寻找，而现代人的精神困惑越来越严重，对精神家园的渴望也越来越强烈。精神家园为我们提供心灵慰藉、精神归属和终极关怀。作为个体来说，每一个人都要有精神家园，这大概是人与动物的区别之一。② 苏轼有诗云："此心安处是吾乡。"一颗心能安顿处处皆为故乡。"吾乡"，即人的精神家园。所谓人的精神家园，就是人的精神、心灵获得安宁、得以安顿的地方。有了精神家园，人就有了安顿感、温馨感和幸福感，人的生活才有意义；不然，他的生存就有可能是动物性的，他的生活可能就充满漂泊感、阴冷感和痛苦感，是没有意义的。一个民族也是这样，必须有一个精神家园，不然，这个民族就不成其为一个民族，就丧失了作为民族存在的精神依据，只能成为一个生理意义上的群体存在。因此，精神家园是一个民族生命的寄托和精神的依归，它反映了一个民族经过漫长的历史积淀所传承下来的特有的传统、习惯、精神、心理、情感等。精神家园是民族生命的精神母体、民族创造的精神源泉、民族凝聚的精神纽带、民族奋进的精神动力。

精神家园问题，核心就是人崇高的形而上问题，即人活着为什么？它关乎着做人的根本原则和基本道理，涉及人的终极关怀或本体论追求问题。解决了这个问题，人的精神就有了"支柱"，安身立命就有了"根据"，感情、心灵就有了"着落"，也就是说，人的精神家园问题就解决了。

精神家园主要包括精神生活、精神支柱、精神动力和精神信仰四个方面。

人不能仅仅满足于物质生活，他还要追求精神生活。一般情况下，物质生活满足了，人或者去追求丰富而高尚的精神生活，或者沉湎于物欲而

---

① 毛泽东：《1956年11月10日至15日在中共产党第八届中央委员会第二次全体会议上的讲话》，载《毛泽东选集》第五卷，人民出版社1977年版，第329页。

② 用中国传统的说法天地之间人为贵，用西方的说法人为万物之灵长。

不能自拔，而绝大多数人也许就是满足现状，浑浑噩噩，并不再去追求更高层次的精神生活。相反，宗教信仰者、苦行者则反感、厌倦了物质生活，放弃舒适的物质生活甚至是最基本的物质需要，去追求一个纯净的精神世界。我们传统的儒家比较走中道，追求物质和精神的平衡发展。人之为人与动物不同的是人的生活中必不可少的是人的精神追求。一个人没有了对理想的追求，失去对明天的期望，抛弃对生命真谛的探索，这样的生活是苍白的，也是没有意义的。

一个人，如果没有自己的精神支柱，就等于没有灵魂，生命就会委顿，甚至活不下去；一个民族、一个国家，如果没有自己的精神支柱，就等于没有灵魂，就会失去凝聚力和生命力。我们要全面建设小康社会，实现中华民族伟大复兴，尤其需要弘扬民族精神，构筑精神支柱。

一个人要维持生命，不断工作，进行创造，没有物质的能量补充固然不行，但人之为人更在于精神动力。作为一个人，要健康地生活下去必须要有精神动力。没有精神动力的人可能精神委靡，浑浑噩噩，郁闷无聊；一个民族也是一样，需要有持续的精神动力。民族的精神动力来源于民族精神，党的十六大报告指出："民族精神是一个民族赖以生存和发展的精神支撑。一个民族，没有振奋的精神和高尚的品格，不可能自立于世界民族之林。在五千多年的发展中，中华民族形成了以爱国主义为核心的团结统一、爱好和平、勤劳勇敢、自强不息的伟大民族精神。"通过弘扬和培育民族精神，才能为中华民族的伟大复兴提供强大的精神动力。

人的现实生存有很大的局限性，人们往往不能满足于现状，于是有超越的追求，有精神信仰的需要。精神信仰，主要是指人的哲学意识和宗教意识状态，因为这两者比其他思想意识而言更具有宇宙观、世界观的指导作用。由于精神是建立在自然和社会认识基础上的意识状态，而信仰则是精神活动对理想的超现实价值的目标指向，所以，精神信仰就应该是人的意识稳定指向超现实价值的一种状态。简单地说，精神信仰就是作为自己行为准则的哲学观和宗教观。

中华民族共有的精神家园是中华民族认同和尊崇的安身立命、灵魂安顿和精神归根的家园。中华民族共有的精神家园是民族生命力、创造力、向心力、亲和力的源头活水；是民族不畏艰险、团结奋进、科学创新的精神力量；是民族唯变所适、生生不息的动力。①

二 建设中华民族共有精神家园的现实意义和历史意义

在经济全球化不断加速、文化影响力日益增强的今天，建设中华民族共有精神家园不仅具有十分重要的现实意义，而且还具有非常深远的历史意义。

精神信仰危机已被公认为现代社会普遍存在的基本问题之一，被视为一种"现代性"（modernity）现象。人们可以看到，现代社会的信仰危机已然成为一种普遍现象。无论是先进的现代化国家和地区，还是后发的现代化国家或地区，抑或在某些具有严格统一宗教文化传统的国度，都在不同程度上经受着精神信仰危机的冲击。

当今中国人精神信仰问题已经到了非常危急的状况，目前国人普遍缺乏信仰，在物欲中急急如丧家狗，没有目标，跟着感觉任意游走在一个规则不健全，盛行"潜规则"的社会里，缺乏公正。正如有学人不无忧患地指出的那样：

> 一百年来中国文化崩溃，中国人的生命不能通过儒家文化所体现的超越神圣信仰与价值来安顿，出现了现在中国人心灵飘荡无处归依的普遍现象，这就是我们现在大家都普遍感到的中国人信仰空虚、价值虚无、生命荒谬、意义失落的现象，这一现象为中国的各种怪力乱神提供了温床，也是可能造成中国社会动乱的一个深深的隐忧。②

> 信仰的饥渴正在折磨着我们，一切危机中最根本的危机就是信仰危机。……信仰的饥渴正在折磨着我们。正是这种饥渴感使得我们内

---

① 张立文：《弘扬中华和谐文化 建设中华民族共有精神家园》，《光明日报》2008年4月22日。

② 蒋庆：《儒学在当今中国有什么用？》，2006年7月15日在凤凰卫视"世纪大讲堂"上的讲稿，未删节本，儒学联合论坛，http://www.yuandao.com/thread-25562-1-1.html。

心渐渐萌发了寻找信仰的愿望。……当然，更为严重的问题还是今日中国人的内心生活。无论是所谓的上层精英还是下层百姓，从整体而言，已经丧失了生活的总目标，丧失了生活的真正的理由；我们只有眼前最直接最功利的一个个具体的生活目标，就是这些目标让我们像无头苍蝇一样盲目地奔波忙碌；我们没有了判断善恶是非美丑的标准，没有了追求正义、真理和光明的目标与动力，没有了确立人与自然、人与社会、人与人、人与自我之间关系的最高准则；实际上，我们已经没有了真正的内心生活，没有了人之所以成其为人的精魂。正是在这个意义上，我觉得我们的生活出了毛病，出了真正的根本意义上的毛病。①

这样，就导致了大量的中国人皈依各种宗教，甚至邪教。如农村传播非常厉害的邪教"全能神"是20世纪90年代初从邪教组织"呼喊派"分化演变而来。教主赵维山自封"能力主"，歪解《圣经》中"闪电从东方发出，人子降临也要这样"等语句，编造"全能神是唯一真神，以东方女性的形象再次道成肉身显现"等邪说，打着基督教的名义，认为河南的一个女神是"道成肉身"的最后一位"基督"，要在中国"做王掌权"。其教义宣扬现在是全能神的时代，一切要听从其旨意，才能避免灾难。以农村为主要活动地域，以农民和信教群众为主要对象，秘密传播，20世纪90年代开始，从河南由南向北传播，先后传到陕西延安、榆林、内蒙古，山西一带，继续向新疆、宁夏、甘肃等地大肆渗透。另外，据笔者遇到的情形来看，在陕西农村有半秘密状态的"基督教旷野传教"，吸引了许多农民。他们的内容与中国传统文化的孝道和传统礼仪有着冲突。在我们的大学校园，也曾经碰见有大学生向笔者传基督教，一个清纯可爱的女孩真诚地邀请你加入他们的家庭教会活动，一块儿读《圣经》，体验与基督沟通的感受。据说这种现象在大学生、研究生当中相当普遍，只是没有办法作详尽准确的统计。传统的道教、佛教也越来越兴盛，而天主教、基督教在当代中国已经成为最有影响力的外来宗教。据香港孔教学院院长汤恩佳先生的统计，天主教在祖国大陆平均每三天建两间教堂，基督教在祖

---

① 摩罗、余杰等：《我们时代的精神困境——关于信仰问题的对话》，天涯之声，www.tianya.com.cn。

国大陆有 15000 间教堂、35000 个传教点，洋教教徒已有 1 亿多人。近十分之一的中国人信基督教对中国文化不能说不是一个巨大的冲击，因为中国人自古生命信仰主要是以儒家文化为主，道佛为辅的模式来解决，而近代以来儒家文化式微，基督教乘虚而入填补了中国人很大的信仰空间，中国人自己传统的信仰空间正在受到排挤而日愈缩小，这不能不引起整个中国人的严重关切与思考。可以想见，如果几亿中国人的头脑都信了基督，不再讲传统礼仪，不讲人伦道德，不讲孝悌之道，我们还是中国人吗？正是基于精神信仰对一个民族和国家的重要性，所以近年来不少人对中国人的精神危机表示关切和忧虑，同时思考解决的办法，探索未来出路。

  时任总书记胡锦涛同志在十七大报告中提出了"弘扬中华文化，建设中华民族共有精神家园"。时任总理温家宝同志在 2008 年的《政府工作报告》中也提出要加强文化建设，满足人民日益增长的、多样的文化需求。这是高瞻远瞩的，是顺应时代潮流的。从中华民族共有的精神家园高度来提出弘扬中华文化，不仅是对中国文化本身的肯定，更是对中国文化功能的提升。如何对待中华文化的问题这不是一个小问题，而是近代以来文化争论过程一个大是大非的问题。近代以来，我们开始批判传统文化，特别是囿于现代与传统二元对立的思维模式和各种各样的先见、偏见，对传统文化否定多于肯定，造成了几代中国人对自己文化传统的无知和轻慢。如现在大家最头疼的是教育不好家里的小皇帝，这可能有许多原因，但是从爷爷奶奶到爸爸妈妈连《弟子规》都不知道，不懂得教育小孩成长的基本规矩和为人处世的基本要求，能教育好孩子吗？中国科学院院士、华中科技大学前校长杨叔子教授在《高等教育的五重五轻》一文中说："1982 年我在美国的一个大学访问，有几位华人教授跟我讲，内地教育有个缺陷，什么缺陷呢？内地的留学生，ABC 很好，XYZ 也很好，也懂得美元、英镑，就是不太了解长城、黄河，也不太了解文天祥、史可法，一点也不知道《史记》、《四书》、《资治通鉴》，请问这种学生毕业出去以后能不能为中华民族服务？我认为他们提得非常好，非常深刻，也非常生动。"[①] 这是我们的教育出了问题，不能把传统文化传承下来，转化为学生的基本精神素质。云南师范大学教育系曾小英教授在《世界性儒学

---

  ① 杨叔子：《高等教育的五重五轻》，《中华读书报》2002 年 10 月 9 日。

复兴与当前我国教育改革》中谈了她自己的亲身体验："笔者从小在批判封建礼教、打倒孔老二的社会氛围中长大，从小养成了一种崇尚西方科学、鄙视传统文化的心态。直到本人硕士研究生毕业在大学从教10年之后，受到政府委派在美国做访问学者期间，思想才发生了变化。我在外国朋友家里，看到了他们对中国传统文化的敬重；从外国人写的书里，我了解了许多自己全然无知的东西。有一次聚会，外国朋友请我介绍中国传统文化。我的讲话言之无物却充满了自己的批判性意见，大家听了都露出不以为然的神色。这些经历使我猛醒：我横加批判的东西，是我真正了解的吗？流传了几千年，受到全世界最有知识的人尊崇乃至外国的普通人都愿意学习的东西，难道我这个炎黄子孙反而应该嗤之以鼻吗？我自以为传统文化是现代人应破除的封建迷信，根本不懂孔子学说却认定自己比孔子高明，这难道是科学的态度吗？这下我才发现了自己的迷信、无知和狂妄。于是我才虚下心来认真读古书，用科学的态度去研究中国传统文化。通过几年的学习研究，我才发现，原来，中国传统文化像大海一样深广无边，而且其中埋藏着无尽的宝藏。"[①] 因此，我们不能把近代落后的责任全部推到祖先的头上，推到传统文化的建设者头上。用十七大报告的话说，我们"要全面认识祖国传统文化"，增强民族文化的认同。民族文化认同与民族精神家园有密切的关系："中华历久弥新的璀璨文化，是全民族文化认同、文化尊崇的基础，是民族生命智慧的源泉，是民族安身立命的支撑。否定和斩断中华文化，搞民族文化虚无主义，那是民族衰亡之路。无文化认同和尊崇，共有精神家园就无文化根基和文化底蕴。文化认同和尊崇积淀愈深愈厚，文化认同感、尊崇感就愈具有吸引力、聚合力、亲和力，中华共有精神家园就愈美满。"[②]

党中央之所以提出这个问题，提到这样的高度，更是深切地体察到了当今中国所存在的精神危机。这种危机具有历史性、整体性、现代性。就历史性来说，说短点是近代，说长点从明末清初就开始了。在明清之际中国的思想家感受到了"天崩地裂"的变化，到了清末西方列强凭借强大的军事力量打开了中国的大门，给中国社会带来了千古奇变，礼仪崩溃，

[①] 曾小英：《世界性儒学复兴与当前我国教育改革》，《教育史研究》2001年第4期。
[②] 张立文：《弘扬中华和谐文化　建设中华民族共有精神家园》，《光明日报》2008年4月22日。

纲常堕毁，以西方为主流的外来文化对中国传统文化构成全方位的冲击。到了20世纪30年代，山河破碎，生灵涂炭，几乎沦为蕞尔小国的殖民地。但是，毕竟中国没有沦为殖民地，这就充分显示了中华民族的蕴藏的无比伟大的精神力量，尽管后来又是残酷的内战，又是不断的天灾人祸，物质贫乏和生命的保障都成问题，很多情况下还顾不到精神问题。1949年毛泽东在天安门城楼上庄严宣布："中国人民从此站起来了！"现在我们回过头来看那其实还只是民族肉体的挺立，精神并没有挺立起来，甚至可以说还匍匐在地上，不然怎么会发生"文化大革命"那样的事情？怎么会使10亿中国人把自己的头脑都寄托在毛泽东一个大脑上，把自己的精神信仰都维系在毛泽东一个人身上？后来长期的政治运动，人与人之间的斗争，政治的盲目热情和思想的简单认同，幻想与理想的混淆，使中国人的精神问题一直没有得到很好的解决。改革开放以来，我们要在几十年间走完西方发达国家上百年甚至几百年走过的现代化建设道路。时间压缩必然使社会矛盾空前集中，物质生活的丰富，空闲时间的增多，还有大量社会不公正存在，人际关系的疏离，以及社会腐败、道德堕落、思想迷茫等，而所有这些，最后都要反映到人们的精神上来，形成内心的矛盾，使得人们的精神困惑越来越凸显，甚至发生精神危机。如何解决这些矛盾，是我们必须进行着重研究和回答的时代课题。

就整体性而言，这种精神危机，不是个别现象，而是与民族文化的危机密切相关的全民族的精神危机。在现阶段，中国已经出现了精神危机并且日益严重，一些专家警告说，精神危机或许要比经济危机更加可怕。而目前的中国恰恰是精神危机的重灾区。从2009年1月16日由清华大学社会学系主办的心理危机干预学术研讨会上了解到的情况看，近年来我国的老年人自杀问题十分严重，部分地区甚至有渐成常态之势。据华中科技大学的有关研究表明，位于江汉平原的湖北省京山县，原本具有深厚的文化传统，如今却是部分乡村老年人的自杀率高达千分之一以上。有的村庄因自杀而死的老年人高达十分之三四。① 有些中青年人认为，老年人不给家庭创造财富，只是家庭的拖累，晚死不如早死，早死不仅自己解脱了，也给儿女们减轻了负担。京山县有位老人病重，其在外地打工的儿子儿媳回来准备为老人送终，但老人迟迟没有去世，这对夫妇就十分恼火，说怎么

---

① 魏德东：《老年人自杀问题的宗教视角》，《中国民族报》2010年1月19日。

还不快死，耽搁事儿。有些老人就在这样的氛围中，选择自杀作为结束生命的手段。而农药的广泛使用，则为老年人自杀提供了最方便的手段，这在当地被称作"喝老酒"。在一些村庄，人们普遍认为，"老人喝农药是必然要走的路"。在这样的文化氛围中，很多老年人也都将自杀看作是正常的。研究者发现自杀的原因与没有信仰有很大关系。京山县农村上至80岁的老人，下至几岁的小孩，已经很少有人相信鬼神的存在。当地人不过鬼节、不敬神、不拜祖先，将烧香拜佛、敬拜祖先视为"封建迷信"。当问及一般村民信仰什么时，他们的回答一半是信科学，一半是什么也不信，只信自己、信钱。这是比较落后的农村。也许最令人感到不可理解的是这几年大学生、研究生，甚至大学教授自杀也呈上升趋势。中国人民大学教授、博士生导师余虹因精神危机自杀，在他的最后一篇博客文章《一个人的百年》中透露了自杀的动机："莎士比亚在《哈姆莱特》中曾提出一个无法选择的难题：活还是不活？活下去就要'忍受人世的鞭挞和讥嘲、压迫者的凌辱、傲慢者的冷眼、被轻蔑的爱情的惨痛、法律的迁延、官吏的横暴和费尽辛勤所换来的小人的鄙视'。不忍受这一切而挺身反抗呢？如果死亡真像一睡了之那么宁静也就好了，但谁知道这一睡之后会做什么梦？谁知道那死亡之地是个什么样子？也许死比生更糟？谁知道呢？因此，我们说那些活着的人和那些以死反抗的人多少都是令人尊敬的人，因为他们有自己的决断和承担，而不像那个丹麦王子停留在无解的思虑中而放弃做人的责任。……在今天，要想象在一个政治化的时代坚持学术所承担的风险已经很难，在今天要想象在这样一个时代生活的知识分子如何度过那些斯文扫地的日子就更难了。"他用自己的生命向历史递交了一个知识分子与现世抗争的文字。因为无法找到精神家园，他便以唯一的尊严与勇气拒绝继续活着。看来，中国人的精神危机主要还是政治、文化等各种原因导致的。余虹教授的死不是个人的精神脆弱，而是整个民族精神危机的象征。他的文章中特别有一段话值得我们反思："在中国历史上，人们曾创建了一个以家庭、家族、乡里、民间社团、宗法国家和儒家道德为社会正义的此世之善，也创建了以各种民间信仰（迷信）和道释之教为灵魂依托的彼世之善。尽管这种善并不那么善，但好歹还是一种脆弱的依靠和庇护，可悲的是，近百年来连这种依靠与庇护也几乎在革命与资本的折腾中消失净尽了。"显然，他的精神危机是百年来中华民族精神家园失落以后整个国民精神危机的一个表征。对此，作为中华民族的一分子我深感忧虑和不安，老祖宗留给我们的许多好东西我们都抛弃掉了，以至于我们今天的中国人精神发生了这么大的危机，连灵魂工程师的大学教授都活不下去了，这多么可怕！可悲！！

就现代性而言，精神危机具有鲜明的时代性，是人类进入现代化社会的过程中产生的。现代人生活的极匆忙，如尼采所形容的，总是形色匆匆地穿过闹市，手里拿着表思考，吃饭时眼睛盯着商业新闻、股票屏幕，不复有闲暇沉思，越来越没有真正的内心生活。现代人的娱乐也无非是寻求刺激和麻醉，沉溺于快速的节奏、喧嚣的声响和色彩的魔术，那种温馨宁静的古典趣味似乎已经一去不复返。现代人无论在财富的积累上还是在学术的追求上都表现出一种前所未有的贪婪，现代文化不过是搜集无数以往文化碎片缝制而成的"一件披在冻馁裸体上的褴褛彩衣"。凡此种种，都表明了丧失信仰引起的内在焦虑和空虚，于是急于用外在的匆忙和喧嚣来麻痹内心的不安，用财产和知识的丰富来填补精神的贫困。① 中国自20世纪70年代末搞改革开放，80年代中后期改革开放取得巨大进展，但政治体制滞后，传统的社会主义理论和精神信仰无法有效地说明现实；新的经济力量生成，但在社会经济发展的同时，人们的精神受到了冷落；新的社会矛盾出现，社会结构变迁，社会风气变化，思想及价值观念裂变：这一切使人们的灵魂落入迷茫并在痛苦中挣扎和呼唤，引发了广泛的信仰危机和精神困惑。不说别的，就是被作为精神纯洁之地的大学，曾几何时也成为思想迷茫，学术浮躁，精神危机的地方。这几年在大学校园里开始流行起"郁闷"二字。在"郁闷"二字的背后，实质上隐藏着是大学生精神家园的失落现实。有学者还揭示说："社会喧闹，大学更喧闹；社会腐败，大学更腐败；社会浮躁，大学更没有定力。这就是我们现在面对的现实。我觉得我们中国的大学弥漫着两种可怕的思潮：实用主义和虚无主义的思潮。所谓实用主义就是完全被个人利益所驱使，有用就干，无用不干。因此必然也走向虚无主义，就是除了时尚和利益之外一切都不可信，一切都不可靠，一切都可以放弃抛弃。实用主义和虚无主义就导致了大学的两个结果：一是知识的实用化，一切与实用无关的知识都被大学所拒绝，既被大学里的老师所拒绝，也被大学里的学生所拒绝；二是精神的无操守，拒绝一切精神的追求和坚守。我觉得这样的实用主义和虚无主义两

---

① 周国平：《尼采与现代人的精神危机》，《中国青年》1988年第7期。

大思潮所导致的知识的实用化和精神的无操守,是现在大学里的两个基本弊病。"①

中华文化博大精深、源远流长,古往今来,已融汇成一派浩瀚的巨流,在世界文化之林独树一帜,以儒学为核心的传统文化就是在兼容诸子百家,融合道教、佛教文化的基础上形成的博大精深的文化体系,千百年来一直成为中华民族共同的文化根基和精神家园。事实上,我们的传统文化曾经支撑整个民族领先世界达上千年之久,并使中华文明能够历经劫难一脉相承,延续下来而不中断。德国著名历史学家、哲学家斯宾格勒在1918年出版的《西方的没落》一书中把人类文化分为八种:埃及文化、巴比伦文化、印度文化、中国文化、古希腊罗马文化、墨西哥的玛雅文化、西亚和北非的伊斯兰教文化、西欧文化。每一种文化最初都是青春的活力蓬勃兴起,在其根生土长的地方成长壮大,发荣繁茂,然后枯萎凋落,完成了它的生命周期。在他看来,这八种文化的七种都已经死亡了或僵化了,而西欧文化也是在劫难逃,它的衰亡乃是无可奈何的事。只有中国文化存在至今。英国著名历史学家汤因比研究了人类历史上从古至今的几个大的文明系统,提出了文明生态理论,认为文明正如生命体,它有自己发生—发展—衰亡的过程,并且反复流转着。在人类近6000年的历史进程中,共出现了26个文明形态,其中有21个得到了发展,但在长期的历史演变中,有的中衰,有的消亡,有的裂变,有的被征服而变异,至今只有八大文明仍然存在,它们是:西方基督教文明、儒家文明、日本文明、伊斯兰文明、印度文明、斯拉夫—东正教文明、拉丁美洲文明、非洲文明。在这八大文明当中,只有中华文明历尽沧桑,饱经磨难,没有中断、没有灭亡、没有转移,在艰难曲折中传承不辍,一脉相承地发展下来,成为至今为止人类历史上最具有持久性的文明,并且各个时代都有新的成就。在与池田大作的对话中,汤因比充分肯定中国秦汉以后两千年"所建立的功绩",赞扬"中华民族一直保持下来的美德"。② 值得说明的是汤因比的"文明"实际上是一种以文化为基础的历史形态,或者说历

---

① 钱理群:《寻找失去了的"大学精神"——北大110周年民间纪念会上的讲话》(2008年4月27日), http://www.newsmth.net/nForum/#!article/CANON/7429? au = boreas。
② 《展望二十一世纪——汤因比与池田大作对话录》,荀春生等译,国际文化出版公司1985年版,第287页。

史形态化了的文化。为什么会这么持久的根本原因就是我们的中华文化在漫长的历史发展着逐渐形成了许多文化精神，或者说核心价值，如天人合一、以人为本、仁者爱人、贵和尚中、和而不同、自强不息、厚德载物、忧患意识、与时偕行、生生不息、诚信、民本等。

在世界历史上，埃及曾被波斯帝国所灭，后又因亚历山大的占领而被希腊化，因恺撒的占领而罗马化，因阿拉伯人的移入而伊斯兰化，多次出现文化的中断和本质的变更。巴比伦文化也在屡遭中断之后走向毁灭。印度境内的哈拉巴也因中亚雅利安人的进攻而于公元前18世纪突然衰毁。希腊文化在公元前2世纪被并入罗马版图。在中国不仅没有出现上述情况，上自伏羲、炎、黄、唐、虞及夏、商、周三代，下至唐、宋、元、明、清，浩浩荡荡，川流不息，绵延了五千甚至七千年，而且在东亚形成一个以中国为中心的东亚"儒教文化圈"，也可以叫"筷子文化圈"、"稻米文化圈"或"汉字文化圈"，构成其要素的主要有汉字、儒家思想、律令制度、佛教、道教等几项，成为人类文明的重要一极。近代以来，这个文化圈还在不断地扩展，从东南亚，到欧美。

三 孔子是中华民族的精神导师

对于什么是中华民族的共有精神家园，学者有不同的看法，有一篇文章认为，中国古代代表官方并为整个社会所接受的民族主体价值，一是作为国教的华教，二是作为官学的六经（先秦时期）和儒学（汉代以后）。至于道、释两家，虽然曾在短暂的时期里成为官方意识形态，但总的来说，它们属于民间的宗教和学术。不过，这没有妨碍它们为整个社会所接受，并理所当然地成为中国人的民族主体价值，并与华教和儒学一起，共同组成了中华民族的精神家园。[①] 还有人从三教合一的角度，认为历史上中华民族的精神家园主要包括儒释道三教，也有人概括中华民族精神家园的基本内容和基本特征诸如和谐观念、自强不息、厚德载物、唯变所适、忧患意识、内在超越、反省意识等等。这些表述各有一定的合理性，各自都看到了中华民族精神家园的一些特点。

---

① 郭沂：《华教与儒道释：中华民族共有精神家园》，《人民政协报》2008年5月5日。

中华民族共有精神家园建设当然是非常大的一个问题，孔子是中华民族的精神导师，理应是中华民族精神家园的重要象征。孔子是儒家学说的创始人，中国上古以来思想的集大成者，是人类历史上最伟大的思想家。他的思想光辉，超越时空，深刻地影响了中华民族，决定了中华民族的精神面貌，是中华民族的精神导师，对人类精神文明做出了不可磨灭的贡献。

孔子对中华民族思想和精神的贡献与影响是无与伦比的。从周公说起，周公是西周初期杰出的政治家、军事家和思想家，被尊为"元圣"，为儒学奠基人，孔子一生最崇敬的古代圣王之一，他上绍尧、舜、禹、文、武之绪，下启孔、孟儒术之运，承前启后，是中国上古文化史上的主角。周公为政的主要政绩是制礼作乐，确立嫡长子继承制，即以血缘为纽带，规定周天子的王位由长子继承。同时把其他庶子分封为诸侯卿大夫。他们与天子的关系是地方与中央、小宗与大宗的关系。周公旦还制定了一系列严格的君臣、父子、兄弟、亲疏、尊卑、贵贱的礼仪制度，以调整中央和地方、王侯与臣民的关系，加强中央政权的统治，这就是所谓的礼乐制度，是一个庞大、复杂但井然有序的社会制度体系，孔子一生所追求的就是这种有秩序的社会，后代的政治家与思想家几乎无不将周公视为宝库，言必称周公。孔子生活在礼崩乐坏的时代，面对礼乐越来越趋于形式化的局面，他一方面在行动上坚持遵守这些形式化的礼，另一方面，也是主要方面，从理论上极力提倡充实礼的精神实质，力图给思想化的礼注入新的内容。他把礼乐作为一种复合性文化实体进行解析，使之观念化、理性化、人性化。这样，他就超越了当时一般的"儒"，成为儒家的创始人。现代大儒梁漱溟这样评述道："周公的制作是具体事物，而孔子则于其精神道理大有所领悟，以教之于人。'礼崩乐坏'的话见之甚早，殆即指周公当初制作者而说。此具体的礼乐制度保持不了，其传于后者有限。而由孔门的理性学风及其谆谆以情理教导于人者，却能使人头脑心思开明而少迷信固执，使人情风俗趋于敦厚礼让，好讲情理。两千年来中国对外居于世界各方之间，其文化显著异采，卓尔不群，而就它如此广大社会内部说，其文化竟然高度统一者，前两千五百年的孔子实开之。"[①] 这就是

[①] 梁漱溟：《孔子在中国历史上的地位》，中华孔子研究所编：《孔子研究论文集》，教育科学出版社1987年版，第14—15页。

说，周公的制礼作乐是具体制度的制作，而孔子则对其中的道理有所领悟，致力于挖掘其内在精神，以之教人，成为大师。春秋时西周礼乐制度的崩坏促使孔子进行思想学术的发展，改变了人们的头脑，改变了社会的风气，以至于开辟了两千年来中国文化前进的道路，影响和塑造了中华民族的精神世界。现代新儒家的大师唐君毅比较孔子与耶稣和穆罕默德说："孔子所传承，所开启的，是本身的民族文化，而耶稣之教，却传放外方，今日之犹太人，并不信基督，释迦亦然，这虽更有时代性，但他们所要求的宗教精神，与他们本身的民族精神，有一段距离。而孔子所要求的精神生活，精神生命，便能与中华民族的精神生活精神生命合一，为中国人所共同遵守。回教在这地方与孔子不同，但回教之所以能为阿拉伯人所信，因为穆罕穆德本人是军事的领袖之故，是凭着军政的力量，使阿拉伯人接受回教。孔子则纯粹靠他的文化思想，学术内容，以'文'的传承，成就中国文化，而不是靠军政的力量，而使孔子的精神与中华民族的精神分不开。由以上之比较，便可见出孔子的特殊。"① 也就是说，孔子的精神生命与中华民族的生命是息息相通的，这是孔子与世界上的宗教家、哲学家不同的地方，也是中华民族与世界上其他民族不同的地方。

但是，百年以来，在反传统的浪潮中，从"五四"打倒孔家店到"文革""破四旧"，与传统进行最彻底的决裂，儒学首当其冲，成为被攻击的目标，最后导致儒学式微。儒学式微最直接的后果就是中华民族丧失了自己的民族精神，学到的西方文化及其西学又不能转化为自己的民族精神，结果中国人灵魂四处飘荡，无所归依，中华民族成了一个没有民族精神的民族，从而成了一个没有民族文化自我的民族、没有民族文化身份的民族、不能够知道自己民族文化特质的民族。在这种情形下，中华民族就成了一个不知道"我是谁"的民族，一个"精神分裂无所适从"的民族，一个民族内聚力日益弱化的民族。② 这样，在精神家园失落的时代成长起来的许多人对孔子则失去了基本的敬意，丧失了基本的道德感。北京大学教授李零所著的《丧家狗——我读〈论语〉》就是一个典型的例子。该书

---

① 唐君毅：《孔子在中国历史文化中的地位的形成》，《中华人文与当今世界补编》，广西师范大学出版社2005年版，第330页。
② 蒋庆：《儒学在当今中国有什么用？》，2006年7月15日在凤凰卫视"世纪大讲堂"上的讲稿，未删节本，华夏复兴网。

的封面上有一行红色的小字是这样说的:"任何怀抱理想,在现实世界找不到精神家园的人,都是丧家狗。"作者认为,孔子不是圣,只是人,一个出身卑贱,"学而不厌、诲人不倦"的人;一个传递古代文化,教人阅读经典的人;一个有道德学问却无权无势,敢于批评当世权贵的人;一个四处游说,替统治者操心,与虎谋皮,拼命劝他们改邪归正的人;一个空怀周公之梦,梦想恢复西周盛世,安定天下百姓的人。他彷徨无奈,颠沛流离,就像一条无家可归的流浪狗。这真是毛泽东在《改造我们的学习》一文中早就批评过的"无实事求是之意,有哗众取宠之心"。首先,精神家园与现实世界本来就不是一回事,精神家园不可能在现实中找到。正是在那个礼崩乐坏,思想观念混乱,人们精神空虚,社会秩序失衡的时代,孔子以自己的救世热情,广博的知识和巨大的才能重建了人们的精神家园,而且他试图让那些精神流离失所的统治者、知识分子和一般大众都能从不同的文化领域回归精神家园,过上人道的生活。所以,孔子是一个怀抱理想,但是又脚踏实地,并力争在现实中实现其理想的奋斗者。可惜,当时理解他的人不多,才使他周游列国,汲汲以求而没有效果,无可奈何之际他接受了别人"丧家狗"的嘲弄,实际上那些嘲弄他的人才是真正的"丧家狗"——丧失了精神家园、无可依归的人。孔子是现实中的失败者,而是精神家园的缔造者、拥有者。孔子的精神境界没有多少人能够达到,也就没有多少人真正地理解他,所以他有时有"浮海"、"入夷狄"的感叹。好在孔子有许多学生,不同程度地能够理解他,追随他,形成了儒家学派,把他的思想和人格传承了下来。

更为遗憾的是由于李零生长的具体环境,对道德的误解,对说教的厌倦,使他失去了人之为人基本的道德感。他在《丧家狗——我读〈论语〉》"自序"中声称:

> 我讨厌道德说教,其实是在"文革"前,和批孔无关,但不爱听人讲道德,却是一贯态度。用一种说教代替另一种说教,在我看来,没必要。谁爱用谁用,我不需要。①

社会失范,道德失灵,急需代用品。就像戒烟的抽如烟,暂时过

---

① 李零:《丧家狗——我读〈论语〉》"自序",山西人民出版社2007年版,第6页。

嘴瘾。有人呼吁的乡约民规或宗教道德,也都是如烟。代用品,只要能代就行,不定是哪种。比如,咱们的邻居老大哥,人家俄国,就是双头鹰、三色旗、彼得大帝、东正教。①

在回答《小康》记者提问时他说:"道德很抽象。抽象的东西,什么地方都能安,很好,但也最没用。"② 这可能是被过去假大空、高大全的道德楷模把头脑弄钝了,以致对道德产生了错误的认知。例如在《丧家狗——我读〈论语〉》第56页,他这样发议论:"在道德问题上,与其'高大全',到处讲用,举国若狂,还不如劝大家尽职守责,少干点坏事。人为地拔高,适得其反,北京话叫矫情。"这话孤立地看起来,没有多大错误。但在对待儒家道德上,不能因为无知就大胆胡说。事实上,儒家讲的道德很高远,又很贴近,所谓"极高明而道中庸",天道心性与百姓日用水乳交融。只不过我们丧失儒家道德熏陶太久了,对其精义大都一知半解,不了了之,空洞的心灵就易生狂悖的念头。因为这些原因,也影响了他解释孔子思想的正确性,以至于常常出现明显的错误。如《丧家狗——我读〈论语〉》第68页他说:"孔子把以德治国和以法治国对立起来",事实上孔子不是把二者对立起来,而正好是要把二者结合起来。关于"德"、"礼"与"政"、"刑"的关系,孔子说:"道之以政,齐之以刑,民免而无耻;道之以德,齐之以礼,有耻且格。"(《论语·为政》)政和刑,是属于政治的上层建筑,德和礼,属于思想的上层建筑。认为"刑"、"政"是实现"治"的辅助方式,而"德"、"礼"则是实现"治"的根本的,而"德"又是根本的根本。《汉书·礼乐志》引据说是孔子的话说:"礼节民心,乐和民声,政以行之,刑以防之。礼乐政刑四达而不悖,则王道备矣。"王国维先生对此也有阐述:"礼乐用陶冶人心,而政刑则以法制禁令刑罚治民。前者为道德,在修人心;后者为政法,在律人身。虽此二者相合,然后成为政治,但其所最重者,则在礼乐。"③

---

① 李零:《丧家狗——我读〈论语〉》"自序",第5页。
② 李零:《书是什么书,就当什么书读》,《小康》2007年第6期。
③ 《孔子之学说》,周锡山编校:《王国维集》第一册,中国社会科学出版社2008年版,第325页。

对于孔子这样一位中华民族的精神导师,我们的国人至今还不能给予肯认,例如著名的北京大学可以立许多外国哲学家、思想家的塑像,则不敢立我们的思想鼻祖的塑像,真是有点不可思议。所以北大以研究西方哲学成名的张祥龙教授就提出了这个问题。他在《无孔子之北大无灵魂》一文中这样说:"北大校园的塑像渐多了。以前有一些现代中国人的像和外国人的像,如文学家塞万提斯像。近日散步,发现静园草坪边的一院中立了西方古代哲人苏格拉底的半身像,让我这个搞东西方哲学比较的人受到触动。既然立新像是可以的,立哲学家的像也可以,那为何不立我中华民族第一圣哲孔夫子的像?……为什么要在北大立孔子像?首先,孔子是塑造中华文明的最伟大哲人和至圣先师,也是历史上最有影响的教育家,在一所力求体现中华人文精神的中国最高学府中,立自己所从事事业的创立者和精神导师之像,可谓天经地义。"[①] 这确实是抓住了问题的实质,在我们国家办的第一高等学府,我们可以给外国的文学家立一个塑像,为什么不能给我们中华民族的精神导师立一个塑像,岂不是妄自菲薄,自我贬低?

四 儒学是中华民族的精神轴心

儒学在我国历史上曾产生广泛而深远的影响,中华民族的精神轴心。在2500多年前的春秋时期,孔子在"礼坏乐崩"的大动乱中,通过总结、清理和反思夏商周三代以来流传下来的文化遗产,创造性地创立起儒家的思想学说体系。此后,经过孟子、荀子等儒学大师的进一步发扬光大,儒家学说日益兴盛。至汉武帝"罢黜百家,独尊儒术"之后,儒家学说更上升到官方哲学的地位,受到历代统治者的提倡和尊崇,到宋明理学更是经过许多大儒的持续努力,构建了庞大的思想体系。儒家思想的主要内容,存在于"四书五经"之中,而五经主要是由孔子依据古代文化典籍编纂而成,是华夏族经历了长期发展而形成的文明成果,是华夏族祖先集体智慧的结晶,其渊源可以上溯到上古时代,后来的尧、舜、禹被孔子作为古代圣王,是儒家道统的代表人物,是儒家思想的基本来源。孔子以超凡的智慧和胆识,将华夏族的集体智慧阐述出来,进行发挥,加以宣

[①] 张祥龙:《无孔子之北大无灵魂》,《深圳商报》2008年4月15日。

扬，形成了儒家思想，成为中华民族人生观、道德观、价值观的集中表现。"从历史上来看，民族精神都体现在一个民族的文化中，具体体现在一个民族占统治地位的思想学说中，如美利坚民族的民族精神体现在基督新教文化及其思想学说中，俄罗斯民族的民族精神体现在东正教文化及其思想学说中，而中华民族的民族精神则体现在儒家文化及其思想学说中，即体现在儒学中。"① 儒学是中国两千年来一脉相承的正统思想，承担着安立中华民族的民族生命，表达中华民族的民族精神，维护中国社会的安定和谐，养成中国人爱好和平与礼让美德的历史使命。从这个意义上说，以孔子为鼻祖，经过历代大儒不断阐发的儒家思想理所当然是中华民族的精神轴心。鸦片战争以来，中国长期处于分离与混乱之中，根本原因就是中国人民丧失了孔子儒家思想这一精神轴心，从而造成民族灵魂的飘荡，民族精神的危机。

在中国文化发展史上，儒道佛是三股主要潮流，它们各有源头，互有流变，既有标新以求立异，又有自守以保特色，还有融通以得趋同，更有创新以图发展，最终造就了相辅相成，相反相对，同中有异，异中有同，你中有我，我中有你，以儒为主，居中制衡，佛道辅翼，安身立命，治国理民的独特结构。这一结构就是西学东渐以前中国思想观念层面的基本结构，其中儒学起着主体的地位。对此，当代学者也有许多精辟的论述。侯外庐先生从古代社会结构着眼来解释儒学构成中国古代主流文化的原因。他认为，从根本上说，儒学适应了中国古代血缘家族的社会结构。血缘关系是人类社会最初的一种社会关系。世界各民族在原始社会时期都曾以血缘关系组成氏族组织，但是在欧洲，当原始社会向奴隶制社会转变时，个人私产的独立性分解了氏族的血缘关系，国家代替了家族。而在中国，个人私产关系没有得到充分发展，从氏族直接发展到国家，国家混合在家族里面。② 张岂之先生主编《中国通史·秦汉魏晋南北朝卷》就这个问题谈了四点：（1）儒家崇尚"仁政"，其实质是人本主义，客观上有利于调整社会关系，安定太平。（2）儒家提倡"和"的精神，贴近人情，容易为一般百姓接受，既不像法家学说那样强硬，又不像道家学说那样玄远，更

---

① 蒋庆：《儒学在当今中国有什么用？》，2006年7月15日在凤凰卫视"世纪大讲堂"上的讲稿，未删节本，华夏复兴网。
② 侯外庐：《中国古代社会史论》（修订本），人民出版社1955年版，第32页。

便于以此推行道德教化。（3）儒家中庸学说，更适宜于农业民族的心理习惯，从中国人传统心理说，更容易认同。（4）儒家"大一统"理论，更利于我国民族共同心理素质的形成，有利于我国二千多年来统一多民族国家的巩固和发展。罗国杰先生在《中国儒家思想与政治统治》一文将儒家的核心内容归纳为五个方面：（1）仁爱思想。孔子把"仁"看成一种最高的道德准则和道德品质，要求统治者要爱民，否则社会就得不到安定。仁爱思想是对一切人的要求，这样社会和家庭便会安宁。（2）强调整体思想。国家利益、社会利益、民族利益和整体利益要放到首位。（3）提倡人伦价值。即强调每个人在社会人伦关系中的地位及其所应有的义务和权利。（4）追求精神境界和理想人格。（5）强调自我修养和实践的重要，儒家认为修身才能齐家、治国、平天下。正是上述这五点，使儒家思想在我国长治而不衰，因为它是治国安民、经世致用、稳定社会、协调关系、完善人格的至宝。[①] 余英时先生曾经说："儒家教义的实践性格及其对人生的全面涵盖使它很自然地形成中国大传统中的主流。"[②] 总之，儒家的思想学说体系影响已渗透到了中国文化的方方面面，深刻地影响着中华民族的哲学、文学、艺术、伦理、宗教、科技、医药以及政治经济各方面的发展，在中国文化发展过程中历史地形成了主体地位，成为中华民族的精神轴心。

总之，历史的趋势，现实的要求，使我们感觉到重建中华民族共有精神家园的重要性、迫切性，我们可以从不同领域和方向考虑这个问题。笔者的观点是以孔子作为中华民族的精神导师，以儒学作为中华民族的精神轴心，重建中华精神文明，重整道德标准，确立共同的价值观，增强民族团结，促进社会和谐，实现中华民族的伟大复兴。

[①] 罗国杰：《中国儒家思想与政治统治》，国家教委高校社会科学发展研究中心组织编写：《中外历史问题八人谈》，中共中央党校出版社1998年版。

[②] 余英时：《汉代循吏与文化传播》，《士与中国文化》，上海人民出版社1987年版，第127页。

第 五 章

儒家中国道、教、政视野下的政教关系问题

一 "政教关系"的一般理论

所谓"政教关系"(Church-State Relations)在西方文化语境中很早就有讨论,一般是指现代国家(政府)与宗教团体(教会)的基本关系。黑格尔曾经从国家与教会的联系中理解"政教关系"的含义:"宗教如果是真实的宗教,就不会对国家采取否定和论战的方向,而会承认国家并予以支持;此外它还具有独立的地位和表现。它的教化事业在于仪式和教义,为此他需要地产和财产,同样也需要为教会服务的人,因此就发生国家和教会之间的关系。这一关系的规定是简单的。依据事物的本性,国家应全力支持和保护教会使其达成宗教目的,这在它乃是履行一种义务;又因为宗教是在人的内心深处保证国家完整统一的因素,所以国家更应要求它的所有公民都加入教会,因为其内容既然是与观念的深处相关,所以不是国家所能干预的。一个组织完善的国家,从而是个强国,在这方面可以表示更宽大些,对触及国家的一切细枝末节可以完全不问,甚至可以容忍那些根据宗教理由而竟不承认对国家负有直接义务的教会(当然这要看数量而定);这是因为国家已把这些教会成员交给市民社会使其受规律的约束,国家自己就满足于他们用消极的办法(好比用交换或代替的办法)来完成对它的直接义务。"[①]《布莱克维尔政治学百科全书》从教会与国家角度理解"政教关系",认为:"教会与国家之间的关系可以看做是一种体制现象,然而,从根本性的观点出发,也可以将其看做是存在于人类之

[①] [德]黑格尔:《法哲学原理——或自然法和国家学纲要》,范扬、张企泰译,商务印书馆 1961 年版,第 273 页。

中精神或内心生活与社会或集体生活之间的密切联系。"① 中国有学者从宗教与政府的关系角度概括政教关系有以下四种模式：(1) 政教合一。宗教领袖可以兼国家首脑，在制定国家内外政策上拥有最高权威，国家把宗教教义与法典奉为所有活动的准则。国家的行政、司法、教育受宗教指导。政教同体，其他宗教是非法的。(2) 政教分离。国家不支持、禁止和歧视任何宗教。国家不征收宗教税，也不向宗教组织提供任何形式的财政支持。政府不设宗教事务机构，也不干预宗教组织的事务。宗教组织不受政府的政治领导，也不能干预国家的司法、行政和教育。政教关系完全由法律调节。(3) 国教。国家承认某一宗教或教派为正统信仰及独尊地位，国家为宗教提供法律上的特权和财政上的支持。(4) 国家指导宗教。宗教接受国家的政治领导和政治方针，国家承认宗教。国家行政部门管理宗教组织，宗教不介入国家行政，司法和教育。② 张践教授突破把政教关系仅仅视为国家政权与教会组织之间关系的流行的狭义理解，全面论述宗教与政治的关系，揭示政治的三重结构：政治权力、政治意识形态、政治文化，论述宗教对三者的作用，形成广义的政教关系论。作者通过对世界主要国家政教关系进行类型分析，概括出四种类型：政教一体型的神权政治、政教依赖型的神学政治、政教主从型的神辅政治、政教独立型的法制政治。③ 也有学者从宗教与政治的互动关系出发，认为"所谓政教关系，一般指的是特定的政权与存在其治下的宗教之间的各种关系。它包括宗教在国家意识形态中的位置；特定的宗教信仰、宗教组织在国家政治体制中的位置；特定的宗教信仰、宗教组织在社会生活层面的影响力，以及政府对宗教事务的介入程度等方面。具体的表现涉及宗教团体的自主权的大小；宗教团体及宗教领导人影响政治和参与公共决策的程度等"。④ 更有学者对政教关系含义进行更细致的区分，政教关系有广义与狭义之分，广义上的政教关系主要包括三对不同层次上的关系，即"第一，意识形态层次上的宗教与政治之间的关系；第二，权力主体层次上的教会与国家之

---

① [英] 戴维·米勒、韦农·波格丹诺编：《布莱克维尔政治学百科全书》，中国问题研究所等组织翻译，中国政法大学出版社1992年版，第108页。
② 刘澎：《中国的政教关系：特点及发展趋势》，刘澎的共识网·思想者博客，2014 - 02 - 04。
③ 张践：《论政教关系的层次与类型》，《宗教学研究》2007年第2期。
④ 何其敏：《论宗教与政治的互动关系》，《世界宗教研究》2001年第4期。

间的关系；第三，社会事务层次上的宗教社会团体与政府之间的关系"，而狭义上的政教关系"主要指宗教团体与政府之间的关系。这种关系更多的属于实践层次上的关系，但在立论上则要同深层次的关系即教会与国家关系相关联。在某种程度上，甚至在本质上，要取决于教会与国家双方对教会与国家关系的理解"。① 广义的"政教关系"应指一般的宗教（包括体制化的与非体制化的、正统的与异端的宗教）与一般的政治（包括统治阶级的与被统治阶级的、在朝的与在野的政治）之间的关系②，涵括了政府与宗教、政府与教会、宗教与政治及教会与政治四种度向。③ 总之，在东西方历史上，政教关系都是一个极为重要的问题，但由于政治、经济背景不同，东西方政教关系的性质和内容有很大差异。

二 中国道、教、政视野下的政教关系问题

1. 道与政、道统与政统的关系

中国历史上的道与政、道统与政统呈现出亦分亦合，不即不离，一虚一实，相反相成，互为作用的特点。以时间而言，春秋战国以前的历史是道统与政统合一的，"官师治教合，而天下聪明范于一，故即器存道，而人心无越思"④；以人物而言，孔子以前的尧、舜、禹、汤、文、武、周公都是圣与王一体的，是道统与政统合一的人格体现。"这些具有超凡魅力的人物，既是普天之下的思想导师，也是各个时代最高的政治领袖，是实践政治的操作者，履行着最高的政治责任。这些人一身兼二任，游刃有余地主宰着那个时代的思想与政治两大领域。"⑤ 春秋战国以降，在现实中圣与王分而为二，道学在师儒，权势在帝王，儒家只好寻求在圣与王分而为二情况下圣怎么制约王，于是孔子由高扬"道统"意识，以与君主所代表的"政统"形成两个相涉而又分立的系统。从此以后，政统与道

---

① 张训谋：《欧美政教关系研究》，宗教文化出版社2002年版，第3页。
② 何光沪：《论中国历史上的政教合一》，《儒教问题争论集》，宗教文化出版社2000年版，第177页。
③ 《政教分离：误解与厘清》，载基督徒香港守望社《过渡期的香港：政治、经济、社会》，香港：广角镜出版社1988年版，第96页。
④ （清）章学诚：《文史通义·原道中》，第37页。
⑤ 喻中：《历史上的道统与政统》，《法制日报》2009年4月1日。

统不再合一，道统之中不再有历代帝王的地位，而政统中的历代帝王则要接受道统的指导。"中国古代知识分子所恃的道是人间的性格，他们所面临的问题是政治社会秩序的重建。这就使得他们既有别于以色列先知的直接诉诸普遍性、超越性的上帝，也不同于希腊哲人对自然秩序的探索。因此，中国知识分子一开始就和政治权威发生了面对面的关系。但是以现实的势力而言，知识分子和各国君主是绝对无从相提并论的。知识分子之所以受到尊重，基本上是由于他们代表了'道'。……建筑在赤裸裸暴力基础上的'势'是不可能有号召力的；政权多少都要具备某种合法性。这一点可以说是古今中外一切政权都必须遵守的通则。中国的'道'也正在这一点上显出它的特殊之处。"① "以政统言，王侯是主体；以道统言，则师儒是主体。"②

在漫长的历史进程中，道统与政统、师儒与王侯既有和谐统一的一面，又始终存在着某种程度的紧张和对立，代表价值理性的道统、师儒与代表工具理性的政统、王侯之间形成了错综复杂的关系。在中国传统文化当中，道统与政统的一般关系是道统高于政统、涵摄政统，二者的关系不是平行的，而是体用本末的关系。在儒家看来，"道统"的核心是道德标准与精神价值，由伏羲、尧、舜、孔子等古圣人创立，由民间历代圣贤大儒代表并传承，是衡量社会政治的最高价值标准，是评判国家政府的独立精神力量，而"政统"则由皇帝或政府承担与代表，只表明皇帝或政府具有世俗权力的合法性，而不具有精神权力的合法性，即不具有"道统"上的合法性。在"道统"与"政统"分离的中国传统社会，没有一个皇帝敢说自己代表"道统"（社会道德精神上的合法性），因为皇帝知道，"道统"自古以来都由尧、舜、孔、孟及民间大儒代表，自己在社会中的定位只代表"政统"（政治权力承接与使用上的合法性）。因此，他们不但不敢与圣贤争"道统"，反而降尊卑怀诚心尊重"道统"，敬畏"道统"，愿意接受"道统"的评判监督。这表现在朝廷礼仪上，皇帝和一切政府官员进孔庙与国子监要下马，皇帝祭孔子也要像祭天一样行三跪九叩大礼。因此，在中国政治传统中，"道统"高于"政统"，"道统"不仅

---

① 余英时：《中国知识分子的古代传统——兼论"俳优"与"修身"》，《士与中国文化》，第109—110页。

② 余英时：《道统与政统之间——中国知识分子的原始形态》，《士与中国文化》，第92页。

是"政统"的评价标准与道德合法性的来源,也是社会普遍道德与精神价值的基础与来源。也就是说,"道统"不仅承担着批评监督"政统"的功能,还承担着建设与维系社会普遍道德与精神价值的功能。……从中国文化中"道统"和"政统"的关系以及中国国家的宗教性质来看,中国的政治是政教既分离又合一的政治。①

2. 道与教、道统与教统的关系

中国传统文化的核心价值观主要深含在"道"这个概念当中,"道"本意是指地上人行之道。古代思想家们把它引申、抽象为自然界和社会领域中的最一般性法则,有"天道"、"人道"、"地道"之别。不仅道家,儒家也讲"道",且十分重视"道",其重视程度不亚于道家。古今中外,圣贤仙佛,各教教主悟道所形成的教本是同根于一道,但由于各地风土、民情、语言、习惯与文化背景的不同,在历史上因时因地兴起许多不同修道方代的宗教派别,形成了今天多元宗教的格局。儒家对"道"与"教"关系的讨论以《中庸》"修道之谓教"为典型。郑玄注《中庸》"修道谓之教":"修,治也。治而广之,人放效之,是曰教。"孔颖达疏曰:"修道之谓教,谓人君在上修行此道以教于下,是修道之谓教也。"② 在郑玄、孔颖达看来,人之本性源自天,循性而有人道,人(君)修治、修行此道而教化百姓。朱熹《中庸章句》:"人物各循其性之自然,则其日用事物之间,莫不各有当行之路,是则所谓道也。修,品节之也。性道虽同,而气禀或异,故不能无过不及之差,圣人因人物之所当行者而品节之,以为法于天下,则谓之教,若礼、乐、刑、政之属是也。"③ 朱熹《中庸或问》在对"修道之谓教"作进一步解说中指出:"修道之谓教,言圣人因是道而品节之,以立法垂训于天下,是则所谓教也。盖天命之性、率性之道,皆理之自然,而人、物之所同得者也。人虽得其形气之正,然其清浊厚薄之禀,亦有不能不异者,是以贤智者或失之过,愚不肖者或不能及,而得于此者,亦或不能无失于彼。是以私意人欲或生其间,而于所谓性者,不免有所昏蔽错杂,而无以全其所受之正;性有不全,则于所谓道

---

① 蒋庆:《儒家的生命之道与政教传统——谈儒家的心性学统、道统与政统》,www.confucius2000.com。

② (汉)郑玄注,(唐)孔颖达疏:《礼记正义》卷五十二《中庸》,《十三经注疏》本,中华书局1980年版,第1625页。

③ (宋)朱熹:《中庸章句》,《四书章句集注》,第17页。

者，因亦有所乖戾舛逆，而无以适乎所行之宜。惟圣人之心，清明纯粹，天理浑然，无所亏阙，故能因其道之所在，而为之品节防范，以立教于天下，使夫过不及者，有以取中焉。"① 在朱熹看来，"修道之谓教"是指人与物由于气禀的不同而存在着差异，"不免有所昏蔽错杂，而无以全其所受之正"，因此有可能背"道"而行；圣人之心，清明纯粹，天理浑然，无所亏阙，故能依据"道"而对人与物作出不同品级的节制和约束，立礼、乐、刑、政之属，以教化天下。在朱熹这里，"修道之谓教"中的"修道"，不是郑玄、孔颖达的修治或修行"道"，而是指圣人依据"道"对人与物作出不同品级的节制和约束，体现为礼、乐、刑、政等。

明代王阳明对朱子的解说不以为然，他自己有不同的解说。《传习录》上卷第 127 条：

> 马子莘问："修道之教，旧说谓圣人品节，吾性之固有，以为法于天下，若礼乐刑政之属。此意如何？"先生（王阳明——引者注）曰："道即性即命，本是完完全全，增减不得，不假修饰的，何须要圣人品节？却是不完全的物件。礼乐刑政，是治天下之法，固亦可谓之教，但不是子思本旨。若如先儒之说，下面由教入道的，缘何舍了圣人礼乐刑政之教，别说出一段戒慎恐惧工夫，却是圣人之敢为虚设矣。"子莘请问。先生曰："子思性、道、教，皆从本原上说，天命于人，则命便谓之性；率性而行，则性便谓之道；修道而学，则道便谓之教。率性是诚者事。所谓自诚明谓之性也；修道是诚之者事。所谓自明诚谓之教也。圣人率性而行，即是道。圣人以下，未能率性，于道未免有过不及，故须修道。修道则贤知者不得而过，愚不肖者不得而不及，都要循着这个道，则道便是个教。此'教'字与'天道至教'、'风雨霜露，无非教也'之'教'同。'修道'字与'修道以仁'同。人能修道，然后能不违于道，以复其性之本体，则亦是圣人率性之道矣。下面'戒慎恐惧'便是修道的工夫。'中和'便是复其性之本体，如《易》所谓穷理尽性，以至于命，中和位育便是尽性至命。"②

---

① （宋）朱熹：《四书或问·中庸或问》，《朱子全书》第 6 册，第 551 页。
② （明）王阳明：《阳明先生集要》上，第 94—95 页。

王阳明认为朱子的说法不合子思本意，没有办法解释一般人戒慎恐惧，由教入道，下学上达的修养功夫。他认为子思性、道、教都是从本原上说的，修道而学，此道便是教，这就是《中庸》"自明诚，谓之教"。人们只要能够循道而行，这个"道"便是教，就像天地阴阳、四时八节、风雨霜露，都是"教"。人通过修道的功夫复其性之本体，像圣人那样率性之道，就是"修道之谓教"。显然，他不同意朱熹自上而下，由外而内的品节人、物，立法垂训的"教"，试图回归子思由内而外，自下而上，中和位育，尽性至命，达到尽人合天，天人合一的境界。如果比较起来，在道与教之间，朱熹似乎更侧重自上而下垂教，阳明似乎更侧重自下而上修道。

戴震《孟子字义疏证》卷下说："《中庸》又曰：'君臣也，父子也，夫妇也，昆弟也，朋友之交也，五者，天下之达道也。'言身之所行，举凡日用事为，其大经不出乎五者也。孟子称'契为司徒，教以人伦：父子有亲，君臣有义，夫妇有别，长幼有序，朋友有信'，此即《中庸》所言'修道之谓教'也。"① 是说《中庸》所言之道就是人伦之道，处理好人伦关系就是修道，就是教化。

通过以上梳理，可以看出，历代对"修道之谓教"虽然有不尽相同的理解，但大致都是说所谓"修道"指的是修学圣人之道，而圣人之道是以人伦为主体的人道；"教"是说这是一种教化过程：对他人而言是教化、教育，对自己而言是自修、自证。《中庸》将人们的这种对圣人之道的修学称为"教"，可见此时的"教"是同人们的道德实践活动一致的。这个"教"不是宗教的教，但也有宗教的蕴涵，就是儒教之"教"的基本含义。儒家讲修道之教，不是佛家、道家离世孤修的纯粹生命修炼，而是儒家经过自我修养（修己）基础上安人、修己安百姓、正己正人的内圣外王之道在"教统"上的体现。

对于道与教的关系，现代民间大儒段正元对道与教进行了分疏，认为"道"一而"教"殊，古来是"一本"（道）散为"万殊"（各种宗教），将来要"万殊"仍归"一本"。段正元在《道德约言》中说："教犹植物之花，道犹植物之本。花由本生，教由道发，花不能离本而生，教不能离道而存。花不能与根本比美丑，教不能与道较高下。道本千变万化，圆通

---

① （清）戴震：《孟子字义疏证》卷下《道》，第43页。

无碍。……教则单取一线，有一定不移之方针。"①《大成礼拜杂志》第五十九礼拜："教皆道之用，教愈合而道愈完。"② 道与教的关系上，段正元显然认为道是教的价值之源，教是道的工具承担。道是本根，教是枝叶；道是本质，教是形式；道是源，教是流。教之兴起是为了传道、明道、弘道、行道。正因为这样，段正元强调信教须知重道。他说，各教在大道失传后兴盛起来，原本也是益于世道人心的，可是各教后来的信仰者则各怀排他之心，造成了教派之间、教派内部的争执，甚至引发宗教战争和残杀，这样就失去了教祖原先立教的本旨。他揭示万教的原理就是大道，道一而教不同。要协调万教，就要明道，返回大道，这是解决当今多元宗教竞争而导致人类的各种灾难的唯一途径。只要人们意识到这一点，以道为归宿，则宗教争斗也就自然不存在了。

儒家道统，即指儒家圣人之道发展演变的系统，它包括对中国社会和中国文化的发祥和发展做出过重大贡献的中华民族伟人、先哲和儒家圣贤伏羲、神农、黄帝、尧、舜、禹、汤、文、武、周公、孔、孟、荀、董仲舒、王充、韩愈、程、朱、陆、王等所承传之道及道的精神、传道的统绪。儒家道统思想源远流长，可以上溯到伏羲、神农、黄帝等上古神圣，再下来就是尧、舜、禹、文、武、周公这些古代圣王。

孔子继承文王仁政和周公周礼，把礼乐文化观念化，对当时读书相礼的儒者进行了改造，提升他们的品质，揭示礼乐文化精神内涵和人性本质，同时欲以礼乐来平治天下，创立了儒家学派，为道统的传授和推广做出了史无前例的贡献，由此确立了他在道统发展史上承上启下的历史地位，后世以周孔之道并称。孟子更以捍卫和承继"先王之道"为己任，沿着一条历史文化基线以五百年为一个周期从尧数至孔子，清晰地勾勒出一幅自尧舜禹汤文王孔子的圣人之道相传授受统绪，这也是儒家道统论的开端，并为后世所遵循。真正对道统有系统表述的是唐代中期的韩愈。他吸取了佛教祖统说的思想资料，构建了一个儒家的道统传承谱系。他著《原道》一文，标志了道统论的正式提出。认为，"先王之道"从尧开其"端"，一直传到孔、孟，从不间断："尧以是传之舜，舜以是传之禹，禹

---

① 段正元：《道德约言》，道德学社编印，1921年，第2—3页。
② 段正元：《大成礼拜杂志》第五十九礼拜《平恨在实学》，《师道全书》卷三，道德学会总会编印，1944年，第40页。

以是传之汤,汤以是传之文、武、周公,文、武、周公传之孔子,孔子传之孟轲。轲之死,不得其传焉。"① 虽然从一开始就对荀子有所微词,以至于到了宋儒把荀子干脆排斥于道统之外,但荀子在道统史也应该占有一席之地。他继承发展孔子的思想,又吸收改造道家的思想,提出"天有常道"的命题,强调天道自然,人道有为。其法先王、发后王的思想实质上是贯彻于其文化慧命中的一种历史文化精神,也就是承接道统的意识。

董仲舒提出"天不变,道亦不变。是以禹继舜,舜继尧,三圣相受,而守一道"(《汉书·董仲舒传》)。汉武帝采纳董仲舒建议,"独尊儒术",使儒家"道统"进入政治领域。隋代王通在儒、道、佛三足鼎立的形势下有志于恢复先王之道,主张以儒学为主,三教可一,即三教可以融合的观点。受韩愈道统说的影响,儒学发展至理学,道统意识尤为凸显。

北宋程颐把其兄程颢尊为道统传人,他说:"周公没,圣人之道不行;孟轲死,圣人之学不传。道不行,百世无善治;学不传,千载无真儒。……先生出,倡圣学以示人,辨异端,辟邪说,开历古之沉迷,圣人之道,得先生而后明,为功大矣。"② 理学的集大成者朱熹的道统论是指圣贤一脉相传的"十六字箴言"。他说:"盖自上古圣神继天立极,而道统之传有自来矣。其见于经,则'允执厥中'者,尧之所以授舜也;'人心惟危,道心惟微,惟精惟一,允执厥中'者,舜之所以授禹也。尧之一言,至矣,尽矣!"③ 陆九渊继承孟氏而注重道德,他从孟子关于"心"的思想中所吸取的也正是儒家道德学说,以儒家的道德为道统之"道"。王阳明虽然以"致良知"取代道统论,但仍然以"十六字箴言"作为心学之源。他还说道:"尧、舜、禹之相授受曰:'人心惟危,道心惟微,惟精惟一,允执厥中。'此心学之源也。中也者,道心之谓也,道心精一之谓仁,所谓中也。"④ 宋儒否定韩愈在道统中的地位,"由孟子而后,周、程、张子继其绝,至熹而始著"(《宋史·朱熹传》)。

---

① 《原道》,《韩昌黎文集校注》,第18页。
② (宋)程颐:《明道先生墓表》,《河南程氏文集》卷十一,《二程集》,第640页。
③ (宋)朱熹:《中庸章句序》,《四书章句集注》,第14页。
④ (明)王阳明:《阳明先生集要》上,第320页。

儒家的教统渊源甚古，至少尧舜时代已经有了五伦之教，《孟子·滕文公上》："契为司徒，教以人伦：父子有亲，君臣有义，夫妇有别，长幼有序，朋友有信。"至西周应该已经很普遍了，《周礼·地官》中，大司徒的职责中有所谓的"十二教"："因此五物者民之常，而施十有二教焉。一曰以祀礼教敬，则民不苟；二曰以阳礼教让，则民不争；三曰以阴礼教亲，则民不怨；四曰以乐礼教和，则民不乖。五曰以仪辨等，则民不越；六曰以俗教安，则民不偷；七曰以刑教中，则民不虣；八曰以誓教恤，则民不怠；九曰以度教节，则民知足；十曰以世事教能，则民不失职；十有一曰以贤制爵，则民慎德；十有二曰以庸制禄，则民兴功。"其教民的内容可谓具体而广泛，涉及民生的各个层面。春秋时代孔子以"存亡继绝"的历史使命感，抢救并整理了濒临散失危险的上古文化典籍，同时，以此为教本，创办私学，实行"有教无类"的办学方针，从而打破了教在官方的独霸局面，使学校教育、社会教化融为一体。由孔子开创的儒学其教的内容就是价值理性的"仁义道德"，而其手段则是诗书礼乐。儒家之"教"即通过宣讲、表彰、学校教育以及各种祭祀仪式等方式，向人们灌注儒家价值观念，使其遵守社会秩序。儒家还非常重视礼乐文化中的祭祀传统，形成了"神道设教"的传统。概括地说，教统是古圣以道化人、化世的"教化、教育、宗教之传统"，这些在历史上是不分的，今天我们已经形成了西方分析的思维习惯，故不得不分而言之。

传统上的"教统"的展开就是由孔子开创的"六艺之教"，即礼教、乐教、诗教、书教、易教、春秋教。《礼记·经解》中引孔子一段话说："入其国，其教可知也。其为人也，温柔敦厚，《诗》教也；疏通知远，《书》教也；广博易良，《乐》教也；洁静精微，《易》教也；恭俭庄敬，《礼》教也；属辞比事，《春秋》教也。"《礼记·王制》："乐正崇四术，立四教，顺先王诗书礼乐以造士，春秋教以礼乐，冬夏教以诗书。"马一浮据以将中国一切学术分判为诗教、书教、礼教、乐教、易教、春秋教六类学术（六艺之教）；"六艺之教，通天地，亘古今，而莫能外也。六艺之人，无圣凡，无贤否，而莫能出也。散为万事，合为一理。此判教之大略也"。[①] 六艺之教范围天地古今一切学术而不遗，可以说是教统的全面

[①] 马一浮：《复性书院讲录》，山东人民出版社1998年版，第51页。

展现。

儒家道统与教统的关系是在儒学发展的历史过程中逐渐形成的,"道统"是"教统"价值之源和指导思想,"教统"是"道统"落实的基本途径。

3. 政与教、政统与教统的关系

要理解中国古代的政教关系首先必要弄清楚中国古代文化语境中的"政"、"教"内涵。《说文》:"政,正也。"《墨子·天志上》:"且夫义者政也①,无从下之政上,必从上之政下。"这里"政"一般释为"正",《论语·子路》:"冉子退朝。子曰:'何晏也?'对曰:'有政。'"马融注曰:"政者,有所改更匡正。"《论语·颜渊》载季康子问政于孔子。孔子对曰:"政者,正也。子帅以正,孰敢不正?"意思是说季康子向孔子问政治。孔子答道:"'政'字的意思就是端正。你自己带头端正,谁敢不端正呢?"说明古代政与正可以互训。政治的核心价值一个"正"字就可以概括。这就言简意赅地阐明正直、公正的为政理念和为官之道。在中国古代文化中,"教,上所施下所效也"(《说文》)。"教也者,长善而救其失者也。"(《礼记·学记》)"教"虽有狭义的宗教含义,但还更主要的是教育和教化的含义。② 所以,中国古代"政"、"教"的本意是指在上者以其道德楷模以身作则,上行下效,寓教于治,实现政治的良好治理。孔子曰:"君子之德风,人小之德草。草上之风,必偃。"(《论语·颜渊》)孔子说:"在上位的人德行就像风,老百姓的德行就像草。风吹在草上,草一定会随着风而俯倒。"孔子是在强调为政者的德行很重要,对下面的民众有决定性的影响。反之,上梁不正下梁歪,领导者的德行不好,上行下效,老百姓就不可能一心向善,整个社会就会道德滑坡。《孟子·滕文公上》孟子说:"上有好者,下必有甚焉者矣。君子之德风也,小人之德草也。草尚之风,必偃。"意思是说在上位的人有什么喜好,下面的人一定就会喜好得更厉害。为政者的德行是风,老百姓的德行是草。草受风吹,必然随风倒。由"政"与"教"合成的"政教"一词在中国古代则指政治与教化。《逸周书·本典》:"今朕不知明德所则,政教所

---

① (清)孙诒让《墨子间诂》卷七:王云:"'政'与'正'同,下篇皆作'正'。"诒让案:意林引下篇,"正"皆作"政",二字互通。"义者正也",言义者所以正治人也。

② 韩星:《儒家教统:教化、教育与宗教》,《中国社会科学报》2010年3月23日。

行。"《管子·法法》又说:"官职法制政教失于国也,诸侯之谋虑失于外也,故地削而国危矣……官职法制政教得于国也,诸侯之谋虑得于外也,然后功立而名成。"国家之兴亡系于政教的得失。《荀子·王制篇》:"本政教,正法则。"《荀子·大略篇》:"政教习俗,相顺而后行。"《史记·老子韩非列传》:"内修政教,外应诸侯。"

  关于中国古代的政教关系,很多学者认为是"政教合一",如徐复观说:"就现在可以看到的材料来说,中国一开始便没有像其他民族,可以与政治领袖抗衡,甚至可以支配政治的带独立性的僧侣阶级。所以古代宗教,一开始便和政治直接结合在一起;政治活动与宗教活动,常不可分离。"① 有学者把这一看法提升为对中国传统社会结构的整体概况,认为不仅是商周时期,而且也是秦以后的中国社会的基本结构。在"政教合一"的社会结构下,政治体系与意识形态结合紧密,甚至达到基本重叠的程度。政治与宗教既然完全合于一体,宗教理想便等同于政治理想,宗教实践便等同于政治实践。② 其实,在这之前高瑞泉也用"政教合一"来描述过中国传统社会中的"价值系统一元结构特征"。③ 后来,何光沪甚至认为,不论是根据理论进行分析,还是根据事实进行归纳;不论是从正面,即从政教合一的三种形式来观察,还是从侧面,即从儒、释、道三教的政治关系来观察,甚至从反面,即从宗教与被统治阶级政治的关系来观察,都可以得出这样的结论:在中国历史上,政教合一的确是存在的;在中国封建社会的大部分时间里,这种政教合一,就是儒教与封建专制政治的结合。④ 至今仍然有学者认为古代中国是一种特殊的政教合一体制,君王和官员组成的统治者集团掌控教化职能,政治权力高度控制社会文化和个人的精神生活。政教合一体制是通过政治教化这一关键环节而实现的,统治者依靠暴力体系、宗教信仰、儒家思想、士绅、学校教育、家庭教育、经济控制等路径实施政治教化以达到政教合一状态。⑤ 这些说法显然

---

  ① 徐复观:《中国人性论史·先秦篇》,上海三联书店2001年版,第35页。
  ② 杨阳:《王权的图腾化——政教合一与中国社会》,浙江人民出版社2000年版,第58、71—73页。
  ③ 高瑞泉:《略论近代中国价值迷失之缘起》,《学术月刊》1994年第11期。
  ④ 何光沪:《论中国历史上的政教合一》,载《儒教问题争论集》,第179页。
  ⑤ 郑旭涛:《古代中国政教合一的实现路径与影响》,《青年科学》(教师版)2013年第7期。

有点言过其实,并且更多地出于一种对儒家与政治关系的误解、曲解基础上的批判与否定。

现在,越来越多的学者对这个问题有了深入研究,提出了相对更接近历史事实的观点。张践教授从中国历史实际出发,参照国际经验,提炼出中国政教关系的类型特点和话语新解,指出中国古代社会大部分时期既不是政教合一的神权政治,也不是国教统治的神学政治,更不是政教分离的法治政治,而是以教助政的神辅政治,是独特的政主教从型政教关系。"中国古代从'轴心时代'开始,传统宗教就被边缘化了。不过那是个君主专制的时代,由儒家为主,法、道、墨诸家为辅形成的政治意识形态,在社会形成了一种'顺从型'政治文化,从而使政治权力与诸种宗教之间形成了一种主从型的支配、服从关系。"[①] 卓新平先生也同意这个观点,并认为这一传统延续到了当代中国:"中国当代的政权形态,在潜在意义上亦有着对以往政权的政治总是起着主导、主持作用,而宗教则总是从属的、在政权管理辖制之下的宗教,在中国历史上没有西方宗教曾经主政、'君临天下'的经历和由此达到的权势与风光。在这种意义上,中国的宗教自古以来并无西方民主所理解的、西方传统所向往的那种超越政治、脱离于政权的绝对'自由'。这种政权对宗教的主次关系迄今并无根本性改变。"[②]

笔者认为,中国古代并不是完全没有出现政教合一的现象,但只是一种类似的政教合一关系,这里的"教"主要是教育、教化。

三代政教、官师不分,这本已是学术界大多数学者的看法,海外学者如张光直、徐复观等,国内老一辈学者如杨向奎等,近年来学者如谢维扬、陈来、陈明等都持此说。《礼记·王制》中亦云司徒"修六礼以节民性,明七教以兴民德;齐八政以防淫,一道德以同俗,养耆老以致孝,恤孤独以逮不足,上贤以崇德,简不肖以绌恶"。陈澔在这一节下注云:"此乡学教民取士之法,而大司徒则总其政令者也。"[③] 可见,当时的政治就是教化,教化就是政治,二者难分难解,浑然一体。章学诚认为,三代

[①] 张践:《论政教关系的层次与类型》,《宗教学研究》2007年第2期。

[②] 卓新平:《论"政教关系"》,《宗风》乙丑·春之卷,宗教文化出版社2009年版,第46页。

[③] (元)陈澔:《礼记集说》第三卷,中国书店1994年版,第115页。

之世，治教无二，官师合一，圣人因事立教，寓教于政，他写道："教之为事，羲、轩以来，盖已有之。观《易·大传》之所称述，则知圣人即身示法，因事立教，而未尝于敷政出治之外，别有所谓教法也。虞廷之教，则有专官矣；司徒之所敬敷，典乐之所咨命；以至学校之设，通于四代；司成师保之职，详于周官。然既列于有司，则肄业存于掌故。其所习者，修齐治平之道，而所师者，守官典法之人。治教无二，官师合一，岂有空言以存其私说哉？"① 在官学的一统天下里，所学者，不外修齐治平之道，教化即政治；所师者，皆为守官典法之人，官吏即师傅，政教官师一体。

及至春秋，王官失于野，学术下私人，道术为天下裂，私学勃兴，诸子蜂出，百家争鸣，三代政教合一，官师不分的局面在春秋又被打破了，于是出现了《庄子·天下》篇中所谓的"道术将为天下裂"的局面，道术之分裂，乃是道统、政统、学统、教统的分裂，各家各派皆"思以其道易天下"，诸子纷纷著书立说，聚徒讲学，于是，"学者所习，不出官司典守，国家政教"。② 随着道术散乱、学术下移，教育、教化从政治中分离出来，政府的官吏不再承担师的职能，这一职能逐渐被具有独立社会地位的士（知识分子）阶层所取代，政统与道统、王权与教权发生了分裂。但这种分裂只是暂时的。战国之世，各国君主尊师礼贤，目的显然是想获得以知识分子为代表的道义力量的支持；而诸子奔走列国、游说王侯，也无非是期望借重王侯的政治力量以推行其道。比及秦统一六国，焚禁《诗》、《书》，坑杀儒生，"以吏为师，以法为教"，也是想重建官师治教合一的格局，但由于只用法家思想，排斥别家，甚至"焚书坑儒"，最终以失败而告终。秦汉以后，政教结合及其内在冲突成为中国传统政治文化的一个重要特征。汉代独尊儒术，以经学为意识形态的主体，以师儒为吏，即循吏；皇权与教权结合，实现了官师政教的统一，但是由于政统和道统的价值关怀并不完全一致，皇权压制道统权威，打击知识分子的独立意识，知识分子则以道统权威抗衡皇权，两者始终存在着矛盾和冲突。

因此，要准确地认识中国历史上的政教关系还必须考察政统与教统之

---

① （清）章学诚：《文史通义·原道中》，第36页。
② 同上书，第37页。

上的道统，要注意到他们形成了一种三元结构：

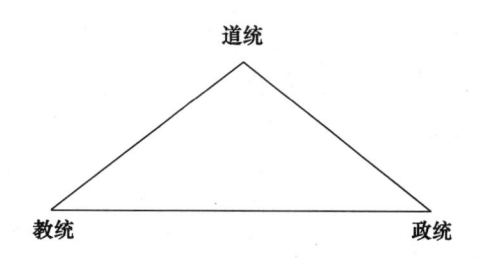

```
           道统
          /    \
         /      \
       教统      政统
```

所以，在儒家中国语境下讨论政教关系问题不能忘记道统这一维度，应该在道统统摄政统与教统的三元结构下探讨中国古代政教关系的特征。

三　中国历史上政教关系的主要特征

通过对历史上政教关系演变的初步考察，可以看出一些主要特征：

1. 治民之道：建国君民，教学为先

《礼记·学记》："古之王者，建国君民，教学为先；化民成俗，其必由学。"古圣先王把教育作为治理国家的第一要务，这是很高的治国智慧。根据《尚书》的记载，早在尧帝的时代，便让舜担任司徒（相当于现在的教育部长）一职，主管百姓教育，以"五典"（指父义、母慈、兄友、弟恭、子孝五种美德）教育民众。在舜的时代，则由契担任司徒，推行伦理道德的教化。《孟子·滕文公上》说道："饱食、暖衣、逸居而无教，则近于禽兽。圣人有忧之，使契为司徒，教以人伦，父子有亲，君臣有义，夫妇有别，长幼有序，朋友有信。"《汉书·礼乐志》说："古之王者莫不以教化为大务，立大学以教于国，设庠序以化于邑。"古代的君王，没有不把教化看作是大事的。他们设立大学以教化于国都，设立庠序以教化于城镇乡村。可见，自尧舜之时起，古圣先王就把立学校，行教化放在治国平天下的优先位置，正如后来《盐铁论》概括说："故治民之道，务笃于教也。"于是，建国君民，教学为先就成为中国古代优秀的政治传统一直持续了下来，使得中国文化历经几千年而没有衰亡。

2. 以道统合政教：寓治于教，寓教于治

儒家传统以上强调以道统合政教，穷则为儒家隐者，"寓治于教"，达则为士大夫，"寓教于治"，就成为儒者人生和政治实践的基本选择和现实追求。《荀子·儒效篇》认为一个儒者应该："在本朝则美政，在下位则美俗。""美政"就是入仕参政，为社会制订各种礼仪规范、政法制度等，以安定社会秩序和富裕百姓生活；"美俗"就是隐退民间，修身养性，以身作则，教化社会，化民成俗。贾谊《新书·大政下》后来更有总结性的概括："夫民者，诸侯之本也；教者，政之本也；道者，教之本也。有道，然后教也；有教，然后政治也；政治，然后民劝之；民劝之，然后国丰富也。"民为国之本，如何治国理民？有道然后教，有教然后老百姓得以教化，国家得以治理。

3. 政教关系：不即不离，相维相济

政治与宗教的都是一种社会意识形态，建立在共同的经济基础之上，但具有独自的特性。宗教会为政权提供合法性来源和稳定性的资源，表现出特殊的超越性、神圣性和教化功能来发挥其社会整合作用。政权也会通过允许宗教的适度发展以发挥意识形态的整合功能，但总是要高于教权，要利用宗教为其统治服务，不会让你凌驾于政治之上。这是中国政教关系的基本状况。至于儒家，杨阳解释说："儒家将现实社会和政治秩序内化为人本质，在其超越性理想与现实社会及王权之间建立了相互融通的关系，不仅将社会个体理想实践的过程完全落实为对王权政治的参与，而且还将其生命活动的意义圈定在与王权合作的范围内。"① 笔者同意他这段话的前半句，不认同他的后半句。儒家确实在其超越性理想与现实社会及王权之间建立了相互融通的关系，但并没有将社会个体理想实践的过程完全落实为对王权政治的参与，更没有还将其生命活动的意义圈定在与王权合作的范围内。毋庸讳言，历史上是有杨阳所说的儒者，但绝不是儒家的主流，也不能代表儒家的主导倾向。儒者和帝王都明白政与教各有特性，各有所长，各有所短，儒者把握道统，教化社会，皇帝接受道统，支持儒生，有点儿类似西方的恺撒的归恺撒，上帝的归上帝。但西方是二元分离，中国则是二元和合。

4. 儒者凭道立教，具有知识分子与僧侣的双重性

儒家凭道立教，以经学为学术基础，以圣贤为理想人格，确立社会核心价值体系，建立民族信仰体系，为社会制定伦理道德规范，通过教育、教化活动重建社会秩序、维护社会稳定。正如余英时所说，"中国知识分

---

① 杨阳：《王权的图腾化——政教合一与中国社会》，第228页。

子的历史性格自始即受到他们所承继的文化传统的规定,就他们管恺撒的事这一点来说,他们接近西方近代的知识分子;但就他们代表'道'而言,则他们又接近西方中古的僧侣和神学家"。① 儒者就他们在社会政治层面的参与而言类似于西方的自由主义知识分子,但他们还有一般自由知识分子所不具备的道统和护卫道统的宗教精神,这是西方宗教家所具有的。儒家主体的思想和实践模式是内圣外王之道,儒生们通过内圣的修养,有宗教性的体验,然后他参与社会和政治活动就会带着一种超功利的宗教式的热情和布道精神,但在他们看来,这并不是一种狂热的宗教行为,而是履行人伦道德的形式,是做人和成圣的必由之路。

5. 儒家以人文理性为本质特征,以儒为主,整合多元宗教

儒家思想体系以人文理性为主,体现为以人为本,贵和尚中,和而不同等核心价值观,使儒家在历史上可以与外来的各种思想文化交流融会,正如《中庸》所言:"万物并育而不相害,道并行而不相悖",故可以包容土生土长的、外来的各种文化成分,只要不使自身发生质变,都能心胸开阔,兼收并蓄,百川归海,不择细流。因为能开放,能包容,就能够融会贯通。在对待其他宗教方面,因为儒家有宗教这一层面的内容,这就使儒家在中国历史上除了发挥教育和教化功能,也发挥了宗教信仰的功能,所以在历史上儒家一定程度上担当满足了儒生、士大夫精神信仰需求,更重要的是在宗教信仰层面面对多元宗教,可以与别的宗教进行对话,进行交流,以儒为主,整合多元宗教(当然也不乏冲突)。而以人文理性为主,具有复合形态的儒家或儒教就高于其他单一的宗教与世俗哲学、伦理,形成"圆教"②,没有排他性,可以和而不同,兼容并包。历史上三教合流,有儒家式道教徒、儒家式佛教徒,现在世界上如美国也有儒家基督徒,在东南亚已经有儒家式伊斯兰教徒,儒家式印度教徒等。这对于其他单一型的宗教而言是不可想象的。这就是以儒家为主体的中国文化的伟大之处。由于儒家的深刻影响,中国文化中的宗教性活动始终是围绕人事展开的,可以说是人道教或人文教。中国古代大多数哲学家有信仰,但对

---

① 余英时:《中国知识分子的古代传统——兼论"俳优"与"修身"》,载《士与中国文化》,第107页。

② 当代新儒家中,有专论及于圆教者,有方东美、唐君毅、牟宗三诸先生,而尤以牟先生发挥最多,详见王财贵先生《新儒家圆教理论之特殊性》,《第三届当代新儒学国际学术会议论文集之二》,台北:文津出版社1997年版,第45—67页。

宗教都不会迷狂，他们所关心的乃是社会、人生的现实问题，从而形成了传统文化以人文理性为主、以宗教为辅的特色，使得中国文化没有宗教偏见，没有宗教狂热，没有宗教战争，使得各种宗教传进中国后，争斗锋芒都被过滤，进而相互尊重，彼此共存，中国文化成为各种宗教的大熔炉，在中国历史上儒、释、道三教融合的历程就是典型例子。

第六章

道统的失落与官本位之兴盛
——基于中国传统政治文化的思考

官本位在当今中国已经深入社会各个方面，侵蚀改革开放的成果，阻碍社会的文明进步。说到今天的官本位，人们自然会想到几千年的中国就是一个官本位的社会，学者们更是把官本位归结到这个传统文化上，认为传统文化是官本位形成的文化基础，特别是儒家思想是官本位存在的理论依据。如有学者撰文说："从历史脉络来考察，官本位萌生于先秦'学而优则仕'……汉武帝采纳董仲舒'罢黜百家，独尊儒术'的建议后，儒家学说成为整个国家占统治地位的思想，官本位意识也就成为整个社会的主流意识。于是，读书做官也就成为人们最高的理想追求。……官本位的思想理论根源是儒家道统（孔孟之道）。"[①]

类似的说法非常普遍，对人们形成了误导，使人们自觉不自觉地把现实当中的官本位问题归结于过去，归罪于古人。这不但是非历史的，而且也使人们淡化了对现实的思考和批判。这种看法在当代学界和社会上具有普遍性，需要认真对待。我们应该以历史唯物主义和辩证唯物主义的态度和方法认识中国古代的官本位问题。因为这个问题太大，太复杂，本章从传统政治文化的视角，来对官本位的思想文化基础进行一些正本清源、实事求是的梳理与分析，以解众人的误解，使我们摆脱那种把现实问题归结到古人身上的反传统主义的思路，能够从传统文化中汲取营养，从古圣先贤那里汲取智慧，为加深对这个问题的研究和解决做一些基础性的工作。

---

① 朱向东、贝清华：《官本位的成因解析》，《人民论坛》2010年第26期。

一 从官天下到官本位

官的本意，《说文》："官，吏事君也。"《玉篇》："宦也。"又《增韵》："职也，使也，公也。"本来官是一个褒义词：处理国家公务曰官，主要是公的意思。关于"官天下"和"家天下"，尧舜时实行禅让制度，君主挑选贤良之人继承君位，称为官天下，到禹时君位传给儿子，称为家天下。"官天下"实际上就是"公天下"。《汉书·盖宽饶传》中说："五帝官天下，三王家天下，家以传子，官以传贤。"《说苑·至公》："天下官则让贤，天下家则世断，故五帝以天下为官，三王以天下为家。"所谓"官天下"就是说天下是天下人的天下，应当让贤者来掌管。由"官天下"到"家天下"是中国上古政治的一个重大变革，《礼记·礼运》记载了孔子区别唐尧虞舜和夏商周三代这两个阶段的一段话，区分了"大道之行，天下为公"的大同社会和"大道既隐，天下为家"的小康社会。在天下为公的大同社会，最高权力的转移是采取禅让制。孔颖达《礼记正义》说："天下为公，谓天子位也，为公谓揖让而授圣德，不私传子孙，即废朱、均而用舜、禹是也。"① 这里"废朱、均而用舜、禹也"是指尧不以帝位传其子丹朱而传给舜，舜又不传其商均而传禹。《史记·五帝本纪》："尧知子丹朱之不肖，不足授天下，于是乃权授舜。授舜，则天下得其利而丹朱病；授丹朱，则天下病而丹朱得其利。尧曰：终不以天下之病而利一人，而卒授舜以天下。"郭店楚简《唐虞之道》揭示了禅让制的思想本质："唐虞之道，禅而不传。尧舜之王，利天下而弗利也。禅而不传，圣之盛也。利天下而弗利也，仁之至也。故昔贤仁圣者如此。身穷不贪，没而弗利，穷仁矣。必正其身，然后正世，圣道备矣。故唐虞之道，禅也。"禅让的根本精神就是"利天下而弗利"，即将利益归于天下，而不是当作一己之利。禅让的核心在于所谓"禅而不传"。"禅"是针对"传"而言的，"禅"的精神为"天下为公"，故把天子之位让给最贤能的人；"传"的含义是"天下为私"，故把天子之位传给自己的儿子。儒家提倡并强调禅让，认为它最能体现圣王的人格境界和仁德的理想原则，这些都是大同社会的基本要素。

---

① （清）阮元校刻：《十三经注疏》下册，中华书局1980年版，第1414页。

由"官天下"到"家天下"是中国古代历史的一个重大转折,"官天下"的精神——天下为公后来为儒家传承发展,成为秦汉以后儒家道统的基本内涵之一,与封建帝王"家天下"的关系就显得比较微妙:既有相容,乃至合作的一面;也有相悖,甚至抗衡的一面。"官天下"始终是儒家的理想,儒家从来没有放弃。但是,儒家是一个怀抱理想的现实主义者,他不放弃理想,却也具有现实精神。一般情况下,当"官天下"与"家天下"相符的时候,儒家会支持后者;当"官天下"与"家天下"相背离时,儒家会反对"家天下"。但是,儒家的反对所采取的方式是非暴力的、渐进式。在一般常态下,出于关注民生、体恤百姓,以及天下安定的考虑,儒家总是试图通过对上说服、抗议、直谏、教育等方式尽量将"家天下"纳入"官天下"的轨道;而在特殊情况下,当家天下无可救药,积重难返,难以与公天下相吻合时,儒家并不反对改朝换代,甚至赞同汤武革命。

作为官僚的"官"是随着古代国家的形成而出现的,最早大概要追溯到古史传说时代的黄帝时代,《史记·五帝本纪》:"黄帝者,少典之子,姓公孙,名曰轩辕。……迁徙往来无常处,以师兵为营卫,官名皆以云命,为云师。"《集解》引应劭曰:"黄帝受命,有云瑞,故以云纪事也。春官为青云,夏官为缙云,秋官为白云,冬官为黑云,中官为黄云。"最初官是很少的,权力也有限,后来随着国家事务的增加,官也越来越多了。《礼记·明堂位》说:"有虞氏官五十,夏后氏官百,殷二百,周三百。"《易·系辞下》:"百官以治。"《礼记·王制》:"王者之制禄爵:公、侯、伯、子、男凡五等。"

官本位的正式起源是秦朝,是官的本来含义的异化,是伴随着秦王朝中央集权制度的确立而正式形成的,与法家有直接关系。其实,社会上重官的观念产生于春秋战国天下大乱之际。《韩非子·五蠹篇》说:"今之县令,一日身死,子孙累世絜驾,故人重之。"秦始皇灭六国后,实行了一整套巩固封建中央集权制的措施进行专制统治,在中央实行三公九卿制,在地方实行郡县相亭四级行政组织。县级以上的官吏由皇帝亲自任免,直接向皇帝负责。至此,始皇帝的威势得到了充分的保证,中央集权发展到了一个高峰。他实行车同轨、书同文,实现了政治、经济的统一,刻石自颂"六和之内,皇帝之土","人迹所至,无不臣者"(《史记·秦始皇本纪》)。在思想文化问题上,秦始皇仍然以法家思想,特别是韩非的思想为其统治的基本依据，按照韩非"法、术、势"的设计，"明主之国，无书简之文，以法为教；无先王之语，以吏为师"（《韩非子·五蠹篇》），使法家思想独于一尊，成为官本位的理论基础。

秦汉以后高度的中央集权，高度的思想统一，官僚制度逐渐完善，官本位的意识也逐渐强化，使得社会上形成了"万般皆下品，唯有读书高"的风气。在等级森严的封建社会，官为百业之首，唯有走上仕途，才能出人头地，兴旺发达。而处于社会底层的人们，要摆脱贫困和低贱的社会地位，入仕做官是最佳选择。官本位意识是封建官僚制度在观念形态上的反映，并维护和服务于官僚集权体制。这种意识贯穿整个封建社会，在宋王朝时才由兴盛走向成熟。宋朝的开国皇帝赵匡胤是靠武人策动的"陈桥式兵变"当上皇帝的，为了防止这样的事情又一次发生，赵匡胤采取了重文轻武的策略，大量任用文官，来限制武将的权力，同时扩大官吏数目，利用官吏的互相牵掣来防止某个将官集聚到可以威胁帝王的巨大权力，结果官吏的数量成倍膨胀。"官本位"在明王朝时走向了极端，社会的各个细胞自此被"官僚主义"普遍并彻底地浸润。辛亥革命以后庇护官本位的皇权崩塌，应该随着封建帝制的消亡被扫进历史的垃圾堆。但后来无论是北洋军阀时期还是民国时期，官本位的阴魂在特定的社会历史条件下，在中国社会走向现代化的艰难历程中又不同程度地复活了。新中国成立以后，毛泽东既不要西方的民主自由，又不要传统的儒家思想，以其个人魅力和社会主义、共产主义的理想激励干部、发动群众，试图弱化官本位，但是他实际上又搞成了个人崇拜，一言堂，没有成功。这方面学界、政界已经有许多研究和揭示，兹不赘言。

二　道统、学统与政统、治统

在中国历史上，道统与政统的关系是亦分亦合，不即不离，一虚一实，相反相成，互为作用。就时间而言，春秋战国以前道统与政统合而为一，"官师治教合，而天下聪明范于一，故即器存道，而人心无越思"[①]；就人物而言，孔子以前的尧、舜、禹、汤、文、武、周公都是圣与王合而为一，是道统与政统合一的人格体现。春秋战国以降，在现实中圣与王一

---

① （清）章学诚：《文史通义·原道中》，第37页。

分为二，道在师儒，政在帝王，儒家努力探讨在圣与王分而为二情况下圣如何制约王，高扬"道统"意识，以与君主所代表的"政统"形成两个相关而又分立的系统。由此以后，政统与道统不再合一，儒家道统与帝王政统便存在着长期的对立关系，形成了困扰中国政治的一对基本矛盾：依儒家"政治的理念，民才是主体；而政治的现实，则君又是主体。这种二重的主体性，便是无可调和对立"。① 这种二重主体性的矛盾在历史上体现为道（理）与势的紧张关系，即儒家的道德政治理想及其理想人格与帝王权势之间的紧张关系。孔子强调"所谓大臣者，以道事君，不可则止"（《论语·先进》）。这样就把君臣关系统摄于更高的"道"这么一个价值理想上，"以道事君"就是以仁道事君，体现了儒家的民本主义价值观。"道"成为君臣关系存在的前提，丧失了这个前提，臣的一方完全可以终止君臣关系——臣是有主动批评权。

儒家思孟学派把"道统"与"政统"的分立具体化为"道"与"势"、"德"与"位"的分立，认为"道高于势"、"德尊于位"。思孟学派的代表人物是子思和孟子，他们的基本形象是王者师，不是顾问、智囊、高参，而是有自己文化理想、历史使命、政治远见、道德人格，能够特立独行的儒者。《孔丛子·抗志》载：曾参的儿子曾申，看到孔伋（子思）志向难达、身处贫困，就对他说："屈己以伸道乎，抗志以贫贱乎？"孔伋说："道伸，吾所愿也。今天下王侯，其孰能哉？与屈己以富贵，不若抗志以贫贱。屈己则制于人，抗志则不愧于道。"在"道"与"势"的对峙上，子思表现出了一位真正儒者的高风亮节和浩然正气。孟子认为，德与爵相比，德更重要。他把权势地位称作"人爵"，道德仁义称为"天爵"，鲜明地对比说："有天爵者，有人爵者。仁义忠信，乐善不倦，此天爵也；公卿大夫，此人爵也。古之人修其天爵，而人爵从之。今之人修其天爵，以要人爵，既得人爵，而弃其天爵，则惑之甚者也，亦终必亡而已矣。"（《孟子·告子上》）"天爵"与"人爵"虽然不是对立或抵牾的关系，但毕竟是两种不同的价值判断，通过褒贬古今的对比表达了重"天爵"轻"人爵"，以"天爵"统摄"人爵"的价值倾向。

荀子认为儒者之所以受人尊敬主要是在他身上有道在，有道的儒者在处理与君主的关系时就要以道为精神价值，"道高于君"，要"从道不从

---

① 黄克剑、林少敏编：《徐复观集》，群言出版社1993年版，第124页。

君",认为"从道不从君"是儒道中的大行。因道的存亡与否决定国家的存亡,"道存则国存,道亡则国亡"(《荀子·君道篇》),所以要以道的价值理想作为士人的指导思想,而不是权势和利益。

汉代大儒董仲舒继承并发挥了先秦儒家的传统,提出一些有价值的观点,主要有"天谴说"和"有道伐无道"的思想。"天谴说"是董仲舒提出的对君主的失道行为加以约束的一种思想,是其"天人感应"学说在政治上的落实。他认为,天是一种超人间的支配力量,君权乃由天授,天生民以立君,天与人事有着必然的联系,试图以天抑君,如果皇帝有政治上的失误就会被天警示,指出:"国家将有失道之败,而天乃先出灾害以谴告之。"(《汉书·董仲舒传》)即上天对统治者,经常通过自然界的灾异变化来进行谴责,以示警告,使其改正错误,符合天意。他还提出"有道伐无道"的变革史观。他认为,历史的变革,起支配作用的是道,有道之圣人伐无道之暴君,由此推动了历史的变革和发展,并将此称为天理。

从宋代开始相权低落,君权提升,中央集权加强,为明清以后专制主义的强化奠定了基础。宋朝相对稳定,但国势衰落,然而宋儒身上逐渐萌生了先秦儒者以天下为己任的精神,他们以普遍适用的"道"或"理"为一切自然与社会存在的原理和原则,来对现实社会进行批评和提升,试图以道统统摄政统。他们认为,"天下唯道理最大,故有以万乘之尊而屈于匹夫之一言,以四海之富而不得以私于其亲与故者"。① 这就是说再有权有势也不能超越"道理"之上,胡作非为。元代蒙古异族入主中国,政统变了,道统仍存民间。社会上的士人以受儒家出处之道的影响,大都以不出仕在野讲学为务。

明清两代是封建专制主义中央集权高度发展的历史时期。明清之际出现了黄宗羲、顾炎武、王夫之、孙奇峰、傅山、朱之瑜、吕留良、陈确、唐甄、颜元等早期启蒙思潮的代表人物。他们在反思明亡的历史教训过程中,深刻地认识到了封建君主专制的社会弊端,猛烈地展开了批判,并提出了改革社会的理想方案。如黄宗羲在《明夷待访录·原君》中最脍炙人口的两句话,一是"为天下之大害者君而已矣",二是"天下为主,君为客"。明末学者吕坤在政治上表现出"以理抗势"和"法高于势"的精

---

① 佚名:《皇宋中兴两朝圣政》卷四十七,宛委别藏本。

神。他把思孟学派"道高于势"的思想发展为"理尊于势",认为天子虽然掌握着天下最高的权势,但也应该有所畏惧。权势尽管高贵,但与"理"比较起来,"势之尊,惟理能屈之"。①

应该看到,儒家解决其道德政治理想与专制政治的紧张关系时也有局限性,这就是自上而下对统治者的规劝,对民众的教化,与近代民主政治由下而向上去争取不同,这使得传统政治总是在圣君贤相、君礼臣忠、士大夫出处之道上打转,人民处于一种消极被动的地位,虽然有民本思想,但民作为真正的政治主体始终没有从制度上建立起来。

当然,道统与政统的关系不是仅仅是对抗性的,也有一致的一面,即救世为目标,强调人间秩序的安排,有着典型的入世特征,所以道统可以为政统所用,发挥重建伦理道德,维持生活秩序的功能。这样,道统与政统的二元张力的结构就是传统政治文化的基本结构。

由道统与政统再推衍到治统方面,还有治道的问题。牟宗三认为"政道是相应政权而言,治道是相应治权而言。……吏治相应治道而言,政治相应政道而言"。② 所谓"政道"是关于政权的"道理",即"政治上相应政权之为形式的实有,定常的实有,而使其真成为一集团所共同地有之或总持地有之之'道'也。所谓"治权",即"措施或处理公共事务之运用权也"。③ 相应的,所谓"治道","就字面讲,就是治理天下之道,或处理人间共同事务之道。其本质就是'自上而下'的"。④

道统、政统、治统就形成了中国传统政治文化的三元结构:儒者代表道统、学统,为政治提供价值指导和基本原则、理念、模式;皇帝代表政道、政统,作为政治的核心,是国家的首脑;宰相百官代表治道、治统,作为管理者管理国家政事。而秦汉以后宰相百官又主要来源于儒士,儒士入仕则成为士大夫。士大夫就是中国传统文化的中间阶层,也是中国古代政治的中坚。

能够担当道统的士人所有的特长则是"学",此"学"不是指今天一般的文化知识,而是包含了非常广泛深刻的含义,即从一般文化知识到做

---

① (明)吕坤:《闺范》卷二,《吕坤全集》下,第1468页。
② 牟宗三:《政道与治道》,广西师范大学出版社2006年版,第1页。
③ 同上书,第19页。
④ 同上书,第23页。

人处世的道理，可分成互相关联的五个部分，即"诗、政、社会、史、形而上学"。① 这样的"学"是在自身和社会中被广泛展开的，而不仅仅是现代意义学术的传承，它兼具"道"的形而上意义和"政"的形而上的价值，并在"我"的修身实践中得以实现。

"政"是经世致用的实践，是"道"社会意义上的载体，也是"学"的实践在社会生活中的具体展开。儒家坚信道德和政治是密不可分的，特别强调统治者的道德修养对于国家政治和人民福祉的密切关系。孔子处于社会转型时期的天下失道，礼崩乐坏的混乱时代，对历史上的圣王政治进行了理论总结和道德升华，提出完整的王道政治学说，主要是指以尧、舜、禹、汤、文、武、周公等为代表的治国之道，它最突出的特点是礼乐政治文明。在治国的方略上，孔子主张"政以德"，把用道德和礼教来治理国家视为最高尚的治国之道。这种治国方略也叫"德治"或"礼治"。当季康子问政与孔子，孔子对曰："政者，正也。子帅以正，孰敢不正。"（《论语·颜渊》）又说："其身正，不令而行；其身不正，虽令不从。"（《论语·子路》）又说："苟正其身矣，于从政乎何有？不能正其身，如正人何？"（《论语·子路》）这就是说，执政者必须从端正自身开始，通过其人格魅力和道德感召力去治理民众（正人）。这样，才能造就一个良好秩序的社会。"君子之德风，小人之德草，草上之风必偃。"（《论语·颜渊》）执政者正，便可不令而行，风行雨施，泽及下民。对于王道理想，孟子以后的历代大儒都在孔子的基础上有所发挥，并对孔子思想加以捍卫和承继，这样就形成了中国特有的政治文化传统。龚自珍将此概括为："一代之治，即一代之学也。一代之学，皆一代王者开也。……是道也，是学也，是治也。则一而已矣。"②

三 士人政府及其制度安排

"士"是中国古代社会中具有一定身份地位的特定社会阶层，后演变为对知识分子的泛称。最早的士就是武士。又因为武士都是身强力壮的男

---

① 杜维明：《道学政——论儒家知识分子》，钱文忠译，上海人民出版社2000年版，第5页。
② （清）龚自珍：《治学》，《龚自珍全集》，上海古籍出版社1996年版，第4页。

性,所以又进一步引申为氏族正式成年男性成员的统称。商、西周时"士"既泛指包括诸侯在内的各级贵族,又专指贵族的最末等级,是三代贵族政治体系中的一个有机组成部分。到了春秋时期,周王室衰微,礼崩乐坏,中央官学中的一些掌握礼乐文化知识的人纷纷离开周王室,或奔赴各诸侯国求售,或招收弟子开馆教学,或潜入民间研究学术。原来的贵族之士成为一种新的"士",在当时成为一个独特的社会阶层或集团,成为社会上最活跃的一种人,成分也逐渐复杂起来。当时的士投身于政治斗争,奔走于各国之间,出谋划策,对当时封建中央集权的统一国家的形成和建立做出了很大贡献,起到了推动历史发展前进的作用。在这个历史变革过程中,儒家士人一方面担当道统,传承学统,另一方面调正政统,规范政统。具体途径是以道抗政,以德抗位,修己正人,治平天下。

"仕",《说文》曰"学也",是其本义,训士为入官,是后起之义。《论语·子张》子夏说"仕而优则学,学而优则仕"。20世纪大陆批判孔子的读书做官论,就是望文生义地把"优"当作"优秀"来讲的,那么"学而优则仕"是学习好了就去做官,而"仕而优则学"则是做官好了就去学习,就不能通了。杨伯峻《论语译注》把此句译为:"做官了,有余力便去学习;学习了,有余力便去做官"①,纠正了"学习成绩优秀就可以去做官"、因而演变出"读书做官论"的错误,但于意未安。《说文》:"优,饶也。""优"、"饶"可以互训。《王力古汉语字典》"优"字条第一义项:"丰,多,充裕。"这是其本义。皇侃《论语义疏》:"力有优余,则更可研学先王训典也。学业优足,则必仕进也。"皇侃看出了两个"优"意思的一致和两个"优"的修饰语的不同,进行了准确无误的诠释。做官精力有优余,可以更多学习先王治国平天下之道;学业丰富充足,就一定能被选入仕。显然,这里强调的还是"学"。总之,"士"和"仕"都强调做事,而"学"就成为其本质特征。

以"学"基础,由"士"而"仕",可以说是士人的本分。《汉书·食货志上》云:"士农工商,四民有业,学以居位曰士。"说明在传统社会中,士居四民之首,他们居位参政被看成是天经地义的权利义务。因此,"不仕无义"(《论语·微子》)、"士之仕也,犹农夫之耕也"、"士之失位也,犹诸侯之失国家也"(《孟子·滕文公下》)就成为儒者的

---

① 杨伯峻:《论语译注》,中华书局2006年版,第227页。

信条。

当然，儒家并不是无条件地为了一己之私利入仕，而是特别强调入仕的道德前提和人格尊严，形成了儒家的出处之道。孔子要求学生"不仕大夫，不食污君之禄"（《史记·仲尼弟子列传》），"用之则行，舍之则藏"（《论语·述而》），"邦有道，穀；邦无道，穀，耻也"（《论语·宪问》）。孟子提出"古之人，得志泽加于民，不得志修身见于世；穷则独善其身，达则兼善天下"（《孟子·尽心上》），在个人的穷达与道的坚守上毫不犹豫地将道置于首位。孟子倡导士人必须对君主有所选择，以利于实现远大志向。"可以仕则仕，可以止则止，可以久则久，可以速则速"（《孟子·公孙丑上》），应当采取灵活变通的态度。荀子承认君主制的主导作用，士能否入仕，全操在君主手里；士发挥社会作用的主动权则全在自己："人主用之，则势在本朝而宜；不用，则退编百姓而悫，必为顺下矣。虽穷困、冻馁，不以邪道为贪；无置锥之地而明于持社稷之大义。"（《荀子·儒效篇》）"美政"就是要"善调一天下"，为社会制定各种礼仪规范、政法制度等，以安定社会秩序和富裕百姓生活；"美俗"就要不断修身，提高道德品质，以身作则，化民成俗。

由"士"而"仕"就构成了中国古代的士人政府。中国古代政府是由士人组成的，不是军人政府，避免了军人暴政；不是富人政府，不会形成资本家专制；不是贵族政府，由贵族世代把持政权；而是读书人的政府，或称士人政府，"谓士人政府者，即整个政府由全国各地之知识分子即读书人所组成"①，是一个"崇尚文治的政府"。士人政府是有制度保障的政府，汉武帝起确立了几项重要制度，如教育制度、考试制度、选举制度。"每一士人，皆须经过此三项制度之提拔与升迁，自社会下层而进达于政府之最高层。皇帝虽是政府中之最高领袖，但亦得遵循此几项制度，而行使其职权。此下两千年来，此三项制度虽递有改变，但大体上，绝大多数政府人员，必经此三项制度之审核与通过，则并无有变。"② 教育制度中的太学是士人政府的精神核心，社会上的任何人都可以通过考试进入这个国立大学。汉代太学博士，负有议政、奉使、巡视等职责，说明

---

① 钱穆：《国史新论》，生活·读书·新知三联书店2012年版，第85页。
② 同上书，第108页。

他们的政治地位很高,太学提倡自学、允许自由研讨,使太学培养造就了一批有研究能力、学识广博的高才。黄宗羲在《明夷待访录·学校》中对"太学"的功能与性质进行了概括。他指出,首先,"太学"的功能是养士,但"太学"的功能不仅于此,"古之圣王必使治天下之具皆出于学校",故"太学"还有治国的功能,即行使政治权力的功能。其次,"太学"除具有班朝,布令,养老,恤孤,讯馘的功能外,更重要的功能则是"大师旅则会将士,大狱讼则期吏民,大祭祀则享始祖"。至于"太学"的性质,黄宗羲认为是"公非是于学校",而使"天子不敢自为非是",即以"太学"为国家政治的最高清议机构与权力机构,对最高统治者的施政行为进行正确与否的评议与裁决。①

对于唐代以后的科举制度,近代以来人们多是持严厉的批评态度,提到官本位问题也把科举制度看成官本位走向兴盛的直接动因,而没有看到科举制度曾经的正面作用。其实,科举本来目的是为政府从民间提拔人才,打破士族世袭的现象,以整顿吏制。相对于世袭、举荐等选材制度,科举考试无疑是一种公平、公开及公正的人才选拔制度。从宋代开始,科举便做到了不论出身、贫富皆可参加。这样不但拓展了政府选拔人才的基础,而且使处于社会中下阶层的寒门之士有机会通过科考向社会上层流动,对维持整体社会的稳定起了相当大的作用。科举为中国历朝发掘、培养了大量人才,其中尽管不全是贤能之士,但能通过科考成进士者,多数都非等闲之辈。宋、明两代以及清朝汉人的名臣能相、国家栋梁之中,进士出身的占了绝大多数。这些具有广泛社会代表性的人才进入政府,实际上也是民众参与政府的一种途径,与现代民主精神是相通的,只不过方式和途径不同。历史上东亚日本、韩国、越南都曾经效法中国实行科举。16—17世纪,欧洲传教士了解了中国的科举取士制度,把它介绍到欧洲。18世纪时启蒙运动中,不少英国和法国思想家都推崇中国这种公平和公正的制度。英国在19世纪中叶至末期建立的公务员选拔方法,规定政府文官通过定期的公开考试招取,后来逐渐形成为欧美各国通行的文官制度。英国文官制所取的考试原则和方式与中国科举十分相似,很大程度上是吸纳了科举的优点。故此西方有人称科举是中华文明

---

① (清)黄宗羲:《明夷待访录·学校》,《黄宗羲全集》第一册,浙江古籍出版社2005年版,第10—14页。

的第五大发明。

在士人政府中，帝王固然拥有很大的权力，但并不是我们现代人想象的那种绝对权力、绝对专制。秦汉以后的中国政治，显然常保持一个君职与臣职的划分，即君权与臣权的划分，或者说王室与政府的划分。在汉代，内朝指王室，外朝指政府。全国财政收入，属于大司农者归政府，属于少府者归王室，这一划分，历代大体保持。① 一般而言，皇帝是国家的唯一领袖，而实际政权则不在皇室而在政府。代表政府的是宰相。皇帝是国家的元首，象征一个国家的统一；宰相是政府的领袖，负政治上的一切实际责任。② 帝王的权力还是受到以宰相为领袖的官僚体制的制约。因此，国家治理是由官僚主导还是由帝王主导，常常形成一个相互较量的局面。对于能力强的帝王，帝王主导的倾向十分明显；对于能力差的帝王，官僚主导则成为定势。有的王朝帝王几十年不上朝、不理政，国家的管理照样运行，也不一定就出现严重失误。反之，帝王及皇家贵戚的胡作非为则往往是王朝衰落、天下大乱的根源。钱穆先生还举例唐代皇帝和政府与决策和发布命令的对峙，说明中国传统政治，本不全由皇帝专制，也不能说中国人绝无法制观念。③ 而就官僚体制的政府而言，中国传统政治观念与政治理论，自始即偏重在政府之职分与责任，而不注重在政府之权利上。而且中国传统政治职权分配特别细密，各部门各单位都寓有一种独立性与衡平性，一面互相牵制，一面互相补救，政府全局，很难普遍腐败。④

四　中国官本位何以能够大行其道

今天，中国官本位大行其道，权力失控的根本原因是割断了几千年历史文化传统，纲常堕毁，礼崩乐坏，学绝道丧，走上了西化的道路，丧失了中华民族的主体性。如钱穆先生所说："辛亥革命，民国创建，政统变于上，而道统亦变于下。民初即有新文化运动，以批孔反孔，打倒孔家店

---

① 钱穆：《国史新论》，第73页。
② 钱穆：《中国历代政治得失》，生活·读书·新知三联书店2012年版，第3页。
③ 同上书，第43—44页。
④ 钱穆：《国史新论》，第84、82页。

为号召。孔家店中之伙计，即本文所谓社会下层之士。自此以下，社会有民无士。上无君，下无士，此则庶及可谓之全盘西化矣。"[1] 在中国传统文化的基本构架中，道统是根本，道统落实或者下贯到政治方面就是"政统"，落实或者下贯到学术方面即为"学统"，落实或者下贯到教育教化方面即为"教统"。道统作为价值系统统摄教统、学统和政统，不是一个层面，而是一道开三门，立体地下贯与上通。在中国文化发展过程中是社会的政统、学统、教统时而断，断了可以再复兴起来，唯独道统不能断。今天的中国，最根本的问题是道统断了，反映在人格上就是进入了没有圣贤的时代，同时政统、学统、教统也断了。这样，政治上无道统的指导，本身走不上正轨，没有了士大夫阶层作为中间阶层，作为政治的中坚；学术上引进西方的学科体制、学术范式、学术方法，好则为学术而学术，坏则实用主义、功利主义；教育上先是引进苏联教育模式，改革开放以后又受西方教育影响，成为一种纯粹的知识教育，应试教育，最重要的没有了蒙学教育、家庭教育，以及士人担当的社会教化。

在政治上，走上西化道路的中国一般知识分子在政治上痴迷于民主、自由，而1949年以后中国大陆的政治构架则是另一个外来的西方政治模式——苏联的集权主义政治，缺乏源于中国自身历史文化传统以儒家为主体的政治理念与实际构架，而有的则是法家式集权专制。近代以来很多人笼统地认为中国传统政治是所谓封建专制，是已经被推翻了的过时的政治，根本上缺乏一种对中国历史，特别是政治发展史的实事求是的了解和认识，把中国古代几千年政治文化传统中主体精神和优秀成分也丢弃了。

改革开放一开始就提出小政府、大社会的改革方向。随着经济体制改革的深化，政治体制改革的呼声越来越强，社会民主、自由、人权的要求越来越高。邓小平在20世纪80年代初期制定改革路线时，明确要求各级政府不要再去管那些"不该管、管不好、管不了"的事，这个话已经切入国家和社会关系的核心，即国家权力是有边界的，不能越权进入社会领域。经过30年改革开放，国家权力过大的问题非但没有解决，反而是在经济的高速增长中日趋膨胀，各级政府掌握着巨大权力和资源，热衷于各

---

[1] 钱穆：《国史新论》，第174—175页。

种开发，直接决定经济发展和社会的发展模式与方向。由此带来的后果是，不受约束的权力运行，不仅制造出一系列后患无穷的环境、生态和可持续发展问题，而且成为当前社会政治转型的最大障碍，成为社会不能和谐稳定的根本原因。在这种情况下，官本位出现史无前例的强化就是必然的了。

第 七 章

重建中国式的道统与政统关系

"道"这个概念在中国思想史上由来已久,而且贯穿于整个中国思想发展的始终。"道"最初是一个具体名词,本义为道路,后来思想家们把它引申、抽象为自然界和社会领域中的最一般性法则、规律和道理。春秋战国诸子几乎都对"道"有过阐发。道家自不待说,就是儒家对"道"的重视程度丝毫不逊于道家。《汉书·艺文志》在论述了儒家出于司徒之官而有的一系列特点之后,还特别强调儒家"于道最为高",即是说儒家把道看成其最高的追求。孔子心目中的"道"就是这样一个最高本体,但孔子谈到道时都是与具体的人生和社会结合在一起的。在孔子那里,天道是一个重要方面,但主导的还是人道思想。儒家重视"道",既是出于本体论或宇宙论的理解,也是出于政治伦理的需要,最主要是想用"道"这个价值理念来对为政者的施政行为进行规范。近、现代以来受到西学东渐影响的中国哲学,更是有意识地确立并不断强化着"真理"的观念,以至于在哲学乃至一切学术研究中,都坚信有"真理"并以发现真理作为毋庸置疑的目的。[①] 所以,现在我们经常把中国思想中的"道"与西方思想中的"真理"等同起来,如杨伯峻先生的《论语译注》就《里仁篇》孔子说"朝闻道,夕死可矣"这样翻译说:"早晨得知真理,要我当晚死去,都可以。"[②] 显然,"道"这个概念已经被不言而喻地等同于"真理"。其实,"道"与"真理"不完全是一回事,但它们之间不无相通之处,在各自语境中也具有相似的地位和重要性。事实上,在中国古代思想家对"道"的探求中,也包括了对"真理"的探求,"道"有的时

---

① 徐克谦:《"道"与"真理"》,《江苏社会科学》2005 年第 5 期。
② 杨伯峻:《论语译注》,第 40 页。

候也包含有近似于"真理"的意义。

中文"政"主要是指政治、政事，如《诗·大雅·皇矣》："其政不获。"释文："政，政教也。"《周礼·夏官》："使帅其属而掌邦政。"《吕氏春秋·察今》："荆国之为政。"但中国古代的政治非常强调"正"，所以《说文》曰："政，正也。"《论语·为政》"为政以德"章朱熹注云："政之为言正也，所以正人之不正也。"①

在道与政的关系上，"道"所表达的包含了我们今天所说的知识、真理和价值系统，"政"所代表的是包含有我们今天所说的秩序、权力和制度系统。中国传统文化中的"道"与"政"大致对应甚至包含了今天我们所说的"真理"与"权力"概念，并且以道统与政统的历史演变展开其逻辑关系。

一　道与政合一

孔子以前道与政合一，尧、舜、禹、汤、文、武、周公都是古代圣王，是道与政合一的人格体现。儒家则重视王道政治，追求德政合一，推崇古代圣王。

王道，亦称王政、王术，即以德礼仁义治国理民之道。《尚书·洪范》首先论王道最经典："无偏无陂，遵王之义；无有作好，遵王之道；无有作恶，遵王之路；无偏无党，王道荡荡；无党无偏，王道平平；无反无侧，王道正直。"首次全面地揭示了王道的基本特征有三："王道荡荡"是说执政者必须优容宽大；"王道平平"是说执政者必须无党、无私、无偏、无陂，人人平等；"王道正直"是说执政者必须坚持公平原则、维护正义、以身作则。由于对《洪范》创作的时代有争议，一般多认为可作为殷周之际的史料。即使为春秋战国及其以后人所作，也一定是后人对三代王道的特征的一种概括和理想化。《尚书·大禹谟》也揭示了王道的精义："人心惟危，道心惟微，惟精惟一，允执厥中。"据传，这十六个字源于尧舜禹禅让的故事。当尧把帝位传给舜、舜把帝位传给禹的时候，所托付的是天下与百姓的重任，而谆谆嘱咐代代相传的就是这十六个字。后来禹又传给汤，汤传给文、武、周公，文、武、周公又传给孔子，孔子传

---

① 朱熹：《论语集注》卷一，《四书章句集注》，第53页。

给孟轲。这个传承过程是以心印心，以心传心，因此称为"十六字心传"。

王道政治提倡为政以德，追求德政合一。《论语·为政》载："为政以德，譬如北辰，居其所而众星共之。"孔子以北极星形象的比喻"德"对于为政者治理天下的重要性，认为为政者有德，就有了感召力、凝聚力，就会如同北极星一样，自在其所，而群星都拱卫于四周。"德"主要是对执政者的要求，即国君应以自己的道德表率和示范作用来教育和感化百姓，而不是把目光朝下去要求百姓。孔子认为，要建立一个秩序良好的社会，执政者与臣民的关系是最基本的。而在二者当中，孔子又最注重执政者的作用，认为执政者的德性决定社会治理的好坏。因此，他对执政者提出了"正"的道德要求：

政者，正也。子帅以正，孰敢不正？（《论语·颜渊》）

其身正，不令而行；其身不正，虽令不从。（《论语·子路》）

苟正其身矣，于从政乎何有？不能正其身，如正人何？（《论语·子路》）

孔子训"政"为"正"，说明执政者必须有"正"的方向、"正"的理念以及"正"的方略，能够遵循"正道"，这样才能使君民俱"正"，使国家社会进入"正道"，实现天下有道。为政者正己则能正人，"子欲善，而民善矣。君子之德风，小人之德草，草上之风，必偃"（《论语·颜渊》）。孟子也说："君仁，莫不仁；君义，莫不义；君正，莫不正。以正君而国定矣。"（《孟子·离娄上》）荀子说："君者，仪也，民者景也，仪正而景正。"总之，为政者的道德修养是国家治理的根本。

王道政治理想是由古代圣王在政治实践中体现出来的，圣王是王道政治的人格载体。孔子处于社会转型时期的礼崩乐坏、天下无道的时代，对历史上的圣王很少从理论上对"圣王"作解释，更多地是通过推崇、赞叹尧、舜、禹来表达他心目中的圣王观。孔子在《论语》中推崇的尧、舜、禹、汤、文、武、周公都是既有德又有业的古代"圣王"，是真正有"盛德大业"的人物，是完满地体现了内圣外王之道的人物。例如：

> 子曰："大哉，尧之为君也。巍巍乎，唯天为大，唯尧则之。荡荡乎，民无能名焉。巍巍乎，其有成功也。焕乎，其有文章。"（《论语·泰伯》）

"大哉"是孔子总赞尧为君之辞。巍巍乎，唯有天是如此高大。天之高大，唯尧能则之。孔安国注："则，法也。"尧能取法乎天，尧即如天之大。荡荡乎，尧的大德广远无际，民众莫能名其状况。民所能名者，唯在尧的各种事业典章。尧是古代传说中的圣王，孔子在这里以激越昂扬的文字歌颂了尧效法于天地自然法则，制定礼乐典章，施恩德于民，取得了丰功伟绩，使人民对他无比赞美。

说到大舜，子曰："无为而治者，其舜也与？夫何为哉！恭己正南面而已矣。"（《论语·卫灵公》）孔子说，能无为而治者，那就是舜吧。无为而治的意思，是说舜自己不做什么事，而能平治天下。究其原因，当如何晏解说："任官得其人。"据《尚书·舜典》记载，舜命禹作司空，平水土，命弃为后稷，播种百谷，命契作司徒，办教育，命皋陶作士，掌法律，命益作虞官，管山泽鸟兽。这些都足以说明他能知人善任，所以能无为而治。舜善于用人而不自专，所以孔子以无为而治来赞美他。

至于大禹，下面这段话最能表现大禹的伟大和崇高："子曰：禹，吾无间然矣！菲饮食而致孝乎鬼神，恶衣服而致美乎黻冕，卑宫室而尽力乎沟洫。禹，吾无间然矣！"（《论语·泰伯》）传说鲧因治水不当被治罪，而禹则用开渠排水、疏通河道的办法，把洪水引到大海中去，解救了受水患折磨的人民。他恪尽职守，劳形天下，三过家门而不入，完成了治水的使命，使百姓重建家园安居乐业，而且他当了首领后，继续兢兢业业，勤于政务，在他统治时期，社会进入了一个新的阶段。

圣王都是大公无私的。孔子说："巍巍乎，舜禹之有天下也，而不与焉。"（《论语·泰伯》）意思是舜禹具有崇高的德行，掌握国家大权却丝毫不为自己谋私利。

以上这些表明，孔子心目中的圣王主要包含修身、无为、法天、无私、安民等内容。

二　道与政的二分互动

1. 内圣外王

春秋战国时期，上古圣王已经不存在了，现实中圣与王分而为二，圣是圣，王是王，道德理想和现实政治、真理与权力一分为二。儒家就在理论上探讨圣王、圣人的内涵，提出内圣外王之说，后世学者将其归为儒家的核心思想。

孔子处于圣与王已分为二的时代，但他在思想上强调内圣外王的完美统一。孔子主张："克己复礼为仁。一日克己复礼，天下归仁焉。为仁由己，而由人乎哉？"（《论语·颜渊》）一个人能不能成为品德高尚的仁人，关键在于自己。正所谓"我欲仁，斯仁至矣！"（《论语·述而》）《论语·宪问》载子曰："修己以敬"、"修己以安人"、"修己以安百姓"。所谓"修己"即是"内圣"，"安人"、"安百姓"，即是"外王"。孔子以"修己"为起点，而以"治人"为终点，体现了道德修养与社会政治的直接统一，是对古代圣王分裂后新的言说。可见，在孔子的思想中，内圣和外王是相互统一的，内圣是基础，外王是目的，只有内心的不断修养，才能成为"仁人"、"君子"，才能达到内圣，也只有在内圣的基础之上，才能够安邦治国，达到外王的目的。同样，内圣只有达到外王的目的才有意义，外王实现了，内圣才最终完成。

后来专制权力逐渐加强，王（皇帝）还要以王兼圣，形成"王"的圣化。"王"的圣化始于秦始皇，他结束了春秋战国的分裂战乱，建立起大一统的强大帝国，司马迁《史记·秦始皇本纪》说他"平定天下，海内为郡县，法令由一统，自上古以来未尝有，五帝所不及"。他一方面加强君主专制，树立绝对的政治权威；另一方面也要实现思想文化的统一，做"圣人"，成为思想权威。秦始皇的圣化既有自我的圣化，也有儒生对秦始皇的圣化，两者交织在一起，相辅相成。秦始皇开了后来帝王圣化的先河，汉初贾谊即称高祖"明圣威武"（《汉书·贾谊传》）。武帝时司马迁称汉高祖为"大圣"（《史记·秦楚之际月表》）。此后大臣上疏言事往往称君主为"圣王"、"圣主"、"圣君"。唐以后，这种圣化继续加剧，武则天自加"圣神皇帝"尊号，唐玄宗为"开元天地大宝圣文神武证道孝德皇帝"，等等。这样就使后世与帝王有关的用语都带上了"圣"字，如"圣心"、"圣意"、"圣法"、"圣治"、"圣功"。①"王"的圣化造成道统总是受到政统的抑压摧折,故朱熹愤激而言曰:"尧舜三王周公孔子所传之道,未尝一日得行于天地之间!"② 其实,不仅在他之前的一千五百年"未尝一日得行于天地之间",就是在他身后的近一千年间,也同样没有实现。

与之相反,孔子有很高的道德修养,丰富的文化知识,博大精深的思想体系,并为后世王者立法,但是一生未曾为王,后人遂以"素王"作为其尊号。"素王"谓具有帝王之德而未居帝王之位者,用今天的话说是掌握真理而没有权力者。较早称呼孔子为"素王"的大概是《淮南子·主术训》:"孔子之通,智过于苌宏,勇服于孟贲……然而勇力不闻,伎巧不知,专行教道,以成素王。"孔子成为素王主要是他作《春秋》以为后世王者立法。《史记·儒林列传》说:"孔子闵王路废而邪道兴,因史记作《春秋》,以当王法。"东汉王充《论衡·超奇》亦云:"孔子作《春秋》以示王意,然则孔子之《春秋》,素王之业也;诸子之传书,素相之事也。"西晋学者杜预在《春秋左传序》中也提及:"《春秋》之作,《左传》及《穀梁》无明文。说者以仲尼自卫反鲁,修《春秋》,立素王,丘明为素臣。"当代著名哲学史家冯友兰先生在《中国哲学简史》中也提到在叙述修《春秋》时,有儒学家认为孔子修《春秋》是代王者立法,有王者之道,而无王者之位,故称素王。这是从政统的一面说的,其实孔子更伟大的是道统一面,他是真圣人,为万世师表,成为儒家人士追求的最高理想人格。

到了孟子,古代圣王观念更为淡化,他的基本思想倾向是偏重以德定王,在事功方面的要求有所后退。因此,他给圣人下的定义是"圣人,人伦之至也。欲为君尽君道,欲为臣尽臣道,二者皆法尧舜而已矣"(《孟子·离娄上》)。圣人是做人的标准,他凸现的是圣人的人伦道德倾向。这样,就把圣人从外在的事功回落到了内在的道德心性方面。所以,在孟子这里,圣与王不但在现实中一分为二,而且在理论上就不再追求统一了。不过,他又说:"圣人,百世之师也。"(《孟子·尽心下》)圣人

---

① 成云雷:《先秦儒家圣人与社会秩序解构》,上海古籍出版社2007年版,第196、202页。

② (宋)朱熹:《朱文公文集》卷二十六《答陈同甫》,四部丛刊本。

第七章 重建中国式的道统与政统关系

之为人师、帝王师,百世不移。这样就在圣与王一分为二的前提下强调圣人的师道功能,圣人为王者师以教王者及天下人,推行仁政王道。

荀子在"圣"和"王"已分的情况下对二者的功能进行了分工:"圣也者,尽伦者也;王也者,尽制者也;两尽者,足以为天下极矣,故学者以圣王为师。"(《荀子·解蔽篇》)"圣"是人伦道德的承担者,"王"是政治制度的奠定者;只有二者合而为一的"圣王"才是儒家心目中的理想人格。

《大学》虽然没有出现"内圣外王"四个字,但三纲八目都可以用"内圣外王"来概括。在三纲中,明明德是内圣,亲民是外王。八目中,格物、致知、诚意、正心是内圣,齐家、治国、平天下是外王。三纲八目之间的关系是——"明明德"与格物、致知、诚意、正心四者相对应,修养途径是知、止、定、静、安、虑、得七证,都是"修身"分内的事,是属于内圣方面的;"亲民"与齐家、治国、平天下相对应,都是"修身"分外的事,是属于外王方面的。"止于至善"是总体目标,"明明德于天下"是最终理想,二者也是内圣外王一体两面的统一。

"内圣外王"也就意味着政与道不再合一,儒家只好寻求在圣与王一分为二情况下"圣"怎么制约"王",于是从孔子开始形成了明确的"道统"意识,儒者高扬"道统"以与君主所代表的"政统"形成两个相涉而又分立的系统。从此以后,道统与政统不再合一,道统之中不再有历代帝王的地位,而政统中的历代帝王则要接受道统的指导。正如王夫之所说:"天下所极重而不可窃者二:天子之位也,是谓治统;圣人之教也,是谓道统。"① 这里的"天子之位"指以帝王为核心的政治权力系统,是政统(治统);"圣人之教"指以儒者为主体的社会文化系统,是道统。儒者虽能"以人存道而道不亡",但其为天下苍生计,总是要经世致用"为王者师",希望"天下以道而治"。《读通鉴论》卷十五又云:"儒者之统与帝王之统并行于天下,而互为兴替。其合也,天下以道而治,道以天子而明。及其衰,而帝王之统绝,儒者犹保其道以孤行而无所待,以人存道而道不可亡。"道统之中不再有历代帝王的地位,圣人所代表的道统与帝王的所代表的政统可以并行天下,但政统可以衰绝,道统则因儒者的坚守不亡。这在一定程度上就具有对抗君权的意义。

---

① (清)王夫之:《读通鉴论》卷十三,中华书局 1975 年版,第 352 页。

2. 以道抗政、以德抗位

儒家道统与帝王政统存在着长期的紧张关系，形成了困扰中国古代政治的一个基本矛盾：儒家"政治的理念，民才是主体；而政治的现实，则君又是主体。这种二重的主体性，便是无可调和对立"。① 这种二重主体性的矛盾凸现了儒家的道德政治理想及其理想人格与帝王权势之间的紧张关系，于是形成了儒家以道抗政、以德抗位的传统。

以圣人为理想人格和精神依归的儒者往往以身体道，以道的载体自居，以道（统）、圣人、尊师来驾驭、影响皇权，与皇权抗衡，制约皇权。孔子强调："所谓大臣者，以道事君，不可则止。"（《论语·先进》）"勿欺也，而犯之"（《论语·宪问》），这样就把君臣关系统摄于更高的"道"这么一个价值理想上，"以道事君"就是以仁道事君；"犯之"就是对君主的"不仁"进行批评；如果君主不听谏阻，那就应该"止"，即辞官而隐退。"道"成为君臣关系存在的前提，丧失了这个前提，臣的一方完全可以终止君臣关系，显然臣是有主动权的。

思孟学派把"道统"与"政统"的分立具体化为"道"与"势"、"德"与"位"的分立，认为"道高于势"、"德尊于位"。子思，孔子之孙，名伋。子思曾在鲁国收徒授业，后又周游列国，到过宋、齐、卫等诸侯国，以儒家的仁政德治思想游说诸侯。虽然子思在当时的社会中没有得到统治者的认可和重用，但他没有因此而动摇其持守儒家之道的志向，更没有卑躬屈膝以求得荣华富贵，而是为了维护儒者的道德理想和人格尊严，为了光大儒家思想在社会中的影响，抗节守道，不降其志，恒称诸侯残民害道之行，不惧自己身处穷困危难之中，成为当时一位颇有影响的儒家学者代表人物。《孔丛子·抗志》载，曾参的儿子曾申，看到孔伋志向难达、身处贫困，就对他说："屈己以伸道乎，抗志以贫贱乎？"孔伋说："道伸，吾所愿也。今天下王侯，其孰能哉？与屈己以富贵，不若抗志以贫贱。屈己则制于人，抗志则不愧于道。"在"道"与"势"的对峙上，孔伋（子思）表现出了一位真正儒者的高风亮节和浩然正气。

孟子认为，假如需要在道和权势之间作选择，只能是先道而后势。所以他说："古之贤王好善而忘势，古之贤士何独不然？乐其道而忘人之势，故王公不致敬尽礼，则不得亟见之。见且由不得亟，而况得而臣之

---

① 黄克剑、林少敏编：《徐复观集》，第124页。

乎？"(《孟子·尽心上》)他反对"枉道以从势"(《孟子·滕文公下》)。贤人君子具有规劝君主的资格和义务,"唯大人为能格君心之非"(《孟子·离娄上》)。"君子之事君也，务引其君以当道，志于仁而已。"(《孟子·告子下》)以有道的君子来革除君主心中不正的欲念，引导君主合于尧舜之道，有志于推行仁政。这是试图利用道德与知识的力量把王权纳入理性轨道，提升到理想的境界。假若通常的劝谏手段不能奏效，孟子主张采用非常手段，取消无道之君的君主资格。这就是："君子之事君也，君有过则谏，反复之而不听，则去。""君有大过则谏，反复之而不听，则易位。"(《孟子·万章下》)"贼仁者谓之贼，贼义者谓之残，残贼之人谓之一夫。闻诛一夫纣矣，未闻弑君也。"(《孟子·梁惠王下》)。在七国争雄、兵火交加、交相争霸的时代，君权日益膨胀，孟子这种思想确实是难能可贵的，而且对后世封建君主专制条件下，出现某些敢于抗衡暴君独夫的诤臣志士起了有益的影响。

　　荀子认为儒者之所以受人尊敬主要是在他身上有道存在。有道的儒者在处理与君主的关系时就要以道为最高价值，"道高于君"，"从道不从君"。他说："入孝出弟，人之小行也；上顺下笃，人之中行也；从道不从君，从义不从父，人之大行也。若夫志以礼安，言以类使，则儒道毕矣。"(《荀子·子道篇》)认为"从道不从君"是儒道中的大行。因为道的存亡决定国家的存亡，"道存则国存，道亡则国亡"(《荀子·君道篇》)，所以要以道的价值理想作为士人的指导思想，而不是权势和利益。

　　汉儒对道的权威更加尊崇，如董仲舒指出，天是一种超人间的支配力量，君权乃由天授，天生民以立君，天与人事有着必然的联系，试图以天抑君，提出"为人君者，其法取象于天"(《春秋繁露·天地之行》)，"王者承天意以从事"，"欲有所为，宜求其于天"(《汉书·董仲舒传》)。皇权来源于天，就要对天负责，对天有敬畏感；如果皇帝有政治上的失误就会被天警示，所以他以灾异警诫君主，说："刑罚不中则生邪气。邪气积于下，怨气蓄于上。上下不和则阴阳缪戾而妖孽生矣。"(《汉书·董仲舒传》)人君的"貌、言、视、听、思"五种行动如有不当，就会引起五行的变化和四季的失常（《春秋繁露·五行五事》)。"灾常先至而异乃随之。灾者，天之谴也；异者，天之威也。谴之而不知，乃畏之以威。"(《春秋繁露·必仁且智》)他还提出了"有道伐无道"的变革史观。他认为，历史的变革，起支配作用的是道，有道之圣人伐无道之暴君，由此推动了历史的变革和发展，并将此称为天理。他说："夏无道而殷伐之，殷无道而周伐之，周无道而秦伐之，秦无道而汉伐之。有道伐无道，此天理也。所从来久矣，宁能至汤、武而然耶？"（《春秋繁露·尧舜不擅移汤武不专杀》）强调"有道伐无道"，凡无道之君被有道之人所取代，这是天经地义的事，其所从来已久，而不仅仅是汤、武所为。也就是说，"道"是历史发展的最高原则，社会变革的动因在于统治者是否有"道"。

中唐时期的韩愈、柳宗元等站在先秦儒学的立场上攻击为当时统治者大肆提倡的佛道为异端，他们力图通过"求圣人之志"，"明先王之道"，重建儒学道统，重建儒学思想体系，并构成了汉唐儒学向宋明理学过渡的重要环节。韩愈认为，先王之道久已丧失，孔子之学亦久已失传，因此有必要去"原道"，去"原学"。那么，韩愈的"道"是什么呢？就是儒家的圣人之道。他在《原道》中明确指出："博爱之谓仁，行而宜之谓之义，由是而之焉谓之道，足乎己无待外之谓德。仁与义为定名，道与德为虚位。"① 韩愈提出"道统说"，其统道之人，除孔子而外，均是古代帝王。在他看来，儒家的道统虽然是由古代的圣王开创的，但却是由孔、孟、荀、扬、韩等师儒所传授和继承的，也就是说，韩愈把统道之人由帝王转移到了师儒，强调"道之所存，师之所存也"。认为道不脱离师儒而存在，师儒肩负着传道授业解惑的重任。这具有某种以道统限制君主，使之按道行事的意义。他这一思想对宋代理学家的道统论影响很大，他们也效法韩愈，以道的传人自居，彻底改变了帝王道统的传统观念。② 在重建儒家道统中，柳宗元特别重视阐发先秦儒家的"中道"思想，并以之为判定是非、立身处世的基本原则。

入宋以后逐渐形成了政治重心与文化重心的分离，并进一步形成了"道统"与"政统"之间的分立与抗衡。宋儒在隋唐诸儒的基础上，开创了道学或称宋明理学的新儒学思想体系，以普遍适用的"道"或"理"为一切自然与社会存在的原理和原则，认为理先于天地万物存在，世间的一切都是"理"即"道"的派生或外化："道之外无物，物之外无道"（《程氏遗书》卷四），"父子君臣，天下之定理，无所逃于天地间"（《程氏遗书》卷五），借以对现实社会进行批评和提升。他们认为，"天下唯

---

① 《原道》，《韩昌黎文集校注》，第13页。
② 蔡方鹿：《中华道统思想发展史》，四川人民出版社2003年版，第262—263页。

道理最大，故有以万乘之尊而屈于匹夫之一言，以四海之富而不得以私于其亲与故者"。① 这就是说再有权有势也不能超越"道理"之上，胡作非为。"他们相信有一种超越皇权的普遍真理存在，这种普遍真理是任何人包括皇帝都应当遵从的，是放之四海皆准的。"② 这样就在认识上确认了道义的权威高于君权。基于这样的认识，君主行使权力，治理国家必须遵循道义原则，君主个人的言行举止也要符合相应的道德规范。朱熹强调，尧舜及三代圣君与汉唐君王有严格区别，这是因为尧舜三代之圣君行的是王道，推行义理之心；而汉唐君王则推行霸道，追求利欲以行私，尤其是唐代君王于儒家伦理多有不合，不仅杀兄劫父以代位，而且伦常关系混乱，并以智力把持天下，所以不能接续三代之统绪。③ 因此，宋明儒主张把君主置于"天理"即道的约束之下，强调尽管君主权位至尊，但君主也不得违背天理，为了维护天理的最高权威，要敢于矫君正君，不向权势低头。这具有道统高于君统，以道与专制君权相抗争的意义。正如余英时先生所云："宋代'士'以政治主体自居，他们虽然都寄望于'得君行道'，但却并不承认自己只是皇帝的'工具'，而要求与皇帝'同治天下'。最后的权源虽在皇帝手上，但'治天下'之'权'并非皇帝所能独占，而是与'士'共同享有的。他们理想中的'君'是'无为'得虚名，实际政权则应由懂得'道'的士来运用。"④

明清两代是专制主义中央集权高度发展的历史时期，在政治上，朱元璋"虽深知'治天下'不能不依靠'士'阶层的支持，但绝不承认'士'为政治主体，更不肯接受儒家理论对君权的约束"⑤，就因为看到孟子书中有"暴君放伐论"和"民贵君轻"之类的话，他就勃然大怒，要把孟子革出孔庙。在制度上，洪武十三年（1380年），朱元璋因宰相胡惟庸谋反，吸取教训，废止宰相，不再设立，并说以后朱家的子孙也永远不准再立宰相。所以从明代以后政府就没有了宰相，这样就促成了皇帝的绝对专制。

---

① 佚名：《皇宋中兴两朝圣政》卷四十七，宛委别藏本。
② 葛兆光：《七世纪至十九世纪中国的知识、思想与信仰》，《中国思想史》第二卷，复旦大学出版社2000年版，第274页。
③ 《朱文公文集》卷三十六《答陈同甫（八）》，四部丛刊本。
④ 余英时：《中国文化史通释》，生活·读书·新知三联书店2012年版，第18页。
⑤ 同上书，第21页。

明末吕坤曾上疏陈天下安危，抨击明政府的专制政策，表现了"以理抗势"和"法高于势"的精神。他把先秦思孟学派"道高于势"的思想发展为"理尊于势"，认为天子虽然掌握着天下最高的权势，但也应该有所畏惧。权势尽管高贵，但与"理"比较起来，"势之尊，惟理能屈之"。他说：

> 故天地间惟理与势为最尊。虽然，理又尊之尊者也。庙堂之上言理，则天子不得以势相夺，即相夺焉，而理则常伸于天下万世。故势者，帝王之权；理者，圣人之权也。帝王无圣人之理，则其权有时而屈。然而理也者，又势之所恃以为存亡者也。以莫大之权，无僭窃之禁，此儒者之所不辞，而敢于任斯道之南面也。①

这是吕坤对"以理抗势"精神较为透彻和完备的表述。这里的"理"与宋明理学的"天理"不同，相当于我们常说的道理，它既是政治理性原则，又是天下人心的公意。"势"指君主所掌握的政治权势。他认为，在现实的政治生活当中，理与势之间常常会产生矛盾和冲突。作为儒者，在这样的冲突中只能"以理抗势"，即用理来限制皇权君势的过度集权专制。

当然，道统与政统的关系不是仅仅是对抗性的，也有一致的一面：即救世为目标，强调人间秩序的安排，有着典型的入世特征，所以道统可以为政统所用，发挥重建伦理道德，维持生活秩序的功能。这样，道统与政统的二元张力的结构就是传统政治文化的基本结构。

总的来看，在中国传统文化当中，道统与政统的理想关系是道统高于政统、涵摄政统，二者的关系不是平行的，而是体用本末的关系。

三 道统与政统的失落与重建

近代以来西方文化进入中国，使中国文化面临着前所未有的西方文化的全面挑战，中国文化经历了历史上最深刻、最广泛的一次全方位的危机。主体性丧失，道统失落，政统断裂，特别是五四新文化运动割断了几

---

① （明）吕坤：《呻吟语》卷一《论道》，《吕坤全集》中，第464页。

千年历史文化传统,纲常堕毁,礼崩乐坏,学绝道丧,走上了西化的道路。如钱穆先生所说:"辛亥革命,民国创建,政统变于上,而道统亦变于下。民初即有新文化运动,以批孔反孔,打倒孔家店为号召。孔家店中之伙计,即本文所谓社会下层之士。自此以下,社会有民无士。上无君,下无士,此则庶及可谓之全盘西化矣。"① 走上西化道路的中国历尽艰难曲折,自由主义知识分子痴迷于西方民主、自由,而1949年以后中国大陆的政治构架来源于苏联的集权主义政治模式。如果要说有中国传统资源,则是抛弃了以儒家为主体的政治理念与制度构架,传承了法家式的集权专制。20世纪上半叶中国进入了类似于春秋战国时期的百家争鸣时代,思想文化的多元表明中国传统文化的基本构架散落了。在传统构架中,道统是根本,道统落实或者下贯到政治方面就是"政统",落实或者下贯到学术方面即为"学统",落实或者下贯到教育教化方面即为"教统"。道统作为价值系统统摄教统、学统和政统,不是一个层面,而是一道开三门,立体地下贯与上通。在中国历史上政统时断时续,断了可以再复兴起来,唯独道统不能断。而道统的传承则依赖学统、教统。

在学界以20世纪形成的现代新儒家为代表,他们在中西文化的视野中对传统道统进行了新的构建。余英时有一个总体上的概括,认为现代新儒家有三种道统观:一是为钱穆先生所批评的由韩愈首先提出、由宋明儒学加以发挥倡导的"主观的"、"一线单传的"道统观,它表现为某种具体的传道谱系;二是钱先生本人所主张的是从历史文化大传统言的"此一整个文化大传统即是道统"的"思想史家的道统观";三是熊十力、唐君毅、牟宗三等先生的思想中表现为以对"心性"的理解和体证为标准的"哲学家的道统观"。② 这"哲学家的道统观"就是唐君毅、牟宗三、徐复观、张君劢《为中国文化敬告世界人士宣言》中所说的"中国历史文化中道统之说……乃源于中国文化之一本性"。"一本性乃谓中国文化,在本原上是一个文化体系。此一本并不否认其多根。此乃比喻在古代中国,亦有不同之文化地区。但此并不妨碍,中国古代文化之有一脉相承之统绪。殷革夏命承夏之文化,周革殷命而承殷之文化,即成三代文化之一统相承。此后秦继周,汉继秦,以至唐、宋、元、明、清,中国在政治

---

① 钱穆:《国史新论》,第174—175页。
② 余英时:《钱穆与新儒家》,上海远东出版社1994年版,第53、75页。

上，有分有合，但总以大一统为常道。且政治的分合，从未影响到文化学术思想的大归趋，此即所谓道统之相传。"①

在政界以革命家孙中山自称继承了儒学道统，并在革命斗争中加以提倡和发扬光大。1922年在广西桂林，孙中山回答第三国际代表马林提问"先生革命之基础为何"时说："中国有一个道统，尧、舜、禹、汤、文、武、周公、孔子相继不绝。我的思想基础，就是这个道统，我的革命就是继承这个正统思想，来发扬光大。"② 孙中山深知"道统"是中华民族立国之本，帝制可废，道统不可废；深知以民国政统取代两千多年的帝王政统可能带来的隐患，所以，明确宣告：国民革命的目标，就是继承并光大这个正统思想。但是，孙中山的愿望并没有得到很好的贯彻。民国成立以后，道统被作为封建意识形态打倒，政统方向不明确，特别是国人不明白政统以道统作为依据，政统可断，道统不能断的道理。在孙中山逝世之后，中国政治就发生了大裂变，传统道统断裂，国家政治分裂，至今未能统一起来，道统与政统的重建都还没有完成。

今天，我们在重建中华文化道统的基础上寻求政治的统一，实现中华民族伟大复兴的"中国梦"。

---

① 唐君毅：《中国文化与世界》，香港《民主与评论》1958年第1期。
② 蔡尚思主编：《中国现代思想史资料简编》第二卷，浙江人民出版社1982年版，第602—603页。

第八章

寓治于教
——儒家教化与社会治理

中国是世界文明发达最早的国家之一，不仅有着悠久的历史和灿烂的文明，而且在社会治理方面，也建立了富有民族特色、独树一帜的社会控制模式。为维护社会统治秩序，采用德礼政刑综合为治的模式，可谓是古代中国治国理政驭民的一个独具特色的重要经验。中国古代开明的统治者，大都一手运用法制的强制力维持国家的统治，一手运用道德教化从精神上纳民于"正轨"，使政治的、法律的、经济的、教育的各种手段综合并用，共同为治。①

一 概念和问题

教化 《辞源》解释"教化"一曰政令风化，二曰教育感化。这解释的只是"教化"表面义项。其实儒家"教化"有着深广的内涵。

"教化"一词在西方，正像伽达默尔所指出的那样，"它最初是在中世纪神秘主义中诞生，以后被巴洛克神秘主义所继承；再后演变成由克罗勃斯托克的《救世主》而来的主宰了整个时代的宗教上的唯灵论；最后这个词在赫尔德尔那里成了'达到人性之完满教化'这个基本概念"。②由此可见，在西方的话语系统里，教化指的是一种旨在使人发生"极其深刻的精神转变"并且因此"达到人性之完满"的训化活动。至于"人性之完满"中的人性的含义，主要是指理性。

---

① 张晋藩：《中国古代法律制度》，中国广播电视出版社1992年版，第3页。
② [德]伽达默尔：《真理与方法》，辽宁人民出版社1987年版，第11页。

"教化"一词在中国传统主要指道德规范及价值取向的教化,较早出现应在战国末期。《礼记·经解》曰:"故礼之教化也微,其止邪也于未形。"《荀子·臣道》曰:"政令教化,刑下如影。"《毛诗序》曰:"先王以是经夫妇,成孝敬,厚人伦,美教化,移风俗。"到汉武帝时代,"教化"一词已大为流行,频繁地出现于皇帝诏书之中,回响于大臣们的口中,如汉武帝元朔三年(前126年)三月诏曰:"夫刑罚所以防奸也,内长文所以见爱也;以百姓之未洽于教化,朕嘉与士大夫日新厥业,祗而不解。"(《汉书·武帝纪》)同时也不断地出现于学者们的著述中。汉桓宽《盐铁论·授时》:"是以王者设庠序,明教化,以防道其民。"在董仲舒上汉武帝的"天人三策"里,"教化"一词出现多达十六次。

自孔子开宗创学以来,"教化"一直都是儒学话语的一个中心话题,并由此将儒家学说同其他诸家学说区别开来。儒学可以一言以蔽之"内圣外王"之学,内圣外王并非两橛,而是相互渗透、相互贯穿的,而渗透、贯穿的中介环节就是教化。教化是儒家政治文化的轴心,儒家的社会理想借教化落实,道德人格借教化而完成,儒家的政治生命以教化为轴心而运转,而保持其活力。

儒家的教化基本上是伦理的和政治的,这种教化有着强烈的伦理政治的诉求。这种诉求,一方面表现为对"内圣外王"的境界的期望,另一方面则表现为对"化民成俗"的状态的向往。这种以伦理政治的诉求为基本内容和根本目的的教化,在秦汉以后漫长的岁月里所以能够绵延不断、长盛不衰,主要是因为它与小农封建经济和大一统的专制政治需要是非常契合的。①

治理 英语中的治理(governance)一词本意是"管理"、"统治"、"统辖"、"控制"。但目前英语社会科学文献赋予该词的内涵较丰富,大都含有相关主体相互影响、相互作用、相互制约的意思。"社会治理"(social governance)概念的流行始于20世纪七八十年代的西方社会,多见于政治学和社会学方面的文献,但语义纷纭。总的来看,英语文献中对这个概念的运用突出了现代社会在管理和控制上的多元性、互动性和动态性特点,并强调现代社会治理不同于传统的政府统治,即它不仅仅依靠自

---

① 黄书光主编:《中国社会教化的传统与变革》,山东教育出版社2005年版,第9—38页。

上而下的政府行政权力，而要更多地容纳和依靠非政府主体的自治行动。① 国内学界对社会治理的研究直接借鉴了国外的相关理论成果，但基本问题意识则源于国内政治体制改革的需要，因而国内研究者普遍赋予社会治理模式转型以政治体制改革的内涵。如孙晓莉认为："社会治理模式的变迁是对传统社会管理方式的一次重大变革，即由行政集权式向民主式、参与型转变。"② 而蒋永甫则指出："治理是一种新的政治型式，实现治理的关键是建立现代宪政制度或实现宪政制度创新。"③ 韩朝华将"社会治理"理解为一个社会对其不同组成部分的协调和整合，它的基本体现是各种政治、行政和法律体制，但又不局限于这类正式制度，它还涵盖着社会的道德规范和价值体系。④ 目前国内对社会治理的研究多见于政治学、行政学、法学和社会学领域，研究者普遍关注的是执政方式转型和政府职能转换、推进民主宪政等重大政治问题，如果从"国家与社会"的分析框架来看，显然是"国家"的一边倒倾向。国家与社会关系的理论源于西方的政治思想，建立于近代西方市民社会的形成及与王权相对抗的历史基础之上，从宏观上可归为两大流派，即由洛克开掘的"社会先于、高于国家"的架构和由黑格尔传承的"国家先于、高于社会"的架构。20 世纪 90 年代以来，"国家与社会"分析框架被学者们运用于中国思想史、中国社会史领域，偏重于社会一极，这对我们把社会治理和儒家联系起来提供了新的视角。

二 从"政教关系"说起

所谓政教关系，狭义是指宗教与统治阶级的政治的结合（西方人所称的 Relations between Church and State，常译作"政教关系"，其实指的是"教会与国家之关系"，即体制化的宗教团体与作为统治机构的国家之间的关系）。广义的"政教关系"应指一般的宗教（包括体制化的与非体

---

① Paul Hirst, *Associate Democracy: New Forms of Economic and Social Governance*, Polity Press, 1994. 转引自韩朝华《利益多元化与社会治理结构转型》，《中国特色社会主义研究》2007 年第 1 期。

② 孙晓莉：《社会治理模式的变迁》，《学习时报》2005 年第 288 期。

③ 蒋永甫：《治理·宪政·财产》，《湖北行政学院学报》2005 年第 5 期。

④ 韩朝华：《利益多元化与社会治理结构转型》，《中国特色社会主义研究》2007 年第 1 期。

制化的、正统的与异端的宗教）与一般的政治（包括统治阶级的与被统治阶级的、在朝的与在野的政治）之间的关系。①

在东西方历史上，政教关系都是一个极为重要的问题，但由于政治、经济背景不同，东西方政教关系的性质和内容有很大差异。在西方中世纪，教会是一支独立的政治力量，教皇权力管辖世俗政权，教权凌驾于王权之上。这种情况下的政教合一，乃是教会操纵政府，王权依附于教权。在中古时代，东西方各国都用有国教之名或无国教之名的实质上的国教作为统治思想，政教合一现象仍然普遍存在，当时的国家一般地说都处于政教合一的历史发展阶段。近代资产阶级革命提出政教分离的主张以后，政教合一的现象日益减少，但在一些国家和地区仍然不同程度地存在。

很多学者认为中国历史上也存在政教合一现象，其实中国历史上的所谓"政教合一"在实质上与西方政教合一内涵差别很大。

要理解中国古代的政教关系首先必要弄清楚中国古代儒家所说的"教"是什么含义。在中国古代政治生活中，"教"虽有狭义的宗教含义，但还更主要的是教育和教化的含义。② 广义的儒教，即由继承古代礼乐传统而形成的儒家文化。站在儒家的立场来看，政治秩序是"教"所阐明的宇宙秩序、文化精神和人伦道德的一部分，以道统为至上价值依据的教统对政治运作提出很高的要求，时刻进行规范和引导。至少在孔子之后，存在着一个是从"教"及其所阐明的"道"的立场出发来要求政治，和从权力者的利益出发各取所需来利用"教"以维护政治秩序和利益的区别。因此，中国历史上的政教关系可以看成是以王权为代表的政治系统和以知识分子为代表的文化系统的关系，或者说是政统与道统、君统与道德的关系。

海外学者余英时认为，春秋以降，传统"封建"秩序中的士阶层蜕化发展为具有强烈自我意识的知识分子阶层，士人以道自任，抗礼王侯，政统与道统成为两个相涉而又分立的系统，"以政统言，王侯是主体；以道统言，则师儒是主体"。③ 在漫长的历史进程中，道统与政统、师儒与王侯既有相互合作的一面，又存在着某种程度的紧张和对立，他们之间形

---

① 何光沪：《论中国历史上的政教合一》，载《儒教问题争论集》，第177页。
② 韩星：《儒家教统：教化、教育与宗教》，《中国社会科学报》2010年3月23日。
③ 余英时：《士与中国文化》，第102页。

成了错综复杂的关系。一般而言，在中国传统文化当中，道统与政统的一般关系是道统高于政统、涵摄政统，二者的关系不是平行的，而是体用本末的关系。

从中国古代政教关系的历史看，三代政教合一、官师不分，这本已是学术界大多数学者的看法。根据历史文献可以看出西周时期的政治就是教化，教化就是政治，二者难分难解，浑然一体。章学诚认为，三代之世，政教合一、官师不分，圣人因事立教，寓教于政，他写道：

> 圣之为之立官分守，而文字亦从而纪焉。有官斯有法，故法具于官；有法斯有书，故官守其书；有书斯有学，故师传其学；有学斯有业，故弟子习其业。官守学业，皆出于一，而天下以同文为治，故私门无著述文字。①

> 虞廷之教，则有专官矣；司徒之所敬敷，典乐之所咨命；以至学校之设，通于四代；司成师保之职，详于《周官》。然既列于有司，则肄业存于掌故。其所习者，修齐治平之道，而所师者，守官典法之人。治教无二，官师合一，岂有空言以存其私说哉？②

在官学的一统天下里，所学者，不外修齐治平之道，教化即政治；所师者，皆为守官典法之人，官吏即师傅。政教官师一体。

及至春秋，王官失于野，学术下私人，道术为天下裂，私学勃兴，诸子蜂出，百家争鸣，三代政教合一、官师不分的局面在春秋又被打破了，于是出现了《庄子·天下》篇中所谓的"道术将为天下裂"的局面，道术之分裂，乃是道统、政统、学统、教统的分裂，各家各派皆"思以其道易天下"，诸子纷纷著书立说，聚徒讲学，于是，"学者所习，不出官司典守，国家政教"。③ 随着道术散乱、学术下移，王官之学被百家之学替代，王权与教权、政统与道统发生了分裂。

---

① （清）章学诚著，叶瑛校注：《文史通义校注》附《校雠通义·原道》，中华书局1994年版，第951页。
② （清）章学诚：《文史通义·原道中》，第36页。
③ 同上书，第37页。

秦汉以后，政教结合及其内在冲突成为中国传统政治文化的一个重要特征。汉代独尊儒术。以师为吏，王权把持教权，实现了官师政教的统一，但是由于政统和道统的价值关怀并不完全一致，王权压制道统权威，打击知识分子的独立意识，知识分子则以道统权威抗衡王权，两者始终存在着矛盾和冲突。"儒家教化以启发天下所有人的理性为鹄的，这一向普世设教的特性决定了它要向全社会的各个层面渗透进军以图改变那里的状况，从而实现其'天下有道'的社会理想、人文理想，这也就决定了它要向政统、治统进军并与其正面接触的文化宿命、政治宿命，这是道家所不欲做的天下事业"。①

中国社会造就了士大夫阶层，他们穷则"寓治于教"，达则"寓教于治"，"夫古人为学者以自治其身心而以应天下国家之事，故处则为大儒，出则为大臣，未有剖事与心为二，剖学与行为二者也"②，由"教"与"治"共同托举"政"是中国"政—治"思想的主体。治的承担主体"君"与教的承担主体"师"与"士"，在命名上存在内在关联③，使教化与社会治理形成了复杂错综的关系。

三 儒家教化对政治和社会治理的重要作用

儒家历来对于教化之事极为重视的，它弥散于人们生活的每一个场域，在家庭、在朝廷、在地方等等任何一个处所，都有前制度性的教化活动在发生，成为维护中国社会秩序的基本途径和方法，穷则"寓治于教"，达则"寓教于治"成为士大夫阶层政治实践的基本选择和现实追求。

儒家思想本质上是一种以王道为目标，以教化为途径的社会、政治思想。《周礼·天官·大宰》云："以九两系邦国之民……四曰儒，以道得民。"郑玄注曰："儒，诸侯保氏有六艺以教民者。"可见，儒本为一种教

---

① 刘文勇：《为天下而教化：儒家教化说之精神再检讨》，《西南大学学报》（人文社会科学版）2007年第4期。

② （清）程晋芳：《正学论三》，贺长龄、魏源：《皇朝经世文编》卷一，台北县：文海出版社影印本1967年版。

③ 陈赟：《政—治、教—学与文—化——古代中国政治正当性思想的一个向度》，《学海》2007年第2期。

职。《地官·大司徒》云:"以本俗六安万民……四曰联师儒。"郑注曰:"师儒,乡里教以道艺者。"郑玄的解释应当是可信的。师儒联称,可见儒与师密切相关。梁漱溟说:"教化所以必要,则在启发理性,培植礼俗,而引生自力。这就是士人之事了。士人居四民之首,特见敬重于社会者,正因他'读书明理'主持风教,给众人作表率。有了他,社会秩序才是活的而生效。"①

儒家寓治于教,以教化政、教以导政、政依教立的传统可以说肇始于孔子。孔子夙志是"天下有道",而实现天下有道的途径就是教化。钱穆说"孔子一生主在教"②,可谓深契孔子心意。《论语·子路》云:"夫子至于是邦也,必闻其政",如何闻其政?《礼记·经解》记载孔子之言:"入其国,其教可知也:其为人也,温柔敦厚,《诗》教也;疏通知远,《书》教也;广博易良,《乐》教也;洁静精微,《易》教也;恭俭庄敬,《礼》教也;属辞比事,《春秋》教也。"各国之政不过是各国之教而已。孔子以《诗》、《书》、《礼》、《乐》、《易》、《春秋》六经为教材教导弟子,而六经是教民之方、化民之术。儒家以六艺为教,其重点不在理论知识而在社会实践,是以六艺中所蕴涵的精神来进行社会教化,以达到人变化气质、好德慕义、群体和谐、风俗美善的社会效果,这也就是儒家孜孜以求的王道理想。孔子在《论语·述而》中说:"志于道,据于德,依于仁,游于艺。"以孔子的看法,为学虽要涵泳于知识技艺,但却必须以道德仁义之成就为其本。儒学六艺尽管包含丰富的知识技艺,然其要旨则在于对学生德性的教养和敦民化俗的功能。孔子以六艺教人划时代的意义就是宫廷之师儒成了社会民间之师儒,使儒家的教化扎根于社会民间并在此一阵地上培植人之理性从而影响社会政治,在儒家的一般观念中,只要社会民间人人拥抱价值理性,那么它无疑对朝廷政治形成一个压力场,并因此纠正无道的政治而使天下归于和谐,其思路是典型的用思想文化解决社会政治问题的范式,因此儒家特重教化,特重在社会民间的经营。③

《孟子·尽心上》:"善政不如善教之得民也。善政,民畏之;善教,

---

① 梁漱溟:《中国文化要义》,第213页。
② 钱穆:《论语新解》,巴蜀书社1985年版,第3页。
③ 刘文勇:《为天下而教化:儒家教化说之精神再检讨》,《西南大学学报》(人文社会科学版)2007年第4期。

民爱之。善政得民财，善教得民心。""善教得民心"一语道出教化的功效和儒学宗师们选择教化作为基本国策的缘由。

荀子从"人之性恶，其善者伪也"（《荀子·性恶篇》）的性恶论观点出发，认为善得益于后天之教化，"不教，无以理民性"（《荀子·大略篇》）。荀子重视对人"礼义"教化，在尽可能的情况下"养人之欲，给人之求"（《荀子·礼论篇》）。

先秦儒学宗师对教化的重视被后世继承下来，成为以儒家文化为主体的中国传统政治文化的通识。

贾谊提出以"六艺"即《诗》、《书》、《易》、《春秋》、《礼》、《乐》以教百姓。他说："夫民者，诸侯之本也；教者，政之本也；道者，教之本也。有道，然后教也；有教，然后政治也；政治，然后民劝之；民劝之，然后国丰富也。"① 强调为政之本在于以儒家之仁义礼法教化百姓。

到了董仲舒，他把教化作为实施仁政、治国安邦的关键所在，是王道政治的根本。在《天人三策》中他进一步明确了教化的治国方面的重要地位与不可替代的作用："凡以教化不立而万民不正也。夫万民之从利也，如水之走下，不以教化堤防之，不能止也。是故教化立而奸邪皆止者，其堤防完也；教化废而奸邪并出，刑罚不能胜者，其堤防坏也；古之王者明于此，是故南面而治天下，莫不以教化为大务。立太学以教于国，设庠序以化于邑，渐民以仁，摩民以谊，节民以礼，故其刑罚甚轻而禁不犯者，教化而习俗美也。圣王之继乱世也，扫除其迹而悉去之，复修教化而崇起之。教化已明，习俗已成，子孙循之，行五六百岁，尚未败也。"② 在这里，董仲舒明确提出王道教化的主要手段——学校教育，王道教化的主要内容——仁、谊（义）、礼（后来又扩充为三纲五常），王道教化的目标——教化行而习俗美。如何实行王道教化？董仲舒的主要手段就是大力提倡学校教育，呼吁国家设立太学，地方设立庠序，来推广社会教化，形成良好的社会习俗。董仲舒尤其重视太学建制，认为，朝廷求得贤才最根本、最可靠的办法，是兴办太学，通过教育培养贤士。为了强调教化的神圣性和必要性，董仲舒也像把其他王道的内容归之于天那样，同样把教化与天的四时进行了类比，说："天地之数，不能独以寒暑成岁，必有春

---

① （汉）贾谊撰，阎振益、钟夏校注：《新书校注》，中华书局2000年版，第349页。
② （汉）班固：《汉书·董仲舒传》，中华书局2012年版，第2178页。

夏秋冬；圣人之道，不能独以威势成政，必有教化。"① 显然，这就把教化与威势（主要指刑罚）的根源归于天地之数。

《礼记·学记》："古之王者，建国君民，教学为先；化民成俗，其必由学。"这可以说是对中国古代学校教育教化功能与作用的经典性概括，以学校行教化就成为儒家一个重要的政治理念。"他们的头脑十分清醒，深知实行教化的最佳手段便是设立学校，培训士人，再通过士人的表率和影响，驯化全社会。这实际上就是对'学校教化'的政治社会化过程的某种描述：传统政治文化的政治价值体系及其认知、观念、信仰和态度等等，通过专门培育的士人群体而传布到社会的各个层面和角落。"②

秦汉以后，历代儒者都注重教化对社会政治的重要作用，把教化看成一项重要的"治道"，认为对于政治来说教化是至关重要的。从中国历史看，教化行，则民风醇，就会出现"闾里无讼，老幼无愁，邮驿无夜行之吏，乡间无夜名之征，犬不夜吠，鸡不夜鸣，老者息于堂，丁壮者耕于田，在朝者忠于君，在家者孝于亲"的祥和局面。教化废，则民风败，"时俗或异，风化不教，而相尚诽谤，谓之臧否，记短则兼折其长，贬恶则并伐其善"（《后汉书·朱穆传》）。

四 儒家教化的三维展开

儒家教化具有丰富的样态，主要包括道德教化、礼乐教化、宗教教化。

1. 道德教化

儒家对道德教化的重视在世界各国史上无与伦比，因而对后世的影响亦罕有其匹。孔子认为社会秩序混乱是因为人们道德全面败坏的结果，于是提出了以"仁"为核心的道德规范体系，把道德教化的范围逐步扩大到重视社会的全体成员的道德教化，确立了以德教为先的原则。在《论语》中有不少条目阐述了这一观点，如"弟子入则孝，出则悌，谨而信，泛爱众，而亲仁。行有余力，则以学文"（《论语·学而》）。即是认为，

---

① （清）苏舆：《春秋繁露义证》，中华书局1992年版，第319页。
② 葛荃：《教化之道：传统中国的政治社会化路径析论》，《政治学研究》2008年第5期。

青年人要首先把孝敬父母、尊敬兄长、言行有信、博爱大众、亲近仁德等做好后，再去学习文化知识。孔门四科中，也以德行为首（《论语·先进》）。

在政治上孔子要求统治者做到"为政以德"，以德化民，提出了"正人先正己"的教化原则。孔子说："为政以德，譬如北辰，居其所而众星共之。"（《论语·为政》）朱熹诠解说："为政以德，则无为而天下归之。"以德化民、民以自化，故可达成南面而治的"无为之治"。孔子还说："无为而治者，其尧舜也与"。（《论语·卫灵公》）这似乎与老子的"无为而治"一样，其实不同：老子"无为而治"是植根于愚民去知，而孔子"无为而治"是建基于民之道德自律。孔子把社会治理寓于道德教化，以道德教化为政之至理，治国之根本。徐复观先生如是评价孔子的德政观："孔子在政治上的无为思想，极其究，乃是以教育代替政治，以教育解消政治的思想。这是德治最主要的内容。"① 修己、正心本是个人道德修养问题，但在孔子看来，个人的道德修养已超出了私人空间，变成一种社会行为，是政治的根本。"子路问君子。子曰：'修己以敬。'曰：'如斯而已乎？'曰：'修己以安人。'曰：'如斯而已乎？'曰：'修己以安百姓。修己以安百姓，尧舜其犹病诸！'"（《论语·宪问》）可见君子不仅求己之道德精进，而且要兼济众生，即所谓"内圣外王"。在这一思路下，政治就是道德人格的推衍，社会治理过程即是为政者道德感化的过程。《论语·颜渊》载季康子问政于孔子，子曰："政者正也。子帅以正，孰敢不正？"又曰："其身正，不令而行；其身不正，虽令不从。"还曰："苟正其身矣，于从政乎何有？不能正其身，如正人何？"（《论语·子路》）孔子在回答子路问政时曰："先之劳之。"（《论语·子路》）强调为政者在道德方面起表率作用，主张以为政者个人的人格力量去感召天下。孔子还认为治国从政者要遵守恭、敬、惠、义等道德"准则"，即"君子之道四焉：其行己也恭，其事上也敬，其养民也惠，其使民也义"（《礼记·礼运》）。对此学者评述说："孔子思想中之'政'，不仅与近代学者所论者不同，且与古希腊柏拉图之说亦有区别。近代论政治之功用者不外治人与治事二端。孔子则持'政者正也'之主张，认定政治之主要工作

---

① 徐复观：《中国思想史论集·孔子德治思想发微》，上海人民出版社2004年版，第192页。

乃在化人。非治人，更非治事。故政治与教育同功，君长与师傅共职。国家虽另有庠、序、学、校之教育机关，而政治社会之本身实不异一培养人格之伟大组织。"①

在"正人先正己"的基础上就会有"上行下效"的社会效应，实现社会的有效治理。孔子认为为政者每实行一善，百姓就会在其感召下趋向于善。"上好礼，则民莫敢不敬；上好义，则民莫敢不服；上好信，则民莫敢不用情。"（《论语·子路》）这就比较深刻地揭示和说明了中国传统政治文化中的大众心理，也说明了执政者的品德作风对广大民众所产生的心理效应。孔子还把为政者的品德作风比作"风"，把百姓的品德作风比作"草"，"子欲善而民善矣。君子之德风，小人之德草，草上之风必偃"（《论语·颜渊》），为政者的品德作风就像清风拂草那样对广大百姓有着重要的引导和影响作用。即从政者具有高尚的德操，就会为百姓做出榜样，从而带动社会风气。当季康子苦于盗贼太多而向孔子请教时，孔子回答："苟子之不欲，虽赏之不窃。"（《论语·颜渊》）在孔子看来，如果从政者本人能够修养自身，做到清正廉洁，不纵欲贪财，那么即使奖励偷盗，人们也不会去干。可见从政者的道德品行不仅具有极大的影响力，而且具有鲜明的导向作用。孔子的道德教化思想奠定了后代统治者以道德教化治国和后世儒者化民成俗的思想基础。

孔门后学向内探求，更关注教化对人的内心德性培育的意义。郭店简《五行》对仁义礼智圣五种德行及其相互关系作了深入探讨，认为"不形于内"的仁、义、礼、智、圣是"行"，而"形于内"的仁、义、礼、智、圣是"德之行"。这里，"形于内"是指内心的五种道德行为的依据，犹如《中庸》所说的"未发"状态；"不形于内"是指外在的五种道德行为活动，犹如《中庸》所说的"已发"状态。《性自命出》云："教，所以生德于中者也。""四海之内，其性一也，其用心各异，教使然也。"

孟子、荀子继承了孔子的思想并结合社会的变化进行了发挥。孟子发展了孔子的思想，进一步认为道德教化从治本入手，是实施善治的前提和基础，提出了"仁政"学说，指出"以德行仁者王"《孟子·公孙丑下》，"以德服人者，中心悦而诚服也"（《孟子·公孙丑上》），"有大人者，正己而物正者也"（《孟子·尽心上》），"吾未闻枉己而正人者也"

---

① 萧公权：《中国政治思想史》，新星出版社2005年版，第45页。

(《孟子·万章上》)。孟子还强调执政者应重视在学校教育中贯彻人伦道德。《孟子·滕文公上》:"夏曰校,殷曰序,周曰庠,学则三代共之,皆所以明人伦也。"朱熹注:"庠以养老为义,校以教民为义,序以习射为义,皆乡学也。学,国学也。共之,无异名也。伦,序也。父子有亲,君臣有义,夫妇有别,长幼有序,朋友有信,此人之大伦也。庠序学校,皆以明此而矣。"① 说明古代基层学校教育主要是伦理道德教育。

荀子进一步深化了孔孟的思想,认为治国的关键还是德教,即以道德教化百姓,而教化百姓应以正己修身为本。荀子继承了孔子"政者,正也"的思想,主张以正己为治国,"'请问为国?'曰:'闻修身,未尝闻为国也。'"(《荀子·君道篇》)为政者的道德修养在治国中占有重要地位,"君者仪也,民者景也,仪正而景正;君者盆也,民者水也,盆圆而水圆"。"君者民之源也,源清则流清,源浊则流浊。"(《荀子·君道篇》)"主者,民之唱也;上者,下之仪也。……故上者下之本也;上宣明则下治辨矣,上端诚则下愿悫矣,上公正则下易直矣。"(《荀子·正论篇》)"其臣下百吏,污者皆化而修,悍者皆化而愿,躁者皆化而悫,是明主之功已。"(《荀子·富国篇》)他是天下万民的楷模,君为仪,民如影,君为声,民如响,仪正而影正,声起而响应。这些言论充分肯定了为政者"身正"对于下属及百姓的影响和示范作用,强调"正人先正己"的重要性。

先秦儒家的教化思想由于诸多原因没有能够落实,秦汉以后,随着儒家走向政治舞台,汉初诸儒通过反思秦严刑峻法,不行仁义,二世而亡的历史,强调道德教化的重要性,如陆贾就说:"治以道德为上,行以仁义为本"(《新语·本行》),试图使道德教化与国家治理结合起来,以政府的力量落实到社会现实中。陆贾认为非教而不能成善,"夫法令所以诛恶,非所以劝善。故曾闵之孝,夷齐之廉,此宁畏法教而为之者哉?教化之所致也。故尧舜之民,可比屋而封,桀纣之民,可比屋而诛,何者?化使其然也"(《新语·无为》)。再严苛的"法教"也不能使人产生孝悌之心,廉洁之行,因为道德是靠教化而不是靠法律惩罚出来的,教化是君主推行仁政的必不可少的工具。贾谊认为君主的道德教化是政治中的要务:"君能为善,则吏必能为善矣;吏能为善,则民必能为善矣。故民之不善

---

① (宋)朱熹:《孟子集注》卷五,《四书章句集注》,第255页。

也，失之者吏也；故民之善者，吏之功也。故吏之不善也，失之者君也；故吏之善者，君之功也。"（《新书·大政上》）强调治理国家要"道之以德教"，"道之以德教者，德教洽而民气乐"（《汉书·贾谊传》）。

董仲舒认为秦之亡国是缺乏道德教化所致，因此他说："教化不立而万民不正。"（《举贤良对策一》）进而，他从自己的性三品论出发，认为中民之性只有通过教化，才能使其"善"从潜在性转化为现实性，"中民之性，如茧如卵。卵待复二十日而后能为雏，茧待缫以绾汤而后能为丝，性待渐于教训而后能为善。善，教训之所然也，非质朴之所能至也"（《春秋繁露·实性》）。董仲舒认为治理社会必须以德善化民，"古者修教训之官，务以德善化民"（《汉书·董仲舒传》）。

道德教化的基本内容是孝悌忠信这些德目。

《孝经·开宗明义章》"夫孝，德之本也，教之所由生也。"《孝经·广要道章》："教民亲爱，莫善于孝。教民礼顺，莫善于悌。"《孝经·广至德章》："君子之教以孝也，非家至而日见之也。教以孝，所以敬天下之为人父者也。教以悌，所以敬天下之为人兄者也。教以臣，所以敬天下之为人君者也。"君子教民行孝道，是要人们用孝敬自己父亲的心情对待人家的父亲；教人们为人兄弟的道理，是要人们把对自己兄长的恭敬心情用到社会上那些比你年龄大的人身上；教人们为人臣子的道理，是要人们用尊敬自己国君的心情尊敬普天之下的国君。《孝经·广扬名章》："君子之事亲孝，故忠可移于君。事兄悌，故顺可移于长。居家理，故治可移于官。是以行成于内，而名立于后世矣。"什么是"移"？移就是迁移，就是扩展，就是推广，就是延伸。孙中山先生曾说："讲伦理道德，国家才能长治久安。孝是无所不适的道德，不能没有孝。"[①]

贾谊强调孝悌之道对于政治的意义："事君之道，不过于事父"，"事长之道，不过于事兄"，"使下之道，不过于使弟"，"慈民之道，不过于爱其子"，"居官之道，不过于居家"（《新书·大政下》）。

董仲舒认为教化的具体内容主要就是伦理纲常。如在《天人三策》篇中谈到"以教化为大务"时他说："立太学以教于国，设庠序以化于邑，渐民以仁，摩民以谊，节民以礼，故其刑罚甚轻而禁不犯者，教化行而习俗美也。"在《春秋繁露·为人者天》中说："政有三端：父子不亲，

[①] 孙中山：《民族主义第六讲》，《孙中山选集》下卷，人民出版社1981年版，第650页。

则致其爱慈；大臣不和，则敬顺其礼；百姓不安，则力其孝弟。"所以，为政者必须"先之以博爱，教之以仁也；难得者，君子不贵，教以义也。虽天子必有尊也，教以孝也；必有先也，教以弟也"（《春秋繁露·为人者天》）。无疑，这些都是伦理纲常中事。他又说："人受命于天，固超然异于群生，入有父子兄弟之亲，出有君臣上下之谊，会聚相遇，则有耆老长幼之施，粲然有文以相接，欢然有恩以相爱，此人之所以贵也。故孔子曰：'天地之性人为贵。'明于天性，知自贵于物；知自贵于物，然后知仁谊；知仁谊，然后重礼节；重礼节，然后安处善；安处善，然后乐循理；乐循理，然后谓之君子。"（《汉书·董仲舒传》）这就是说，通过对万民实行封建伦理纲常的教化，使之能够自觉按照封建伦理纲常的要求去行动，从而达到君子之列。这就是董仲舒王教的具体内容和最终目的。

中国古代统治者在政治实践中确认了"教化为本"的治理原则，且逐渐形成并完善了社会教化体系，即官方与非官方教化组织二元同构性体系，使寓治于教得到具体落实。

中国古代乡村道德教育的途径主要是通过乡官里吏的道德表率与道德教化来实现乡村的治理。由于民众与最高执政者并不直接相处，所以，大量的道德教化工作要靠各级官吏去做，这就使官吏们的素养同样显得十分重要。贾谊认为："君能为善，则吏必能为善矣；吏能为善，则民必能为善矣。故民之不善也，吏之罪也；吏之不善也，君之过也。"（《新书·大政上》）因此，古人强调只有官吏修养好了，才能担负起管理，教化民众的任务，所谓"明主治吏不治民"就表达了这一深刻的道理。古代乡官初置，其意义主要是为民表率，垂范乡里，其次才是行政职能。只是随着中央集权的不断加强，其行政意义才渐次扩大。自秦以来就有三老乡官的设置，多半由本地的大户、族长充任，他们的主要职责之一就是教化民众。两汉时期，乡官里吏的表率作用仍居重要地位。当时，每乡都置三老，这实际上是一种道德教育体制。《汉书·高帝纪》云："举民年五十以上，有修行，能率众为善，置以为三老，乡一人。"秦彭为山阳太守时，"择民能率众者以为乡三老"（《东观汉纪》）。同时，在乡里还推举孝悌、力田、廉吏。《汉书·文帝纪》十二年三月诏："孝悌，天下之大顺也；力田，为生之本也；三老，众民之师也；廉吏，民之表也。"在乡以下，又置里正、伍长、父老等，其职能也主要是"劝导乡里，助成风化"（《后汉书·明帝纪》）。上述三老、孝悌、力田、里正、伍长、里父老的共同职责就是推行教化,为民表率。如果乡官里吏教化不善,就要承担失职责任。汉武帝时曾遣司马相如以檄书晓谕巴蜀曰:"让三老、孝悌以不教诲之过"(《汉书·司马相如传》),韩延寿为左冯翊,有昆弟争田,"啬夫、三老亦皆自系待罪"(《汉书·韩延寿传》)。可见,乡官之设,旨在推行教化,是当时的一种道德教育制度。

汉代循吏作为君主政治治下的模范官僚,不但是君主的忠良之臣,也是儒家德治传统的象征和百姓心目中的清官,其中的主体部分是入仕的儒士。所谓循吏,据《汉书·循吏传》颜师古注曰:"循,顺也,上顺公法,下顺人情也。"即对上能奉公守法,遵循儒家文化的政治理想和道德要求,尊君重道;对下能体恤民瘼,关爱黎庶,教化百姓。他们把儒家"达则兼善天下"的社会责任感转化为德治仁政的实际作为,努力做到"为官一任,教化一方"。在他们的莅官实践中,发挥了"吏"与"师"的双重功能,往往通过官府的政绩,如修桥补路、修堤筑坝、指导农桑等等,或是直接面对地方父老众庶进行训诫劝勉,以感化良善,很受下层民众的拥戴。正是在这样的政治实践过程中,他们起到了独特而具有实效的道德教化作用。正如班固所描述的,循吏行政,"所居民富,所去见思,生有荣号,死见奉祀,此廪廪庶几德让君子之遗风矣"(《汉书·循吏传》)。循吏教化百姓的方式多样,效果则一,主要把儒家的道德规范行政化,着力于化民成俗,使得儒家倡导的忠孝礼义等道德观念逐渐被黎庶百姓们所接受,耳濡目染,潜移默化,逐渐形成普遍的政治道德观念。

如果说官方政治教化的主体是士大夫,那么,在乡村进行道德教化的就是士绅。士大夫原本指居官有职位的士人(知识分子),而士绅主要是指士族和乡绅的结合体,包括科举及第未仕或落第士子,当地较有文化的中小地主、宗族元老等。在中国传统社会,士绅的身份具有特殊性:他们有官的身份或背景,又居住在民间,近似于官而又异于官,近似于民而又在民之上,于是成为沟通官府与民间的中介。由于他们居于民间,较之地方官府更为接近黎庶,表现出独到的教化功能。[①] 一般而言,士大夫即在朝做官的士,士绅即在野乡居的士,士就是读书人,主要是指儒生。作为士大夫的儒生,担当着国家机构的正式管理职能;作为士绅的儒生,则担当着基层社会的非正式的管理职能。一般说来,这些士绅虽非"鸿儒",

---

① 葛荃:《教化之道:传统中国的政治社会化路径析论》,《政治学研究》2008年5期。

亦非"白丁",他们往往有过科举功名或者宦游生涯,休闲或退任而乡居在家,身兼地主或者与地主关系密切,于是凭借政治、经济或文化的优势,在宗族和乡里享有一定的特权和威望,俨然"以师为吏"。举凡乡里的道德"教化",宗祠祭祀,排难解纷,民事仲裁,都少不了他们。他们还充当征收赋税的媒介人,学校、道路、水利等公用设施的筹办人或主持人,地方志的编修者,甚至乡练民团的组织者或统率者。① 清朝统治者以异族而治中原,极其看重儒学教化,康熙皇帝曾颁发《圣谕十六条》,对绅士的乡村教化作用和功能说得非常清楚:"敦孝弟以重人伦,笃宗族以昭雍睦,和乡党以息争讼,重农桑以足衣食,尚节俭以惜财用,隆学校以端士习,黜异端以崇正学,讲法律以儆愚顽,明礼让以厚风俗,务本业以定民志,训子弟以禁非为,息诬告以全良善,戒匿逃以免株连,完钱粮以省催科,联保甲以弭盗贼,解仇忿以重身命。"② 其后,清雍正帝对康熙皇帝的《圣谕十六条》逐条予以阐释、说明,补足万余言,是为《圣谕广训》。随即颁行天下,成为教化臣民的权威读本。

  儒家教化到宋明以后由带有强烈官方色彩的政治性教化转向带有浓重民间色彩的社会性教化。典型的就是始于北宋的乡约组织。乡约始于北宋,盛行于明代,流传至今。乡约是国家政权组织以外的一种社会组织,作为一种特殊的社会控制形式,是村民自我进行教育、自我管理的传统风俗,是一种地域性的道德规范,甚至带有法律的性质,它融政治管理与社会教育为一体。北宋吕大临兄弟在家乡蓝田制定乡约,规定同约人要"德业相劝","过失相规","礼俗相交","患难相恤",以儒家移风易俗为终极理想,使"关中风俗为之一变"。后来,朱熹加以修订,并在乡村广为推行。明代大儒王守仁在南赣汀漳做巡抚时,十分重视乡村教化,曾仿《吕氏乡约》,并结合当地社会实际制定了著名的《南赣乡约》,将道德教育寓于乡约村规之中,成为中国古代乡里教化的重要形式。中国现代史上有梁漱溟先生也模仿《吕氏乡约》和《南赣乡约》的组织形式,在山东推行乡村建设,并倡办"乡农学校",对农民进行道德教化,试图重建乡村文明秩序。

  在古代乡村中的大族,还立有家规、族规,其内容也多以封建伦理道

---

① 何光沪:《论中国历史上的政教合一》,《儒教问题争论集》,第177页。
② (清)康熙:《圣谕十六条》,《圣祖实录》康熙九年十月癸巳。

德为主，同时还宣扬安贫乐道、明哲保身一类的处世哲学。在族规中，也有一些积极的内容，如提倡节俭、守法、读书、尽忠报国等，有的还明文禁止酗酒、赌博、嫖娼、传阅淫书等，对醇化民风起到了一定的积极作用。

2. 礼乐教化

儒家特别强调礼乐的社会教化意义。

在孔子看来，礼乐是重要的教化基本方式之一。从个体来看，通晓礼乐，以礼践行是一个人立足于社会的根本，孔子："不学礼，无以立。"（《论语·季氏》）君子好礼、学礼并非仅仅自立，孔子云，"上好礼，则民易使"（《论语·宪问》），作为"上者"君子好礼，小人自然受其影响，依礼而行。在这个意义上，君子好礼、行礼，就不单单是个人之"修身"，也是"治国平天下"的重要途径，"君子敬而勿失，与人恭而有礼，四海之内皆兄弟也"（《论语·颜渊》）。

郭店楚简非常重视礼乐教化问题，尤其是对礼乐的社会性道德教化功能进行了比较充分的论述，继承了孔子以"礼"教民的思想，楚简《尊德义》篇强调"君民者治民复礼"。《唐虞之道》则指出："［明］礼、畏守、乐逊，民教也"，而礼的精神本质则是"德"，所以《语丛一》"德生礼，礼生乐"和《尊德义》篇"德者且莫大乎礼乐焉"，就明确将"德"视为礼乐之根本，并认为礼乐均是由"德"所生的。正因为如此，楚简明确地把礼乐作为道德伦理之教化的主要实现途径。《性自命出》篇指出："《诗》、《书》、礼、乐，其始皆生于人。《诗》，有为为之也；《书》，有为言之也；礼、乐，有为举之也。圣人比其类而论会之，观其先后而逆顺之，体其义而节度之，理其情而出入之，然后复以教。教所以生德于中者也。"这里强调教化的目的在于"生德于中"，即培育人内在的道德修养。《尊德义》篇还指出："善者民必福，福未必和，不和不安，不安不乐。善者民必众，众未必治，不治不顺，不顺不平。是以为政者教导之取先。教以礼，则民果以茎；教以乐，则民□德清□；教以辩说，则民艺□□贵以忘；教以艺，则野以争；教以□，则民少以吝；教以言，则民于以寡信；教以事，则民力啬以湎利；教以权谋，则民□□，远礼亡亲仁。先人以德，则民进善焉。"

《荀子·乐论篇》中更明确地说："先王之制礼乐也，非以报口腹耳目之欲也，将以教民平好恶而反人道之正也。"古代圣王创制礼乐之意非在于获得感官的快乐，而是借以移易俗，教化人民。

礼乐的制作，乃是植根于人内在的情感生活。后来，司马迁在《史记·礼书》中曾阐述礼的原则和目的说："缘人情而制礼，依人性而作仪。"唐高宗武皇后《请父在为母终三年服丧》："夫礼缘人情而立制，因时事而为范。"① 礼乐之义，要在其"因人之情而为之节文"（《礼记·坊记》），故能作为与人伦日用密合无间的生活样式而化民于无迹。

儒学与社会的密切关联，集中表现于它对作为社会生活样式的"礼乐"的关切。《礼记·经解》："礼之教化也微，其止邪也于未形，使人日徙善远罪而不自知也。是以先王隆之也。"《礼记·乐记》："乐也者，圣人之所乐也，而可以善民心，其感人深，其移风易俗，故先王著其教焉。"儒家重视礼乐之教化作用，但是，这个礼乐的系统，乃是由历史传统之延续而形成的一种普泛的社会生活形式，并非儒家自身所专有的仪式系统。礼乐作为一种生活的样式，携带着丰富的文化信息，并直接关乎人的行为，与民众生活具有一种天然的关联性，能够对人们的修养和社会道德氛围的养成起到潜移默化的作用。杜维明证说："在儒家的脉络中，'礼'与人类沟通的社会视界密切相关。……由《礼记》所代表的社会视界，不是将社会定义为一种基于契约关系之上的对立系统，而是一种强调沟通的信赖社群。由士、农、工、商四民分工所组成的社会，是一种协同运作。作为对这一协同运作有所贡献的成员，每一个人都有义务承认他人的存在并服务于公益。"② 这使儒家的"教化"与宗教的教化大异其趣。正如有学者所论：

> 儒学施其教化于社会的生活的方式是很巧妙的。教化之行，必须切合和影响于人的社会和精神生活之样式。儒学于此，并不另起炉灶，独创一套为自身所独有的礼仪、仪轨系统。它所据以建立和安顿其教化理念的礼仪、仪式系统，为中国古代社会所固有。一方面，这种社会生活所固有的礼仪和礼乐系统，作为一种普泛的生活样式，与一般民众之人伦日用，水乳交融，因而儒学所行教化，于中国古代社

---

① 《全唐文》卷九十七，上海古籍出版社1990年版，第437页。
② 杜维明：《何为儒家之道？》，《东亚价值与多元现代性》，中国社会科学出版社2001年版，第182—184页。

会，最具普遍性的意义。在这一点上，任何宗教形式的教化都无法与之相俦匹。另一方面，那不断经由儒学形上学诠释、点化、提升的礼仪和礼乐系统，亦具有着一种因革连续的历史变动性和对其他宗教生活样式的开放和包容性。这与一般宗教仪式、仪轨系统所特有的固定性和排他的性质，亦有根本性的区别。……儒学的"教化"之异于宗教义的教化，其根源就在于，它的天道性命的形上学是理性人文义的"哲理"，而非单纯信仰性的"教理"。……对于儒学这个"教化"境域中的哲理系统，我们实无以名之，姑且强为之名曰"教化的哲学"。我以为，"教化的哲学"这个名称，可以较好地标示出儒学兼具西方哲学与宗教之功能而又迥异于后两者的独特之处。①

古代乡里学校的主要职能是加强乡里教化，对通过礼乐对乡民进行伦理道德教育，是谓"里有序而乡有庠，序以明教，庠则行礼而视化焉"（《汉书·食货志》）。春秋战国以来，私学兴起，学术下移，乡里教育得到进一步发展。汉代乡里学校的书师和经师，以儒家经典为教学内容，以扩大教化为主要任务，向学生传授各种礼仪。乡里之间，也把礼作为教化的工具，左右相教，老少相传，即便是饮食、衣服、住行、婚丧、祭祀等也都具有一定的礼数，它既是人际关系的准则，也是人们遵循的道德规范，具有很大的社会性。每年的十月，乡里学校还举行乡饮酒礼，以礼属民。这些以推广教化为目的的仪礼活动，是乡村社会治理的重要构成部分。其后，历代都设有乡村社学，都以灌输伦理道德观念、推广教化为主要任务，对造就醇厚民风，治理乡间社会起了重要的推动作用。

3. 宗教性教化

宗教性教化就是指儒家礼乐祭祀传统所体现的社会教化功能。

宗教的传统主要是指礼乐文化中祭祀传统。儒家祭祀观念要求人君在祭祀中垂德于民，行教化之道。孔子的祭祀理念，更关注于人事与人的道德自觉。《论语·尧曰》："所重：民、食、丧、祭"，民事居于首位。继承了周人"近人"、"尊礼"、"重德"的祭祀传统，他主张，"务民之义，敬鬼神而远之"（《论语·雍也》），而求福之资，则仰赖于人之德性的建

---

① 李景林：《哲学的教化与教化的哲学——论儒学精神的根本特质》，《天津社会科学》2005年第6期。

立，马王堆帛书《要》篇记孔子说："君子德性焉求福，故祭祀而寡也；仁义焉求吉，故卜筮而希也。"孔子对于祭礼的阐述，紧紧围绕"敬"而展开，强调祭祀者内心"诚敬"和真实的情感。《礼记·檀弓上》子路曰："吾闻诸夫子，丧礼，与其哀不足而礼有余也，不若礼不足而哀有余也；祭礼，与其敬不足而礼有余也，不若礼不足而敬有余也。"春秋时期，贵族精英开始将"敬"内化为人的内心，但是并未继续深入人性而探求，这一理论的完成是在孔门后学。孔子之后，儒家祭祀理论呈现内转的路向，祭祀主体的"内在德性"以及祭祀道德践履的功能被凸显，儒家的"己立而立人，己达而达人"的理念便反映到了祭祀理论中。

郭店楚简《唐虞之道》云："夫圣人上事天，教民有尊也；下事地，教民有亲也；时事山川，教民有敬也；亲事祖庙，教民孝也。太学之中，天子亲齿，教民悌也。先圣与后圣，考后而甄先，教民大顺之道也。"这里对宗教祭祀礼仪的道德教化功能的强调，实际延续了西周以至春秋以来的思想发展理路。这段话与《礼记·表记》的一段话可以印证。《礼记·表记》云："土之于民也，亲而不尊；天尊而不亲。命之于民也，亲而不尊；鬼尊而不亲。"礼以远为敬，以近为亵。天悠远浩淼，为至尊之极；土地乃生万物者，亲而不尊；孔疏："神道严敬，降人祸福，是尊也。人神道隔，无形可见，是'不亲'也。"说明圣人对此祭祀的目的，在于教化民众，引导其尊尊、亲亲、敬孝而顺。《大戴礼记·朝事》："率而祀天于南郊，配以先祖，所以教民报德不忘本也。率而享祀于太庙，所以教孝也。"《礼记·礼器》云："祀帝于郊，敬之至也；宗庙之祭，仁之至也。……故君子欲观仁义之道，礼其本也。"祭礼之中，仁义之道兼备于中，以垂教万民。

关于祭祀垂教功能的论述，在儒家经籍中比比皆是。如《礼记·祭统》云："夫祭之为物大矣，其兴物备矣。顺以备者也，其教之本与！"祭祀为教化之本，人君躬为道德垂范，"外则教之以尊其君长，内则教之以孝于其亲。是故明君在上，则诸臣服从；崇事宗庙社稷，则子孙顺孝"（《礼记·祭统》）。

儒家伦理的中心就是孝，对于孝道的培植，当然是教化上的重点，为此，儒家使孝德与祭祖二者发生联系，且成为中国传统社会中非常重要的理念与力量。《论语·学而》曾子曰："慎终追远，民德归厚矣。"丧葬与祭祀是对已故的先人一些物质和精神的奉献，不是要死者像活人一样享受一切，而是作为一种礼，作为一种教化手段，使"民德归厚"，使人人具有仁爱之心。如果对于去世者的丧礼能慎重地处理举行，日久之后亦能定期举行祭礼不断追思的话，社会之风俗道德也一定可以渐渐笃厚起来的。"君子之教也必由其本，顺之至也，祭其是欤？故曰：'祭者教之本也已。'""外则教之以尊其君长，内则教之以孝于其亲。""祭者，所以追养继孝也。""夫祭者，非物自外至者也，自中出，生于心也"，"是故贤者之祭也致其诚信，与其忠敬，奉之以物，道之以礼，安之以乐，参之以时，明荐之而已矣，不求其为。此孝子之心也"（《礼记·祭统》）。"修宗庙，敬祀事，教民追孝也。"（《礼记·坊记》）这样，通过丧祭之礼，实际上是在潜移默化地进行教化，使人们不仅要记住自己之所从来的"根源"，更意味着永远不忘先人筚路蓝缕的开创之功，这样民德民风就会归于纯厚朴素。

西周礼乐中的祭祀讲求"报本反始"，"反本修古"，这些理念为儒家继承和发挥。《礼记·郊特牲》云："万物本乎天，人本乎祖，此所以配上帝也。郊之祭也，大报本反始也"，"天垂象，取财于地，取法于天，是以尊天而亲地也，故教民美报焉。家主中霤而国主社，示本也。唯为社事，单出里；唯为社田，国人毕作；唯社，丘乘共粢盛，所以报本反始也"。《礼记·礼器》："礼也者，反本修古，不忘其初者也。"所谓古，指礼仪中保留的上古生活习俗，体现儒家对传统的尊重和崇尚，不忘记历史文化的根源。儒家将祭祀之"修古"的目的加以人文化的诠释，归于人内心之善，借此培育人内心的德性。孔颖达谓："反本，谓反其本性。修古，谓修习于古"，"本，谓心也"。儒家认为，孝子亲丧，哀乃是自然之情自然而发，痛由心发，故啼号哭泣，不待外告而哀自至，所谓礼"直而行也"，因此哀乃是反还其孝性之本心。《礼记·乐记》云："大飨之礼，尚玄酒而俎腥鱼，大羹不和，有遗味者矣。是故先王之制礼乐也，非以极口腹耳目之欲也，将以教民平好恶而反人道之正也。"大飨，乃是祫祭先王之礼。玄酒之尚，腥鱼以及大羹之设，并不是为了追求口腹耳目的感官享受。"食味虽恶"，但"以其有德质素，其味可重"，目的在于教化人们回归人道之正，即人性之正。

《孝经·纪孝行章》引子曰："孝子之事亲也，居则致其敬，养则致其乐，病则致其忧，丧则致其哀，祭则致其严，五者备矣，然后能事亲。"显然，这种体现孝道的丧葬礼仪已经深入当时的民心，对当时的丧葬习俗产生了极其深远的影响。可见，儒家从古代礼乐文化中继承下来的祭祀传统是教化的一个重要本源。

笔者这里把儒家教化分成道德教化、礼乐教化、宗教教化是为了研究方便的相对划分，其实这三个层面在儒家教化中是难分难解的。一般而言，道德教化的根本，居于核心地位，而礼乐教化和宗教教化也以道德为内在精神的；宗教教化本来就是礼乐教化的一部分，笔者为了强调其神道设教的独特意义而把它抽了出来。简言之，这三个层面从道德教化到礼乐教化再到宗教教化既是自上而下的价值层级，又是自内而外的实践路向，构成了相对独立，相互包含的立体网络结构。

五 儒家教化与社会治理的多维结构

1. 教化与富裕

《论语·子路》载："子适卫，冉有仆。子曰：'庶矣哉！'冉有曰：'既庶矣，又何加焉？'曰：'富之。'曰：'既富矣，又何加焉？'曰：'教之。'"冉有问为政首先要解决什么问题，孔子回答是民富起来，而后再进行教化。又子贡问为政，他说："足食、足兵、民信之矣。"（《论语·颜渊》）同样把足食放在首位。孔子"富而教之"思想与"不教而诛"和"贫而强教"相比显然是十分合理。《孔子家语·贤君》载哀公问政于孔子。孔子对曰："政之急者，莫大乎使民富且寿也。"公曰："为之奈何？"孔子曰："省力役，薄赋敛，则民富矣；敦礼教，远罪疾，则民寿矣。"公曰："寡人欲行夫子之言，恐吾国贫矣。"孔子曰："诗云：'恺悌君子，民之父母。'未有子富而父母贫者也。"孔子希望鲁哀公成为有教养的君子，是人民的父母，节省民力，减轻赋税，使老百姓富裕起来，同时加强对人民的教化，使他们远离犯罪与疾病，让他们活得长寿。

孟子的仁政王道理想是："五亩之宅，树之以桑，五十者可以衣帛矣。鸡豚狗彘之畜，无失其时，七十者可以食肉矣。百亩之田，勿夺其时，数口之家可以无饥矣。谨庠序之教，申之以孝悌之义，颁白者不负戴于道路矣。七十者衣帛食肉，黎民不饥不寒，然而不王者，未之有也"（《孟子·梁惠王上》），描述了一幅人民富足而有教养，国家安定强盛的社会生活画面，把孔子"富而教之"具体化了。

荀子把富民、教民看成是王道政治的两个基本方面："不富无以养民情，不教无以理民性。故家五亩宅，百亩田，务其业而勿夺其时，所以富之也。立太学，设庠序，修六礼，明七教，所以道之也。"（《荀子·大略篇》），显然，这是对孔子富而教之思想的继承和发挥。还专立《富国》篇，论述富国之道必先"节用裕民"，"节用以礼，裕民以政"。达到"裕民则民富"，民富则国富的效果。

孔子"富而教之"的思想到了《大学》那里，就发展成为一个包括"明明德、亲民、止于至善""三纲领"和"格物、致知、诚意、正心、修身、齐家、治国、平天下""八条目"为主要内容的理论体系，把道德论和政治论结合起来，把人生哲学和政治哲学熔为一炉，对我国政治和道德生活的发展产生了深远的影响。北魏贾思勰继承孔子富而教之的思想，非常注重正常社会秩序的维护，主张为政之道"要在安民，富而教之"（《齐民要术·自序》），并将孔子"富而教之"的思想完全融入《齐民要术》整部著作之中，具体体现在他的农政思想当中。

2. 道德教化与政令刑法

孔子认为治国之道政令刑罚手段只能起强制约束人用，而不能从思想上解决问题，所以，应该将道德教化置于政令刑罚之前、之上。《论语·为政》载：子曰："道之以政，齐之以刑，民免而无耻；道之以德，齐之以礼，有耻且格。"这里孔子对比了"以政"、"以刑"与"以德"、"以礼"两种治理方式，两者虽都达到了民苟免而无罪的目的，但民众的内心却感受迥然不同，对应于前者是"民免而无耻"，后者是"有耻且格"。显然，孔子认为政者不仅要关注民众的外在行为准则，还要重视他们的内在道德修养。单纯外在行为约束并非孔子本意，"道之以德，齐之以刑"的教化才是孔子为政之本。

《孔子家语·始诛》载：

> 孔子为鲁大司寇，有父子讼者，夫子同狴执之，三月不别。其父请止，夫子赦之焉。季孙闻之，不悦，曰："司寇欺余。囊告余曰：'国家必先以孝'，余今戮一不孝以教民孝，不亦可乎？而又赦，何哉？"冉有以告孔子，子喟然叹曰："呜呼！上失其道而杀其下，非理也。不教以孝而听其狱，是杀不辜。三军大败，不可斩也；狱犴不治，不可刑也。何者？上教之不行，罪不在民故也。夫慢令谨诛，贼也；征敛无时，暴也；不试责成，虐也。政无此三者，然后刑可即

也。《书》云：'义刑义杀，勿庸以即汝心，惟曰未有慎事'，言必教以刑也。"既陈道德以先服之；而犹不可，尚贤劝之；又不可，即废之；又不可，而后以威惮之。若是三年，而百姓正矣。其有邪民不从化者，然后待之以刑，则民咸知罪矣。《诗》云：'天子是毗，俾民不迷。'是以威厉而不试，刑错而不用。今世则不然，乱其教，繁其刑，使民迷惑而陷焉，又从而制之，故刑弥繁而盗不胜也。夫三尺之限，空车不能登者，何哉？峻故也。百仞之山，重载陟焉，何哉？陵迟故也。今世俗之陵迟久矣，虽有刑法，民能勿逾乎？"

从上述记载我们看出，孔子执法，提出了先德后法、先教后刑的主张，就是说执政有德，教民以礼，只有冥顽不化者才加之以刑。"必教而后刑"，这是儒家最基本的政法理念。然而，"上教之不行，罪不在民故也。夫慢令谨诛，贼也；征敛无时，暴也；不试责成，虐也。政无此三者，然后刑可即也"。在政事昏乱，朝令夕改的年代，执政者往往以为通过刑杀可以维持社会的稳定，这大错特错！孔子不主张这样做。儒家的强调先教后刑，即使不得已使用刑杀，也是为了教化民众，化民成俗。因此主张要防微杜渐，危险之处都要设"三尺之限"，不让越界；以导人向善、使知廉耻、预防犯罪来减少刑杀。当然儒家并不主张废除刑杀，只用教化；只是认为刑杀是教化的手段而已。相反，法家、兵家都是主张严刑峻法，杀人以立威，可以不教而诛。

《孔子家语·刑政》说：

> 仲弓问于孔子曰："雍闻至刑无所用政，至政无所用刑。至刑无所用政，桀纣之世是也；至政无所用刑，成康之世是也。信乎？"孔子曰："圣人之治化也，必刑政相参焉。太上以德教民，而以礼齐之。第二以政焉导民，以刑禁之，刑不刑也。化之弗变，导之弗从，伤义以败俗，于是乎用刑矣。"

孔子将至政之治分为两个层面：第一是理想层面，太上以德教民，而以礼齐之；其次是现实层面，以政导民，以刑禁之，刑不刑也。化之弗变，导之弗从，伤义以败俗，于是乎用刑矣。儒家治理国家的共同点是圣人之治化必刑政相参，配合进行。在这里，刑罚的使用是以德为前提的，刑只是适用于不守法度、愚顽不化的人，是德治的补充。

《孔子家语·执辔》篇记述了孔子以驾车比喻治国，在回答闵子骞问政时说：

> 以德以法。夫德法者，御民之具，犹御马之有衔勒也。君者，人也；吏者，辔也；刑者，策也。夫人君之政，执其辔策而已。
>
> 古者天子以内史为左右手，以德法为衔勒，以百官为辔，以刑罚为策，以万民为马，故御天下数百年而不失。善御马，正衔勒，齐辔策，均马力，和马心，故口无声而马应辔，策不举而极千里；善御民，壹其德法，正其百官，以均齐民力，和安民心，故令不再而民顺从，刑不用而天下治。……不能御民者，弃其德法，专用刑辟，譬犹御马，弃其衔勒而专用捶策，其不制也可必矣。夫无衔勒而用捶策，马必伤，车必败；无德法而用刑，民必流，国必亡。治国而无德法，则民无修；民无修，则迷惑失道。

这里把德法比作衔勒，百官比作辔，刑罚比作策，其基本思想还是德主刑辅，以德礼治国。

孟子也主张德法相济，内外兼施。他说："徒善不足以为政，徒法不能以自行。"（《孟子·离娄上》）朱熹注这两句话云："徒，犹空也。有其心，无其政，是谓徒善；有其政，无其心，是为徒法。程子尝言：'为政须要有纲纪文章，谨权、审量、读法、平价，皆不可阙。'而又曰，'必有关雎麟趾之意，然后可以行周官之法度'，正谓此也。"这样的理解是符合孟子思想的，是说要治理好天下，内在的道德修养与外在的法律制度都是不可或缺的。

陆贾提出的主张是文武并用，德刑相济，而以德为主。他在向刘邦解释"马上"得天下不可以"马上"治之的道理时，提出了效法商汤、周武的"逆取"、"顺守"，"文武并用"的建议。陆贾讲"文武并用"，这就是不能像秦那样专任刑罚，而要注意讲求"德治"，实行"仁义"："治以道德为上，行以仁义为本。"（《新语·本行》）这种观点被汉初统治者普遍接受，如汉文帝"专务以德化民"，"兴于礼义"（《汉书·文帝纪》），他对刑罚和道德的作用都很重视，曾检讨自己"德薄而教不明"，所以特别告诫各级官吏"牧民而道之善"（《汉书·刑法志》），即以道德教化导民向善为要务。具体就是通过兴学校，用"五经"、"六艺"来对人们施行教化，以做到"正上下之仪，明父子之礼、君臣之义，使强不凌弱，众不暴寡，弃贪鄙之心，兴清洁之行"（《新语·道基》），造就一个君子之国，礼仪之邦，和谐美好的社会。

《韩诗外传》卷三引孔子的话："昔者先王使民以礼，譬之如御也。刑者，鞭策也。今犹无辔衔而鞭策以御也，欲马之进，则策其后，欲马之退，则策其前，御者以劳而马亦多伤矣。今犹此也，上忧劳而民多罹刑。"这里，把礼比作辔衔，刑比作鞭策。认为二者像御马一样，同是治国必须采取的手段，应结合使用，不可偏废。

董仲舒认为《春秋》王道有其精神实质，这就是仁义之道，或叫德治精神。他在《王道》中描绘了理想的王道政治图景，具体地阐述了王道的内涵，其中包括爱民、教民、富民、修文德来远和尊祖祭祀等多方面内容。根据"阴兼于阳"的原理，董仲舒强调以德治为主，刑罚为辅。他说："天道之大者在阴阳。阳为德，阴为刑；刑主杀而德主生。"（《汉书·董仲舒传》）在《天人三策》的第一次对策时说："天之任德不任刑也。……王者承天意以从事，故任德教而不任刑。刑者不可任以治世，犹阴之不可任以成岁也。"他在分析当时社会犯罪情况后，强调无论是对于高高在上的"大人"、"富者"，还是处于底层的"小人"、"贫者"都需要进行道德教化，因为，"凡百乱之源，皆出嫌疑纤微，以渐寝稍长至于大"。所以，圣人治国，就要"章其疑者，别其微者，绝其纤者，不得嫌以蚤防之"（《春秋繁露·度制》）。教化作为政治之本，是与刑罚相对而言的。"教，政之本也；狱，政之末也。其事异域，其用一也，不可不以相顺，故君子重之也。"（《春秋繁露·精华》）教化侧重于道德感化和影响，是对人的内心的改变；而刑罚则诉诸威权，对人只能起到阻恶的作用，不能产生徙恶迁善的效果。这样，董仲舒"独尊儒术"的主张被汉武帝采纳以后，西周时期的"明德慎罚"就发展到了"德主刑辅"的治国理念，并且长期影响着中国的封建政治。

3. 礼教与刑罚

《辞源》释"礼教"为"礼仪教化"。实际上，礼教不只局限于教导人们礼仪，礼教更重要的是通过国家、社会、宗族、家庭等各种教育手段，以礼义来指导人们的思想、规范人们的言行。

礼与刑的关系可以追溯到西周的周公制礼。礼与刑是西周社会控制的两种手段。周公制礼，强调明德慎罚，把礼的教化功能与刑的强制效果，巧妙地结合起来。礼通过教化使人们"绝恶于未萌，起敬于微眇，使民日徙善远罪而不自知"（《礼记·礼运》），在潜移默化中遵行礼教所要求的一切，而刑则是礼的必要补充，是惩治"已然"犯罪的必要手段。

礼乐教化是前提和目的，法律刑罚则为礼乐教化创造条件，是其实施的保障。二者有着目的和手段的关系。在地位上，礼乐教化是"经"，是治国的常道，而法律刑罚是"权"，是礼乐教化的辅助，是作为一种临时的局部的手段而起作用的。在运用上，二者存在先后顺序之别。治国必先之以礼乐教化，待其不行，则继之以法律刑罚，而不是反其道而行。在治国理民中，礼乐教化得以很好的实行，社会就能保持良好的秩序，也就用不着刑法了，这是最理想的治国之策。如果礼乐还不足以治理好国家，就得刑法配合，也还是可以保持社会稳定的，这是治国的中策。不言而喻，不讲礼乐，单凭刑法控制和压制，是治国的最下策。

在礼乐与刑罚的关系问题上孔子提出了"刑中"思想。"中"的概念早在《尚书》里就已经出现，到了周代则把"中"与"罚"连用，作为刑罚原则而提出来。孔子正是承周公"中罚"思想而来，并作为其中庸之道的延伸。他说："礼乐不兴，则刑罚不中；刑罚不中，则民无所措手足。"（《论语·子路》）可见，礼乐与刑罚，与爱民有着逻辑关系。"中"即适当、公允、中正。从孔子这段话中，可以看出"兴礼乐"是"刑罚中"的前提。不言而喻，孔子是以"礼乐"作为判断"中"的标准。荀子进一步把"中"说成是合乎礼的规定："曷谓中？曰：礼义是也。"（《荀子·效儒篇》）《礼记·仲尼燕居》还说："礼所以制中也。"《礼记·大传》也说"爱百姓故刑罚中，刑罚中故庶民安"。这样的解释，是符合孔子的思想实际的。

孔子认为注重礼乐教化是为政治国的根本，他反对不教而杀，《论语·颜渊》载季康子问政与孔子曰："如杀无道，以就有道，何如？"孔子对曰："子为政，焉用杀？子欲善而民善矣。"《论语·尧曰》记孔子之言曰："不教而杀谓之虐。"先教而后杀的思想在《孔丛子·刑论》中表现得更为充分。《孔丛子·刑论》记孔子的弟子冉雍向他询问古今"刑教"的差别，孔子说："古之刑省，今之刑繁。其为教，古有礼然后有刑，是以刑省，今无礼以教而齐之以刑，刑是以繁。"该篇所记孔子在与卫文子的交谈中，也说上古时期"先王盛于礼而薄于刑，故民从命；今也废礼而尚刑，故民弥暴"。"古之于盗，恶之而不杀也。今不先其教而一杀之，是以罚行而善不反，刑张而罪不省。夫赤子知慕其父母，由审故也，况乎为政。与其贤者而废其不贤，以化民乎？知审此二者，则上盗先息。"孔子认为，统治者首先应当为政以礼，对民众进行礼乐教化。如果不对民众教化，民众不明礼仪，是非不分，作奸犯科的人就会越来越多，而统治者却只靠高压政策，滥用刑罚，结果只会徒增刑罚。在该篇，孔子还解释《尚书·吕刑》中"伯夷降典，折民维刑"的话，认为这是说为政者应当先用礼义教化而劝善，然后用法律刑政以惩恶，因为不用礼教只用刑罚，老百姓不能激发道德良知，因害怕而不敢犯法而已。

郭店楚简论教化也强调礼乐与威刑并重。《六德》篇指出"作礼乐，制刑法，教此民尔，使之有向也"，《语丛一》也提出"德生礼，礼生乐，由乐知刑"、"知礼然后知刑"。以"礼乐"、"刑法"为教民向善的工具，是引导与强制并施的方法，这也是先秦儒家的一贯思想。

《礼记·坊记》一开始就记载孔子之言："君子之道，譬则坊与，坊民之所不足者也。大为之坊，民犹逾之，故君子礼以坊德，刑以坊淫，命以坊欲。"这里的"坊"就是防范，是说治理国家就像河堤防范洪水那样，防范民众德行不足可能引起的犯罪。防范的手段有礼乐、刑罚和政令。其中最重要的就是"礼以坊德"，即以礼教来防止人们道德堕落。

贾谊强调礼法结合。他在《治安策》中讲，"以礼义治之者，积礼义"，"礼义积而民和亲"，"今或言礼谊之不如法令，教化之不如刑罚，人主胡不引殷、周、秦事以观之也？"（《汉书·贾谊传》）显然，礼优于法，应该重视礼在治国中的重要地位，治理国家须以礼义为先。但他绝不否认法的作用，而是认为礼法必须结合。他说：

> 夫礼者禁于将然之前，而法者禁于已然之后。是故法之所用易见，而礼之所为生难知也。若夫庆赏以劝善，刑罚以惩恶，先王执此之政，坚如金石……以礼义治之者，积礼义；以刑罚治之者，积刑罚。刑罚积而民怨背，礼义积而民和亲。故世主欲民之善同，而所以使民善者或异。或道之以德教，或驱之以法令。道之以德教者，德教洽而民气乐；驱之以法令者，法令极而民风哀。（《汉书·贾谊传》）

在这里，贾谊认为礼法性质不同，功能有异，然可以相通相济，可以把礼法作为治国安邦的两大基本方法来运用，认为礼与法作用的时间不同，功用也不同，礼重于教化，促人向善，防患于未然。法重在惩治，令人畏缩，罪人于已然。礼与法相辅相成，各有各的功用，二者缺一不可，在治国过程中只有二者结合，其政便能"坚如金石"。并进而逻辑地延伸到德教和法令，比较导之以德教和驱之以法令的不同效果。总体上看，贾谊是强调先礼后法，德主刑（法）辅的。他的这一观点，经过《大戴礼记》的收录和传播，对后世也产生了很大的影响，成为"礼法社会"的主要内容之一。

《礼记·乐记》说："礼以道其志，乐以和其声，政以一其行，刑以防其奸。礼乐刑政，其极一也，所以同民心而出治道也。"又说："礼乐刑政，四达而不悖，则王道备矣。"这是对于综合为治最早的系统阐述，也是统治经验的高度总结，在实践中起了十分重要的作用，因此一直为后世统治者所继承。

六　儒家寓治于教对当代中国社会治理的意义

当代中国面临着严重的社会治理危机。正如有学者所指出的，"从传统社会向现代社会、从计划经济向市场经济的转型是当代中国最重要的转型，它引起了社会其他方面的深刻变化，加速了中国的现代化进程，但不容否认的是，在转型过程中也出现了严重的国内治理危机：腐败现象愈演愈烈、法制建设危机重重、政府机构臃肿效率低下、党群关系日益紧张等等。治理危机的出现给我国的社会稳定、经济发展带来巨大的挑战，侵蚀了党和政府的合法性，有可能把中国带入一个坏的市场经济，甚至有可能导致中国现代化的中断"。[①] 这绝不是危言耸听，我们应该有忧患意识，正视中国目前在治道方面存在诸多问题：（1）道或者价值的缺位。当代中国的治道是有法有术而无善治之道，没有传统的道统对政统的统摄，即价值制约与思想指导。（2）即使治法治术也未能形成系统，不同层面未能互相融通、协调和配合，这大概与条块分割的体制有关。（3）有治无教。延续惯性的行政手段为主导的治理模式，同时在以法治国的思路下加强了法律的制约和惩罚，但缺乏行之有效的社会教化。（4）政府机能僵

---

① 崔顺伟：《当代中国的治理危机与治道变革》，http://www.setgid.com。

化，凌驾于社会之上；社会各层面竞争失衡，发展失序，缺乏自治功能，一方面消极被动应对政府，另一方面积极主动谋求个人或小集团利益，造成失衡不公、无序、内耗、浪费、破坏严重。（5）民间非政府组织未能充分发育，未能发挥社会自组织功能，事事都要官方体制自上而下，层层下达，而下面则是上有政策，下有对策，效率低下，腐败严重且不可制约。

如何解决？结合当今现实，笔者认为：

首先，应该重视儒家治道经验和教训的总结和整理，重视对儒家治道资源的开发和利用。中国传统社会道德规范和价值取向的教化在今天并没有过时，儒家德、礼、政、刑一套综合治理的途径与方法今天仍然有其价值，当然也有必要吸收西方治道的思想和经验，在这个基础上不断推进社会的民主、自由、文明、进步。在这个过程中关键是确立文化主体意识。"文化主体意识"是指一个民族自觉到其拥有的历史传统为其所独有，并对此历史传统不断做有意识的省察，优越之处发扬光大，不足之处奋力加强，缺失之处则力求改进。也就是对自己的民族文化重新予以认识，从而接受传统，承认传统为我们所自有、独有、固有，进而批判传统、超越传统，从而创新传统。唯有确立文化主体意识，立大根大本于传统，才有真正的文化自由可言。另一方面，一旦具有文化主体意识，我们才能够以一独立自主的文化系统，与西方文明展开平等而积极的互动与对话。对于古代和近代以来的传统，我们既不轻忽，也不夸大；对于西方，我们既不盲从，也不漠视。一切都应透过具体的了解和理性的分析，如实地评估西方的各种思想与制度，进而有方向、有步骤、有重点地吸纳，而非囫囵吞枣、人云亦云地跟进。① 只有在确立文化主体意识的基础上才能更好地吸纳西方的治道思想和经验，构建中国现代治道体系。

其次，复兴儒家礼治治国模式，并与德治、法治密切结合。礼在古代是普遍适用的社会规范体系，是一个道德与法律、道德与信仰、道德与哲学、道德与政治等交错重叠的网络状结构体，礼治在中国传统治道当中起着巨大的而全面的社会整合作用。众所周知，我们前几年一度掀起了德治与法治结合的讨论，后来由于种种原因没有深入下去，更没有得到落实，这里可能有许多原因，但从理论上说，没有提及礼治与德治和法治配合，

---

① 《朱高正讲康德》，北京大学出版社2005年版，第3页。

应该是一个重要的因素。在西方文化当中，社会治道体系是以宗教与法律为主体，辅之以世俗道德教育，是形而上之谓道和形而下之谓器的二元分立。在中国传统政治文化中，社会治道体系是道统、礼乐和法律的三位一体，是形而上之谓道，形而中之谓人，形而下之谓器的三元和合，其思想根源是天地人三才的和合。所以，由礼乐文化推演出来的礼治在德治与法治中起着上通下贯、中道制衡的作用。前几年的德治和法治相结合的提法，是受二元对立思维模式的影响，试图把中国的德治与西方的法治结合起来，但是由于没有礼治作为主体，居中制衡，向上沟通道德，使道德能够落实，向下沟通法律，使法律有所统摄，后来不了了之，结果德治和法治相结合就只能是纸上的谈兵，纯粹逻辑的思辨，没有办法落实，形成新的综合社会治理模式。

最后，要重视民间立足大众、自下而上的教化。明清儒学开始从政治取向转为社会取向。在传统上主体是自上而下的教化模式，但是明清以降一部分儒家士人深入民间，社会教化由带有强烈官方色彩的政治性教化转向带有浓重民间色彩的社会性教化，王阳明可以说是创始者。余英时指出："与朱子反复向皇帝陈说'正心、诚意'不同，阳明说教的对象根本不是朝廷而是社会。他撇开了政治，转而向社会去为儒学开拓新的空间，因此替当时许多儒家知识分子找到了一条既新鲜又安全的思想出路。"① 今天，以推广读经为主流的民间社会教化活动搞得有声有色，并且产生了很好的社会效应，应该得到官方的支持，学界的参与，为构建和谐社会做出积极贡献。

---

① 余英时：《现代儒学的回顾与展望——从明清思想基调的转换看儒学的现代发展》，《现代儒学的回顾与展望》，生活·读书·新知三联书店 2004 年版，第 143—144 页。

第九章

以儒为主,多元整合

有学者把儒家定义为"文教",由文教之说提出儒家非宗教之论,还讨论了儒家文教与宗教的关系,认为在中国历史上形成了"一个文教、多种宗教"的文化政治格局。这些观点有值得商榷之处,笔者认为应该尽量准确地把握与诠释儒家思想,以更好地促进儒学的复兴。

一 儒家是"文教"吗?

不能简单化地把儒家定义为"文教"。儒家之道是文武之道,当然是既文且武,文武兼备之教。何为文武之道?文武之道,本意是指周文王、周武王之道。

周文王,本名姬昌,是周太王之孙、季历之子。商纣时为西伯,即西部诸侯(方国)之长。亦称西伯昌。他能继承后稷、公刘开创的事业,仿效祖父古公亶父和父亲季历制定的法度,实行仁政,敬老爱幼,勤于政事,礼贤下士,广罗人才,政化大行,在位50年,已为翦商大业做好充分准备,但未及出师便先期死去。《国语·周语下》说"文王质文,故天胙之以天下",文王质性有文德,故能得天下,希望后代也能这样。《史记·周本纪》说:"西伯曰文王,遵后稷、公刘之业,则古公、公季之法,笃仁,敬老,慈少。礼下贤者,日中不暇食以待士,士以此多归之。伯夷、叔齐在孤竹,闻西伯善养老,盍往归之。太颠、闳夭、散宜生、鬻子、辛甲大夫之徒皆往归之。"《诗经·文王之什·文王》就是专门歌颂周文王姬昌道德功绩的诗篇。《大戴礼记·少闲》说:"(文王)作物配天,制无用,行三明,亲亲尚贤,民明教,通于四海,海之外肃慎、北发、渠搜、氐、羌来服。"文王以德行、文略而使天下归心。柳诒徵先生曾经指出周代政治尚文，他说："三教改易，至周而尚文。盖文王、周公尚文德，故周之治以文为主。"① 姬昌死后，姜尚为其加谥号曰"文王"，是为谥号之始，并逐渐形成谥法。《逸周书·谥法解》说："经纬天地曰文，道德博闻曰文，勤学好问曰文，慈惠爱民曰文，愍民惠礼曰文，锡民爵位曰文。"

周武王，本名姬发，西伯昌与太姒的嫡次子，在位十三年，西周王朝开国君主。因其兄伯邑考被商纣王所杀，故得以继位。武王即位后，继承父亲遗志，重用太公望、周公旦、召公奭等人治理国家，周国日益强盛。受命九年在盟津（孟津）大会诸侯，前来会盟的诸侯有八百多。受命十一年，商纣王不顾虑财政，持续发动征讨东南夷的战争，已把商朝弄得国困民乏。武王见时机已到，便联合庸、蜀、羌、髳卢、彭、濮等部族，亲率战车三百，虎贲三千、甲士四万余人，进攻朝歌，在牧野发动战斗，据说杀人无数，"血流漂杵"。于公元前11世纪消灭商朝，夺取全国政权，建立了西周王朝。武王表现出卓越的军事、政治才能，成为中国历史上的一代明君。死后谥号"武"，史称周武王。据《逸周书·谥法解》说："刚强理直曰武，威强睿德曰武，克定祸乱曰武，刑民克服曰武，夸志多穷曰武。"又《汉书·礼乐志》："武王作'武'，'武'言以功定天下也。"所以，一般而言，称文帝、文王者，言其慈惠爱民，轻徭薄赋，不尚征伐也；称武帝、武王者，言其崇尚武力，长于攻伐，创下赫赫战功也。

文王、武王治国平天下之道被后儒引申为能文能武，既文且武，一文一武之道，如《尚书·大禹谟》："帝德广运，乃圣乃神，乃武乃文。"赞誉天子之德，既有武功，又有文德，指其文经天地，武定祸乱。后多指人既有武功又有文德。西周太师尹吉甫是周王朝著名的军事家、诗人、哲学家，文韬武略，治国安邦，《诗经·小雅·六月》赞曰："文武吉甫，万邦为宪。"对此，朱熹解释说"宪，法也。非文无以附众，非武无以威敌，能文能武，则万邦以之为法矣。"② 是说吉甫能文能武，为周王朝的中兴内安外攘，厥功甚伟，天下万邦，以其为法。文武之道体现在礼乐当中，如《礼记·乐记》："始奏以文，复乱以武。"始，盖谓每奏诗乐的前

---

① 柳诒徵：《中国文化史》，上海古籍出版社2001年版，第35页。
② （宋）朱熹：《诗集传》，中华书局1958年版，第115页。

奏曲。乱，合奏也。郑玄注："文，谓鼓也；武，谓金也。"

孔子对文武之道的体认、阐发与传承奠定了儒家之道的一个重要方面，对后来的中国文化基本精神的形成影响甚巨。《礼记·中庸》："仲尼祖述尧舜，宪章文武。"是说遵循尧舜之道，效法周文王、周武王之制。又说："文武之政，布在方策。"指的就是记录在竹简木椟等"方策"载体上的历史文献。什么是"文武之政"？孔子所说的"文武之政"，指西周初期周文王、武王，包括周公旦辅政时所推行的治国平天下之道，简单地说就是以礼乐文明为主体的周政，其实质就是尧舜禹以来的王道政治。孔子推崇周文王、周武王的"文武之政"其实是对两种不同思想倾向与政治实践的中道整合。《论语·子张》："卫公孙朝问于子贡曰：'仲尼焉学？'子贡曰：'文武之道，未坠于地，在人。贤者识其大者，不贤者识其小者，莫不有文武之道焉。夫子焉不学？而亦何常师之有？'"皇疏："文武之道，谓先王之道也。"① 先王之道就是尧舜禹这些古代圣王治国平天下之道，简称为王道政治。刘氏正义："《中庸》云：'仲尼祖述尧舜，宪章文、武。'宪者，法也。章者，明也。大道之传由尧舜，递至我周，制礼作乐，于是大备，故言文王既殁，其文在兹。及此子贡言'道'，亦称文武也。"②

孔子中道整合的思路是文武兼备，但以文为先、为重，而武为后、为辅。《论语·八佾》："子谓《韶》，'尽美矣，又尽善也。'谓《武》，'尽美矣，未尽善也。'"简单地说孔子通过对《韶》、《武》之乐的评论提出了一个评论文艺作品的重要标准：尽善尽美。更深层的含义是孔子以仁为评价一切事物的根本标准，也是最高标准。《武》"未尽善"主要是杀伐违背了仁道。邢昺《论语注疏》："此章论《韶》、《武》之乐。《韶》，舜乐名。韶，绍也。德能绍尧，故乐名《韶》。言《韶》乐其声及舞极尽其美。揖让受禅，其圣德又尽善也。《武》，周武王乐，以武得民心，故名乐曰《武》。言《武》乐音曲及舞容则尽极美矣，然以征伐取天下，不若揖让而得，故其德未尽善也。"③ 朱熹《论语集注》："美者，声容之盛；善者，美之实也。舜韶尧致治，武王伐纣救民，其功一也，故其乐皆尽

---

① （南朝梁）皇侃：《论语义疏》卷十，中华书局2013年版，第509页。
② （清）刘宝楠：《论语正义》卷二十二，中华书局1990年版，第750页。
③ （清）阮元校刻《十三经注疏》下册，第2469页。

美。然舜之德，性之也，又以揖逊而有天下；武王之德反之也，又以征诛而得天下，故其实有不同者。程子曰：成汤放桀，惟有惭德。武王亦然，故未尽善。尧舜汤武，其揆一也。征伐非其所欲，所遇之时然尔。"这些诠释是基本上符合孔子思想精神的。在孔子心目中，上古尧舜禹之时禅让得天下，是最理想的，但到了文王偏文有志未逮，武王偏武征诛得天下，当然孔子是倾向于文的，所以这里含蓄地批评武王尽美未尽善。孔子倾向于文但并不废武，而是强调文武兼备。《礼记·杂记下》载孔子说："张而不弛，文武弗能也；弛而不张，文武弗为也。一张一弛，文武之道也。"《左传·定公十年》齐鲁夹谷之会，齐国大夫犁弥对齐景公说"孔丘知礼而无勇"，相当于我们现在说的"孔子有文无武"，试图恃强凌弱以平武力夹持鲁君，但孔子大义凛然，与妄自尊大的齐国军臣针锋相对，以子屈强国、正典仪的凛然大义使齐国君臣的阴谋没有得逞。《孔子家语·相鲁》记载孔子在夹谷之会前说："有文事者必有武备，有武事者必有文备。"孔子果然在文武兼备的情况下以弱胜强。明人茅元仪《武备志·自序》就说："人文事者必有武备，此三代之所以为有道之长也。自武备弛，而文事遂不可保。"

　　由文武之道而有文武之教。孔子以六艺（礼、乐、射、御、书、数）教育学生，是周朝的贵族教育体系，周王官学要求贵族子弟必须从小掌握的六种基本才能，其中礼、乐文武兼备，射、御属武，书、数属文。孔子以"六艺"教育就包含了文与武，既崇文又尚武，这都是孔子的文武之道及其教育实践。六经（《诗》、《书》、《礼》、《乐》、《易》、《春秋》）是孔子整理古代文献教育学生的教材，是形诸文字的。但须知"六经"的核心价值是王道思想，《庄子·天运篇》载孔子对老子说："丘治《诗》、《书》、《礼》、《乐》、《易》、《春秋》六经，自以为久矣，孰知其故矣；以奸者七十君，论先王之道而明周、召之迹，一君无所钩用。甚矣夫！人之难说也，道之难明也？"六经是先王之陈迹，是先王嘉言懿行之档案记录，是夏、商、周三代文明的精华。正如章学诚所认为的那样，六经原本只是有关政教的历史和事迹，是先王的政典制度，是治国平天下的大纲大法。但是，这些记录是珍贵的文献资料，使人只知其然，而不知其所以然。孔子之治六经，"述而不作"，即对古典文献只是整理而不是创作，实际上是在整理过程中表达自己的思想观点，"有述有作"，"述中有作"，就是使人们明白其所以然，于是就通过新"诠释"发明先王之大义，表述一己之思想。因此，清人皮锡瑞说："读孔子所作之经，当知孔子作'六经'之旨。孔子有帝王之德而无帝王之位，晚年知道之不行，退而删定'六经'，以教万世。其微言大义实可为万世之准则。后之为人君者，必遵孔子之教，乃足以治一国；所谓'循之则治，违之则乱'。后之为士大夫者，亦必遵孔子之教，乃足以治一身；所谓'君子修之吉，小人悖之凶'。此万世之公言，非一人之私论也。孔子之教何在？即在所作'六经'之内。故孔子为万世师表，'六经'即万世教科书。"① 孔子不仅仅是教育学生的普通老师，孔子作"六经"不仅仅作为学生的课本，而是成为上至帝王将相，下至平民百姓，两千五百多年来全民的导师，其编撰的"六经"也成为万世教科书。

孔子推崇王道，以王道为理想，但并不绝对排斥霸道，在治国上注重宽猛相济。《史记·十二诸侯年表》说："是以孔子明王道，干七十余君，莫能用，故因观周室，论史记旧闻，兴于鲁而次春秋，上记隐、下至哀之获麟，约其辞文，去其烦重，以制义法，王道备，人事浃。"《汉书·地理志下》："孔子闵王道将废，乃修六经，以述唐虞三代之道……"春秋时期，尽管王道衰微，诸侯争霸，而管仲、子产还能礼法合用，"尊王攘夷"就是当时标示王霸共存的一个口号，起到了一定的实际作用，即对华夏共同体起过凝聚的作用，也对王道的急剧衰微提供过延缓的作用。桓、管以"尊王"行仁，以"攘夷"行霸，对此孔子是肯定的：

> 子曰：管仲相桓公，霸诸侯，一匡天下，民到于今受其赐；微管仲，其被发左衽矣。岂若匹夫匹妇之为谅也，自经于沟渎而莫之知也。（《论语·宪问》）

这颇能说明孔子以王道为理想，同时有限认可霸道的思想倾向。另外，对称霸西戎的秦穆公，孔子也给予了很高的评价，《史记·孔子世家》载孔子评论秦云："秦国虽小，其志大；处虽辟，行中正。身举五羖，爵之大夫，起累绁之中，与语三日，授之以政。以此取之，虽王可也，其霸小矣。"孔子把宽、猛作为两种统治手段，认为要根据客观情况的变化交替使用。《左传·昭公二十年》载：郑国执政子产死后，"子大叔为政，不

---

① （清）皮锡瑞：《经学历史》，第6页。

忍猛而宽。郑国多盗，取人于萑苻之泽"。于是子大叔出兵镇压，"萑苻之盗，尽杀之，盗少止"。对此，孔子评论说："善哉！政宽则民慢，慢则纠之以猛。猛则民残，残则施之以宽。宽以济猛，猛以济宽，政是以和。"可见，孔子意识到：虽然"宽则得众"，但是，政宽也有它的缺点，这就是"政宽则慢"。"慢"者，轻慢也，故必须"纠之以猛"。这样宽以济猛，猛以济宽，宽猛相济，德刑并用，才能有和谐的政治。

在儒家为主流的影响下，中国文化强调先文德而后武力，文武并用，文和于内，武加于外，形成了刚柔相济、文武兼备的基本精神。西汉刘向的《说苑·指武》："圣人之治天下也，先文德而后武力。凡武之兴，为不服也。文化不改，然后加诛。夫下愚不移，纯德之所不能化，而后武力加焉。"这说明圣人治天下是文武并用，恩威兼施。"文化"是以文德教化之意，与"武力"相对举。晋人束皙《补亡诗》有"文化内辑，武功外悠"，李善注云"辑，和也。言以文化辑和于内，用武德加于外远也"（《昭明文选》卷十九）。中国文化在宋明以前是文武兼备，平衡的，宋代开始重文轻武，文化发达，武力渐衰，国运日骞，文有余而武不足，以致清末积弱不振，为外强欺侮，百年贫弱，百年耻辱。所以，清人冯桂芬在其所著《校邠庐抗议》一书中叙"三代圣人之法"共计十二项，其中一项即讲文武之法："取士何以始泽宫，射御何以登六艺，观于今日，文臣不知兵，武士不晓事，而始知圣人文武不分之法之善也。"① 一百多年来中国文化处于转折、调整，也就是常说的转型时期，国人的尚武精神有所重振，但至今还没有回归到崇文尚武，文武兼备之道。

二　儒家是否"宗教"？

秋风在考察了儒家是"文教"以后明确地说"儒家不是宗教"。古人虽称儒家为儒教，但此教不是宗教，只是教化。儒家、儒教就是文教。

"儒教"的概念在中国古代史书上就有，并且一直都在使用。最早见于《史记·游侠列传》"鲁人皆以儒教"，后又见于《晋书·宣帝纪》"博学洽闻，伏膺儒教"，《梁书·儒林传序》："魏、晋浮荡，儒教沦歇，风节罔树，抑此之由。"唐王维《和仆射晋公扈从温汤》："王礼尊儒教，

---

① （清）冯桂芬：《校邠庐抗议》，上海书店出版社2002年版，第1页。

天兵小战功。"葛洪说："儒教近而易见，故宗之者众焉。道意远而难识，故达之者寡焉。道者，万殊之源也。儒者，大淳之流也。三皇以往，道治也。帝王以来，儒教也。"（《抱朴子·内篇·塞难》）可见，"儒教"一词在汉代就产生了，但在相当长的时间里，人们并没有深究这个"教"字应该解释成"教化"，还是应该解释成"宗教"，也没有对"儒教"进行是宗教还是哲学、伦理的分疏。这一方面是因为中国人宗教意识淡薄，不觉有深究的必要；另一方面也与没有接触到很多西方宗教理论有关。近代以来，西方宗教传入中国，为了抵制西方宗教，康有为在其《孔子改制考》中认为孔子创立儒教，提出一套他自己创造的尧、舜、禹、汤、文、武的政教礼法，编撰六经作为"托古改制"的根据。后来，儒教经过与诸子百家之间的争论，逐渐取得了优势。因为儒教教义最完善，制度最完备，徒众最多，所以在汉武帝时取得一统的地位，孔子也就成为"万世教主"。当代学者任继愈又重新使用了儒教这个概念，他撰写了《论儒教的形成》、《儒家与儒教》、《儒教的再评价》等一系列论文，认为随着历史的发展，孔子所创立的儒家学派其历史地位愈来愈高，社会影响也愈来愈大，汉代"罢黜百家，独尊儒术"以后到清末儒家学派有一个"宗教"化的过程，儒家学派创始人孔子逐渐被神化。不过由于其左倾的意识形态趋向，他对儒教的总体评价是负面的，但他对儒教这个概念的探讨，对儒教历史的梳理在学理上是有意义的。任氏弟子李申在其师基本观点的基础上写出皇皇巨著《中国儒教史》上下卷及《中国儒教论》，以儒教为定论，更是进行了详尽的历史梳理。进入 21 世纪，儒教是教非教的大争论再次使儒教成为当下的流行词汇，似乎学界和民间都认可这个概念。但是，关于儒教是不是宗教？是什么样的宗教？怎么正确理解儒教的"教"？儒教已经成为历史遗产还是有必要复兴？是否能够复兴？等等，目前在社会上和学术界仍然有争议，在这些争论过程中人们最常犯的错误就是以二元对抗思维模式简单地以"是"与"否"来回答。其实，历史上儒家的"教"不仅仅是狭义的教育之教，更有教化、宗教的含义。

孔子处于文化变革的时代，"学在官府"向"学在民间"的转化是这个时代文化发展的最显著的特征，伴随周天子地位的下降，中央官学中的一些人纷纷离开周王室，或奔赴各诸侯国求售，或潜入民间潜心于学术。官学颓废，私学兴起，个人聚徒讲学已成相当风气。孔子以"存亡继绝"的历史使命感，抢救并整理了濒临散失危险的上古文化典籍，同时，以此为教本，创办私学，实行"有教无类"的办学方针，教授弟子，其规模之大，影响之深，在古今中外的历史上是罕见的。

孔子不仅仅重视学校教育，也注视社会教化，即对老百姓的道德教化。孔子认为士人在承担了道的前提下还应该以天下苍生为念，推己及人，教化天下，使天下归仁。《论语·宪问》："子路问君子。子曰：'修己以敬。'曰：'如斯而已乎？'曰：'修己以安人。'曰：'如斯而已乎？'曰：'修己以安百姓。'"这段话体现的正是孔子通过教育培养士人使其担当起教化民众的责任并进而改造社会的思路。那么如何安人、安百姓呢？孔子认为应在"富之"的基础上"教之"使安，《论语·子路》载："子适卫，冉有仆。子曰：'庶矣哉！'冉有曰：'既庶矣，又何加焉？'曰：'富之。'曰：'既富矣，又何加焉？'曰：'教之。'"这里的"教"就是社会性的。孔子以六艺教人划时代的意义就是宫廷之师儒成了社会民间之师儒，使儒家的教化扎根于社会民间并在此一阵地上培植人之理性从而影响社会政治。

宗教的传统主要是指礼乐文化中祭祀传统。古代社会极重祭祀，即《左传·成公十三年》所谓"国之大事，在祀与戎"。祭祀不仅仅是神祖崇拜仪式，而且是一种仪式化的政治学习和文化传播适应过程。孔子并不反对祭祀，相反却倡言祭祀。孔子对鬼神采取存而不论、敬而远之的态度，这是一种理性的鬼神观。《论语·述而》载孔子"不语怪、力、乱、神"，《论语·雍也》说孔子"敬鬼神而远之"，表明他对鬼神迷信不轻易表态，或采取存而不论的态度。据《论语·先进》载：当孔子的学生季路问孔子如何服侍鬼神的问题时，孔子巧妙地回答："未能事人，焉能事鬼？""未知生，焉知死？"表明他并没有否定"事鬼"，只是把"事人"看得比"事鬼"更为重要；也没有回避"死"，只是把"生"看得比"死"重要。

孔子以"六艺"教学生，就形成了礼教、乐教、诗教、书教、易教、春秋教的传统，可以称为"教统"。《礼记·经解》中引孔子一段话说："入其国，其教可知也。其为人也，温柔敦厚，《诗》教也；疏通知远，《书》教也；广博易良，《乐》教也；洁静精微，《易》教也；恭俭庄敬，《礼》教也；属辞比事，《春秋》教也。"其中"易教"还具有"宗教性"的层面。孔子"易教"建立在"天人合一"思想的基础上，他对不同阶层分别强调了"观其德义"和"神道设教"的不同教化方式。①"恭俭庄敬"的《礼》教不用说也具有宗教性。辜鸿铭在《中国人的精神》中对儒学的宗教特征进行了的论证:"儒学在中国则为整个民族所接受,它成了宗教或准宗教。我这里就广义而言,而非欧洲人所指的狭义宗教。"②辜鸿铭认为传统的儒教在古代儒生那里就是一种宗教,但这一种有理性的人的宗教,即"所有有理性的人对此达成默契、决不谈论的宗教"。③这就是说,传统的儒教就是一种以理性为主而能够发挥宗教功能的"宗教"。这就是儒教的基本特征:以人文理性为核心,以圣贤人格为楷模,以道德精神为依归的信仰体系,主要包括学校教育、社会教化,以及必要的宗教性礼仪形式。

儒家或儒教的宗教性或宗教成分往往是通过相互联系的内在超越和外在超越体现出来的:一方面是指儒家在内在心性修养中有"内在超越"的宗教体验,如《孟子》、《中庸》的"诚",《大学》中的定、静、安、虑、得都涉及儒家的宗教性体验与道德实践。另一方面,是外在的三祭之礼。三祭之礼是宗教性礼仪形式,所以也能使人们产生"与天地合其德,与日月合其明,与四时合其序,与鬼神合其吉凶"(《易传·文言传》)"外在超越"的宗教性体验。

"内在超越"(immanent transcendent)是当代新儒家用来描述儒家或儒教特点的一个重要而又引起争议的概念,作为一种比较完整的理论形态是在1958年由唐君毅、牟宗三、张君劢、徐复观共同发表的《为中国文化敬告世界人士宣言》中提出来的,他们认为中国民族宗教的超越精神内在于人伦道德,内在性与超越性不矛盾,"既超越又内在",具有"内在超越性"。他们标准说法是:"天道高高在上,有超越的意义。天道贯注于人身之时,又内在于人而为人的性,这时天道又是内在的(Immanent)。因此,我们可以康德喜用的字眼,说天道一方面是超越的(Transcendent),另一方面又是内在的(Immanent 与 Transcendent 是相反字)。天道既超越又内在,此时可谓兼具宗教与道德的意味,宗教重超越义,而

---

① 宋立林:《孔子"易教"思想发微》,《燕山大学学报》(哲学社会科学版)2012年第3期。
② 辜鸿铭:《中国人的精神》,《辜鸿铭文集》下卷,黄兴涛等译,海南出版社1996年版,第42页。
③ 辜鸿铭:《呐喊》,《辜鸿铭文集》上卷,第535页。

道德重内在义。"① 这里他之所以同时肯定天道的超越性和内在性,是为了说明儒家除了具有人所共知的人文精神,还同时涵摄有宗教精神。

祭礼在华夏五礼中取得了至高无上的地位,历代礼典、正史礼乐志无不依正朔周制将祭祀之吉礼列为首位。华夏历史,可以说就是一部祭祀的历史。儒家是由原始礼仪巫术活动的组织者领守者,即所谓巫、尹、史演化而来的,对礼乐的继承与发展是其思想形成的基础,并集中体现为三祭之礼。怎么认识三祭之礼?三祭之礼是儒家礼仪的根本和主体,是儒家礼乐当中最具有宗教性的礼仪,虽然不同于一般宗教,但表现出强烈的超越意识,也有宗教性的情绪,宗教性的虔诚,宗教性的要求。当然,三祭之礼体现的核心是人文精神。孔子主张必须虔诚地祭祀:"祭如在,祭神如神在。子曰:'吾不与祭,如不祭。'"(《论语·八佾》)这里对祭祀所持态度直指祭祀者的本心,强调的是对祭祀对象的尊崇以及自身的崇敬之心,至于被祭祀之鬼神是否存在倒不是最重要的。所以,"敬"也就成为儒家祭祀礼仪的基本精神。《中庸》引孔子云:"斋明盛服,以承祭祀。洋洋乎,如在其上,如在其左右。"《论语·颜渊》亦载:"仲弓问仁。子曰:'出门如见大宾,使民如承大祭。'"《礼记·祭义》载孔子学生宰我问孔子:"吾闻鬼神之名,不知其所谓"时,孔子回答得就更加精彩了,他说:"气也者,神之盛也。魄也者,鬼之盛也。合鬼与神,教之至也。"使民敬鬼神、承大祭就是"神道设教"的重要形式。"神道设教"出于《周易·观卦》:"观天之神道,而四时不忒,圣人以神道设教而天下服矣。""神道"即天道,是从信仰的意义上看的"天道",因此就是"天之神道",表现为日月运行、四季循环等自然秩序。圣人制作敬天祭祖的礼仪,将天之神道彰显出来,目的在于实现人道教化,民众容易接受和服从。后世有人解释这句话说儒者们自己不信神祇,而只用神祇来教育民众,是一种愚民术,这乃是极大的误解。"神道设教"的"教"就有今天宗教概念的含义。现在常用的"宗教"这个概念是英语 religion 的汉译,实际上我们古代也有"宗教"一词,《说文解字》:"宗,尊祖庙也。从宀从示。""宀"表示的是一个屋子。而《说文·示部》:"示,天垂象,见吉凶,所以示人也。从二(二,古文上字)。三垂,日月星也。观乎天文以察时变,示神事也。凡示之属皆从示。神至切。""宗"的意思,就是

---

① 牟宗三:《中国哲学的特质》,上海古籍出版社1997年版,第21页。

盖个屋子祭祀神祇。而"教"是教育,指导的意思,《说文解字》:"教,上所施下所效也。"宗教,就是通过祭祀神灵对民众进行教育,也就是神道设教。这是在民智未开的情况下最佳的教化方式。所以,《礼记·祭统》说:"是故君子之教也,必由其本,顺之至也。祭其是与?故曰:祭者,教之本也已。"祭祀是教化之本。

《礼记·祭统》又说:"夫祭者,非自外至者也,自中出生于心也。心怵而奉之以礼,是故唯贤者能尽祭之义。……贤者之祭也,致其诚信与其忠敬,奉之以物,道之以礼,安之以乐,参之以时,明荐之而已矣,不求其为。此孝子之心也。……凡天之所生,地之所长,苟可以荐者,莫不咸在,示尽物也。外则尽物,内则尽志,此祭之心也。"郑玄《礼记目录》说:"名曰《祭统》者,以其记祭祀之本也。"何谓"祭祀之本"?任铭善说:"篇名《祭统》者,谓祭之义统于心而为之本耳。"① 意思是说,心为祭祀之本,祭祀之礼仪统于心,心的诚信与忠敬是祭祀的本质,强调祭祀必须以内在的心理情感为基础,注重祭祀者本身的心理情感表达而不追究祭祀对象的存在与否。这样看来,祭祀是教化之本,而心又是祭祀之本,即以人文性的心理情感为祭祀礼仪之本,而祭祀礼仪就是形式了。

对儒家三祭之礼,以现代新儒家为代表的学者有不同的看法,倾向于无神论、非宗教化的如冯友兰、梁漱溟。冯友兰说:"儒家所宣传之丧礼祭礼,是诗与艺术而非宗教。儒家对待死者之态度,是诗的、艺术的,而非宗教的。……古时所已有之丧祭礼,或为宗教的仪式,其中或包含不少之迷信与独断。但儒家以述为作,加以澄清,与之以新意义,使之由宗教而变为诗,斯乃儒家之大贡献也。"② 梁漱溟赞同意冯友兰的观点并发挥说:"礼乐使人处于诗与艺术之中,无所谓迷信不迷信,而迷信自不生。孔子只不教人迷信而已,似未尝破除迷信。他的礼乐有宗教之用,而无宗教之弊;亦正唯其极邻近宗教,乃排斥了宗教。"③ 而唐君毅、徐复观、余英时等则倾向于对儒家宗教维度的肯定与发挥。唐君毅对儒家"三祭"

---

① 杨天宇:《礼记译注》下,上海古籍出版社1997年版,第826页。
② 冯友兰:《儒家对于婚丧祭礼理论》,载《三松堂学术文集》,北京大学出版社1984年版,第136页。
③ 梁漱溟:《中国文化要义》,第113页。

之礼的阐发,发掘了儒家思想中原有的宗教精神,并把这种宗教精神提升至高于其他宗教的地位,揭示出三祭作为宗教的特点,诸如表现心之超越性与无限性、求价值之保存、不相信原罪说,体现了把儒家思想宗教化而又超宗教化的努力。他说:"祭祀时,吾所求者,乃吾之生命精神之伸展,以达于超现实之已逝者的祖宗圣贤,及整个之天地,而顺承、尊戴、祖宗圣贤及天地之德。则此中明有一求价值之实现与生发之超越的圆满与悠久之要求之呈现,乃视死者亡而若存,如来格生者,以敬终如始,而致悠久,使天地与人,交感相通;而圆满天人之关系。则是三祭中,明含有今人所说宗教之意义。""吾人之祭,唯在使吾人之精神,超越吾人之自我,以伸展通达于祖宗、圣贤、天地,而别无所求者。而此即为一纯粹的表现吾人心灵之超越性,无限性之宗教活动。"① 徐复观从思想史的视角考察了儒学宗教性的渊源、发展。他认为"春秋时代以礼为中心的人文精神发展,并非将宗教完全取消,而系将宗教也加以人文化,使其成为人文化的宗教"。② 孔子顺着春秋时代以祭祀表现人文的倾向,更向前迈了一大步。"孔子及由他发展下来的祭祀,则是推自身诚敬仁爱之德,以肯定祭祀的价值。并在自己诚敬仁爱之德中,不忍否定一般人所承认的鬼神之存在;其目的只在尽一己之德,并无所求于鬼神。……所以可以说这不是宗教性地祭祀;但更可以说这是从原始宗教的迷妄自私中,脱化净尽以后的最高级地宗教性地祭祀。"③ 由此可以看出,以三祭之礼为代表的儒家祭祀礼仪是一种典型的宗教礼仪,是以"神道设教"方式体现出来的典型的儒教形态。

三 以儒为主,多元整合

儒家在漫长的历史发展中形成了以人文理性为主,以神道设教的宗教为辅的本质特征,这就是儒家以儒为主,多元整合的基本前提和出发点。儒家思想体系以人文理性为主,体现为以人为本,贵和尚中,和而不同等核心价值观,使儒家在历史上可以与外来的各种思想文化交流融会,"万

---

① 唐君毅:《中国人文精神之发展》,广西师范大学出版社2005年版,第319、328页。
② 徐复观:《中国人性论史·先秦篇》,生活·读书·新知三联书店2001年版,第44页。
③ 同上书,第73页。

物并育而不相害，道并行而不相悖"（《中庸》），可以包容土生土长的、外来的各种文化成分，只要不使自身发生质变，都能心胸开阔，兼收并蓄，百川归海，不择细流。因为能开放，能包容，就能够融会贯通。春秋时代，宗周礼乐文化与晋、齐文化结合而有法家，与荆楚文化结合而有道家，与东夷文化结合而有儒家。这三派中孔子初步对三代以来，春秋之世的思想文化进行了一次整合。孔门后学在处理与道、法的关系中，也以这种文化观为依据在争辩中求同，在求同中发展。到了战国中后期，以齐稷下学宫为中心，儒、墨、道、法、名、阴阳各派经过百家争鸣，互攻互取，产生了黄老学派、《管子》学派等综合融汇特色明显的学派。到了战国末年，各流派走向兼综和合的趋势更为明显。荀子，在稷下学宫待的时间很长，又多次担任"祭酒"，主持学术讨论活动，所以他有机会、有条件对各家进行了批判总结，取其长，剔其短，熔于一炉，显示了统一百家的气魄，并企图为当时政治统一的历史大势提供理论指导。在政治上，荀子以儒为本，礼法结合，王霸并用。在哲学方面，吸收道家的天道自然说，吸取《易传》与阴阳家的思想，吸取墨家的"非命"思想……总之，以儒为本，综合各家之长，建立了自己的儒学思想体系，在中国思想史上开创了以儒家思想为主体，兼容各家思想的道路。汉代是先秦诸子融合最终完成的时代。汉初用黄老之学，使经济文化得以恢复，取得了显著成绩。至董仲舒，以儒家学说为主体，实际上大量采用道、法、阴阳思想和治术，为西汉统治者制定了长远的统治方略，使中国文化整合得以完成，对中国历史影响十分巨大、深远。隋唐、宋明儒者面对佛教对中国文化的冲击，以儒为主体，以道、佛为调节和补充，以法家为实行，形成了一个互动互助的四维结构形态，而儒学又在漫长复杂的文化演进过程中，起着一种制衡作用，通过与时俱进，满足社会的要求，整合不同文化因素，不断更新发展，于是就形成了中国文化多元并发、并行，而以儒居中制衡的独特形态。这样，在儒学发展史上，无论什么宗派流派，诸子百家，异端邪说，八面来风，都能经过一代又一代的儒者的努力，兼综和合，最终形成相反相对、相辅相成，同中有异、异中有同，你中有我、我中有你的既多元又统一的文化体系。

儒家思想体系有宗教这一层面的内容，这就使儒学在中国历史上除了发挥教育和教化功能，也发挥了宗教信仰的功能，所以在历史上儒家也一定程度上担当也满足了儒生、士大夫精神信仰需求，更重要的是在宗教信仰层面面对多元宗教，可以与别的宗教进行对话，进行交流，以儒为主，整合多元宗教（当然也不乏冲突）；以人文理性为主，具有复合形态的儒家或儒教就高于其他单一的宗教与世俗哲学、伦理，形成"圆教"①，没有排他性，可以和而不同，兼容并包。历史上三教合流，有儒家式道教徒、儒家式佛教徒，现在世界上如美国也有儒家基督徒，在东南亚已经有儒家式伊斯兰教徒、儒家式印度教徒等。这对于其他单一型的宗教是不可想象的。这就是以儒家为主体的中国文化的伟大之处。由于儒家的深刻影响，中国文化中的宗教性活动始终是围绕人事展开的，可以说是人道教或人文教。中国古代大多数哲学家有信仰，但对宗教都不会迷狂，他们所关心的乃是社会、人生的现实问题，从而形成了传统文化以人文理性为主、以宗教为辅的特色，使得中国文化没有宗教偏见，没有宗教狂热，没有宗教战争，使得各种宗教传进中国后，争斗锋芒都被过滤，进而相互尊重，彼此共存，中国文化成为各种宗教的大熔炉，历史上儒、释、道三教合一的历程就是典型例子。

今天，在多元文化的视野下，儒家的现代转换仍然可以从其悠久的历史传统，博大精深的内容和开放圆融的精神中吸收营养，在继承传统的基础上走向未来，以集大成的方式完成中华民族文化生命的大飞跃。

---

① 当代新儒家中，有专论及圆教者，有方东美、唐君毅、牟宗三诸先生，而尤以牟先生开发最多，详见王财贵《新儒家圆教理论之特殊性》，《第三届当代新儒学国际学术会议论文集之二》，第45—67页。

第十章

儒学与中国文化主体性的重建

一 主体性与中国文化主体性重建

近代以来,由于诸多内外因素的作用,中国文化遭遇全面危机,中国人一度对自己的传统文化丧失了自信心,文化的主体意识和自觉意识都降到了最低点,使中国人在自己文化发展的道路和方向上陷入了迷茫徘徊,人们提出了各种各样的观点,可以说众说纷纭,莫衷一是。中体西用是其中影响最深远的一种观点,在理路上就是试图确立中国文化的主体性,但是当时的"体"已经是被掏空的"游魂",不但与社会制度剥离了,而且与民族生命失去了联系,所以这一有价值的理论没有办法落实。民族复兴的核心是文化的复兴。要实现中华民族的伟大复兴,当务之急是重建中国文化主体性。

什么是主体性?"主体"一词,其涵括量甚广,具有多层含义,不同层次具有不同的内涵规定,如对"主体"可划分为认知主体、审美主体、道德主体、实践主体等等。所谓主体性,简单地说就是指人作为对象性活动的主体所具有的本质特征,是主体在作用于客体的活动中表现出来的自觉能动性,它集中地表现为自主性、自觉性、主动性和创造性等。马克思认为,人与动物最本质的区别在于人所进行的有目的、有意识、有计划的社会生产劳动,即人是有能动性和自主性的。

什么是"文化的主体性"?张岱年先生说:"一个独立的文化,与另一不同类型的文化相遇,其前途有三种可能:一是孤芳自赏,拒绝交流,其结果是自我封闭,必将陷入衰亡;二是接受同化,放弃自己原有的,专以模仿外邦文化为事,其结果是丧失民族的独立性,将沦为强国的附庸;

三是主动吸取外来文化的成果,取精用宏,使民族文化更加壮大。"① 在这三种途径中,张先生赞同最后一种,他还特别强调说:"一个健全的民族文化体系,必须表现民族的主体性。民族的主体性就是民族的独立性、主动性、自觉性。……如果文化不能保证民族的主体性,这种文化是毫无价值的。"② 由此,我们也可以理解20世纪中国许多知识分子把文化的兴亡同民族的兴亡紧密地联系在一起的原因。

关于中国文化的主体性,杜维明教授有这样的论述:

> 现在大家谈的就是应该有一种"文化的主体性",这种文化主体性与原来的所谓"中国文化本位"是有所不同的,"文化的主体性"不只是一个立场的问题,而是一种自我意识,费孝通先生就特别强调文化自觉,文化的自我意识。……"主体性"意味着以下几个方面的特点:首先,主体性绝对是开放的,这种开放性意味着不仅是政府、企业、媒体、学术机构各个不同领域都能够参与这种建构的工作;其次,它的民间性比较强,不是从上到下;再次,它是发展的,是一个动态的发展过程;最后,它一定与传统资源的开发、发展有密切的关系,不是站在反传统的立场上把外来的价值嫁接进来。③

为什么要强调文化的主体性?汤一介先生说:"要有文化的主体性,任何一个民族文化必须扎根在自身文化的土壤中,只有对自身文化有充分理解和认识,保护和发扬,它才能适应自身社会合理、健康发展的要求,它才有深厚地吸收其他民族的文化的能力。一个没有能力坚持自身文化的自主性,也就没有能力吸收其他民族的文化以丰富和发展其自身的文化,它将或被消灭,或全盘同化。"④

如何重建中华文化主体性?

笔者以为,首先要有文化自觉意识。费孝通先生提出,我们必须对自己的文化进行反思,反思"我们的文化是哪里来的?怎么形成的?它的

---

① 张岱年:《中国文化发展的道路》,《张岱年全集》第七卷,河北人民出版社1996年版,第63页。
② 同上书,第64页。
③ 陈壁生:《儒家与文化保守主义——杜维明教授访谈》,《博览群书》2004年第12期。
④ 汤一介:《儒学的现代意义》,《光明日报》2006年12月14日。

实质是什么？它将人类带到哪里去？"并认为，对这些问题的提出和思考就是"文化自觉"。所谓"文化自觉"，就"是指生活在一定文化中的人对其文化有'自知之明'，明白它的来历，形成过程，所具的特色和它发展的趋向，不带任何'文化回归'的意思，不是要'复旧'，同时也不主张'全盘西化'或'全盘他化'。自知之明是为了加强对文化转型的自主能力，取得决定适应新环境、新时代文化选择的自主地位。文化自觉是一个艰巨的过程，首先要认识自己的文化，了解所接触到的多种文化才有条件在这个正在形成中的多元文化的世界里确立自己的位置，经过自主的适应，和其它文化一起，取长补短，共同建立一个有共同认可的基本秩序和一套与各种文化能和平共处，各抒所长，联手发展的共处守则"。[①]

其次，要有文化主体意识。所谓"文化主体意识"是指一个民族自觉到其拥有的历史传统为其所独有，并对此历史传统不断做有意识的省察，优越之处发扬光大，不足之处奋力加强，缺失之处则力求改进。就是对自己的民族文化重新予以认识，从而接受传统，承认传统为我们所自有、独有、固有，进而批判传统、超越传统，从而创新传统。唯有确立文化主体意识，立大根大本于传统，才有真正的文化自由可言。另一方面，一旦具有文化主体意识，我们才能够以一独立自主的文化系统，与西方文明展开平等而积极的互动与对话。对于古代和近代以来的传统，我们既不轻忽，也不夸大；对于西方，我们既不盲从，也不漠视。一切都应透过具体的了解和理性的分析，如实地评估西方的各种思想与制度，进而有方向、有步骤、有重点地吸纳，而非囫囵吞枣、人云亦云地跟进。[②]

因此，笔者在这里提出基本的思路：一是中华民族在与世界多元文明交流融会过程中，要确立中国文化的主体性，强调和而不同，和平共处等；二是在当今中国文化内部多元思潮和思想观念、学术流派纷杂的情况下，要确立儒学的主体性；三是儒学复兴的过程中，要确立儒者的道德人格主体性。这样，我们就有了层层递进，环环相扣，从小而大，由内而外，层层推展的三重主体性。下面分层展开论述。

---

① 费孝通：《反思·对话·文化自觉》，《北京大学学报》（哲学社会科学版）1997年第3期。

② 《朱高正讲康德》，第3页。

二 多元文明与中国文化的主体性重建

不同的国家、民族、宗教、文化的人们，如何才能和平相处，共创人类的未来，这是今天摆在人类面前的历史性课题。近代以来的西方文明，即欧美文明由于种种原因，没有解决好这个问题，20 世纪以西方世界为主，发生两次世界大战，造成了人类史无前例的灾难，"二战"以后虽然再没有发生世界性的大战，但几乎每天都有规模不同的地区冲突和局部战争，持久和平仍然是人类的渴望和理想。人类已经进入了 21 世纪，但是新世纪并没有带来新气象，而是出现了越来越多的天灾人祸。全球化的步伐加快，多元文明的日益接近，特别是西方文明内部产生的问题以及西方文明对非西方多元文明的咄咄逼人，人类社会正面临着一场新的文明危机。

如果要概括世界文明发展的基本特征，首先应该是多元性或者文化的多样性。德国历史学家斯宾格勒把世界文明区分为 8 种，英国著名历史学家汤因比则把世界文明区分为 20 多种。其他一些哲学家和文化学家也有不同的区分。这些划分都从不同角度向人们揭示出世界文明发展存在的多样形态。联合国《世界文化报告 2000》在谈到人类文化的多样性时说："我们应当把文化多样性看作是：它在过去已经存在、现在呈现着更丰富的形式，在将来会成为汹涌的大河。最终这种多样性是人类意愿的产物。""了解、赞同和甚至欢呼文化多样性并不意味着相对主义，而是意味着多元共存。文化的多元存在在这里指的是：不同的国家、公民群体、国家和国际机构理解和组织文化多样性的道路。"[①] 2001 年 11 月 2 日，在联合国教科文组织第 31 届大会上，通过了《联合国教科文组织文化多样性宣言》，明确提出文化多样性对人类来讲就像生物多样性对维持生物平衡那样必不可少，文化多样性是人类的共同遗产，应当从当代人和子孙后代的利益考虑予以承认和肯定。

多元文明的和平共处问题，就是如何促进多元文明的在全球现有的政治经济组织的框架之内和平共处，发展进步的问题。各文明的如果不能和

[①]《世界文化报告2000——文化的多样性、冲突与多元共存》，北京大学出版社2002年版，第10页。

平共处，就会出现很多问题，甚至出现纷争，乃至战争。近代以来西方文明在这个问题上没有处理好，导致了二次世界大战，今天仍有各种冲突，都与其霸道主义的本质特性有关。许多西方学者，有着很深的西方中心主义的情结，自觉不自觉地站在西方中心的立场上对日趋多元的世界文明发展格局不能宽容，提出了很有影响文明冲突论。亨廷顿在1993年美国《外交》杂志第3期上发表了一篇题为《文明的冲突？》的论文，就提出："新世界中占首位的冲突根源，将不会是意识形态性的或经济性的。民族国家在世界事务中仍将是最有力的行动者，但全球政治的主要冲突将发生于不同文明的民族和集团之间。文明的冲突将主导全球政治。"后来，亨廷顿在他的专著中发挥这一观点说："文明是终极的人类部落，文明的冲突则是世界范围内的部落冲突。在正在显现的世界中，属于两个不同文明的国家和集团为了对抗来自第三个文明的实体或者为了其它的共同目标，可能形成有限的、临时的、策略上的联系和联盟，以推进它们的利益。然而，不同文明集团之间的关系几乎从来就不是紧密的，它们通常是冷淡的并且常常是充满敌意的。……90年代，许多人看到，在伊斯兰和西方之间又在形成一种'文明冷战'。在各种文明组成的世界里，这种关系并不是唯一的关系。冷和平、冷战、贸易战、准战争、不稳定的和平、困难的关系、紧张的对抗、竞争共存、军备竞赛所有这些说法，或许最恰当地描述了不同文明实体之间的关系。信任和友谊将是罕见的。"[①] 他的观点受到了来自世界不同文化背景的专家、学者的批评。

当今威胁人类和平共处，共同发展的因素有许多，其中主要是文化帝国主义（Cultural Imperialism），以及由此产生的强势文化对弱势文化的挑战和文化霸权的出现。文化帝国主义是当今以美国为主的西方国家借用其强大的经济和军事实力以及文化影响力，自觉不自觉地推行的一种全球文化战略，其后果就是使西方强势文化在许多方面取代本土文化，使文化的多样性失去其真实的意义，成为空洞的形式。文化帝国主义认为自己的文化是普遍性的，否定其他文化的"其他性"并改变这种"其他性"。这种态度带有一种悖论的特性：一方面，它要求保持自己文化的同一性，不能改变这种同一性的独特性；另一方面，它又强调其独特同一性的价值是普

---

① [美]萨缪尔·亨廷顿：《文明的冲突与世界秩序的重建》，周琪、刘绯、张立平、王圆等译，新华出版社1998年版，第228—229页。

遍的。① 文化帝国主义的出现，与世界文化发展的多样化趋势是相反的，也往往被作为所谓的文化"一元化"倾向的主要表现来看待。其实，文化帝国主义既是对多样形态的挑战，又是对一元性的僭妄。在文化帝国主义横行的情况下，世界人权、全球伦理、普世价值要么根本无法付诸实践，要么一付诸实践就被利用，从而走向反面。

全球化绝不意味着全球文化单一化，绝非一花独放，百花凋零。事实上，世界上有200多个国家，有几千个民族，各有不同的文明，不能只有一种模式、一种要求。国际社会应是多极的，世界文化应是多元而又互补、共存共荣，既相切磋又相交融的。对于抹杀其他文明个性的主张，世界各国应该予以抗衡，通过保护本国的文化遗产，开发本民族的文化资源，确立自己文化的主体性。因此，对于我们来说，并非一定要义愤填膺地谴责和义无反顾地抗衡这种文化帝国主义，而是如何以对自身文化的自觉认识为前提而在全球化的背景下重建中华文化的主体性。

当今世界的文化冲突，政治、种族等纠纷，已将人类的前途和命运陷入危机，而孔子儒家所代表的中国文化的优秀传统思想："四海之内皆兄弟也"、"和而不同"、"己所不欲，勿施于人"、"世界大同"等等理念，是化解纠纷、缓和冲突的良方。儒家文化"中和"的观念在文化上表现为文化宽容和文化共享，就是"各美其美、美人之美、美美与共、天下大同"。这就意味着我们应当探讨文化的自我认识、相互理解、相互宽容和世界多元文化之间的共生理念以及达到"天下大同"的途径。这也是中国传统的经验里所一直强调的"和而不同"思想的反映。② 在全球化所形成的地球村里，任何一个民族的利益都不能离开人类的共同利益。当今世界的政治、经济、生态的发展都是全球性的，人类在互爱中共存，在互仇中俱损。发达国家与发展中国家，都要互相依赖。同样道理，同一地区相近或相邻的各国各族之间，也是共同利益大于它们之间的分歧与矛盾。和则两利，斗则两伤。真正为本民族利益着想的人，必定是主张睦邻友好的人。冤家宜解不宜结，历史的纷争只能通过谈判、妥协、谅解来解决，而不能诉诸武力。儒家"和而不同"的思想将为世界多

---

① 王逢振：《全球化和文化同一性》，中国社会科学院"世界文明"课题组编：《国际文化思潮评论》，中国社会科学出版社1999年版，第299页。

② 费孝通：《多元一体 和而不同》，《人民日报》（海外版）2000年7月27日。

元文化共存，避免战争，取长补短，互相促进，提供价值观和方法论的指导。

从历史上看，中国文化能够走和平共处，共同发展之道，对世界文明的多元发展颇有贡献。最近，联合国教科文组织决定把全球第一个"世界多元文化展示中心"设在中国的泉州。因为泉州在宋元时期曾被誉为"东方第一大港"、"海上丝绸之路的起点"，与世界100多个国家和地区有过广泛而密切的经济、文化交流，古越族文化、中原文化与古代波斯、阿拉伯、印度和东南亚诸种文化曾在这里交融汇合，绽放出人类和平与文明的绚丽花朵。泉州有多处佛教、伊斯兰教、天主教、景教、印度教、摩尼教等外来宗教珍稀历史遗存，被中外专家称为独一无二的"世界宗教博物馆"。联合国教科文组织"海上丝绸之路"考察团总领队杜杜·迪安博士在考察后认为："中国对外部世界的开放在泉州得到充分体现"，"我们看到泉州是一个不同信仰不同民族相遇、文化交流、和平共处的城市"。①

在多元的世界文明当中，宗教问题最令人头疼。回眸人类历史，我们会一眼看到这样一个事实：欧亚大陆的历史其实是一部宗教战争史，从罗马帝国的扩张到阿拉伯帝国的建立，从八次"十字军东征"到欧洲列强的海外殖民战争，都是宗教战争。但要说起中国历史，谁能举出一例宗教战争？黄巾起义、太平天国都不过是用迷信包装的世俗战争。可以说，整个中国历史上就没有发生过一次宗教战争。因为没有宗教偏见，没有宗教战争，使得各种宗教传进中国后，争斗锋芒都被过滤，进而相互尊重，彼此共存。中国文化的这种包容性和净化能力，不仅是"软力量"的核心部分，而且正在给世界和谐竖起参照镜面。若世俗化的高低是衡量宗教先进与否的标准，中国就是世界宗教版图上的最大亮点。无论从国内和睦还是对世界和谐的贡献来讲，中国都应坚守自己的地位。②

对于我们来说，这种文化主体性的建立就是如何把民族的根源性和面向世界的开放宽广的包容性结合在一起。从根源性来说关于我们的族群语言我们性别年龄我们地域和我们的信仰，这是使我们能够有根源性的重要

---

① 《联合国教科文组织决定"世界多元文化展示中心"建在泉州》，《人民日报》（海外版）2003年6月24日。

② 陈冰：《透析宗教分歧与国际冲突》，《联合早报》2006年8月23日。

资源，可是从个人能够扩展到社会，扩展到宽广的国家，一直到世界的人类社群，这是我们向外开放的，一方面强调根源性重要，一方面强调开放性重要。因此，我们的终极目标就是建构既是根源性的，又是向外开放的文化体系，以为人类生存和发展，提供长久和谐的宇宙论和人生观。①

三 多元思想与儒学的主体性重构

当今中国思想多元，观念纷纭，在这种情况下重构儒学的主体性至关重要。

在历史上，儒学历史地形成为中国文化的主体。在2500多年前的春秋时期，孔子在礼坏乐崩、天下无道的春秋时期，通过总结、清理和反思夏、商、周三代以来流传下来的文化遗产，集大成地创立了儒家思想学说体系。此后，经过孟子、荀子等儒学大师的进一步发扬光大，儒家学说日益兴盛。至汉武帝"罢黜百家，独尊儒术"之后，儒家学说更上升到官方哲学的地位，受到历代统治者的提倡和尊崇，到宋明理学更是经过许多大儒的持续努力，构建了庞大的思想体系。

在中国思想文化发展史上，儒道佛是三股主要潮流，它们各有源头，互有流变，既有标新以求立异，又有自守以保特色，还有融通以得趋同，更有创新以图发展，最终造就了相辅相成，相反相对，同中有异，异中有同，你中有我，我中有你，以儒为主，居中制衡，佛道辅翼，安身立命，治国理民的独特结构。这一结构就是西学东渐以前中国思想观念层面的基本结构，其中儒学占有主体的地位。

侯外庐先生从古代社会结构着眼来解释儒学构成中国古代主流文化的原因。他认为，从根本上说，儒学适应了中国古代血缘家族的社会结构。血缘关系是人类社会最初的一种社会关系。世界各民族在原始社会时期都曾以血缘关系组成氏族组织，但是在欧洲，当原始社会向奴隶制社会转变时，个人私产的独立性分解了氏族的血缘关系，国家代替了家族。而在中国，个人私产关系没有得到充分发展，从氏族直接发展到国家，国家混合

---

① 杜维明：《多种核心价值的文明对话》，2004年9月6日，来源：搜狐文化频道。

在家族里面。① 张岂之先生主编《中国通史》，王子今、方光华主编《秦汉魏晋南北朝卷》就这个问题谈了几点：（1）儒家崇尚"仁政"，其实质是人本主义，客观上有利于调整社会关系，安定太平。（2）儒家提倡"和"的精神，贴近人情，容易为一般百姓接受，既不像法家学说那样强硬，又不像道家学说那样玄远，更便于以此推行道德教化。（3）儒家中庸学说，更适宜于农业民族的心理习惯，从中国人传统心理说，更容易认同。（4）儒家"大一统"理论，更利于我国民族共同心理素质的形成，有利于我国二千多年来统一多民族国家的巩固和发展。② 罗国杰先生在《中国儒家思想与政治统治》一文中将儒家的核心内容归纳为五个方面：（1）仁爱思想。孔子把"仁"看成一种最高的道德准则和道德品质，要求统治者要爱民，否则社会就得不到安定。仁爱思想是对一切人的要求，这样社会和家庭便会安宁。（2）强调整体思想。国家利益、社会利益、民族利益和整体利益要放到首位。（3）提倡人伦价值。即强调每个人在社会人伦关系中的地位及其所应有的义务和权利。（4）追求精神境界和理想人格。（5）强调自我修养和实践的重要，儒家认为修身才能齐家、治国、平天下。正是上述这五点，使儒家思想在我国长治而不衰，因为它是治国安民、经世致用、稳定社会、协调关系、完善人格的至宝。③ 余英时曾经说："儒家教义的实践性格及其对人生的全面涵盖使它很自然地形成中国大传统中的主流。"④ 总之，儒学深刻地影响着中华民族的哲学、文学、艺术、伦理、宗教、科技、医药以及政治经济各方面的发展，在中国文化发展过程中历史地形成了其主体地位。

目前中国正处在一个多元文化交互撞击、生活方式复杂多变的时代，当代中国已成为人类有史以来最多元化的社会，各种外来文化、后现代文化和传统文化良莠并存，相互激荡。特别是改革开放20多年来的中国思想文化界继20世纪上半叶"诸子"（诸种主义、流派、思潮）百家争鸣后在"大一统"政权下形成了多元思想文化发展格局，主要的思潮还是

---

① 侯外庐：《中国古代社会史论》（修订本），人民出版社1955年版，第32页。

② 张岂之主编《中国通史》，王子今、方光华主编《秦汉魏晋南北朝卷》，高等教育出版社2000年版，第62—63页。

③ 罗国杰：《中国儒家思想与政治统治》，国家教委高校社会科学发展研究中心组织编写：《中外历史问题八人谈》，中共中央党校出版社1998年版。

④ 余英时：《士与中国文化》，第1127页。

从20世纪上半叶自由主义、激进主义、保守主义延续下来的自由主义、新左派、文化保守主义三足鼎立，反映在学术上，就是一般我们所说的中、西、马三分天下。在三大思潮的互动下进行当代新形态儒学的建构、发展，就是以文化保守主义的姿态处理儒学与西方自由、民主和马克思主义这两大路向的错综复杂的关系，具体在中国就是儒学与自由主义思潮和马克思主义（激进主义）的关系。

笔者的基本思路主要是通过总结中国思想文化的发展历史概括出来的。在思想（理性）层面，以儒学为主体，既吸收马克思主义，又吸收民主自由思想，然后整合成新的思想体系。这方面大概以思想精英为主体，与官方力量结合起来。在对待马克思主义的态度上，笔者承认其在20世纪对中国的贡献，承认其在20世纪中国历史上客观地形成的独特地位。但是，要认识到，马克思主义之所以成为大陆的主导意识形态，并非没有历史根据和文化传统的促成，即使在老一代最激进、勇猛的革命家身上，我们也可以看到儒家文化浓重的色彩，无论从人格上，还是思想上，都有很多儒家的思想因素，是潜移默化地发展过来的。马克思主义主要集中在社会层面，注重经济、政治和历史，除了经济这一方面外，与儒学有诸多相通相近之处，完全可以与儒学同构互补。当然，马克思主义毕竟是近代形态的思想"体系"，其丰富言说的广泛内容，现实关怀的问题意识，理论特征的思辨程度，等等，正是儒学需要现代转换的。这个任务只能依靠我们今天的儒者。如果完全忽视这一方面，甚至提出"以儒学替代马克思主义"这样的观点，笔者觉得大概也是不现实的，也难以在当代中国社会立足，更别说发展壮大。

在宗教（信仰）层面，面对多元宗教，也是以儒为主，在历史上已经成功地整合了道教、佛教，形成的以儒为主，道佛辅翼的文化结构的基础上，继续整合基督教、伊斯兰教等，重构新的国民信仰体系，建设中华民族生生不息的精神家园。这方面大概也得以精英为主导，与民间力量结合起来。据调查显示，中国目前的信教人口大约为3亿人，不仅是官方所估人数的三倍，而且信教人口正日益年轻化，大部分人在40岁以下。在陕西、甘肃、宁夏三省的农村地区，信教人口近年来迅速增加，并且出现了"村村有寺庙"的现象。当地政府官员对此感到极度不安，认为宗教势力正在与中国共产党争夺民心，企图"把马克思主义抛到背后去"，因而变成破坏社会稳定的"定时炸弹"。① 实际上官方没有必要紧张，关键是怎么对待和处理宗教信仰问题，甚至包括邪教。官方长期对宗教持否定态度，对人类社会重要的宗教文化现象不能正确处理。一方面不能从正面肯定宗教的意义和价值，以积极的态度引导各种宗教的正常发展；另一方面，对待邪教又不恰当地采取惯用的政治打击和意识形态大批判的方式，这样做未必能够真正地消除邪教的破坏作用，甚至可能适得其反，把民众推给邪教。笔者认为，对待宗教问题最好以宗教的方式，即首先给各种宗教以自由的发展空间，同时以法律的形式规范宗教组织活动。违法者惩治，不违法者顺其自然。更重要的是要扶持正教，以正压邪，事半功倍。这里的扶持正教主要的当然是扶持儒教了，因为儒教是几千年来中华民族的主体信仰。尽管现在对儒教问题仍然有学术上的分歧和争论，但是我们如果广义地理解儒教，它其实就是中国文化或文明的代名词，我们常常所说的"儒教中国"、"儒教文化圈"等就是相当于基督教文化或文明的含义。当然，基督教文化或文明与中国儒教文化或文明的最大不同是：前者可能与西方的其他文化层面关系更松散一些，甚至有与世俗文化二元对立的倾向；而后者中的不同层面则是更为紧密、圆融，有张力而不对立。中国的儒教即使不能与其他宗教简单地相提并论，但其中有宗教层面或者有宗教的诸多因素应该是没有异议的。也正是因为这一特点，儒教就是可以与其他宗教进行和平对话，甚至可以兼容的。当今在世界上有儒家式的基督徒，儒家式的佛教徒，儒家式的伊斯兰教徒，这充分说明儒学可以与不同的宗教交融而不必冲突。这一点大概是一般宗教做不到的。

从汉代以来，儒学就开始走向世界，13—14世纪，宋明理学逐渐传入越南、朝鲜、日本，成为东亚文化圈的主流。儒学的世界性在于：儒学适应了人类基本的道德要求，它不是外在灌输和强加的，而是出于人类社会道德社会自身的内在要求。因此，它向世界的传播不像伊斯兰教、基督教那样是凭借武力，也没有传教士，而是伟大的人文精神、人道、仁道、和谐、中庸之道义圭臬，辐射到周边国家，形成了广大的儒学文化圈，它覆盖的人口超过全人类的四分之一，并且与世界各文明、各宗教都能够和平相处，没有排他性，没有侵略性，能贯通于世界各教派之中。所以，要把儒学向世界推广，并不是中华文化的扩张，而首先是世界的需要，是儒

---

① 《联合早报》2007年2月9日。

学自己有可以满足世界需要的品质。20世纪以后，儒学尽管在中国本土遭遇了激进的批判，但是随着华人移居世界各地，"儒教文化圈"在不断地扩大，从东亚到东南亚，到欧洲、美洲，其影响已经是世界范围的了。这是历史的，必然的，是符合社会趋势，符合各国利益，符合人类生存发展需要的，不是对世界的征服，而是对人类的福祉。因此，我们说，儒学是中国的，也是世界的；儒学是历史的，也是未来的。

四　儒者道德主体性的重塑

传统儒家大多数都不是我们今天这样的知识分子、学者，而是既有儒学思想又能够实行实践的"儒者"。知识分子、学者还是太西方化的概念，是平面化的概念，如果用中国传统的概念，圣贤、君子、儒者等这些概念比较合适。因此，我们还应该以圣贤为理想的人格追求，努力做个君子、儒者。特别儒学复兴，需要大量的儒者。历史上的儒者很多，个性气质也千差万别，人生道路也不尽相同，但有不少共性，根据司马谈、刘向和班固三人对儒家的概括可以归纳出儒者具有的一些特点：（1）以孔子为宗师；（2）称颂尧舜、效法文武、憧憬圣人为王的三代之治；（3）宣扬仁义道德；（4）主张教化；（5）以六经作为学习和遵循的基本经典。后来的儒者只是在这些因素的基础上有所拓展和深化，每一个时代的儒者都是在继承这些基本因素的前提下在那个时代进行"现代化"，创造出适应他那个时代社会的儒学思想体系。今天儒学和儒者也仍然是这样，今天的儒学和儒者肯定不是历史的偶像和克隆，而是在现代社会条件下对儒学传统的认同和发展，同时也是对传统儒者人格模式的认同和发展，这是一体两面的事情。如果只有儒学的研究而没有现代儒者的出现，那还不是真正的弘扬儒学和传统文化。事实上20世纪以来我们一直把儒学仅仅作为一种书斋里的学问，儒学的研究与研究者的生命状态和人生追求无关，这样的儒学研究只是学术意义上的，永远不可能实现儒学的真正复兴。儒学的真正复兴有赖于真正的儒者来承担，儒者的承担自然主要是学术思想的承担，但同时也是人格的承担。人格的承担毋宁说正是儒学最根本的载体，没有现代意义上儒者的承担，儒学就失去了可以赋予生命力的载体，儒学的复兴也只能是纸面上的事情，言语中的事情，不可能落到实处。

贺麟对"儒者"作了最广泛的解释。"何谓'儒者'？何谓'儒者气象'？须识者自己去体会，殊难确切下一定义，其实也不必呆板说定。最概括简单地说，凡有学问技能而又具有道德修养的人，即是儒者。儒者就是品学兼优的人。我们说，在工业化的社会里，须有多数的儒商、儒工以作柱石，就是希望今后新社会中的工人、商人，皆为品学兼优之士。亦希望品学兼优之士，参加工商业的建设，使商人和工人的道德水准、知识水平皆大加提高，庶可进而造成现代化、工业化的新文明社会。儒者固需品学兼优，但因限于资质，无才能知识而卓有品德的人亦可谓为儒者，所谓'虽曰未学，我必谓之学矣'。唯有有学无品，有才无品，只有知识技能而无道德，甚或假借其知识技能以作恶者，方不得称为儒者，且为儒家所深恶痛绝之人。"① 在他看来，儒者应该是一种高尚的道德形象，一种合乎理想的人格。儒者人格不是抽象的，而是具体的存在。所谓"儒者，圣之时者也"，就是说，儒者的内涵是变化的，将随着历史环境的变迁而改变。在农耕时代，儒者指的是耕读传家之士，而在市场经济时代，则是指品学兼优之士。贺麟指出，中国只有造就一大批新式儒者，现代化事业才有望成功。"若无多数重忠孝仁爱信义和平的道德修养的儒商、儒工出，以树立工商的新人格模范，商者凭其经济地位以剥削人，工者凭其优越技能以欺凌人、傲慢人，则社会秩序无法安定，而中国亦殊难走上健康的工业化的途径。"② 贺麟认为要重塑儒者形象，要"建立自我"，作"立本、立大、务内"的工夫。他反复强调：建立自我，消极方面必须使我不为物欲名利所拖累、所束缚。所以必须用一番摆脱物欲名利的功夫，使自我可以抬起头来，不致沉溺于物欲名利而不能自拔。建立自我就是使我以道或以理为依归，不随俗浮沉，与世俯仰。不以众人的意见为意见，而为真理守节操。建立自我，可以使我读书的时候，心中自有主宰，自能致良知以读书，不仅六经皆我注脚，而且诸子百家亦皆我注脚。建立自我，可以以自我之内心所是随机应变为准则，而反对权威，反对泥古，注重随时，权变革新，以作自由解放及变法维新的根本。建立自我是求心同不求迹同，发挥出自由革新的精神。③ 他所说的建立自我，也就是心学系统的"先立乎其大"，以真正的人格精神为"儒家思想新开展"寻找时代

---

① 贺麟：《儒家思想的新开展》，《文化与人生》，商务印书馆1999年版，第11—12页。
② 同上书，第11页。
③ 贺麟：《王安石的哲学思想中》，《文化与人生》，第288—293页。

的立足点，从而无论做人或做事都合乎理性、合乎时代、合乎人情，真正体现出儒家的积极人生态度。

笔者相信，在儒学和中国文化的复兴过程中，在中华民族的复兴过程中，儒者的人生理念和价值观可以推演并贯彻到社会的各行各业，每个人都要结合自己的职业从事道德实践和提高生活修养，军人就要有"儒将"的风度，医生要有"儒医"的风度，政治家则可以说是"儒臣"，农人即耕农传家的"儒农"，当然，最需要的乃是有儒者风度的"儒工"、"儒商"和技术人员，进而形成冠以"儒"字的各类现代人群，如"儒商"、"儒官"、"儒师"、"儒生"、"儒医"……当然，这一切都有待于儒者群体的自觉意识以及真诚而艰苦的努力。

进入21世纪，儒学复兴在中国大陆逐渐成为一种社会思潮。儒学已经不再是学院里专家、教授、学者们的事业，儒学日益成为社会不同层面凝聚和向心，达致共识的一项事业，社会上各行各业正在不断出现诸多儒者。之所以称他们为儒者就是因为他们除了学理的掌握、探研之外，更有价值的承担，儒家的实践。在这种情况下，儒者的道德人格问题开始成为令人关注的根本性问题。所谓道德人格就是个体人格的道德性规定，是个体特定的道德认知、道德情感、道德意志、道德信念和道德习惯的有机结合。它既是道德客体自觉接受和内化道德规范的结果，又是接受德性熏染的心理基础，其实质是人在道德上区别于动物界的规定性。因为人是社会的人，道德生活便构成了人类生活的关键环节，具有高尚道德的人才会有真正的人的生活。在现代社会，只有道德人格的确立，人的主体性才能得以弘扬，才能推动人迈向更高层次的精神境界。换句话说，现代道德人格是对人的主体性的张扬，是道德主体意识的提升。如果一个人基本的道德人格不能确立，那么就很难说他是一个真正意义上的人，更别说什么"儒者"、"儒学大师"、新儒家等等。

20世纪80年代，我国学术界开始关注主体性问题。但是，就在主体、主体意识等问题的讨论渐入高潮的时候，有人提出在中国传统哲学中缺乏对主体精神的观照，缺乏应有的人文意识。对此，笔者一直以为这是对传统文化无知的片面认识。实际上，在中国传统文化中，作为社会构成的主体和万物之灵的人类，在理论形态上一直被思想家们不同程度地肯定着，他们的思想都表现着对人类命运、主体自身的深切关注。儒家认为天地人一体，但人在天地之间又有特殊的地位，进而发展出以人为主体的传统。《尚书·泰誓上》强调"惟天地万物之母,惟人为万物之灵",《孝经·圣治》引孔子的话说"天地之性人为贵",《荀子·王制》说:"水火有气而无生,草木有生而无知,禽兽有知而无义,人有气有生有知亦且有义,故最为天下贵也。"《礼记·礼运》认为:"人者,天地之心也……";"人者,其天地之德,阴阳之交,鬼神之会,五行之秀气也"。在天地万物之中,人是一个具有感性、能够创造、能够进行自我发展的万物之灵,人有突出的价值。人的道德主体性集中地通过圣人体现出来:"唯天下至诚,为能尽其性。能尽其性,则能尽人之性。能尽人之性,则能尽物之性。能尽物之性,则可以赞天地之化育。可以赞天地之化育,则可以与天地参矣。"(《礼记·中庸》)"参"者,"叁"也,人与天地的地位和价值是平等并立的。"赞"者,"助"也,人不是凌驾于天地之上的主宰者,而能够参赞、调谐天地万物之化育。这是讲至诚的圣人,能够极尽天赋的本性,继而通过他的影响与教化,启发众人也发挥自己的本性,并且进一步让天地万物都能够尽量发挥自己的本性,各安其位,各遂其性,这也就可以赞助天地,生成万物。

儒家认为,人在天地间的主体性主要体现为道德的主体性。关于人的道德主体性的塑造,传统儒家有许多真知灼见。在儒家创始人孔子那里,就十分注重道德主体意识的发挥。《中庸》、《孟子·尽心下》、《孔子家语·哀公问政》都引用据说是孔子说的:"仁者,人也。"朱熹在《孟子集注》卷十四解释道:"仁者,人之所以为人之理也。"仁就是说的人之所以为人的道理,这个道理就是人要有道德。孔子的仁道原则确认人有行仁的能力,人不仅仅是目的,被尊重的对象,而且是施人以爱的道德主体。人作为道德主体,其为仁的意愿及行为就是主体自身力量的体现。出于此,孔子说:"为仁由己,而由乎人哉?"(《论语·颜渊》)"我欲仁,斯仁至矣。"(《论语·述而》)在为仁(道德行为)这点来说,人是具有充分的意志自由的(由己)。为仁是道德选择,人在这一点上完全应当作自己的主宰。践仁行礼,在孔子看来是"愿不愿"的问题,不存在"能不能"做的问题,所以他说:"有能一日用其力于仁矣乎?我未见力不足者。"(《论语·里仁》)他还说过"君子求诸己"、"君子慎其独",曾子也说过"吾日三省吾身",强调内省的作用。慎独、内省反映的就是道德养成中主体的自觉性与主动性,是主体的一种清醒与自觉的意识状态。孔子学说的目标就在于建构一个伟大的道德主体。其一生所经历的六个阶段,即"吾十有五而志于学,三十而立,四十而不惑,五十而知天命,六十而耳顺,七十而从心所欲,不逾矩"(《论语·为政》)可视为这一主体的建构过程。这一主体的主要内涵是"仁"与"智"以及二者结合所达极境即"圣",是孟子所谓"仁且智,夫子既圣矣"(《孟子·公孙丑上》)。但是在孔子本人看来,这是一个没有尽头、永远向前、不进则退,因而不敢稍息的建构活动,孔子并且自谦地说:"若圣与仁,则吾岂敢?"(《论语·述而》)其所做的只是"学而不厌,诲人不倦"(《论语·述而》)。这就是说,一个人只有在持续不断的追求中才能逐渐趋近于"圣"的境地。这里如果说一个西方人所笃信的基督教的道德完善是其进入天国的通行证,仅具有工具论的意义,他不是神也永远不可能成为神,那么孔子所指示的践仁成圣则标志着一条主体自我完善的道路。①

孟子在"人禽之辨"的讨论中,将"仁"内化为一种心理感受,进而升华为道德的自觉意识。孟子认为人之所以为人,人高于动物的地方在于道德规范背后的心理差别,"无恻隐之心,非人也;无羞恶之心,非人也;无辞让之心,非人也;无是非之心,非人也"(《孟子·公孙丑上》)。但是单纯的心理差异,还不足以将人与动物区别开来。"人之所以异于禽兽者几希,庶民去之,君子存之。舜明于庶物,察于人伦,由仁义行,非行仁义也。"(《孟子·离娄下》)这样,能否将此"恻隐"之类的心理感受,常存于心,并发自内心地去实行,是"人所以异于禽兽"的根源。也就是说,人与动物不同的地方,就是在肉体的四肢五官之外,另有一种超然的善的心。人所具有的这种道德自觉,并不是为了制定一些条条框框来刻意地限制自己,相反,正是为了把自己从动物界的限制中解放出来。这是对人性的一种提升,也是人优越于动物的证明。在这个基础上,孟子主张积极主动地发挥人的力量。他说:"存其心,养其性,所以事天也。夭寿不贰,修身以俟之,所以立命也。"(《孟子·尽心上》)人的心性是所受于天,存心养性就是在事天。对天命不存疑虑,因为天命为人难以抗拒的力量,只能通过修身以应之——这就是"立命"。"立命即肯定自己的命运。"②尽管人往往不能摆脱"天命",但在接受"天命"的态度上

---

① 金惠敏:《孔子思想与世界和平——以主体性和他者性而论》,《哲学研究》2002年第2期。

② 张岱年:《中国哲学史大纲》,中国社会科学出版社1982年版,第400页。

却依于人自身,"莫非命也,顺受其正。是故知命者,不立乎岩墙之下。尽其道而死者,正命也。桎梏死者,非正命也。"(《孟子·尽心上》)人的生死是由天命所决定的,而命又有正命非正命之分。完成了人道而自然而然的死去的是正命,因犯罪桎梏而死则是非正命。这就可以说命是掌握在自我手中的。

荀子讲人之所以为人者:"人之所以为人者,何已也?曰:以其有辨也。饥而欲食,寒而欲暖,劳而欲息,好利而恶害,是人之所生而有也,是无待而然者也,是禹、桀之所同也。然则人之所以为人者,非特以二足而无毛也,以其有辨也。……夫禽兽有父子而无父子之亲,有牝牡而无男女之别。故人道莫不有辨,辨莫大于分,分莫大于礼,礼莫大于圣王。"(《荀子·非相》无道德,人便与禽兽无异。所以,人类社会有礼义制度是区分人与动物的根本,也可以说是确立人的道德主体性的基础。

《易传》强调人的道德主体性集中地通过圣人体现出来。《易传·文言传》上说:"夫大人者,与天地合其德,与日月合其明,与四时合其序,与鬼神合其吉凶。先天而天弗违,后天而奉天时,天且弗违,而况于人乎!况于鬼神乎!"[①] 就是说,圣人与天地相融合,沟通天地,并参与天地到万物的生长化育之中,成了宇宙整体的有机组成部分。这样,圣人就与天地变化的精神(德)感而通之。《易传·系辞上》还指出:"圣人以神道设教","观乎天文,以察时变;观乎人文,以化成天下"。只有这样,才能达到"圣人感人心,而天下和平"的境地。

"以人为本"已经被提到国家发展战略的高度,我们须知其核心就是以道德为本,铸就多元的道德人格。现代儒者只有以其道德人格成就一个个实实在在的文化生命,才能通过承担儒家的事业来担当中国文化的事业,以个人的文化生命来成就民族的文化生命。

[①] 这里的"大人"就是"圣人",这在《孟子》中时或见之,《史记》马司贞索隐引向秀《易·乾卦》注云:"圣人在位,谓之大人。"

第十一章

王权主义覆盖下的儒学、国学

以研究中国古代政治思想史的著名学者刘泽华先生发表了《关于倡导国学几个问题的质疑》一文，并且引起了争论。其实，刘泽华先生以王权主义的视角审视文化热、儒学热开始于20世纪80年代，至今已经出版了厚重的专著，发表了大量的论文，并且通过现行人才培养机制培养了不少高级研究人员，形成了一个重要的思想史研究流派。下面，我想就其以王权主义为核心的学术思想研究和在此基础上对儒学、国学的基本观点加以梳理、反思，并提出不同意见，以求教于刘泽华先生，并把相关问题的研究引向深入。

一 王权主义的理论来源与现实动因

刘泽华先生王权主义之说的理论来源是马克思的一句话："行政权力支配社会。"这句话出于马克思的《路易·波拿巴的雾月十八日》，在文中马克思在评析小生产的政治影响时说，由于小生产者经济条件使他们的"生活方式、利益和教育程度，与其他阶级的生活方式、利益和教育程度各不相同，并互相敌对，所以他们形成一个阶级"。但由于他们之间只存在地域的联系，而没有使他们之间"形成任何的共同关系、形成任何全国性的联系、形成任何一种政治组织……因此，他们不能以自己的名义来保护自己的利益……他们（指农民——引者注）不能代表自己，一定要别人来代表他们。他们的代表一定要同时是他们的主宰，是高高站在他们上面的权威，是不受限制的政府权力。这种权力保护他们不受其他阶级侵犯，并从上面赐给他们雨水和阳光。所以，归根到底，小农的政治影响表现为行政权力支配社会"。① 马克思讲这段话是就波拿巴代表的法国社会中人数最多的一个阶级——小农而言的,很多人后来用马克思的话来比附中国传统社会,认为中国传统以小农经济为基础自然是封建专制的深厚土壤。刘先生稍加变通,把"行政权力"变成"王权",提出了中国传统社会的最大特点是"王权支配社会"。② 这里刘先生不但没有深究马克思原话的具体内涵与社会背景,更轻率地把"行政权力"变成"王权"来解释中国的传统文化。其实马克思是针对法国小农说的,刘先生扩而展之为整个中国古代社会;"王权"与"行政权力"的含义也是不同的。行政权力是政府各级行政机关执行法律,制定和发布行政法规,在法律授权的范围内实现对公共事务的管理,解决一系列行政问题的强制力量与影响力。在国家权力结构中,行政权力属于国家权力的重要组成部分之一。而"王权"借用刘先生《王权思想论》一书扉页上的话说:"在社会诸种权力中,王权是最高的权力;在日常的社会运转中,王权起着枢纽作用。"显然二者的含义有很大差异,而刘先生这样的比附与变通也显然不是严谨的学术态度,而刘先生的整个王权主义学说就是建立在这样的学术基础之上的。

  刘先生立论的现实动因是"文革"后期要从封建主义中走出来,他说:"为了从文化大革命中走出来,为了从封建主义中走出来,为了清理自己,我从上个世纪 70 年代后期开始下定决心,把主要精力投入中国政治思想史的研究和教学,同时把清理封建主义作为自己的一项使命。"③ "我这些文章是有针对性的,就是对现代封建主义作历史的解剖……这些'范式'相当稳定,以致可以说都形成了'定势',成了人们政治思维的当然前提和出发点,因此对人与社会具有极大的控制力,成为一种社会惰性。对这种惰性如不用极大的力量进行清理,就会'死的拖住活的',成为前进的绊脚索。"④ 这里首先看他的立论基础——封建、封建主义似乎成问题。封建、封建主义这些概念近代以来在中国思想界造成了很大的混乱,人们把这一古史概念理解成前近代的同义语,成为与近代文明相对立

---

① 《马克思恩格斯选集》第 1 卷,人民出版社 1972 年版,第 693 页。
② 刘泽华:《王权主义:中国文化的历史定位》,《天津社会科学》1998 年第 3 期。
③ 刘泽华:《中国政治思想史集》总序,人民出版社 2008 年版,第 13 页。
④ 刘泽华:《中国政治思想史集》第三卷弁言。

的陈腐、落后、反动的制度及思想的代名词。中国其实缺少完整意义上的封建社会历史，或者说，如果有，也是很短暂的。中国历史的形态实质上是一种宗法社会。关于中国的"封建"一直以来就是史学界争论的问题，晚近何怀宏《世袭社会及其解体》①和冯天瑜《封建考论》②对这一问题进行了细致考辨，大家可以参考，在此不再赘述。即使清理封建主义的余毒是必须的，但是作者却把儒学、国学当成了封建主义的余毒而大加笞伐，而不敢直视现实政治，实在有避重就轻，甚至郢书燕说之嫌。

二 王权主义的基本观点与主要特征

王权主义的基本观点如下：

中国传统社会就总体而言，不是经济力量决定着权力分配，而是权力分配决定着经济分配，社会经济关系的主体是权力分配的产物；在社会结构诸多因素中，王权体系又是一种社会结构，并在社会诸结构中居于主导地位；在社会诸种权力中，王权是最高的权力；在日常的社会运转中，王权起着枢纽作用；社会与政治动荡的结局，最终是回复到王权秩序；王权崇拜是思想文化的核心。

王权主义大致可以分为三个层次：一是以王权为中心的权力系统；二是以这种权力系统为骨架形成的社会结构；三是与上述状况相应的观念体系。

王权为中心的权力系统有如下特点：其一，一切权力机构都是王的办事机构或派出机构。其二，王的权力是至上的，没有任何有效的、有程序的制衡力量，王的权位是终生的和世袭的。其三，王的权力是无限的，在时间上是永久的，在空间上是无边的，六合之内，万事万物，都属于王权的支配对象；或者说，王权的无限并不是说它包揽一切，而是说，王权恢恢，疏而不漏，它要管什么，就可以管什么；就某些人事而言，可以同它拉开一定距离，所谓"不事王侯"，但不能逃脱它。在社会诸种权力中，王权是最高的权力；在日常的社会运转中，王权起着枢纽作用。其四，王是全能的，统天、地、人为一体，所谓的大一统是也。

---

① 何怀宏：《世袭社会及其解体》，生活·读书·新知三联书店1996年版。
② 冯天瑜：《封建考论》，武汉大学出版社2006年版。

在观念上，王权主义是整个思想文化的核心。各种思想，如果说不是全部，至少是大部，其归宿基本都是王权主义。①

中国传统政治精神的主旨是王权主义。②

中国传统的王权主义如铁板一块，十分坚硬，但又有柔性，刚柔相济，这表现在政治思维的阴阳组合结构。所谓阴阳组合结构是说一个主命题一定有一个副命题来补充，形成相反相成的关系。并开列了一系列组合命题，诸如：天人合一与天王合一、圣人与圣王、道高于君与君道同体、天下为公与王有天下、尊君与罪君、正统与革命、君本与民本、人为贵与贵贱有序、等级与均平、纳谏与独断、思想统一与人各有志、教化与愚民、王尊礼法与王制礼法等等。③

王权体系一直像穹庐那样笼罩在整个社会之上。真可谓天网恢恢，疏而不漏，把整个社会控制在自己的掌下。④

"王权主义是中国传统政治文化的主体与核心，认识传统政治文化必须从解剖王权主义始。""政治思想和政治文化是中国传统思想文化的主流，其核心是君主专制主义（或称封建专制主义、王权主义）。""中国传统政治文化的价值系统是一个以王权主义为核心，以宗法观念、清官思想、平均主义为补充的'刚柔结构'体系。"这个体系"弥散于社会政治生活的各个领域，固着于人们的观念、意识、心理之中，凭借着各种文化形式和社会化渠道，连绵不息地一代代传延下来"。⑤

通过这些观点，我们所看到的王权主义是中心、核心、主体、最高，能够决定经济基础；是权力系统，也是社会结构、观念体系；时间永久，空间无边，六合之内，万事万物，天网恢恢，疏而不漏，像穹庐那样笼罩在整个社会之上，把整个社会控制在自己的掌下。这样一个王权主义系统真是无所不用其极，显然是在不严谨的学术基础上自我构建出来的学术殿堂，并不符合中国思想史的史实，它试图覆盖一切，当然包括儒学、国学。

---

① 以上见刘泽华《中国政治思想史集》第三卷第一章，第1—3页。
② 刘泽华：《中国的王权主义》自序，上海人民出版社2000年版。
③ 以上见刘泽华《中国政治思想史集》第一卷总序，第7—8页。
④ 刘泽华：《中国政治思想史集》第三卷，第223页。
⑤ 同上书，第25、425、40、48页。

三 王权主义覆盖下的儒学

在这样一个试图覆盖一切的学术殿堂，刘先生对中国传统文化的诸多内容以王权主义的视角进行了全面批判和清理。因为内容太多了，这里只选择与儒学有关的部分进行辨析和商榷。

儒家思想的核心价值是伦理道德，刘先生就由这里开刀，"从内容上看，中国古代的人文思想的主题是伦理道德，而不是政治的平等、自由和人权，当时的伦理道德观念只能导致专制主义，即王权主义"。"在传统思想中，与王权主义并行的是道德至上的理论与规定。儒家的道德理论是典型的人文思想。这种理论从外表上看，特别注意发挥人的主观能动性、主观修养与自我完善，然而问题恰恰藏在其中。按照儒家传统道德的教导，主观能动性越充分地发挥，就越导向对自我的剥夺；达到自我完善，也就达到了自我泯灭。"[①] "我们不否认儒家的道德理论在中国历史上曾起过有益的作用，在人的自身完善中充当过善良的导师，但伦理道德在实践中只是造就了一代又一代病态灵魂的扭曲的人，为君主专制主义提供了最基本的社会条件，其最终归宿仍然不免是虚伪和'吃人'，决不可能把社会引向理想境界。"[②] 这就用学术之刀把传统文化的精髓挖了出来，否定了儒家思想的核心价值，也就否定了中国文化的核心价值，其结果必然导致民族文化虚无主义。

"儒学的主旨是维护帝王体系之学。"[③] 这是刘先生对儒学的基本认定。其实，儒学是一种复杂的民族文化现象，不能简单地把它等同于帝王文化。正如有学者所论，儒学至少可以从三个角度来把握：第一，有作为学理的儒学，是一种行之有效的社会组织原理，体现人类性或合群体性，具有普适价值。第二，也有工具化的儒学。汉武帝采纳"罢黜百家，独尊儒术"的政策以后，儒学从一家之言上升为官方哲学。值得注意的是，即便儒学在意识形态领域获得主导地位以后，并不是只有一种声音，而是有多种声音。第三，有作为生活信念的儒学。有相当一部分儒者并不是站

[①] 刘泽华：《中国传统的人文思想与王权主义》，《南开学报》1986年第4期。
[②] 刘泽华：《中国政治思想史集》第三卷，第313页。
[③] 同上书，第427页。

在官方的立场上讲论工具化的儒学,而是站在民众的立场上讲论作为生活信念的儒学。陈献章、王艮及其从学弟子,大都是抱着这种态度。① 而且,还应该看到,儒学一出现就鲜明地表现了一种社会批判的精神。所谓社会批判精神或叫抗议精神,指儒学所具有的批判功能和品质,包括三层意思:一是政治批判;二是作为社会良知,对社会的批判;三是文化传承、文化批判精神。② 儒家批判精神具体体现为积极的、直接的、对抗性的和消极的、间接的、不合作的两种方式,前者往往是在社会处于上升或基本正常状况下儒者所采取的方式,后者往往是在社会处于下降或没落的情况下儒者所采取的方式。从具体内容上看,儒家批判精神包括批判专制政治和专制思想,批判社会暴力和社会腐败,强调王道理想,倡导德治礼治,反对霸政,谴责酷刑苛法;注重民本和教化,立足社会进行改革,缓和社会矛盾,维护社会正常秩序;以"道"为标准,接受小康,向往大同。以上的方式和内容不同时代、不同地域、在不同儒者身上有不同的侧重点。传统儒学的批判并非破坏性批判,而是建设性批判。因此,我们所持守和发扬的儒学批判精神,是一种建设性的批判精神。唯有批判,儒学才能营养自己,才能拥有活力;唯有批判,儒学的价值才能得到落实,儒学的生命才能得到舒展;唯有批判,儒学对社会的担当才得以体现。③

先秦儒家以"道"为其价值本原,正如《汉书·艺文志》所说:儒家"于道最为高"。它超越于任何现实的礼乐制度或政治体系之上,对后者赋予其存在的价值,成为现存制度或政治的存在合理性的最终尺度。而刘先生则把儒家之道降到工具层面,认为道的主旨是王权主义,并从三个方面进行论证:其一,道对王的定位及其王权主义精神;其二,道的纲常化及其王权主义精神;其三,道施化万物的中介是圣王。④ 儒家强调"有道之世",把"有道"视为检验政治的标准,违背"道"就是无道之君。但是,刘先生则认为这种"道"就是理想化的并能代表统治阶级整体利

---

① 宋志明:《儒学的价值究竟在哪里?——儒学的前天·昨天·今天》,《人民论坛》2009年第20期。
② 杜维明:《郭店楚简与先秦儒道思想的重新定位》,载《中国哲学》第20辑,辽宁教育出版社1999年版,第3页。
③ 李承贵:《儒学当代开展的三个向度》,《光明日报》2005年7月12日。
④ 刘泽华:《中国政治思想史集》第三卷,第84—85页。

第十一章 王权主义覆盖下的儒学、国学

益和君主根本利益的具有普遍意义的政治原则。① 这就把含义广泛,本来是制约君主的"道"说成了代表君主根本利益的政治原则,实际上是把道的概念狭隘化了、政治化工具化了,是其王权主义单一思维极端推衍的结果。

对于儒家道统,刘泽华先生认为儒生的精神世界受着"道统"的统属。所谓"道统",是儒家构拟出来的一个"圣圣相传"的道的系列。道统与传道圣贤构成连续的思想权威体系,成为真理的化身。士人学子唯有拜圣贤为宗,以道统为法。在道统和圣贤的"真理"面前,容不得丝毫怀疑,只能笃信、领悟和皈依。不言而喻,这必然对中国古代知识分子形成巨大的思想桎梏。有人认为"道统"即是一种独立的力量,论者之据应该说是极其薄弱的,他们忽视了一个基本的事实,即古代"道"的主体是为王而设的,并为王所控制和规定。从历史事实看,道统并没有形成社会权力,更没有在王权之外形成独立的力量,其主要原因是没有思想自由和言论自由以及相应的社会机制。② 这是对儒家道统的误解和曲解,儒家道统的说法和概念形成比较晚,但儒家道统是早就存在的,孔子通过上古历史的升华,探求礼乐文化中"一以贯之"的"道"。对礼乐之道的追求就是对礼乐作为一种复合性文化实体进行解析,使之观念化、理性化、人性化。这样,他就超越了当时一般的"儒",他不但精通礼、乐、射、御、书、数六艺,而且编撰了被后人尊为经典的《诗》、《书》、《乐》、《礼》、《易》和《春秋》。现代新儒家的重镇牟宗三也认为,尧舜禹三代一系相承的道统,到孔子时有了进一步创造性的突进。而其开辟突进的关键,在于道的本质内容的自觉,通过此自觉开辟了一个精神的领域,这就是孔子所立的仁教。以孔子的仁教与尧舜禹三代的政规业绩合起来看,便是完整意义的"内圣外王之道"。所以,内圣外王之道的成立,正表示孔子对"道之本统"的开发与重建。③ 就是说,孔子为道统的传授和推广做出了史无前例的贡献,由此确立了他在中华道统发展史上承上启下的历史地位,后世以周孔之道并称。

在道与王的关系上,刘泽华先生有相当清晰而符合思想实际的梳理,

---

① 刘泽华:《中国政治思想史集》第三卷,第307页。
② 同上书,第355—356、222页。
③ 牟宗三:《心体与性体》(上),上海古籍出版社1999年版,第163—191页。

认为道、王二系，道与王相对二分。但是，谈到合二为一，他则强调王能支配社会，无疑也能够支配"道"，把思想和社会不同两个层面混同起来了。他说："王能支配社会，无疑也要设法支配'道'；另一方面，当时的思想家们创立的这个道在很大程度上是为了重新塑造政治和改造政治，然而政治的主角是君主，于是思想家们又纷纷把实现'道'的使命交给了君主。上述两种趋势的结合，'道'即使没有完全被王吃掉，也大体上被王占有。……王对道的占有，或者说道依附于王，是整个传统思想文化的一个基本命题，几乎所有的思想家，甚至包括一些具有异端性质的人，都没有从'王道'等大框框中走出来。只要还崇拜'王道'等，那么不仅在理论上被王制和王的观念所锢，而且所说的道也是为王服务的。""在认识上，道最尊；在实际上，君主的权力又至高无上……道与王有一个基本的统一点，这就是对于君主专制体制的肯定。这种体制是儒学之道的实际政治价值之所在，更是每个君主所必须依赖的。……道和王实可视为君主政治的二个不可或缺的组成部分，如同土壤与枝干，相辅相成。"① 这里刘先生在所谓合二为一的思路下混淆道与王、王道与王权，与中国古代思想史的史实显然差距太大，是以王权主义吞噬了儒家的"道"。其实，先秦儒者明确地把"道统"与君主所代表的"政统"（王权）划分成两个相涉而又分立的系统。在儒学道统思想发展史上，孔子以前圣王合一，政统与道统合一，尧、舜、禹、文、武、周公作为楷模和价值取向的标准受到后世儒家的尊崇，历代儒者基本上主张"法先王"、"复三代"。然而，自孔子以后，则以师儒为道的承担者，王圣分而为二，政统与道统不再合一。以政统言，王侯是主体；以道统言，则师儒是主体。理想的儒者是君相师儒。儒家的师儒之道强调在道德和知识方面圣贤、君子高于君主，应该作为君主之师。《孟子·万章下》说："以位，则子君也，我臣也，何敢与君友也；以德，则子事我者也，奚可以与我友。"师的职责传道、授业、解惑，所以《吕氏春秋·劝学》说："圣人之所在，则天下理焉。在右则右重，在左则左重，是故古之圣王未有不尊师者也。"借此，圣贤君子就可以在一定条件下对王权有所制约，"唯大人为能格君心之非"（《孟子·离娄上》），"君子之事君也，务引其君以当道，志于仁而已"（《孟子·告子下》）。这是试图利用道德与知识的力量把王权纳入理

---

① 刘泽华：《中国政治思想史集》第三卷，第77、83、349—350页。

性轨道，提升到理想的境界。

先秦思孟学派把"道统"与"政统"的分立具体化为"道"与"势"、"德"与"位"的分立，强调"道高于势"、"德尊于位"。荀子还提出"道高于君"、"从道不从君"、"抗君之命……反君之事"的思想，由此形成了中国历史上君、道二元对立的政治格局。荀子还把这种"道统"与"政统"的分立具体化为"圣"与"王"的并立："圣也者，尽伦者也；王也者，尽制者也；两尽者，足以为天下极矣，故学者以圣王为师。"（《荀子·解蔽篇》）"圣"是人伦道德的承担者，"王"是政治制度的奠定者。只有二者合作，才能治理好天下。显然，圣与王、圣人与王者本来是有特定的内涵和严格的区分的，但是刘先生有意无意把他们混淆来。他说："圣人与王是没有区分的，圣人的本质和功能就是王的本质和功能。""在圣王观念中，理想政治与王权专制是一体化的，不可分割的。"他又说："圣和王虽然常常有矛盾和冲突，但圣的最后归宿是王。因此，王高于圣。"① 其实，儒家的圣人通天地人，上通天地，"穷神知化，与天为一"②；下体万物，是大智慧的化身和伦理道德的集中体现。在政治文化方面，圣人是儒学理想政治的化身。在君主专制时代，儒生们往往打着圣人的旗号批评时政，对抗王权。孔子、孟子在政治上之所以不能得志就是因为他们坚持自己的道德理想、道德人格和文化理念、政治理想，而这也就是他们之所以能为万世立法，成为万世师表的根本原因。

对于儒家历来批判和制约君主的一些基本思想和理论，刘先生不得不承认："儒家的'可爱非君，可畏非民'、'君舟民水'、'君舟臣水'、'民贵君轻'等政治命题，从一定意义上说，主要是针对君主的。这类思想的基本点为后儒所尊奉，在吸收、融合传统思想的多种因素的基础上，形成了一整套君主政治的调节理论，如天谴说、从道说、崇圣说、尊师说、尚公说、民本说、纳谏说以及君德说等。"但是，他很快话锋一转，又说："表面上看这些理论都是针对君主的，但实质上又是君主专制理论的重要组成部分。它的意义主要是调节王权，防范王权走向极端而失控。"所以，他的基本结论就是："儒学是一种专制主义的政治思想体系。……儒家所设计的理想国模式，提出的实现政治理想的途径，以及指

---

① 刘泽华：《中国政治思想史集》第三卷，第96、100、16页。
② （宋）张载：《横渠易说》，载《张载集》，第218页。

导现实政治的基本原则,构成了其政治学说的主体,即使儒家的设计全部原原本本地付诸实践,其基本导向和归宿也必然是专制主义,而不是别的什么。"① 这样就把儒家苦心孤诣地批判和制约君主的思想一笔抹杀了,高扬的恰恰是王权主义和专制主义。

刘先生揭示了中国传统政治文化中介于帝王与庶民之间的官僚是一种亦主亦奴的人格,这无疑是符合实际的,但是,他的核心命题是:"亦主亦奴是中国古代最具普遍意义的社会人格。官僚群体的政治人格是主奴综合意识的典型代表。圣人人格则是主奴根性的抽象化、理想化。这种社会人格是专制主义社会政治体系得以长期维系的文化根源。"② 特别是对圣人亦主亦奴的人格的论述是不能令人心服的,例如他说孔子的道德论中有许多维护人格尊严的思想,如"三军可夺帅也,匹夫不可夺志也"。然而,作为旧时代的人格典范,奴性仍然是孔子人格的主流与本质。原因就是孔子《论语·乡党》篇有许多描写孔子平时一切言语、表情、行为均谨慎守礼,不贪、不骄、不苟且、不放肆的事实,对于这种时刻遵守礼仪的行为,刘先生则读出了孔子的奴性,认为这是一种"亦主亦奴,以奴为本"人格。看来,这里不但对礼仪促进社会文明,提升道德素养的社会功能没有认识,而且对孔子谨守礼仪抱有极大的偏见,难怪在许多地方刘先生对礼乐文化、礼学有着太多、太大的偏激之论。如他说:"礼在历史上的作用最为突出的一点,是维护了君主专制制度。众所周知,礼的本质是等级制,而等级制是君主专制赖以生存的基础。……礼对思维方式最主要的影响表现在,礼由行为规范而变为思想藩篱和思维的前提。""礼是专制制度的体现,它对人性情的制约,对人的压制、克服,使人居于不同的等级地位,从而使人不可能具有独立、自由和主体性。"③ 这些偏颇之论实际上是五四运动以来批判封建礼教的延续和细化,这就把具有数千年传统的礼乐文明轻率地否定掉了,所谓的礼仪之邦按照刘先生的推论也就只能是专制之国。其实我们的祖先在制礼之初一方面是为了把人从动物界分开,提升人之为人的整个境界;另一方面也考虑到了人性、人情问题,如司马迁在《礼书》中曾阐述礼的原则和目的时说:"观三代损益,

---

① 刘泽华:《中国政治思想史集》第三卷,第309—310页。
② 刘泽华:《论中国古代的亦主亦奴社会人格》,《南开学报》1999年第5期。
③ 刘泽华:《中国政治思想史集》第三卷,第255、265页。

乃知缘人情而制礼，依人性而作仪，其所由来尚矣。"清代学者彰显缘情制礼的主旨，陈澧在《赠王玉农序》中说："古今礼文异，而礼意不异。礼意即天理也，人情也，虽阅百世不得而异者也。"至于礼教后来形成了对人性的束缚和人情的压抑，那也只是统治者利用礼仪，在社会上也只是局部现象，说明一项制度行之久远，如果不能不断地更新发展，就必然会僵化。因此，对于现代人们诟病的礼教，我们要辩证地看。《礼记·曲礼》说，太古时代人与禽兽为伍，为了让人们懂得"自别于禽兽"，就有圣人起来"为礼以教人，使人以有礼"。"为礼以教人"就是圣人制定了礼来教化人，要让百姓懂礼、行礼、守礼，这样就会使人自觉地区别于禽兽走向文明，于是就会造就一个和谐而秩序的世界。笔者觉得现在更需要的是辩证地认识传统的礼教，不能再继续从单纯的政治视角看问题，全盘否定，特别是要注意研究礼教在历史上的积极作用和正面价值。正如有学者指出：中国传统上有人文礼教与封建礼教。封建礼教，乃是封建制度、封建意识在礼教中的反映，反映了封建时代的特殊性。随着时代的发展，理所应当地批判封建礼教，但决不能因此而祸及人文礼教。人文礼教反映的是人类生存环境的共性，反映的是人的共性，反映的是中华民族的共性，因而，我们应倡导人文礼教。① 还有学者指出，先秦礼教不同于封建礼教，封建礼教的核心是"三纲五常"、"三从四德"，而先秦礼教的本质则是以"五常"为核心的思想体系。必须将"三纲"与"五常"、"三从"与"四德"区别开来。② 这些看法都值得重视。因此，我们要把儒家礼学思想与封建礼教区分开来。封建礼教是从儒家礼学思想中脱胎而来，但又和儒家礼学思想有本质区别。早期的儒家思想有丰富的礼教思想，但只是其中一部分，儒家更强调的仁。封建礼教是秦汉以后统治者利用儒家思想实行统治的最重要手段，是儒家思想在落实到政治实践过程中一种变异形式。而且，退一步讲，即使是封建礼教，也不是一无是处。五四运动后，对礼教全盘否定，一棍子打死，连带着儒家也成为反动的了。"文革"时礼教更是被砸得粉碎，连礼教当中有价值的"礼仪"、"礼节"、

---

① 陈杰思：《人文礼教与封建礼教》，载《儒学与当代文明》卷三，九州出版社2005年版，第1010—1011页。
② 邹昌林：《试论儒家礼教思想的人文价值》，《湖南大学学报》（社会科学版）1996年第4期。

"礼貌"也被否定得一干二净,而把"打、砸、抢"作为一个"革命战士"的行动,"文革"之后却要从"您好"、"对不起"、"谢谢"这些基本的礼貌语言抓起。对此,网上有一个《礼教周刊》创刊词说得好:"在礼教僵化、禁锢自由之时代,鲁迅先生高呼打倒'吃人'之礼教;在礼崩乐坏、金钱至上之今日,吾等呼唤礼教回归,重塑道德,共创和谐社会。"

四 对《关于倡导国学几个问题的质疑》[①]的质疑

在文中刘泽华先生说:"时下有一股很强劲风,就是批判激进主义,批判'五四',笔者是断然不赞成的。'五四'当然可以分析,激进主义当然更值得反思,但我认为激进主义的失败也比固守传统有历史意义。我认为不应因批判激进主义而倒回到传统。"20世纪激进主义正是以政治的手段对文化的大批判、大扫荡,使国人无论是人性、人情还是理性都不同程度地倒退到野蛮,甚至近乎禽兽之境。正如钱文忠所说:"1949年以后一直到改革开放前的中国,在时间上涵盖了整整半部中国当代史,我们从中正可以看到,几乎每一场运动都以批判传统文化开场,最终又都归结到对传统文化的批判。'文化大革命'更是登峰造极,不管发动者和参与者的本意是什么,其结果却正是'大革文化命'。很多人都不会忘记这样一张照片:一群在今天看来是疯狂的人,是如何群情激愤地捣毁曲阜的'圣迹'的。"[②] 刘先生通过学术研究的方式对传统文化中普遍的崇圣意识进行了解构,其实,这何尝不是理性而激愤地在捣毁民族的"圣殿",而实际上树立起的正是王权主义的"宫殿"?

谈到国学研究的现代化,刘泽华先生说:"如果国学以研究传统的东西为主,最好不要与现代的东西乱对应,搞拉郎配。"以国学为主的传统文化研究应该三个走向,即走向现代化,走向世界,走向未来,这不但是以儒学、国学为主体的传统文化的应有之义,也是应对现实问题的必要之举。而刘泽华先生对此非常不以为然。固然儒教国教等提法太过激进,但

[①] 刘泽华:《关于倡导国学几个问题的质疑》,载《历史教学》(高校版)2009年第5期,《新华文摘》2009年第15期转载。

[②] 钱文忠:《"国学热"的呼吸与叹息》,《解放周末·特别报道》2009年11月19日。

那只是传统文化复兴过程中的个别声音,并不能完全否定传统文化走向复兴的基本态势。

在文中刘泽华先生强调"通古今之变",特别是这个"变"字。如果国学说的是"四部"之学,显然属于前一个阶段的产物,"今"则是历史的新阶段。时代不同,许多名词、概念虽然一样,但其内涵有了阶段性的改变。另外,和谐这个词古今内容也大异。对此,笔者认为,在中国文化发展历程中,"变"往往是具体的历史内容的损益增删,而天不变道亦不变,作为中国文化根本的常道是不变的,而不是一切皆变。传统"四部"分类不仅仅是一种学术形式,而是反映了中国文化当中学术这一层面的内在结构和基本精神。和谐也是中国文化的基本精神,所谓"和为贵",并不仅仅是一个名词概念的问题。当然,我们现在讲和谐,并不是完全否定斗争,只不过是新中国成立60年来我们的基本政策从斗争哲学向和谐社会的"变"而已。

在文中刘泽华先生说:"我最不赞成的是把古今混同,用今天人们的精神改铸古人,固然是常有的事,这对古人无所谓,但会影响对现今问题的探讨和认识。"实际上刘先生正好犯了这样的毛病,他是受马克思"行政权力支配社会"的启发,把"行政权力支配社会"代替"王权支配社会",也是用他所理解的无所不在的王权主义"改铸古人",改铸传统文化,改铸儒学。而且不仅是古今混同,还是中西混同。

在文中刘泽华先生说:"这些年的大发展,不管它是哪来的,我强调的是,只要对国家和人民的提升发展有用,带来了利益,就是我们民族的。"这个说法粗粗听起来好像很不错,有某种爱国主义和为人民服务的味道,但实际上是地地道道的实用主义。实用主义也许是改革开放以来我们的全民意识,但实用主义可以起一时之效,而不能把中国真正带入现代化的发达国家行列。像鲁迅先生在《拿来主义》中所说的:"我们要运用脑髓,放出眼光,自己来拿!""他占有,挑选。""我们要或使用,或存放,或毁灭。那么,主人是新主人,宅子也就会成为新宅子。然而首先要这人沉着,勇猛,有辨别,不自私。"这里强调了拿来者要有基本的素质(沉着,勇猛,有辨别,不自私),要有主动性(运用脑髓,放出眼光,自己来拿),要有选择(挑选),要能够正确地处理(或使用,或存放,或毁灭)。显然,这不是像刘泽华先生说那样功利主义地随便地拿来就是我们民族的,那样的话民族文化的民族性如何体现?

在文中刘泽华先生说："如果国学、儒学指的是传统之学，在中国、在世界的发展面前，从总体上说，它是上个历史时期的东西。从中国现代化进程看，其中固然有可取的养分，但从体系看，更多的是阻力。"这就是整体上否定了国学、儒学，也就是否定过去的历史，国学、儒学是中华文化的学术基础，是中华民族的固本之学，其现代价值和意义不是其中"有可取的养分"而已。近代以来，中华文化在不断发展中距离本源愈远，偏离根本愈多，成为枝叶偏枯的"病树"，在西风西雨中弱不禁风，被吹打得花果飘零。生活在"病树"上的中华儿女被"病毒"感染，许多人在天崩地裂的大变局中丧失了民族自信心、文化自信心，觉得自己百事不如人，转而走向全面西化，以拥抱西方文明来替代中华文明。特别是五四新文化运动，在开中华文化发展新方向的时候，把过去的传统截断了，不是革故鼎新，新旧嬗递，而是弃旧逐新，甚至唯新是求。因为中华文化近代以来主要是"失本"，所以现在要正本清源，固本培元，即回归中华文化的源头，在回归中创新，而固本的学术基础就是国学。

在文中刘泽华先生说："中国特色社会主义一定有与之相应的文化，这种文化的主旨和核心价值不可能来自于国学、来自传统文化。"与中国特色的社会主义相适应的文化应该是什么？近代以来，许多志士仁人、思想家、学者奔走呼号，苦思冥想，实验、实践，在中西古今文化冲突中探寻中国文化出路，形成了多种思想观点和理论体系，多方面多层次地表现了中国人民的聪明智慧和创造精神。最终，我们选择了走社会主义道路，建设有中国特色的社会主义，与此相适应的文化最起码有两个基本的组成部分：一是"中国特色"，这除了有悠久历史，博大精深的传统文化外我们还有什么能够拿出手？二是"社会主义"，这大概大家都明白，不用再多说。因此，笔者的看法与刘泽华先生恰恰相反，这种文化的主旨和核心价值正好来源于国学、来源于传统文化，特别是儒家经典。孔子整理古代文献六经，开创了儒家学统，使儒经成为中国文化的代表性经典，成为中国古代学术的主流。经是常道，说明儒经中包含了某些永恒的、普遍的核心价值，有超越时空的意义。儒经所体现的常道就是今天所说的核心价值。

在文中刘泽华先生说："现代的文化主要要从现代生活中提炼，要围绕生活来提出新问题，求索新观念、新价值。不要用'传统'来当裁判。"现代的文化不仅仅从现代生活中提炼，关键是近代以来由于诸多内外因素的作用，中国文化遭遇全面危机，中国人一度对自己的传统文化丧失了自信心，文化的主体意识和自觉意识都降到了最低点，使中国人在自己文化发展的道路和方向上陷入了迷茫徘徊。民族复兴的核心是文化的复兴。要实现中华民族的伟大复兴，当务之急是重建中国文化主体性，要树立"文化主体意识"。所谓"文化主体意识"是指一个民族自觉到其拥有的历史传统为其所独有，并对此历史传统不断做有意识的省察，优越之处发扬光大，不足之处奋力加强，缺失之处则力求改进。一旦具有了文化主体意识，我们才能够以一独立自主的文化系统，与世界其他文明展开平等而积极的互动与对话。

刘泽华先生以王权主义的视域对儒学、国学的批评与解构，其最初动机也许是所谓的要从历史中走出来，但是实际上是不是正好起到了为现行体制和意识形态张目，并进而有可能强化王权主义影响的作用？或许这一点是刘泽华先生沉浸在学术象牙塔中没有意识到的。由此，我们可以怀疑刘先生批评儒学、国学，如果不是一种由于个人经验的限制，如受反传统的激进主义影响甚深等，就是先入为主的理论预设作怪，甚至有可能对中国传统文化的历史脉络和基本思想缺乏深刻的体悟与同情的理解，所以形成了以偏概全的王权主义的覆盖。在这样的覆盖下刘先生在废墟中、在孤独中为自己建造纪念碑[①]。

---

① 李宪堂：《评刘泽华先生的〈中国政治思想史集〉及其王权主义研究》，《历史教学》2009年第4期。

第十二章

古代王权政治与儒家的批判传统

一 儒家与专制问题

五四新文化运动以来,中国人形成了一个顽固的看法:儒学为封建帝王的统治提供理论基础,儒家是封建专制主义的帮凶。关于儒学与传统政治文化的关系问题,从五四新文化运动以来就一直以激进的反传统主义思路一边倒地进行着极端的否定,时下,有人仍然认为中国所经历的二千年是历代封建王朝利用孔子儒家思想进行统治的专制时代,孔子儒学是维护封建专制统治的意识形态,给孔子背上了为专制统治提供理论基础,维护封建统治者利益的罪名,还发明了一个"专制儒学"的名词。甚至有人一言以蔽之:"中国传统文化就是专制主义。"① 这就把政治上或者说意识形态上的封建专制主义的历史烂账一股脑算到了整个中国传统文化的头上,显然是以偏概全,是没有认真研究和客观分析历史的"时论"、"政论",现在需要进一步从历史上进行澄清。其实,在中国儒学发展史上,也存在着一条若明若暗的线索,这就是儒家的批判精神,甚至可以说就是反专制主义的传统。

说到"专制",这是一个政治学的概念,是一种对权力政治的概括,指被垄断了的政治权力只属于一人或一个小集团,其他社会成员只是权力的被动承受者。这种权力具有无条件的绝对性。18世纪法国思想家孟德斯鸠区分了共和政体、君主政体和专制政体三种,认为:"共和政体是全体人民或仅仅一部分人民握有最高权力的政体;君主政体是由单独一个人执政,不过遵照固定的和确立了的法律;专制政体是既无法律又无规章,

---

① 李慎之:《中国传统文化就是专制主义》,多维新闻网,http://www.chinesenewsnet.com。

由单独一个人按照一己的意志与反复无常的性情领导一切。"① 他还指出："专制的原则是恐怖，恐怖的目的是平静。"② 按照这一说法，法家才是专制，而儒家并不专制。恐怖离不开暴力，儒家尚德不尚力，秦汉以后儒家学说与皇帝制度相结合的政体是君主政体，不是专制政体。专制政体又叫暴君政体。法家与皇帝制度相结合的政体是专制政体。实际上，中国历史上主要是上面所说的君主政体，就是出现了孟德斯鸠讲的专制政体，也往往都是短命的，如秦始皇、隋炀帝，特别是明清之后的帝王更是加强了其在各个方面的专制地位，实行专制统治，这些历史事实我们不可否认，也没有必要否认。马克思总结西方历史时曾说："君主政体的原则总的来说就是轻视人、蔑视人，使人不成其为人。"③ 但是，这对中国来说则是另外一回事了，因为儒家政治思想的核心是以人为本，民本主义的。

对中国历史上政治上的政治专制，西方学者还把中国概括为"东方专制主义"。作为西方人看待东方社会状况的一种视角，早在古希腊时代，希罗多德和亚里士多德就对东方专制主义进行过初步论述，他们的思想在后来的各种政治历史学说中得到了延续。近代法国思想家孟德斯鸠、德国古典哲学家黑格尔、马克思等都有这样的看法。自古代以来的西方学者从政治、经济及文化心理等角度的分析入手，较为完整地勾勒出东方专制主义的图画，并成为他们观察东方的坐标系。其中有三种观点值得注意：一是地理环境决定了东方社会专制主义的形成；二是由于东方处于理性发展的初期，心智还处于愚昧阶段，因此东方专制主义是一种理性不发达阶段的必然；三是由于东方农业生产方式的决定作用。实际上，"东方专制主义"体现了西方人在面对东方时的一种心理优越感，是"西方中心论"在哲学层面的反映。④

把儒家学说与封建专制主义绑在一辆战车上，确实有失公允，也不完全符合历史事实。正如钱穆先生所言，我们"不该单凭我们当前的时代意见来一笔抹杀历史，认为从有历史以来，便不该有一个皇帝，皇帝总是要不得，一切历史上的政治制度，只要有了一个皇帝，便是坏政治。这正

---

① [法]孟德斯鸠：《论法的精神》上册，商务印书馆1961年版，第8页。
② 同上书，第60页。
③ 《马克思恩格斯全集》第1卷，人民出版社1975年版，第411页。
④ 涂成林：《东方专制主义理论：马克思与魏特夫的比较研究》，《哲学研究》2004年第4期。

如一个壮年人,不要睡摇篮,便认为睡摇篮是要不得的事。但在婴孩期,让他睡摇篮,未必要不得。"① 又说:"其实中国历史上已往一切制度传统,只要已经沿袭到一百两百年的,也何尝不与当时人事相配合?又何尝是专出于一二人之私心,全可用专制黑暗四字来抹杀?"② 徐复观在先秦两汉思想史研究方面颇有建树,他主张要在中国文化中找出可以和民主衔接的内容,力图揭示历史上儒者与专制、道德与政治的对立和冲突,强调对中国封建专制主义与传统思想文化应加以区分,认为儒家思想在长期专制压迫下必然会歪曲和变形,说明专制政体压制和阻遏了儒家思想的正常发展,却不能说儒学就是专制的"护符"。杜维明强调指出:中国古代社会"不仅是一个由各种社会力的抗衡而形成的集团,而且是一个具有共识、共同价值取向的社会。我觉得人民对中国文化曲解最大的,就是认为中国传统是专制政体,只有皇帝一个自由人,并通过官僚机制把所有的亿万人都完全牵制住了,由他一人在上面左右。这种可能性太小了。而且,我认为根本没有可能性,在中国历史上并没有出现过这种情况"。③

中国近代落后,人们纷纷怪罪儒家学说。可是,迄至今日,这些论者中还没有人在诋毁孔子的同时,能够说明如果没有孔子思想的存在,是不是中国就没有二千年的专制统治?欧洲倒是没有孔子思想,却也存在着漫长的专制时代。和欧洲不同的是,中国利用孔子思想,维持长治久安,国家统一,防止了中世纪神权政治的黑暗,中华文明能够一脉相承地发展到今天,这主要不是儒家学说的功劳吗?法国启蒙运动的领袖和导师伏尔泰为了批判欧洲的封建专制主义,推动启蒙运动,极力赞扬中国文化尤其是儒家的伦理道德学说。他说:

> 孔子既没有装扮成一个有灵感的人,也没有装扮成一个预言家,他只不过是一个教授古代法律的文职官员。我们有时很不恰当地说"孔子的宗教"。其实,孔子只是和所有的皇帝及大臣一样的人,他只不过是第一批贤人之一。他推崇德行,不宣扬神秘主义。④

---

① 钱穆:《中国历代政治得失·前言》,生活·读书·新知三联书店2001年版,第3页。
② 钱穆:《中国历代政治得失·序》,第2页。
③ 杜维明:《现代精神与儒家传统》,载《杜维明文集》第二卷,第374页。
④ 何兆武、柳卸林主编:《中国印象——世界名人论中国文化》上册,广西大学出版社2001年版,第70页。

伏尔泰认为儒学是最好最合人类理性的哲学，并以中国为理想国，提倡以中国文化为标准，向往中国的理性道德。这表明儒学对18世纪欧洲反愚昧的启蒙运动产生了深刻的影响，这也是儒学为世界文明的发展所作出的贡献。在20世纪初，人们怀疑儒学是专制独裁的原因，于是就打倒"孔家店"，反传统、反儒学，结果越反越专制。1949年以后，儒学在大陆已丧失了其在思想领域的主导地位，在政治上也没有了影响，在社会上也基本上排除了儒学，但思想独断问题、政治民主问题、社会道德下降问题仍然没有得到很好的解决。中国近代以来的落后，其主要原因是封建专制主义和君主个人专制独裁阻碍了中国发展的道路，而这恰恰是专制统治者背弃了儒家道统思想中"从道不从君"，仁义之道高于君主之位这些约束君权的思想所造成的恶果。

先秦儒学虽然提倡君主制，但并不意味着要实行君主专制。儒家之所以选择君主政体很大程度是早期中国政治发展的产物，是由当时的社会发展阶段所决定，正如有学者所论："中国自国家诞生之日起，就采取了君主政体……中国古代政体的单一，使孔子和其他的儒学者不知在君主政体之外还有什么政体，他们也想像不出还会有不同于君主专制政体的存在"，"在这种观念下，儒家学者在其政治思想中只能把君主政体设计得尽可能完美，不可能超越君主政体，设计出另外一种政体"。① 因此，毋宁说儒家是不得不认可君主制但主张限制君主的独裁，可以说是反专制的。他们以对民的态度来区分圣君和暴君，反对君主个人独裁暴政，主张以道对君权予以一定的限制。认为治理国家，以道为本，道比权位更为重要。这里有不得已的缘由，儒者手无寸铁，欲与王权相抗衡，实非一件易事。他们只能为社会提供一套是非观价值观，并以之作为限制王权的武器，这便是他们所共同尊崇的"道"。

当然，我们并不能否认儒学在历史上某些时段被统治者作为统治思想时确实受到了"专制"的感染，但"专制儒学"这个提法本身确实不通。儒学作为学说是不可能专制的，既然能够专制那就已经不是儒学或者不是纯粹思想意义上的儒"学"了，而是成了国家意识形态。儒学之成为意识形态不是儒学的常态而是儒学的变态，不是儒学的全部而是儒学的部

---

① 马振铎、徐远和、郑家栋：《儒家文明》，中国社会科学出版社1999年版，第132页。

分。从儒学发展史来说,一直就不是一个非常单纯的思想体系,在孔子本人当然是统一的,自成体系的。但他以后就不是这样了,而是越来越分化、分蘖。学派分化,如长江大河容纳百川,川大了势必泥沙俱下,而每一个时代有良知、有抱负的儒者所致力的首先是正本清源,激浊扬清;功能分蘖,承担了越来越多的政治的、文化的,乃至经济的责任,其道统也就不免被架空,这绝不是所有儒者的责任。另外,中国历史上有政治上的正统儒学和思想上的正统儒学,前者可能有专制的倾向,后者则是有批判倾向的。不有批判思想本身都没有办法发展,更别说政治了。二者反映的应该就是政统和道统的张力,这正是解答儒学与专制关系时往往所忽视的。中国的专制主义法家应该负主要责任的,很大程度上是秦汉以后形成的王霸道杂之的政治文化主体模式的结果,是先秦荀子一系的经过董仲舒完成的儒学发展的一种倾向,绝不是儒学的全部。后儒把董排除在儒学正统之外良有以也。这里,笔者想做的就是通过历史的考证,说明儒家的批判精神,甚至成为儒学的一个重要传统之一。

儒学的批判品质,曾受到一些学者的怀疑。那么,儒学是否缺失了批判品质呢?回答是否定的。儒学一出现就鲜明地表现了一种社会批判的精神。所谓社会批判精神或叫抗议精神,指儒学所具有的批判功能和品质。可以包括三层意思:一是政治批判;二是作为社会良知,对社会的批判;三是文化传承、文化批判精神。① 这种批判精神或叫抗议精神具体存在于社会三个方面:一方面是清官、谏官,在政治权力中间;另一方面是外围的隐士;还有就是传统社会中的乡绅。② 传统儒学的批判并非破坏性批判,而是建设性批判。因此,我们所持守和发扬的儒学批判精神,是一种建设性的批判精神。唯有批判,儒学才能营养自己,才能拥有活力;唯有批判,儒学的价值才能得到落实,儒学的生命才能得到舒展;唯有批判,儒学对社会的担当才得以体现。③

儒家的批判精神本质上是一种以理想主义批判现实的精神。"儒家的精神是既在这个世界里,又不属于这个世界。在这个世界里是它的现实性,同时又有强烈的理想主义,要改变现实;在这个政治体系中又不接受

---

① 杜维明:《郭店楚简与先秦儒道思想的重新定位》,载《中国哲学》第20辑,第3页。
② 杜维明:《现代精神与儒家传统》,《杜维明文集》第二卷,第339页。
③ 李承贵:《儒学当代开展的三个向度》,《光明日报》2005年7月12日。

它所代表的游戏规则,因为有另外一套理想的规则要来改变这些现实的权力结构。它的内部转化的抗议精神是很具体,也很强烈的。儒家的终极关切,是要在复杂的人际关系、政治网络、有着权力色彩的凡俗世界中另外创造一套精神领域,就像教堂、庙宇、西天、净土、天堂一样,来对现实世界作一全面的否定和批评。这是因为儒家认为,我们都是现实世界中的部分,因此必须设身处地真切地投入社会。如果用现代西方的语言,就是engagement(参与),即存在主义所谓的参与感。但是参与后面所依据的资源是历史意识、文化意识和社会良知,而不是现实政治所习以为常的权力意识。因为我们跟现实政治之间一定有矛盾、有冲突,而且也一定希望能够转化。"① 儒家批判精神具体体现为积极的、直接的、对抗性的和消极的、间接的、不合作的两种方式,前者往往是在社会处于上升或基本正常状况下儒者所采取的方式,后者往往是在社会处于下降或没落的情况下儒者所采取的方式。从具体内容上看,儒家批判精神包括批判专制政治和专制思想,批判社会暴力和社会腐败,强调王道理想,倡导德治礼治,反对霸政,谴责酷刑苛法;注重民本和教化,立足社会进行改革,缓和社会矛盾,维护社会正常秩序;以"儒道"为标准,接受小康,向往大同。以上的方式和内容在不同时代、不同地域,在不同儒者身上有不同的侧重点。

二 先秦儒家的批判精神

先秦儒学产生在一个礼崩乐坏,社会动荡不安的时代。孔子及其弟子虽然一无政权,二无实力,却能够勇敢地发表言论,批评与劝谏当时的时君世主,使各国的君主官吏都不敢小看他们,原因便在于孔子通过对历史上"道统"的阐发,不但为儒家找到了一套价值理想体系,一定程度上也表达了大多数人的思想和愿望。说到"道",先秦诸子几乎都对"道"有过阐发。道家自不待说,就是墨家、阴阳家就"道"同政治的关系,亦有过较多的论述。儒家重视"道","于道为最高",既是出于本体论或宇宙论的理解,也是出于政治伦理的需要,确切地说是想用"道"这个价值理念来对为政者的施政行为进行规范,在政治上集中体现为理想的政

---

① 杜维明:《现代精神与儒家传统》,《杜维明文集》第二卷,第583页。

治秩序或政治理念。在孔子心目中有两个理想的政治范本，一是先王之道，即尧舜禹汤文武周公之道；二是周代的礼乐文化。在他看来，这二者又是一体的，因为周代的礼乐乃是先王之道的载体。面对礼崩乐坏的社会现实，孔子毫不隐讳地表示他对西周礼乐的心想往之，批评当时"天下无道，则礼乐征伐自诸侯出"，并正话反说，"天下有道，则政不在大夫。天下有道，则庶人不议"（《论语·季氏》）。这是对当时社会的总评。孔子思想远接西周礼乐文化，近承春秋德礼思潮，在文化上也多持批判继承的态度。如他对管仲、子产、晏婴等春秋贤能人物就敢于批评，也善于传承其有价值的思想。在批判的基础上，他提出要行仁政，不要暴政，及不迷信怪力乱神，始终强调民为邦本，提倡重民、爱民、富民、保民，提出"省刑罚"、"薄税敛"、"使民以时"、"博施济众"等主张。提倡人道主义、独立人格，把人从神权的统治下解放出来；尊崇尧、舜这样的圣君，而贬斥桀、纣那样的暴君。到了子思、孟子，这种精神得到了更进一步的弘扬，发展成为维护道德理想和人格尊严，抗节守道，不降其志的刚风傲骨。他们对战国时代"损礼让而贵战争，弃仁义而用诈谲"[①]的社会进行大胆批判，对王者表示出一种高傲的风骨。在《孔丛子》、《孟子》等文献中都有不少这样的记载，新近发掘的郭店简中有《鲁穆公问子思》一文，其中记载"鲁穆公问于子思曰'何如而可谓忠臣？'子思曰：'恒称其君之恶者，可谓忠臣矣。'"直接地表达了对君主的刚直批评态度。

在对待君主的态度上，先秦儒者明确地把"道统"与君主所代表的"政统"划分成两个相涉而又分立的系统。在儒学道统思想发展史上，孔子以前王圣统一，政统与道统合一，尧、舜、禹、文、武、周公作为楷模和价值取向的标准受到后世儒家的尊崇，历代儒者基本上主张"法先王"、"复三代"。然而，自孔子以后，则以师儒为道的承担者，王圣分而为二，政统与道统不再合一，道统之中不再有历代帝王的地位。以政统言，王侯是主体；以道统言，则师儒是主体。后来"德"与"位"相待而成的观念就由此而起。[②] 理想的儒者是君相师儒。

思孟学派把"道统"与"政统"的分立具体化为"道"与"势"、

[①] （汉）刘向：《刘向书录》，《战国策》附录，上海古籍出版社1985年版，第1196页。
[②] 余英时：《道统与政统之间——中国知识分子的原始型态》，《士与中国文化》，第92页。

"德"与"位"的分立,认为"道高于势"、"德尊于位"。《中庸》说:"虽有其位,苟无其德,不敢作礼乐焉;虽有其德,苟无其位,亦不敢作礼乐焉。"认为礼乐的制定需要德位统一,也就是儒者与君主的分工合作。孟子说:"天下有达尊三:爵一,齿一,德一。"(《孟子·公孙丑下》)这里所说的爵是权位,齿指血缘辈分,德代表着儒家的政治理念。他认为爵、齿和德作为不同类型的价值标准,适用于不同的领域:"朝廷莫如爵",在政权系统里,以权力高低为标准,爵位越大越高贵;"乡里莫如齿",在社会生活中,以辈分年纪论尊;"辅世长民莫如德",作为理国治民的政治原则,当以德为本(《孟子·公孙丑下》)。孟子还认为,德与爵相比,德更重要。他把权势地位称作"人爵",道德仁义称为"天爵",认为"古之人修其天爵,而人爵从之。今之人修其天爵,以要人爵,既得人爵,而弃其天爵,则惑之甚者也,终亦必亡而已矣。"(《孟子·告子上》)显然,假如需要在道和权势财利之间作选择,儒者的选择是先道而后势。所以他又说:"古之贤王好善而忘势,古之贤士何独不然?乐其道而忘人之势,故王公不致敬尽礼,则不得亟见之。见且由不得亟,而况得而臣之乎?"(《孟子·尽心上》)倘若君主真有背离道的倾向,贤人君子就要设法予以阻劝。通常采用的方式是"进谏"。贤人君子具有规劝君主的资格和义务。假若通常手段不能奏效,孟子主张采用非常手段,即以"有道伐无道",取消无道之君的君主资格。这就是:"唯大人为能格君心之非。"(《孟子·离娄上》)"君有过则谏,反复之而不听,则去。""君有大过则谏,反复之而不听,则易位。"(《孟子·万章下》)"贼仁者谓之贼,贼义者谓之残,残贼之人谓之一夫。闻诛一夫纣矣,未闻弑君也。"(《孟子·梁惠王下》)这显然是对儒家经典《易传》汤武革命思想的继承和发挥。《周易·革卦·象传》有云:"汤、武革命,顺乎天而应乎人。革之时大矣哉!"认为桀、纣虽居君主之位,但却是贼仁贼义的独夫,独夫可诛,诛独夫不是诛君。表明仁义之道高于君主之位,这是儒家政治理论的一个基本观点。在七国争雄、兵火交加、交相争霸的时代,君权日益膨胀,出现这种思想,确实是难能可贵的,而且对后世封建君主专制条件下,出现某些敢于抗衡暴君独夫的诤臣志士起了积极的影响。

荀子提出"道高于君"、"从道不从君"的思想。他说:"入孝出弟,人之小行也;上顺下笃,人之中行也;从道不从君,从义不从父,人之大行也。若夫志以礼安，言以类使，则儒道毕矣。"（《荀子·子道篇》）认为"从道不从君"是儒道中的大行。因为道的存亡决定国家的存亡，"道存则国存，道亡则国亡"（《荀子·君道篇》），所以要以道的价值理想作为士人的指导思想，而不是权势和利益。这体现了儒家道统思想的一个重要特征，也由此形成了中国历史上君、道二元对立的政治格局。荀子还把这种"道统"与"政统"的分立具体化为"圣"与"王"的并立："圣也者，尽伦者也；王也者，尽制者也；两尽者，足以为天下极矣，故学者以圣王为师。"（《荀子·解蔽篇》）"圣"是人伦道德的承担者，"王"是政治制度的奠定者；只有二者合作，才能治理好天下。显然，这种"合作"是一种理想，而他就以这理想作为天下的最高标准。

在先秦，儒家还通过高扬民本思想来限制王权，使有历史传统的民本思想成为当时颇具影响力的一种学说。儒家民本思想的一个含义是"民贵君轻"说。《论语·颜渊》载："仲弓问仁。子曰：'出门如见大宾，使民如承大祭。'"孔子赞扬子产："有君子之道四焉：其行己也恭，其事上也敬，其养民也惠，其使民也义。"（《论语·公冶长》）孟子认为君所以能治民，在于君自身正，正己而后正人。他说："君正，莫不正。一正君而国定矣。"（《孟子·离娄上》）而孟子提出的"民为贵，社稷次之，君为轻"（《孟子·尽心下》），集中体现了国家可变、君主可换，而民众不可易的思想，这在当时确是卓见。荀子说："天之生民，非为君也；天之立君，以为民也。"（《荀子·大略篇》）

儒家民本思想的另一个含义是"民水君舟"说。这个思想是荀子倡言起来的，他在《王制篇》篇中引用传曰："君者、舟也，庶人者、水也；水则载舟，水则覆舟。"这说明这个说法是古已有之的。另外，荀子在《哀公篇》篇中又说这是孔子的话。当鲁哀公问于孔子时，孔子说："且丘闻之，君者，舟也；庶人者，水也。水则载舟，水则覆舟。"这说明儒家普遍地接受了这个思想。不过，"民水君舟"比起"民贵君轻"来说，在对待人民的态度上，不是前进了，而是倒退了。"民贵君轻"的重心在民，是要君为民着想；"民水君舟"的重心在君，是为君主着想。前者属于理想主义的政治理论，含有批判现实的君主政治的价值取向；后者属于现实功利主义的政治色彩，带有君主主义政治权术的味道。[①] "民贵

[①] 余荣根：《儒言治世——儒学治国之术》，四川人民出版社1995年版，第89页。

君轻"的思想在秦汉以后为封建统治者所抛弃,到了明代,封建专制进一步发展,朱元璋甚至要把"亚圣"孟子赶出孔庙,原因就是孟子说过"暴君放伐"、"民贵君轻"的话。而"民水君舟"则被少数开明君主接受了,如唐代李世民教诫太子:"舟所以比人君,水所以比黎庶,水能载舟,亦能覆舟。"① 君主,好比是人君;水,好比是黎民百姓。水能载舟,亦能覆舟。后来形成了"载舟覆舟"说,在中国古代历史上还是起到了一定的积极作用。

先秦儒者的历史性格我想借用余英时先生对当时士人性格的分疏来做一评价性说明。余英时认为当时"知识分子的历史性格自始即受到他们所承继的文化传统的规定,就他们管恺撒的事这一点来说,他们接近西方近代的知识分子;但就他们代表'道'而言,则他们又接近西方的僧侣和神学家"。② 儒者就他们在社会政治层面的社会批判而言类似于西方的自由主义知识分子,但他们还有一般自由知识分子所不具备的道统和为护卫道统的宗教精神,这则是西方宗教家所具有的。在这个意义上,我们可以说,儒家思想与今天的自由主义并不矛盾,儒家思想在道统这一方面正是自由主义者所缺乏的,因而是可以统摄自由主义的。

三 秦汉政治文化整合与儒家限制王权的努力

在以法家思想为主导的秦国,也曾有过儒者在秦国活动,荀子的入秦本身就是证明。另外,孔子弟子中秦祖、壤驷赤、石作蜀等人都来自秦国;甘龙、杜挚敢于与当时集政治和思想权威于一身的商鞅进行辩论,争取儒家的一点话语权利;赵良是通儒之才,他以"恃德者昌,恃力者亡"警戒商鞅。商鞅变法,主张焚诗书、禁儒毒,就是对秦国民间流行的儒术的镇压。到了秦始皇时代,其长子扶苏与其父大不相同,受到了儒学的积极影响,颇有以仁德治国的思想。秦始皇坑杀儒生,扶苏直言劝谏:"天下初定,远方黔首未集,诸生皆诵法孔子,今上皆重法绳之。臣恐天下不安。唯上察之。"秦始皇大为恼怒,把他赶出首都,"使扶苏北监蒙恬于

---

① (唐)吴兢:《贞观政要》,中华书局2009年版,第107页。
② 余英时:《中国知识分子的古代传统——兼论"俳优"与"修身"》,载《士与中国文化》,第107页。

上郡"(《史记·秦始皇本纪》)。最新的出土文物也提供了更有力的证据,说明儒家思想作为一股潜流存在于秦国,对秦的政治生活产生着影响。王辉先生在《〈秦出土文献编年〉续补(一)》中收录了战国晚期至秦代(下限前206年)的秦成语印,其中如"思言敬事"、"壹心慎事"、"交仁必可"、"忠信"、"宜民和众"、"孝弟"、"仁士"、"相教"等显然都是儒家的思想观念。有的甚至就是来源于《论语》,如"栖仁"与《论语·述而》中的"依于仁"意近,"鬼(怀)少敬老"与《论语·公冶长》中的"老者安之,朋友信之,少者怀之"意近。① 秦成语印可以说是秦基层官员或士人的座右铭,却贯穿着儒家思想,说明儒家思想作为一股潜流,在民间长期地存在并积极地影响着秦的政治生活。另外,秦王朝设博士制度,儒生直接参与制度建设,许多社会治理措施中含有儒家思想的要素,但是,他们所用以达到目的的手段,则完全靠作为法家思想主要内容的刑,这是秦立国的基本精神,也是专制政治的最大特色。② 也就是说,秦朝在政治文化方面,确定的原则是不师古,不崇经,以法为治,以吏为师,在政治上实际是排斥儒家博士的。方士侯生、卢生等人就曾批评秦始皇"专任狱吏,狱吏得亲幸。博士虽七十人,特备员弗用"(《史记·秦始皇本纪》)。这样的文化政策必然导致对以儒家为主的各家进行压制并发生冲突,最终引发了"焚书坑儒",使法家思想处于独尊地位,并不断地向极端发展。

在秦始皇的威胁利诱之下,许多儒者并没有忘记前辈的教诲,能够富贵不淫,贫贱不移,威武不屈,不再做什么博士官了,或则隐遁山林,白首穷经,如浮丘伯、伏生、田河等学者;或则怀抱大道,等待时机,如孔鲋及鲁国的诸儒;或则隐姓埋名,致力于反秦的政治活动,如张良、陈余③、郦食其、陆贾等。正如司马迁在《史记·儒林列传》中所说的:"天下并争于战国,儒术既绌焉,然齐鲁之间,学者独不废也。""及高皇帝诛项籍,举兵围鲁,鲁中诸儒尚讲诵习礼乐,弦歌之音不绝,岂非圣人之遗化,好礼乐之国哉?""夫齐鲁之间于文学,自古以来,其天性也!"

---

① 王辉:《〈秦出土文献编年〉续补(一)》,《秦文化论丛》第九辑,西北大学出版社2002年版,第543—545页。
② 徐复观:《两汉思想史》第一卷,华东师范大学出版社2001年版,第83页。
③ 《史记·张耳陈余列传》云:"陈余者,亦大梁人也,好儒术。"

后来，儒生还直接参加了颠覆秦王朝的政治活动："陈涉之王也，而鲁诸儒持孔氏之礼器往归陈王。于是孔甲为陈涉博士，卒与涉俱死……缙绅先生之徒负孔子礼器往委质为臣者，何也？以秦焚其业，积怨而发愤于陈王也。"（《史记·儒林列传》）

值得一提的是，秦王朝颇为流行的神仙之说，与秦的专制和儒生方士对秦的绝望显然有关。他们感受了巨大的压迫，又无力反抗，他们开始厌恶这个社会，然而普天之下，莫非王土，没有办法逃出现实社会，于是就演成了通过幻想表达对社会的不满，在幻想中追求自由的神仙之说。这就开了后来知识分子消极反抗王权专制的先河。

汉初由于统治者实行黄老思想清静无为的政策，社会文化环境相当宽松，出现了先秦诸子复兴的思潮。在这样的形势下，汉初诸儒通过著书立说、上言进谏、对策陈政等途径，持续而不断针对秦的暴政和速亡进行批判反思，以提供现实的警戒。同时，他们积极宣扬和发展儒家学说，为汉政提供新的思想资源。他们对秦政的批判可以概括为以下几点：秦帝国政权，缺乏使权益分配合于"仁义"之最高道义原则的指导，缺乏足以"缀万民之心"的礼乐教化，缺乏能够约束君主、纠矫失误的规谏机制；最终，其弊政被归结为缺乏一个能够同时承担道义、教化和规谏之责的君子贤人集团。相应地救治之方，就是要实行仁政，尊崇儒教，与民为惠，兴复礼乐，开道求谏，礼敬儒生，察举贤德，充兴太学，等等。[①]

汉初诸儒还积极参与了秦汉政治文化整合。所谓秦汉政治文化整合主要是指从秦统一到汉武帝这一百多年间，统治者为了寻求长治久安之策，有目的、主动地对先秦思想文化资源的选择、取舍、加工、改造；相应地，一些思想家、学者也积极地与统治者合作，使其思想上升到政治操作层面。这样，以儒法思想为主的各家思想经过长期而曲折的"磨合"，到了汉武帝时代，初步确立了王霸道杂之的政治文化主体模式，这就是礼法并用、德刑兼备、王霸结合的基本构架。这其中王霸结合是整体的概括，礼法并用、德刑兼备是其不同侧面的展开和延伸。它们之间的关系是：王与霸、礼与法、德与刑是双双对应的，相反相成，结构为一体。从历史上看，这个政治文化模式是确乎存在的，这就是汉武帝后的汉宣帝刘询提出的"霸王道杂之"的著名论断。史载元帝刘奭"柔仁好儒"，见宣帝所用

---

① 阎步克：《士大夫政治演生史稿》，北京大学出版社1996年版，第324页。

多文法吏，以刑名绳下，便提出建议"宜用儒生"。宣帝斥之曰："汉家自有制度，本以霸王道杂之，奈何纯任德教，用周政乎？且俗儒不达时宜，好是古非今，使人眩于名实，不知所守，何足委任。"(《汉书·元帝纪》)宣帝上述一番话，是对秦汉政治文化整合的最精辟的总结和概括，主要表达了两层意思：一是王霸结合，即代表儒法结合，由此延伸是礼法、德刑结合。这种结合可以表达为政治指导思想与法律制度的结合，道德伦理与法律的结合，理论与实践的结合，政治家与思想家的结合等等。二是在王霸结合为主的前提下或确立王霸结合这个多面体之后再对道、墨、名、阴阳等凡是符合巩固、完善封建大一统帝国政治秩序和长治久安的所有学术思想"杂"而采之，兼而用之。

秦汉政治文化整合导致了中国思想文化的重大变化，使儒学发生了分化，出现了生活化的儒学、批判性的儒学、帝制性的儒学。"帝制性的儒学"是从西汉董仲舒后所展开的一种历史走向，这样的儒学为帝皇专制所吸收，而成为帝皇专制者统治的工具。"批判性的儒学"则秉持着尧舜之治的理想，格君心之非，与帝皇专制形成对立面的一端。至于"生活化的儒学"则强调人伦孝悌与道德教化，它与广大的生活世界结合为一体，成为调解"帝制性的儒学"与"批判性的儒学"的中介土壤，它缓和了帝制式儒学的恶质化，也长养了批判性儒学的根芽。无疑地，帝制性的儒学居于核心地位，它支配一切、统理一切，它压抑了批判性儒学的发展，它异化了生活化儒学的原貌。它使生活化的儒学成了控制百姓的工具，它使得批判性儒学委屈而不得伸张。然则，生活化的儒学就像土壤一样，生养着儒学的生命；而批判性的儒学就像贞妇一样，劝谏着夫君。①这里的"帝制儒学"倒是接近有些学者所说的"专制儒学"。

应该承认，秦汉政治文化整合使先秦儒学的批判精神有很大的遗失，如君臣关系就发生了很大的扭曲。秦汉新的政治制度的确立，儒家学者在努力复兴儒学，参与实际政治的过程中，与先秦"士人"变成"士大夫"相应，也逐渐从"儒者"变成了"儒士"——他们被体制化了。这样，"帝制儒学"占据要津，使官方一脉的儒学失去了思想的主动性、创造性，以至于后来陷于章句训诂、经学纷争和谶纬迷信之中。其中的儒者如

---

① 林安梧：《对儒家"伦理"概念的反省与考察》，陈明主编：《原道》第2辑，团结出版社1995年版，第84—85页。

贾谊、董仲舒等，在政治文化整合的过程中通过反思历史，间接地批判现实，而且都遭到了不同程度的打击，贾谊忧愤而早逝；董仲舒思想对汉武帝影响很大，而他本人则一生寂寞，终不见用。直至后来，儒者批判现实的可能性越来越小，而风险却越来越大，发生在东汉末年的党锢之祸就是血腥的证明。

但是，即使在这一过程中，儒家学者也在一直为维护自己的理想奋斗。董仲舒继承并发挥了先秦儒家限制君权的传统，以《春秋》经为价值标准，批判现实，匡正时政。《史记·太史公自序》司马迁引董仲舒说："周道衰废，孔子为鲁司寇，诸侯害之，大夫壅之。孔子知言之不用，道之不行也，是非二百四十二年之中，以为天下仪表，贬天子，退诸侯，讨大夫，以达王事而已矣。"他自己也说："夫《春秋》，上明三王之道，下辨人事之纪，别嫌疑，明是非，定犹豫，善善恶恶，贤贤贱不肖，存亡国，继绝世，补敝起废，王道之大者也。"由此，余英时看到："汉代知识人，确是把孔子看作一个最伟大的文化、社会批判者，也把《春秋》看作中国第一部最有系统的文化、社会批判的著作。"并特别强调"这一事实同时也说明汉代知识人具有高度的社会批判意识。这种批判是深刻而透彻的，甚至达到了'贬天子'的高度。"① 董仲舒说："《春秋》之所治，人与我者，仁与义也。……仁之法在爱人，不在爱我；义法在正我，不在正人。我不自正，虽能正人，弗予为义。人不被其爱，虽厚自爱，不予为仁。……故王者爱及四夷，霸者爱其诸侯，安者爱其封内，危者爱其旁侧，亡者爱独其身，独身者，虽立天子诸侯之位，一夫之人耳，无臣民之用矣！如此者，莫之亡而自亡也。"（《春秋繁露·仁义法》）帝王要领会《春秋》的核心价值是仁与义，以仁爱人，以义正我，不能成为孤家寡人，甚至独夫民贼，这样必然败亡。与先秦儒家不同的是董仲舒在理论上更加高扬"天"的权威，欲以天抑君，提出"为人君者，其法取象于天"（《春秋繁露·天地之行》），"王者承天意以从事"，"欲有所为，宜求其于天"（《汉书·董仲舒传》）。王者"受命于天，天意之所予也，故号为天子者，亦视天如父，事天以孝道也"（《春秋繁露·深察名号》）。但是，如果君王张扬跋扈，不能够"视天如父，事天以孝道"而像始皇呢？《春秋繁露·尧舜不擅移汤武不专杀》讲："故其德足以安乐

---

① 余英时：《中国知识人之史的考察》，《士与中国文化》，第610页。

民者，天予之；其意足以贼害民者，天夺之。"这就与《尚书》中"抚我则后，虐我则仇"的理论一脉相承，也是对《易传》汤武革命思想的继承和发展。董仲舒通过《春秋》诠释天意，对皇帝甚至提出了从礼仪到举止的一整套规范，譬如《春秋繁露·楚庄王》要求帝王："必徙居处、更称号、改正朔、易服色者，无他焉，不敢不顺天志而明自显也。"《春秋繁露·立元神》中还提出了详尽的要求："故为人君者，谨本详始，敬小慎微，志如死灰，形如委衣，安精养神，寂寞无为。"这些规范一方面彰显出受命于天的合法性和皇权的神圣性，另一方面都饱含"屈君而伸天"之意，其根本目的是用"天"的权威来对君王的意志进行限制。对此，徐复观先生认为，董仲舒的"天"的哲学大系是当时专制政治趋于成熟的表现，但他仍然持守儒家政治理念，批判现实政治，力求限制专制之主及其酷烈的刑法，"近代对统治者权力的限制，求之于宪法；而董氏则只有求之于天，这是形成他的天的哲学的真实背景"。①

在这个基础上，董仲舒提出"天谴说"和"有道伐无道"的思想。

董仲舒创立的"天谴说"是对君主的失道行为加以约束的一种思想，他认为，天是一种超人间的支配力量，君权乃由天授，天生民以立君，天与人事有着必然的联系，试图以天抑君，提出"为人君者，其法取象于天"（《春秋繁露·天地之行》），"王者承天意以从事"，"欲有所为，宜求其于天"（《汉书·董仲舒传》），并以灾异警诫君主："刑罚不中则生邪气。邪气积于下，怨气蓄于上。上下不和则阴阳缪戾而妖孽生矣。"（《汉书·董仲舒传》）人君的"貌、言、视、听、思"五种行动如有不当，就会引起五行的变化和四季的失常（《春秋繁露·五行五事》）。"灾常先至而异乃随之。灾者，天之谴也；异者，天之威也。谴之而不知，乃畏之以威。"（《春秋繁露·必仁且智》）建元六年庙宇宫殿失火，他以《春秋》对武帝说："《春秋》之道，举往以明来。是故天下有物，视《春秋》所举与同比者，精微眇以存其意，通伦类以贯其理，天地之变，国家之事，粲然皆见，亡所疑矣。"（《汉书·五行志》）并举《春秋》中宫观庙社遭火灾的类似事例，阐明其中所包含的上天惩戒的政治道德意味；然后转到当前的灾情上，指明时弊之所在，并顺势推出更新政治的举

---

① 徐复观：《先秦儒家思想的转折及天的哲学的完成》，《两汉思想史》第二卷，第183页。

措。所以，王充说："董仲舒作道术之书，颇言灾异政治所失。"（《论衡·对作》）这样的思想后来被纳入了官方意识形态的法典——《白虎通》，其《灾变篇》云："天所以有灾变何？所以谴告人君，觉悟其行，欲令悔过修德，深思虑也。"因此，它应该对统治者构成一定的威慑。"天谴说"把本不相干的自然灾变与社会人事混为一谈，虽不是一种科学的理论，但在当时君权至上的时代，以天灾来警告统治者的失职行为，在君权之上树立起天的权威，对肆无忌惮的皇权多少有一点威慑和制约。

董仲舒还继承孟子"有道伐无道"变革史观，认为历史的变革，起支配作用的是道，有道之圣人伐无道之暴君，由此推动了历史的变革和发展，并将此称为天理。他说："夏无道而殷伐之，殷无道而周伐之，周无道而秦伐之，秦无道而汉伐之。有道伐无道，此天理也。所从来久矣，宁能至汤、武而然耶？"（《春秋繁露·尧舜不擅移汤武不专杀》）强调"有道伐无道"，凡无道之君被有道之人所取代，这是天经地义的事，其所从来已久，而不仅仅是汤、武所为。也就是说，"道"是历史发展的最高原则，社会变革的动因在于统治者是否有"道"。正因为夏桀王和殷纣王无道，被汤王和武王革其命；秦始皇无道，被汉所取代，完成了改朝换代的易姓革命。董仲舒不同意把汤武革命称为"不义"的观点，他认为"天之生民，非为王也，而天立王，以为民也"（《春秋繁露·尧舜不擅移汤武不专杀》）。民非为王而生，王则是为民而存，以对民的态度来区分圣君和暴君，认为残害民众的桀、纣是"残贼"、"一夫"，人人可得而诛之。汤、武讨伐之，是有道伐无道，这是顺天应人之举。可以看出，董仲舒以是否有道作为评判历史人物的标准，而不是以是否居于君主之位作为是非的标准。这与孟子盛赞"汤武革命"、荀子"从道不从君"的思想比较接近，体现了儒家道统思想限制封建君权的基本出发点。

四 东汉儒家的异端积极地进行思想批判

汉代"帝制儒学"成为意识形态以后发生了儒学向经学的转化。经学是汉儒把先秦儒家旧典进行学术转换而成为意识形态载体的结果。因此，在学术意义上，汉代"帝制儒学"，可以称作汉代经学。汉代经学借政治的力量，对国家政治与社会生活发生着实际的巨大影响。自武帝立五经博士至章帝时的二百多年，其间经学得到充分发展，但又陷入章句之学的烦言碎辞和谶纬思潮的庸俗迷信，障碍了经学更好地发挥统治思想的作用。同时，今、古文经学内部以及正统经学与谶纬神学之间矛盾重重，派别纷争不可收拾。为了解决这个问题，东汉章帝建初四年（79年）举行了一次讨论经义的会议，制订朝廷对经书统一解释，称为白虎观会议。会后，班固奉命将记录整理编辑成书，即《白虎通》。《白虎通》的主导思想是抬高和巩固中央集权，它主要通过天命、制度、礼仪诸方面的解释来确定君权的至高无上，试图通过统一经学来统一思想。《白虎通》作为东汉王朝对经义的官方解释是完成了，但实际上统一思想的任务并没有完成，以后仍然是"每有策试，辄兴争讼，议论纷错，互相是非"（《后汉书·徐防传》）。直到兼通诸家的马融、郑玄遍注群经，才真正把经学统一起来。原因便在于《白虎通》的统一是政治化的、外在的，而马、郑则是学术化的、内在的统一。

这种追求思想统一并不是所有汉代儒者的做法，事实上由于东汉光武帝对谶纬的极端崇拜，使许多头脑清醒的儒家学者开始正视意识形态的危机，他们越来越对光武帝失去了信心，他们既不愿意背弃学术良心曲意迎合，遂采取政治上的不合作态度，考虑着如何通过重新阐释先秦孔孟思想，重塑儒家传统，弘扬早期儒家的人文主义精神来回应时代的要求，满足社会发展的需要。这些儒家学者以潜在的方式构成了思想批判的民间潮流，扬雄、桓谭、王充就是其中的代表。

扬雄敢于批评汉代经学的牵强附会以及神仙方术的迷信，在他身上体现了先秦儒家的优良传统，如为学与为人合一，将学问的探讨与人格的修养融为一体，这就与董仲舒以后的那些经学家有着质的区别。在人生道路的选择上，他作为一名饱学之士，由于不愿识时务地投身政治，所以长期得不到升迁，并在贫困、孤独、凄凉中走完了其坎坷、潦倒的一生。扬雄之所以选择这样的人生道路，根本上是他对儒学发展的现状进行分析、认识的结果。在《法言·吾子篇》中他写道："古者杨墨塞路，孟子辞而辟之，廓如也。后之塞路者有矣，窃自比于孟子。"这里的塞路者就是那些"帝制儒学"经学家。扬雄是通过重新诠释和阐扬先秦儒家的真精神来批判那些"塞路者"的。他认为，儒学作为一种文化现象，无疑属于已经消逝的过去，但由于儒家精神的博大精深，后世儒者对儒学的理解与发展往往容易流于一偏，并没有得到儒家精神的真谛。在他看来，儒学的真精神至简至易，它自然是治国安邦、修身论学的最高原则，但毕竟是从实践中来的，是对人类实践的一种理性把握与概括，是孔孟从个人生命体验中而得出的结论，故而不存在难解或不可理喻的空疏与荒诞。① 他说："或曰：'圣人之事异乎？'曰：'圣人德之为事，异亚之。故常修道者，本也；见异而修德者，末也。本末不修而存者，未之有也。'"（《法言·孝至篇》）这就是说，儒家的圣人并没有什么神秘奇异，上达天道，下修人德，下学上达，就是圣人之所以为圣人的全部。在扬雄看来，先秦儒家的真精神、真面目绝不在被时儒改造过的经学化的儒学或谶纬化的经学，而存在于那种具有东方特色的人文主义的哲学，即基于血缘宗法关系的理想道德及价值取向。这样，在扬雄这里，就真正回复到了孔子的经典儒学，即把儒学作为一种关于人的学问，是对人的个体生命与社会生命的双重关怀；对内，作为个人生命修炼的指导；对外，则负有协调社会关系、稳定社会秩序的功能与价值。这种对儒家精神的人文主义诠释，无疑是对儒学经学化、经学谶纬化的最直接有力的批判。②

桓谭是扬雄的好朋友，其思想见解与扬雄也多有共同之处，他们一致反对将儒学经学化、经学谶纬化，反对把孔子和儒家经典神秘化，而主张直接继承孔子的思想，恢复孔子和先秦儒家的人文主义传统。他指出："谶书、河图、洛书，但有兆朕而不可知。后人妄复加增依托，称是孔子，诬之甚也。"（《新论·启寤》）这就从根本上抽掉了谶纬之学所赖以存在的学术基础，摘去了谶纬之学的神圣灵光。面对光武帝迷恋于谶纬之学，甚至以谶决疑，他上疏谏曰："凡人情忽于见事而贵于异闻，观先王之所记述，咸以仁义正道为本，非有奇怪虚诞之事。盖天道性命，圣人所难言也。自子贡以下，不得而闻，况后世浅儒，能通之乎？今诸巧慧小才伎数之人，增益图书，矫称谶记，以欺惑贪邪，诖误人主，焉可不抑远之哉！臣谭伏闻陛下穷折方士黄白之术，甚为明矣；而乃欲听纳谶记，又何误也！其事虽有时合，譬犹卜数只偶之类。陛下宜垂明听，发圣意，屏群小之曲说，述《五经》之正义；略雷同之俗语，详通人之雅谋。"（《后汉书·桓谭传》）桓谭的忠心并没有得到应有的回应，相反，光武帝对他的言论非常恼火，他明知桓谭对谶纬持不信任态度，却在会议灵台的时候，公开向桓谭发难："吾欲以谶决之，何如？"桓谭沉默许久回答说："臣不

---

① 庞朴主编：《中国儒学》第一卷，东方出版中心1997年版，第122页。
② 同上书，第122—123页。

读谶。"光武问其故，桓谭复极言谶之非经。光武大怒，曰："桓谭非圣无法，将下斩之。"桓谭叩头流血，良久乃得解。后出为六安郡丞，意忽忽不乐，中途病卒。

东汉大思想家王充，出身于"细族孤门"，"以农桑为业"，"以贾贩为事"的家庭，祖、父辈又富于反抗精神和任侠传统，这无疑对他的性格是有影响的。王充生活的时代是谶纬迷信盛行的时代，他以反主流思想的异端面目出现，对汉代已有的官方意识形态中的谶纬神学持一种毫不妥协的严厉的批判态度，对经学、谶纬等等的虚妄之学进行了细致的考订和深刻的批判，表现出敢于坚持真理的高尚风格。他说："《诗》三百，一言以蔽之，曰：思无邪。《论衡》篇以十数，亦一言也，曰：疾虚妄。"（《论衡·佚文篇》）这就是说，他写《论衡》是针对经学和谶纬的虚妄而作的。他认为，谶纬神学所宣扬的符瑞灾异说，其用心未必坏，但效果却极为恶劣。为正本清源，王充以归纳演绎的双重手法，深刻地揭露了符瑞灾异说的文化底蕴，反复强调必须放弃以符瑞灾异为主要特征和内容的谶纬神学，才能真正恢复先秦儒学的人文主义精神，才能真正地复兴儒学，解决当时的意识形态危机。他指出，谶纬神学或许在汉王朝的重建过程中起过积极的作用，但当东汉的秩序得以重建后，这种学说的负面影响已远远超过其积极意义，它所宣扬的那些东西，实际上只能导致对社会现实和统治者的不信任。他在《论衡·宣汉篇》篇写道，"儒者称五帝、三王致天下太平。汉兴已来，未有太平。彼谓五帝、三王致太平，汉未有太平，见五帝、三王圣人也，圣人之德，能致太平；谓汉不太平者，汉无圣帝也。"可见，王充通过阐释儒家的真精神和真传统对汉王朝进行尖锐的批评，流露出对汉代"帝制儒学"的强烈不满。王充的思想就是扬雄、桓谭等前辈思想的逻辑继承。他们所呼唤的都是先秦儒学的真精神，他们所反对的都是儒学独尊以来所形成的儒学新传统。

东汉统治者笼络儒生，扩充太学，使太学生人数增长至三万多人。在这种背景下，士大夫中出现了评议朝政的"清议"之风，从品评人物发展到议论国事，对东汉政治发生了巨大影响。太学很自然成为清议的中心，而善于清议的人被视为天下名士。当时窦武、刘淑、陈蕃被标榜为一代宗师，李膺等八人被标榜为人中英杰，号称"八俊"；郭泰等八人被标榜为道德楷模，号称"八顾"；度尚等八人被标榜为能以财救人，号称"八厨"，等等。"清议"的议题涉及面很广，诸如农民起义、对羌人的战争问题、经济破产问题、外戚干政问题等。"清议"也导致"党锢"之祸，后来被禁止，不得不另谋出路，由愤激的评议朝政转为发言玄远，随后更发展为魏晋的清谈和玄学。汉魏以降，在中国历史上，一直存在着士权和王权的斗争，一些士大夫提倡"以天下为己任"，试图移风易俗、整饬朝政，却往往受到当时统治集团的打击报复。最突出的事例如明代末年的东林党人与魏阉的尖锐冲突，充分表现了士权与王权的激烈斗争。这实际上是先秦"道统"与"政统"分庭抗礼传统在新历史条件下的延续。

五 东汉儒家的隐者消极地反抗王权专制

对于儒家学者来说，如果天下无道，政治黑暗，君不君，臣不臣，他们就选择怀抱大道，隐遁不仕的道路。因此，隐逸也是先秦儒家消极反抗王权的传统之一。孔子一生从政不可得，理想不得实现，促使他在进行自我的反思。晚年的孔子不时表示出对隐逸的向往和赞叹。如他说过："道不行，乘桴浮于海。"（《论语·公冶长》）他还有想"居九夷"（《论语·子罕》）想法，这都是一种隐者的"避世"思想。当他与弟子们各述其志时，他赞赏的不是做官从政的志向，而是曾皙的那个近乎隐逸者的自况："暮春者，春服既成。冠者五六人，童子六七人，浴乎沂，风乎舞雩，咏而归。"（《论语·先进》）但是，应该指出，儒家的隐者与道家和后来佛教有本质上的不同，那些真正的隐士往往倾向于遗世独立，离群索居，彻底与世事隔绝，而儒家的隐者以儒家的出处之道为指导，主动选择了出仕之道，但又"未忘斯世"，退居江湖，心忧天下，更重要的是如果一有机会，政治稍微清明，他们就不忘提出自己的思想见解和救世主张，而且在民间以道德人格感化世人，以儒家思想教育弟子，有许多可贵的事功，可以说是知行合一，德业兼备。儒家的隐者为了保持自己政治理想和道德人格而采取与统治者不合作的方式，但他们脱离政治却不脱离社会生活，在政治之外还注重发挥隐者的"社会功能"，即隐而有德，德而风行草偃，影响他人和社会，才是儒家"隐"的最高价值；反之，如果消极避世，成为封闭的个体，就失去了儒家隐逸的特殊价值。①

---

① 许尤娜：《隐者、逸民、隐逸概念内涵之厘清——以东汉之前为限》，载台湾《哲学与文化》（月刊）第294期。

东汉隐逸特盛，与社会政治以及思想意识的变化有密切关系。两汉之际，社会动荡不安，持续不断的战争，不仅一般老百姓的生命财产得不到保障，就是身处官场的许多社会精英也难保不身首异处，死于非命。至桓灵之际，朝政大坏，所谓"帝德稍衰，邪孽当朝，处子耿介，羞与卿相等列"（《后汉书·逸民传》）。士大夫的"品核公卿，裁量执政"非但没有改良政治，还遭到了残酷的镇压，董仲舒以来儒生的经学政治理想破灭，出于对抗黑暗的社会现实和保全自身的需要，许多被政治抛弃的士大夫也抛弃了政治，相继走上了隐逸之路，退回到自己的山水田园之中寻求慰藉，于是隐逸的队伍迅速扩大，以至范晔在正史中为他们专门立传。综观东汉一朝，虽然隐逸者蔚为大观，但具体到每个人，则情况比较复杂，其中不但有真隐和假隐的区别，永久隐和暂时隐的不同，而且真隐中还有道隐和儒隐的差异，以隐为目的和以隐为手段的分野，等等。① 不过，从总体情况来看，基本上仍然是儒道的分野，即可分为道隐和儒隐。道隐是隐逸中的正宗，他们惧怕官场的恶浊，厌恶尘世的嚣扰，以隐为目的，不求富贵利禄，不慕权势声名，只求保身全性，在无拘无束中度过自己的一生。儒隐是儒生面对官场的黑暗，仕途的险恶，怀着"达则兼济天下，穷则独善其身"，"邦有道则仕，邦无道则隐"的人生态度，根据实际情况决定自己进退出处。这些人或先隐后仕，或先仕后隐，或隐、仕几次反复，但出自主观的真诚。他们不是伪君子，他们的行动体现着自己的信仰，闪烁着人格的力量和光辉。② 如巴郡阆中谯玄，字君黄，"少好学，能说《易》、《春秋》。仕于州郡"。成帝时因"敦朴逊让有行义"被州举入朝，"诣公车，对策高第，拜议郎"。平帝时"复拜议郎，迁中散大夫"。后作为"明达政事能班化风俗者八人"之一，"为绣衣使者，持节，与太仆任恽等分行天下，观览风俗，所至专行诛赏。事未及终，而王莽居摄，玄于是纵使者车，变易姓名，间窜归家，因以隐遁"。后公孙述僭号于蜀，连聘不诣。述乃遣使者备礼征之；若玄不肯起，使阳以毒药。太守乃自赍玺书至玄庐，曰：'君高节已著，朝廷垂意，诚不宜复辞，自招凶祸。'玄仰天叹曰：'唐尧大圣，许由耻仕；周武至德，伯夷守饿。彼独何人，我亦何人。保志全高，死亦奚恨！'遂受毒药。玄子瑛泣血叩头于

---

① 孟祥才：《评东汉时期的隐者群》，《聊城师院学报》1997 年第 6 期。
② 同上。

太守曰：'方今国家东有严敌，兵师四出，国用军资或不常充足，愿奉家钱千万，以赎父死。'太守为请，述听许之。玄遂隐藏田野"，"独训诸子勤习经书"，"终述之世"（《后汉书·谯玄列传》）。儒家的隐者往往都是出于对当时政治和社会的不满，又无可奈何，不得已而求其次，以不合作的态度消极地反抗王权，蔑视权贵，但在地方上为社会仍然以德行感化顽劣，教化世人，努力尽一个儒者能尽的责任。东汉后期，儒道界限逐渐模糊，隐逸价值的重心有从儒向道转移的倾向，为魏晋时期儒道合流，玄学形成奠定了基础。此后，隐逸成为中国文化中的涓涓清流，儒家之隐者代有，儒家之隐逸思想成为一个传统，不绝如缕。

六　隋唐宋明儒家高扬道统，进行社会、政治和文化批判

魏晋以降，儒学式微，玄学崛兴，道教创建，佛教传播，在中国出现了儒、道（教）、玄、释既并列纷争，又相互融合的多元激荡的格局。隋朝的统一，不仅结束了数百年来南北分治的局面，而且开始将南北文化融为一体，优势互补，这样就为唐代的文化繁荣以及宋明的儒学复兴创造了条件。隋朝统治者对儒学是扶持和利用，多次下诏提倡儒家的礼仪道德以恢复和重建社会秩序，使儒学研究开始复苏，社会上出现了儒雅的风气，儒家学术一时间获得空前发展。但由于隋文帝及其后继者隋炀帝的个人对佛教颇有好感，也提倡佛道二教，儒学实际上只是佛道的陪衬。立志恢复儒家道统，重建王道理想的是隋末大儒王通。王通出生在官宦世家，家学渊源深厚，从小就受到儒学的熏染。《中说·立命篇》有"夫子十五为人师"的记载，可见王通少年时即精通儒学，学问极好。据说在隋文帝仁寿三年（603年），王通曾经"西游长安，见隋文帝，奏太平十二策，尊王道，推霸略、稽今验古"，但没有受到重用，仅被授以蜀郡司户书佐、蜀王侍郎。所以王通不久就"弃官归，以著书讲学为业"，直至终老，受海者达千余人。唐初几名大政治家魏徵、房玄龄、杜如晦、李靖等都出其门下。

王通有感于佛、道的炽盛，官方对儒学的片面认识，复兴无力，明确指出："天子失道则诸侯修之，诸侯失道则大夫修之，大夫失道则士修之，士失道则庶人修之。修之之道，从师无常，海而不倦，穷而不滥，死而后已，得时则行，失时则蟠，此先王之道所以续而不坠也。"（《中说·

立命篇》）这里显然是对孔子"礼失而求诸野"的阐发，表达了一种"上失其道，道在民间"的思想。王通把周公和孔子推到了至高无上的地位，他说："千载而下，有申周公之事者，吾不得而见也；千载而下，有绍宣尼之业者，吾不得而让也。"（《中说·天地篇》）他把承袭、宣扬周公与孔子的事业、思想作为自己毕生的伟业，即使到处碰壁，也矢志不回。他的儒学思想的中心是儒家的王道，认为只有周公和孔子才体现了王道之制和王道理想，"吾视千载以上，圣人在上者，未有若周公焉，其道则一，而经制大备，后之为政者有所持循；吾视千载而下，未有若仲尼焉，其道则一，而述作大明，后之修文者有所折中矣。"（《中说·天地篇》）他常常以古人"生以救时，死以明道"的抱负来激励自己，在其思想不为当政者重视，不能实现自己的抱负时企图通过著书立说和教育弟子来实现自己的理想。王通的学术思想是主张以儒学为主，三教可一，即出于现实的政治考虑，主张容忍佛、道二教独立存在，同时站在儒家的立场上，对佛道进行了批判和扬弃，既承认它们的价值和意义，又拒斥它们的虚诞与儒学传统格格不入的东西，认为儒学的复兴与发展应该利用、吸收和凭借解释二者的思想资源达到最终重建儒学新体系的远大目标。

唐朝统治者对于儒学基本上是尊重和提倡的，然而由于儒释道三教冲突与斗争的复杂背景，因而在各个时期的表现并不完全一致。唐朝建国之初，原则上是以儒释道三教并举作为思想文化领域的基本国策。唐高祖李渊个人对儒学颇有好感，甚重儒臣，即位之始，就下令恢复学校，置国子、太学、四门生，郡县学亦各置生员，为儒学的恢复提供了基本前提和条件。李世民出于现实政治的考虑，认为不可能废除佛道二教而独尊儒术，但作为一代英主，他内心深处非常清楚唐王朝真正应该依靠的思想支柱只能是儒学，所以表示："朕今所好者，惟在尧、舜之道，周、孔之教，以为如鸟有翼，如鱼依水，失之必死，不可暂无耳。"[①] 即位之后，他继续推行重儒政策，尊崇儒学，提倡教化，儒学的地位得到了相当程度的提高，在三教中居于中心地位。为了统一思想，唐太宗还命孔颖达、颜师古等编写而成《五经正义》。整理儒家经典原本是一件好事，但由于唐太宗过于强调儒家学说的意识形态功能，把《五经正义》搞成了适应现实需要的政治性很强的文献，甚至在某些方面具有封建法典的意义。范文

---

① （唐）吴兢：《贞观政要》，第187页。

澜说，唐太宗组织编写《五经正义》，"结束东汉魏晋南北朝历代相沿的经学，这是适应政治上全国统一的巨大事功，很有助于统治阶级的思想统一……对于儒学的影响，与汉武帝罢黜百家独尊儒学有同样重大的意义"。[①] 这样一来，便不可避免地存在两个问题，一是经典整理的工程虽然浩大，成就颇多，但实在说来并无助于恢复传统儒学的真精神，而仅仅实现了儒学在形式上的繁荣。特别是由于唐太宗在对儒学的利用上，过分强调其社会实践功能，因而相对忽视其内圣意义，儒学不再是向里通向身心性命，由"正诚格致"来安顿生命，升华生命；而仅仅是"讲论经义，商略政事"的外王之道。二是唐太宗整理儒家典籍的根本目的是为了制定天下无异议的官方教科书，结果自《五经正义》出，而后经义无异说，这势必在一定程度上封闭和束缚了儒学的灵性，扼杀了儒学进步发展的生机，使儒学重蹈汉代经学的老路，久而久之势必沦为一种僵化烦琐的理论体系和思维方式。所有这些，不能不受到一些有识之士的质疑与反抗。[②] 于是，在新的"帝制儒学"形成之后，许多儒家的有识之士出于对唐代官方儒学束缚的反抗，通过不断回归先秦儒家的思想正统，以反对官方儒学的政治正统，同时也反对佛道对中国文化侵蚀和偏离。中唐时期的韩愈、李翱、柳宗元就是其中的代表人物，他们更多地是站在先秦儒学的立场上攻击为统治者提倡的佛道异端，他们力图通过"求圣人之志"，"明先王之道"，不拘于经文章句，而是高扬超越一切具体知识的"道"，把"道"置于优先于一切的根本性位置，希望在这种超越性的"道"的基石之上重建知识、思想与信仰的秩序[③]，重建儒学道统，重建儒学思想体系，并构成了汉唐儒学向宋明理学过渡的重要环节。

韩愈是唐代著名的文学家，古文运动的领导者，他毕生"以兴起名教弘奖仁义为事"，努力以自己的学术重建儒家精神，对于儒学的弘扬，功劳甚巨。他认为，先王之道久已丧失，孔子之学亦久已失传，因此有必要去"原道"，去"原学"。那么，韩愈的"道"是什么呢？在《原道》中他明确指出："博爱之谓仁，行而宜之谓之义，由是而之焉谓之道，足

---

① 范文澜：《中国通史简编》（修订本）第三编第二册，人民出版社1965年版，第640—641页。

② 庞朴主编：《中国儒学》第一卷，第223页。

③ 葛兆光：《七世纪至十九世纪中国的知识、思想与信仰》，《中国思想史》第二卷，第214页。

乎已待外之谓德。仁与义为定名，道与德为虚位。……其文《诗》、《书》、《易》、《春秋》，其法礼、乐、刑、政，其民士、农、工、贾，其位君臣、父子、师友、宾主、昆弟、夫妇。"可见，韩愈的"道"就是儒家的圣人之道。儒家圣人之道的传授由来已久，与佛道的所谓"道"有根本的区别："斯吾所谓道也，非向所谓老与佛之道也。尧以是传之舜，舜以是传之禹，禹以是传之汤，汤以是传之文、武、周公，文、武、周公传之孔子，孔子传之孟轲。轲之死，不得其传焉。"[①] 可见，韩愈自信为儒学的嫡传和正统，千百年来只有他才真正获得儒学的根本精神。在韩愈提出"道统说"之前，其统道之人，除孔子而外，均是古代帝王。韩愈提出"道统说"，认为儒家的道统虽然是由古代的圣王开创的，但却是由孔、孟、荀、扬、韩等师儒所传授和继承的，也就是说，他把统道之人由帝王转移到了师儒，这就具有某种以道统限制君主，使之按道行事的意义。韩愈这一思想还体现在他的《师说》里。他说："道之所存，师之所存也。"认为道不能脱离师儒而存在，师儒肩负着传道授业解惑的重任。这一思想对宋代理学家的道统论影响很大，他们也效法韩愈，以道的传人自居，彻底改变了帝王道统的传统观念。[②] 韩愈"道统说"的根本目的是"明先王之道以道之"，即通过追寻先王之道来试图为当时社会确立指导思想。因此，"道统说"不仅解决了儒学的传承问题，对宋明理学也有直接启发，而且以民间的立场对唐代"帝制儒学"僵化和意识形态危机提出了现实的解决之道，有着强烈的现实意义。

韩愈认识到，佛教的势力之所以如此强大，除了其因果报应论足以迷惑那些善男信女外，还有一个重要原因就是佛教具有一套相当精致与完备的心性学说。因此，儒学要彻底战胜佛教，绝不能像以往的儒者那样，仅仅满足于在社会政治伦理方面的理论优势，而是要批判性地吸收佛道理论上的优点，建立起儒家自己的心性理论。为此，韩愈系统地总结了传统儒学在心性问题上的理论得失，认为只有儒家的经典《大学》足以与佛教的心性论相抗衡。他综合了孟子、荀子、扬雄的人性理论，并继承了董仲舒的性三品说，确立了自己的"性三品"说和性情统一论，其观点主要是针对佛教性情对立的观点而发的。佛教主张出世，弃绝七情，在性情关

[①] 《原道》，《韩昌黎文集校注》，第18页。
[②] 蔡方鹿：《中华道统思想发展史》，四川人民出版社2003年版，第262—263页。

系上要求灭情以见性，见性以成佛；韩愈则主张因情以见性，就是在克制情欲的道德修养中改善人性，以符合现实伦理道德的要求。

李翱作为韩愈的追随者，修正了韩愈的人性学说，认为韩愈把人性分为三品，把人性的先天差别说得太绝对，不利于争取信徒。为此，他引进了儒家的另一部早期经典《中庸》中"诚"的概念，融摄佛道之性，建立以儒家德性为主体，以性命为中心的"天人合一"的伦理价值体系，专门写了《复性书》来弥补韩愈的缺陷，形成中国儒学史上有名的"复性论"。李翱的复性说显然借用了佛教的思想资源，是通过吸收佛教来抽空佛教义理的，解决了儒佛之间的冲突，健全和完善了儒学的心性理论，而且为宋儒的心性论做了理论上的准备，开宋明理学之先河。

柳宗元担心唐代统治者重蹈汉代经学的老路，面对佛道大炽，儒学中衰的现实，也以复兴尧舜孔子之道为职志。只是在儒学的发展方向上，柳宗元并不像韩愈那样坚决排斥佛老，与韩愈比较起来更具有兼容并包的心胸。他主张以儒为主，融合佛老，吸取佛教中的若干理论命题而否定它的宗教形式，建立起具有无神论色彩的儒学思想体系。柳宗元是通过批评汉儒间接地批评当时的官方儒学的。在永州贬所，他回答友人吴武陵"董仲舒对三代受命之符，诚然？非邪？"之问时说："非也。何独仲舒尔，自司马相如、刘向、扬雄、班彪、彪子固，皆沿袭嗤嗤，推古瑞物以配受命。其言类淫巫瞽史，诳乱后代，不足以知圣人立极之本，显至德，扬大功，甚失厥趣。"（《新唐书·柳宗元传》）进而明确地表述了一种与汉儒截然不同的观点："受命不于天，于其人。休符不于祥，于其仁。惟人之仁，匪祥于天。匪祥于天，兹惟贞符哉！未有丧仁而久者也，未有恃祥而寿者也。"（《新唐书·柳宗元传》）显然，在柳宗元看来，汉儒那种迷信有意志、目的之"天"的表现如同"淫巫瞽史"一样，是"乱常"，而"圣人立极之本"、"圣人之道"则是努力于"仁"的伦理道德实践的，是"不穷异以为神，不引天以为高，利于人，备于事，如斯而已矣"（《时令论》上）。在《非国语》中，他对《国语》中所宣扬的天命观、有神论以及占卜、相术、祭祀等进行了抨击，名义上是针砭千余年前的《国语》，实质上是针对唐代中叶的现实，借以匡正时弊，垂训将来。在重建儒家道统中，他特别重视阐发先秦儒家的"中道"思想，并以之为判定是非、立身处世的基本原则。在《非国语》中，他批评当代圣道不明，士大夫论政，多脱离中道，"近世之言理道者众矣，率由大中而出者咸无焉。其言本儒术，则迂回茫洋而不知其适；其或切于事，则奇峭刻覈，不能从容，卒泥乎大道。甚者好怪而妄言，推天引神，以为灵奇，恍惚若化而终不可逐。故道不明于天下，而学者之至少也"。他强调："圣人之为教，立中道以示于后。"（《时令论》下）因此，儒者应该"谨守而中兮，与时偕行，万类芸芸兮，率由以宁……配大中以偶兮，谅天命谓何"（《惩咎赋》）。

经过五代乱离，兵戈不息，宋代政权一建立，就开始形成一种重文轻武的风气。宋太祖杯酒释兵权，颇留心于文治，宰相赵普号称以"半部《论语》治天下"，宋初还确立以文官知州事的制度，开放取士途径，大量选拔与任用儒生，官学的重建，特别是地方州县学校的兴建和学官的设置，私学的重兴，使知识分子的人数急剧增加，知识、思想和学术的势力越来越大，其中有许多人常常以议论表达他们对政治的看法，并在士人当中造成影响，逐渐在11世纪七八十年代形成了政治重心与文化重心的分离，也导致了理学的兴起①，并进一步形成了"道统"与"政统"之间的分立与抗衡。宋儒在隋唐诸儒的基础上，开创了道学或称宋明理学的新儒学思想体系，以普遍适用的"道"或"理"为一切自然与社会存在的原理和原则，来对现实社会进行批评和提升。他们认为，"天下唯道理最大，故有以万乘之尊而屈于匹夫之一言，以四海之富而不得以私于其亲与故者"②，这就是说再有权有势也不能超越"道理"之上，胡作非为。"他们相信有一种超越皇权的普遍真理存在，这种普遍真理是任何人包括皇帝都应当遵从的，是放之四海皆准的"。③

在理学形成的时候，在野儒者与在朝的官方学者颇有不和乃至斗争。如张载、二程和王安石的冲突就是例子。这种冲突既是学术思想上的，也是政治上的。就前者而言，张载、二程重建道统，高扬道德理想主义，而王安石自称也是儒家，但在思想倾向上有浓厚的功利主义色彩；就后者而言，张载、二程主张渐进的政治改革，而王安石则有强烈的激进主义作风。王安石在推行改革时是以官方的身份，利用政权的力量，而张载、二

---

① 葛兆光：《七世纪至十九世纪中国的知识、思想与信仰》，《中国思想史》第二卷，第273页。

② 佚名：《皇宋中兴两朝圣政》卷四十七。

③ 葛兆光：《七世纪至十九世纪中国的知识、思想与信仰》，《中国思想史》第二卷，第274页。

程则是民间身份，只能依靠道义的力量，这才真正显示了儒者以"以道抗政"的精神传统。宋神宗时张载被推荐到朝廷，被任命为崇文院校书。时值王安石变法，想求助于他。张载在与王安石的交谈中认为，变法如果"与人为善"的话，则愿意合作；否则便勉为其难。其实，张载对宋朝"积贫积弱"的状态，也主张改革，但不同意王安石的"顿革之"，而主张"渐化之"，因此他们的意见不同，"语多不合"。在这种情况下，张载想辞去崇文院校书之职，未被批准。不久，被派往浙东明州去审查处理苗振的贪污案，有人就提出不同意见，说："张载以道德进，不能使之治狱。"王安石回答："淑问如皋陶，犹且献囚，此庸何伤！"① 办完苗振案子回朝，恰逢张载的弟弟监察御史张戬因为反对王安石变法，与王安石发生了尖锐的冲突，被贬至公安县，张载无疑是赞同、维护弟弟的，估计自己也会受到牵连，就辞职回到故居陕西横渠，遂称病隐居不仕，专心进行学术研究，建立自己的思想体系，开创了宋明理学关学一派。

　　二程兄弟无论从思想上，还是政见上，都与当时的神宗以及所任用的王安石形成对峙，甚至发生冲突。程颢举进士后，先在地方上任职。神宗初，到中央任御史。神宗曾经召见他，程颢"每进见，必为神宗陈君道以至诚仁爱为本，未尝及功利。神宗始疑其迂，而礼貌不衰。尝极陈治道。神宗曰：'此尧舜之事，朕何敢当？'先生愀然曰：'陛下此言，非天下之福也。'"② 据程颐记载，其兄"未尝及功利"，与王安石变法言必及功利恰好对立，因此对王安石变法非常不满。程颢甚至不遗余力地反对新法，"荆公浸行其说，先生（指程颢——引者注）意多不合，事出必论列，数月之间，章数十上。……先生言既不行，恳求外补。……神宗将黜诸言者，命执政（王安石——引者注）除先生监司，差权发遣京西路提点刑狱"。③ 在上书中如《论王霸札子》将新法喻为"霸道"，以儒家的"王道"与之抗衡，谓"治天下者，必先立其志，正志先立，则邪说不能移，异端不能惑，故力进于道而莫之御也。苟以霸者之心而求王道之成，是衔石以为玉也"④，攻击新法为"异端"，"邪说"。据邵伯温说："程伯

---

① 《吕大临横渠先生行状》，载《张载集》，第382—383页。
② （宋）程颐：《明道先生行状》，载《河南程氏文集》卷十一，《二程集》，第634页。
③ 同上。
④ （宋）程颢：《论王霸札子》，载《河南程氏文集》卷一，《二程集》，第451页。

淳先生尝曰：'……介甫（王安石——引者注）性狠愎，众人以为不可，则执之愈坚。君子既去，所用皆小人，争为刻薄，故害天下益深。使诸君子未用与之敌，俟其势久自缓，委曲平章，尚有听从之理，俾小人无隙以乘，其为害不至此之甚也。'天下以先生为知言。"① 程颢显然是站在儒家道德理想主义的角度，从王安石所任用人才的道德方面评价王安石的改革，也批评了王安石的个性缺陷以及专断的作风。这样的批评隐含的必然是对神宗任用王安石进行变法的批评，并以在野儒者的身份和儒家的政治理念表达了与现行政治不同的政见，可谓"持不同政见者"。程颢由于屡屡反对新法，被贬回洛阳。时旧党人物司马光、文彦博、富弼、吕公著等都退居洛阳。程颢与他们过往甚密，相互标榜，形成了在野的政治舆论力量。据朱熹《伊洛渊源录》卷二记载，程颢"既不用于朝廷……居洛几十年……在仕者皆慕化之，从之质疑解惑；闾里大夫皆高抑之，乐从之游；学士皆宗师之，讲道劝义。……于是先生身益退，位益卑，而名益高于天下"。② 可见，程颢为坚持自己的道义宁肯牺牲政治前途，对新法和神宗的政策采取毫不妥协的态度并进行抨击，显示了一种以道抗政的积极精神。

程颐在旧党复起时受司马光、吕公著举荐，除作为秘书省校书郎外，哲宗还授崇政殿说书。程颐有比其兄更为高扬的儒家师儒气质。据载，他在给小皇帝（哲宗）讲书时态度是非常严肃，甚至严厉的。有一次正当春日，在讲课休息期间，年幼的哲宗起来活动活动身子，顺便走到院子折了支柳枝玩耍，程颐看见了马上谏曰："今万物生荣，不可无故摧抑。"如此小事，贯彻了儒家泛爱万物的思想，程颐也要与皇帝较真，弄得小皇帝不高兴，把柳枝一扔，回到书房。③ 程颐还从理论上否定王安石新学的意义。如元祐元年他在《上太皇太后书》中说："臣以为今日至大至急，为宗社生灵久长之计，惟是辅养上德而已。历观前古，辅养幼主之道，莫备于周公。周公之为，万世之法也。臣愿陛下扩高世之见，以圣人之言为可必信，先王之道为可必行，勿狃滞于近规，勿迁惑于众口。"④ 程颐借

---

① （宋）邵伯温：《邵氏闻见录》卷十五，中华书局1983年版，第164—165页。
② （宋）朱熹：《伊洛渊源录》，中华书局1985年版，第17页。
③ （宋）马永卿：《元城语录解》卷上，丛书集成初编本。
④ （宋）程颐：《上太皇太后书》，《河南程氏文集》卷六，《二程集》，第542页。

周公之名，要朝廷实行古法，不要受亲近众口的影响，这显然是针对王安石新学而说的。

除了与王安石，以二程为代表的所谓洛党与三苏父子为代表的川党（蜀党）以及以刘挚、梁焘等为代表的朔党也有着不同程度的冲突，并最终导致了"元祐党禁"，理学遭受到创始以来第一次政治厄运，洛学的传授被视为非法，程颐个人的身体和精神也遭受了不同程度的打压。宋徽宗曾下诏："追毁程颐出身文字，其所著书，令监司觉察。"（《宋史·徽宗纪》）程颐被迫迁居龙门之南，遣散弟子。政府不许民间教授传习所谓"元祐学术政事"。一些趋炎附势的干禄小人，迎合宋徽宗、蔡京集团的意图还不断地上疏要求斩草除根，禁绝洛学的流播。从此以后，洛学凋零20多年，以至于程颐去世时，"先生之葬，洛人畏入党，无敢送者"。[①]宋徽宗与蔡京打着王安石新学的旗号进行的一系列倒行逆施，最后断送了北宋王朝。这又成为南宋君臣以理学攻击王安石新学的口实，这样就在建炎、绍兴年间出现了对新学的批判运动，也同时就是理学的复振的开始。

到了乾道、淳熙年间，理学的传播迎来了黄金时期，在相对宽容的文化政策下，理学获得了新的发展，一时名家辈出，朱熹、张栻、吕祖谦等影响较大，时称"东南三贤"。其中对理学思想进行集大成的是朱熹为代表的闽学。朱熹对孟子"民贵君轻"表示赞同，他说："盖国以民为本，社稷亦为民而立，而君之尊，又系于二者之存亡，故其轻重如此。"[②] 朱熹强调，尧舜及三代圣君与汉唐君王有严格区别，这是因为尧舜三代之圣君行的是王道，推行义理之心；而汉唐君王则推行霸道，追求利欲以行私，尤其是唐代君王于儒家伦理多有不合，不仅杀兄劫父以代位，而且伦常关系混乱，所以不能接续三代之统绪。因此，宋明儒主张把君主置于"天理"即道的约束之下，强调尽管君主权位至尊，但君主也不得违背天理。为了维护天理的最高权威，他敢于矫君正君，不向邪恶势力低头，具有道统高于君统，以道与君权相抗争的意义。

理学在民间的影响越来越大，自然引起朝廷的注意，自孝宗即位后，朱熹就多次被引荐入朝为官，而几乎每一次他都坚辞不就，政治声誉日隆。淳熙七年（1180年），朝廷下诏求直言，朱熹上奏，试图以"讲明义

[①]（宋）张绎：《祭文》，《河南程氏遗书·附录》，《二程集》，第347页。
[②]（宋）朱熹：《孟子集注·尽心下》，《四书章句集注》，第367页。

理"、"闭塞私邪"求皇帝心术公平正大以立纲纪等理学思想打动孝宗，同时也毫不留情地批评孝宗亲密谋议"近习之臣"，"悦于功利之卑说"，结果惹得龙颜大怒，如果不是有得力的人为之解说，朱熹难免于罪。在孝宗后期，由于朱熹等的参与政事，与皇帝信任的一些官员发生了冲突，但仍然不屈不挠，即使归隐武夷山，还给朝廷传话，表达自己对朝廷任用官吏的批评意见，这必然引起这些当权者的憎恨，于是，弹奏朱熹的状子不断飞向朝廷。淳熙十五年（1188年），宰相周必大推荐朱熹为江西提刑时，有人规劝朱熹："正心诚意之论，上所厌闻，戒勿以为言。"而朱熹则说："吾平生所学，惟此四字，岂可隐默以欺吾君乎？"（《宋史·朱熹传》）于是，他又在朝廷面对孝宗毫不顾忌地批评朝政得失，指责不正的官员，这就引起孝宗的反感和反理学官僚的忌恨。宁宗时理学又有了新的发展机遇，因为当朝宗室大臣赵汝愚与宁宗都是朱熹理学的信徒，朱熹应诏入朝，满怀匡正君心的抱负，准备要以儒家大道造就一个诚厚俭约的君主，以符合天意人心。他的新职位是焕章阁待制兼侍讲，为皇帝经筵讲书。因此，他以"帝王师"的姿态，开始以理学影响朝政。可是，朱熹未免高兴得太早了。他很快就发现，当他一接触到"朝廷纲纪"这样的实质性问题时，宁宗与其身边的人就不能容忍。特别是赵汝愚与韩侂胄之间的权力斗争不断地白热化，他是站在赵汝愚一边的，在上疏中屡屡有指责韩侂胄的地方，必然引起韩的忌恨。赵汝愚垮台后，韩侂胄利用取得的政治权力，为消泯理学在朝野的政治地位和社会影响，积极支持自己的亲信以及对理学不满的臣僚对朱熹大肆进行政治报复，于是就酿成两宋史上第二次政治文化大清剿：朱熹理学被贬为"伪学"，许多学派和学者都列为"伪学逆党"，遭到了打击、贬逐。同时一大批理学家被朝廷上了"黑名单"（籍记姓名），造成了人人不敢公开谈论理学的恐怖局面——这就是"庆元学禁"。

长期以来，学术界已经形成了一种定见，认为程朱理学是封建社会后期的统治思想，从11世纪到17世纪历时700年之久，比历史上的经学、玄学、佛学统治的时间都长。其影响至今仍然存在，近现代各色反动派曾先后予以利用。[①] 事实上，程朱理学之被作为统治思想是后来的事情，理学从元代创立完成了儒、佛、道三教合一的综合思想体系，经过元代统治

---

① 侯外庐等主编：《宋明理学史》上卷，人民出版社1984年版，第9页。

者的提倡，明代统治者的钦定，才开始成为占统治地位的官方意识形态，通过科举和教育制度向社会的各个方面渗透。清代统治者沿袭明制，试士内容当中理学依然占相当大的比例。这说明理学的正统地位和历史作用，是被统治者捧起来的，是被统治者利用的，是统治者出于政治统治的需要和儒学末流学者的推波助澜所使然的，并非理学家个人之图、之误、之罪。他们个人创立学派、传播知识、教育后学的初衷并没有使自己成为"官学"，使理学意识形态化乃至成为专制思想是他们身后之事。就他们个人而言，在世时虽有思想、有知识，却没有成为显贵高官，也没有获取厚禄，享受优越的待遇。相反，他们许多人都是人生艰难，仕途坎坷，遭受各种迫害和打击，支撑他们的往往就是儒家的思想和人格，是他们对社会的责任感，对历史的担当意识，对老百姓的同情仁爱。

当然，我们今天也应该认识到，理学在明代以后被作为统治思想之后，就开始走向了它的反面。一方面在理学内部，在明初朱学统治地位确立以后不久就越来越僵化、空疏，至陈献章开始转入由南宋陆九渊开创的心学之路，到王阳明集大成；另一方面在理学外部，从明末清初开始，又不断地遇到来自不同思想派别的新一代思想家的批判，反理学的思潮逐渐高涨起来。

七 明清儒者反政治专制和思想专制，进行社会批判

明清两代是中央集权高度发展的历史时期，也是封建制度日益腐朽没落、濒于崩溃的历史阶段。明朝开国之君朱元璋，一开始也尊崇儒家思想，但其实尊崇的是程朱理学。洪武三年（1370年），朱元璋就下令在科举考试中，一律采用程朱一派理学家对儒家经典的标准注本，竭力提高程朱理学在官方学说中的地位，致使程朱理学出现前所未有的盛况。不过，朱元璋特别反感历史上儒家的批判精神，就因为看到孟子书中有"暴君伐论"和"民贵君轻"之类的话，就勃然大怒，要把他革出孔庙，并下令删除《孟子》一书中不利君主专制的内容。

明初朱学统治地位主要在以下两个方面得以确立：

一是明初的科举规定以"四书"、"五经"的内容作为考试的题目，以朱熹的注疏为标准答案。还规定，文章略仿宋经义，代古人语气为之，体裁用排偶，称作"八股"，其格式刻板，内容僵化，不可能有自己的思

想情感。从此以后至清末,程朱著述成为士人学子必读之学,八股科举成为绝大多数士人学子出人头地的必由之路,对于控制士人的思想,使人们的思想程式化、刻板化起了恶劣的作用。

二是明永乐年间《五经大全》、《四书大全》、《性理大全》的编撰和推行。三部《大全》是明成祖朱棣在永乐十二年(1414年)命翰林院学士胡广等人组织编撰的,由明成祖亲自作序,颁行天下。其中前二部是"五经"、"四书"的集注汇纂。《性理大全》为程朱学者解释六经的著作和性理方面的言论。其中《四书大全》可以说是朱熹《四书集注》的放大,《五经大全》以朱熹的传注为主,《性理大全》同样充满朱学的痕迹。这说明三部《大全》是朱学著作的汇集,明显标志着程朱理学官学化的完成和确立。此后尽废古注释不用,程朱理学不仅成为牢笼天下人心和维护专制统治的工具,而且成为士子猎取功名利禄的工具。明初统治者编撰和推广三部《大全》,与汉武帝"罢黜百家,独尊儒术"和唐太宗颁布《五经正义》有着同样重大的意义,都是统一思想学术的需要。所不同的是,明代统治者通过三部《大全》所确立的朱学,比起董仲舒所推崇的儒学以及孔颖达的《五经正义》,是一套更加完整系统的哲学和政治思想体系,它与八股科举制度相结合,对封建社会后期的学术思想界以至整个社会,都产生了深刻的影响。

朱学统治地位确立以后,科举制度便成为贯彻朱学思想统治的有力工具。有明近300年,从中央国子学到地方书院,以至乡村社学,都用朱学进行教育,"家孔孟而户程朱",朱学的影响到处存在。即使在其他文化领域,也处处渗透着朱学的影响。

程朱理学的独尊,导致了思想僵化,阻碍了社会意识的更新和创造。明代中叶以后,理学家吴与弼的弟子陈献章开始背离程朱理学转入陆九渊的"心本"论,赋予心以独立思考的内涵,强调个体意识等思想内容。为了救治程朱理学思想专制所造成的流弊,王阳明在陆九渊、陈献章的基础上发展了"心本"论思想,提出了以"致良知"为核心的心学思想体系,以补救程朱理学支离烦琐和僵化教条之弊,通过再现人的主体意识和能动作用,试图利用思想的力量来影响和推动社会。心学在与程朱理学论争过程中开启了理学发展的新方向,促进了人们的思想解放,同时也加速了程朱理学的衰落。但由于心学片面夸大主观精神的作用,以及阳明后学对心学极端的发展,造成了禅宗化的倾向,学者空谈明心见性,罕言修己治人，清谈学风泛滥，世俗道德衰落沦丧，士子不习国计民生之实务，整个学界弥漫着空疏陋习，心学也逐渐走向穷途末路。

理学和心学的解体和衰落，成为必然之势，取而代之的，是改良与批判的早期启蒙思潮的兴起。早期启蒙思潮不但在政治领域，而且在哲学领域对理学和心学进行了批判和改造。在政治领域的批判具体表现为一大批代表市民阶层思想倾向的民间思想家的出现，他们是王艮、何心隐、李贽以及东林党人等。他们从市民阶层的立场对宋明理学维护的封建礼法名教进行抨击，积极倡导存人欲、求平等、讲人性的思想。在哲学领域对理学和心学进行批判和改造，出现了继承北宋张载反对佛老的思想的一批气本论的哲学家，如罗钦顺、王廷相、吕坤等人。他们从不同的角度对程朱和陆王的思想基础进行了反思和批判，试图纠正对"理"的教条和对"心"的放任，寻找新思想的哲学基础。

王艮虽然曾经受学于王阳明，却保持着强烈的自我个性，是一位狂者，其学说也保持着独立性。他主张"百姓日用是道"，"圣人之道，无异于百姓日用，凡有异者，皆谓之异端"。这样，"百姓日用"就成了检验是"道"还是"异端"的标准。他还说"满街都是圣人"等。这些成为王艮思想的闪光点，也成为泰州学派思想的主旨和重要的进步命题，具有鲜明的人民性。他还提出"明哲保身"说，主张尊身、安身、保身、爱身，要"以身为本"，"修身立本"，"立本安身"，"身尊则道尊"，"知保身者，则必爱身；能爱身，则不敢不爱人；能爱人，则人必爱我；人爱我，则吾身保矣。……知保身而不知爱人，则必至于适己自便，利己害人，人将报我，则吾身不能保矣"。① 这些都表达了他与封建统治者消极的不合作态度，包含了平等、爱人的内容，反映了市民阶层反对政治专制的呼声，在当时起到了反抗政治压迫的积极作用。他还发展了原始儒家师儒的思想，提出"出不为帝者师，是漫然苟出，反累其身，则失其本矣；处而不为天下万世师，是独善其身，而不讲明此学于天下，则遗其本矣。皆非也，皆小成也"。② 他相信自己有出为帝王师的能力，也相信自己有掌握命运的力量。他还为未来社会设计了"人人君子，比屋可封"的理

---

① （明）王艮：《语录》，《明儒王心斋王先生遗集》，民国元年壬子（1912）东台袁氏神州国光社铅印本。

② 同上。

想境界，并追求一种平等和现实的人权，"我之不欲人加诸我"，希望别人不要来束缚自己，也不愿去约束别人，这是对儒家思想切合时代的发展，代表了那一时代、那一阶层人们的理想，明显地具有反专制的性质。

何心隐是一个英雄式的人物，他一生致力于泰州学派的宣传和为实现自己的社会理想而奋斗。他仰慕王艮"良知之学"，师事王艮再传弟子颜钧，从此不图科举，专心于圣贤之学。他曾因写信讥讽邑令强征赋外之税，身陷囹圄，经友人营救获释。后来积极参与参罢权相严嵩的活动，招致权贵忌恨，被迫更名改姓。万历年间，张居正禁毁私学。何心隐特撰《原学原讲》，与之针锋相对，力倡"必学必讲"，并"讥切时弊"，指斥张居正专政，遂被权贵诬为"妖人"、"奸犯"，遭到缉捕，惨死狱中。他为事业而舍万贯家产，曾在乡里办"聚合堂"作为自己社会理想的实验，后来又为讲学而四处躲避官兵的追捕。他性格豪侠，敢说敢为。在思想上，他对传统的"五伦"关系进行了新的排列，认为人与人之间应该是"相交而友"、"相友而师"，故而"五伦"中唯有师友一伦符合平等之义，应该是最高层次的社会道德关系。他主张以师友之道统率人际关系，使君臣、父子、兄弟、夫妇关系融入师友关系，各类人都平等地相交相处、相亲相爱。他说，"夫父子、昆弟、夫妇，固天下之达道也，而难统乎天下。……惟友朋可以聚天下之英才，以仁设教，而天下自归仁矣。天下非统于友朋而何？"① 这对传统的伦理道德观及其所维系的等级森严的社会政治制度具有一定的冲击作用。

李贽是明后期著名的异端思想家、文学家，"自幼倔强难化"，早年漂泊无定，在游历中结识泰州派学人，深受影响。后来辞官不做，隐居于佛寺。在隐居的20多年中，他著书立说，对当时的道学家多有揭露，对封建礼教有尖锐的批判，因而遭到统治者的迫害，被捕入狱，在狱中被迫自杀。李贽平生充满斗争性，为坚持自己的思想置生死于不顾，是世人眼中的"狂者"。他批判了被宋明理学神化了的儒家思想，提出了"是非无定论"，他认为是非之论都是相对的，如昼夜四季的变化，即使孔子复生，也难以判定今日之是非。他的目的是以相对主义的是非观来批判"以孔子是非为是非"的形而上学独断论的。这种批判从根本上来说是错

---

① （明）何心隐：《与艾冷溪书》，容肇祖整理：《何心隐集》，中华书局1960年版，第66页。

误的，然而批判的实践意义远大于理论意义，其可取之处就在于，李贽并没有绝对地否定孔子及其思想。在佛寺期间，他谈经读佛却还供奉孔子，他是反对把孔子言论的价值绝对化和对孔子的盲目迷信，这对于帮助人们解脱正统经典的束缚，解放思想有着积极的启发意义。他批判后世的所谓理学家都是"阳为道学，阴为富贵，被服儒雅，行若狗彘"[①] 的伪君子，这些理学家表面上满口仁义道德，要求人们"存天理，灭人欲"，自己则追求名利富贵。他反对理学家把天理与人欲对立起来的观点，认为心即是"真心"，"真心"也就是"私心"，这在伪道学盛行，道学家视"物欲"为怪物的情况下，确实是大胆的反叛。不过，他的"狂"已经有点玩世不恭，尽管在当时是可以理解的，是有积极的反对政治和思想专制的意义，但从另一方面背离了儒家的中道，也开了后来激烈批孔和激进批判传统文化的先何，为晚近以来的激进主义反传统者引为同道。

东林党人是明中期以后直接在政治上反对专制政治的群体英雄，也是在思想上力纠空谈心性的虚浮学风的重要学派。明朝自万历以后，国家政权逐渐落入宦官之手，他们把持朝政，专权乱政，在政治上乃至经济上实行残酷的独裁统治，整个社会法纪废弛，民不聊生，内忧外患，与日俱增。面对着朝政腐败、国危民艰的社会危机，以顾宪成、高攀龙为代表的东林名士及其他朝野人士，奋起抨击阉党和权贵们的专权乱政，立志革新朝政、济世救民。他们聚众讲学，讽议朝政，不畏邪恶，不屈强暴，以天下为己任，思考救国理民之道。他们与当时在朝的一些正直官员遥相呼应，评议时政，反对阉党，结果遭到了阉党权贵们的疯狂镇压。在思想上，他们抨击王学末流的空疏流弊，提倡讲习结合，相互印证的治学观点，以求通过读书、讲学、议政的务实之学，以传统儒家学者关心现实社会人生的忧患意识和救世精神，主张社会变革，解救社会危机，开了中国思想史上中早期启蒙思潮的先声。

罗钦顺在政治上反对权门横征暴敛，体恤民情，在思想上对理学的理气关系说进行了批评和修正，还批评了心学及禅学无限夸大精神作用的一些观点。罗钦顺思想的要旨是理气问题，他对理学的批评也由此问题引申而出。理气问题是宋明理学中的重要问题，朱熹是程朱派理气论的集大成者。罗钦顺论理气，与朱熹的一个根本不同，是把着眼点放在"气"上，

---

① （明）李贽：《三教归儒说》，《焚书 续焚书》，中华书局2011年版，第388—389页。

以"气"为本，由此表现出与朱熹理气论的根本对立。此外，在理与太极、道与器、人性论等问题上，都对程朱理学进行了批判，但他自己也没有提出更进一步的观点来。罗钦顺还批评了陆王心学及其重要思想来源的佛教禅宗，反对王学把万物的变化归结为"吾心"的变化，认为良知并不是天理，山河大地、草木金石是没有良知的。他觉得陆王心学实为禅学，"象山阳避其名，而阴用其实也"。①对他不能理解禅宗的顿悟学说也加以抨击。这些都反映了罗钦顺的批判精神。

王廷相是一个有远见卓识的政治家、思想家，他敢于正视社会现实，抨击宦官专权，主张改革弊政。他认为社会问题的根源在于吏治不清，贪贿盛行。为批评社会政治，他一生屡遭罢斥，仍无所顾忌。在思想上，他注重实际，反对空谈。他针对当时的学风，提出尖锐的批评，既针对程朱，也针对陆王，"崇朱者以讲论为真诠，守陆者以阐定为要轨，终身畔于圣人之学而不自知，由之各相沿习，误天下后学"。②由此学风而导致学者好高迂腐，不知治理国家、拯救民生之道，对社会毫无用处。他批评朱熹"理于气先"的说法，为学主"思"、"见闻"和"接习"（实行）并重，反对王阳明的"致良知"学说。王廷相把学术研究的目的归结为"兴道致治"，这同他在文学创作问题上主张"文以载道"是一致的。这样的观点虽没有超出儒家治国平天下的传统思想，但在良知天理之说甚嚣尘上的社会环境中，含有重视研究实际的意义，也是明末清初经学致用之学的开端。

明末吕坤在政治上曾上疏陈天下安危，抨击明政府的专制政策，表现了"以理抗势"和"法高于势"的精神，因此遭受打击，不得已称病辞职，隐居乡间，埋头著书立说20余年，形成了自己的思想体系。他把先秦思孟学派"道高于势"的思想发展为"理尊于势"，认为天子虽然掌握着天下最高的权势，但也应该有所畏惧。权势尽管高贵，但与"理"比较起来，"势之尊，惟理能屈之"。他说："故天地间，惟理与势为最尊，虽然，理又尊之尊也。庙堂之上言理，则天子不得以势相夺，即相夺焉，而理则常伸于天下万世。故势者，帝王之权也；理者，圣人之权也。帝王无圣人之理，则其权有时而屈。然而理也者，又势之所恃以为存亡者也。

---

① （明）罗钦顺：《困知记》卷下，中华书局1990年版，第36页。
② （明）王廷相：《雅述上》，《王廷相集》第三册，中华书局1989年版，第848—849页。

第十二章 古代王权政治与儒家的批判传统

以莫大之权无僭窃之禁，此儒者之所不辞而敢于任斯道之南面也。"① 这是吕坤对"以理抗势"精神较为透彻和完备的表述。他认为，在现实的政治生活当中，理与势之间常常会产生矛盾和冲突。作为儒者，在这样的冲突中只能"以理抗势"，即用理来限制皇权君势的过度集权专制。

吕坤继承儒家的民本思想，认为"天"立"君"的目的是让"君"为"民"服务的，民意是天意的体现，所以君主当以爱民来体现对天意的负责。吕坤用墙基与墙身、树木与树身等比喻民本君末的关系，说明民心、民意绝不可忽视，它决定着君主的安危，左右着国运的兴衰。"知君身之安危，社稷之存亡，百姓操其权故耳"②，这就有了人民是政治主体的意思。在学术思想上，吕坤虽然学宗程朱，但他对理学成为官学后思想专制又有许多尖锐、深刻的批评。他立足于气本论，论述"理气"和"道器"的关系，反对理学家以理为天地之本的观点。针对现实，吕坤尖锐批评当时那些空谈天道性命的道学先生，以"伪"、"腐"二字加以痛斥。"伪"是说他们言行不一，"腐"是说他们空言无用。他深深厌恶"开口便讲学派，便说本体"的道学玄谈，斥之为"痴人说梦"，对"国家之存亡，万姓之生死，身心之邪正"毫无用处。对明代盛行的王学，吕坤也十分不满，认为王学最大的弊端是空疏，而对王学的思想核心——知行合一和致良知的批评最尖锐、深刻。不过，吕坤有走向另一极端的倾向，把注重事功、讲求有用作为真正的学术道脉，反复宣传其学说是"真实有用之学"，这就又走入功利主义、实用主义之途。

明清之际，中国社会正处于"天崩地裂"的历史时期，各种社会矛盾错综复杂，儒家学者置身于激烈的社会变革中，或者走上起兵抗清之路，或者坚守气节，隐居不仕，潜心反思社会巨变，总结明亡教训。他们中如黄宗羲、顾炎武、王夫之、傅山、吕留良、唐甄、颜元、戴震等，成为早期启蒙思潮的代表人物。清初早期启蒙思想家对封建君主专制制度和程朱理学的批判形式是多元化的，内容上各有侧重，其基本思路是通过复兴儒学经世致用的优良传统以救治世道人心。

黄宗羲在明曾经作为"复社"成员进行反宦官权贵的斗争，清兵入

---

① （明）吕坤：《呻吟语》卷四《谈道》，《吕坤全集》中，第640页。
② （明）吕坤：《去伪斋文集》卷一《忧危疏》，《吕坤全集》上，第6页。

关后又招募义军进行抵抗，晚年开始集中精力从事著述。其思想方面最有价值的包括如下几点：（1）猛烈批判封建君主专制。在反思明亡的历史教训过程中，他深刻地认识到了封建君主专制的社会弊端，猛烈地展开了批判，并提出了改革社会的理想方案。他尖锐地指出：君主是"敲剥天下之骨髓，离散天下之子女，以奉我一人之淫乐"的人物，是"天下之大害"，"今也天下之人怨恶其君，视之如寇仇，名之为独夫"。① 他又进一步指出君主专制下的官吏，都是君主的爪牙和帮凶，他们的所思所忧，只是如何压迫剥削人民，维护君主的专制统治。②（2）黄宗羲以现实生活作为一面镜子，批评理学的学风，指出无论是程朱理学还是陆王心学，他们对理论的分析都很仔细，使人抓不住他们的不足之处。但他们有一个共同的缺点是与社会现实脱节，不能回答"天崩地解"的现实生活问题。③（3）提出"天下为主，君为客"的命题。这个命题不同于古代儒家所谓"天下为公"与"民贵君轻"的说法，主要是要伸张人民主权、批判君主专权。在《明夷待访录》中最脍炙人口的两句话，一是"为天下之大害者，君而已矣"，二是"天下为主，君为客"。④ 前一句可概括为"君为民害"论，批判的矛头直指秦王朝以后两千多年来以"敲剥天下之骨髓，离散天下之子女，以奉我一人之淫乐"的君主专制制度。显然，所谓"天下"指的就是人民。后一句可概括为"民主君客"论，伸张的正是主权在民、君须为民服务的思想。这些思想显然已经达到了"朴素民主性"的思想高度了。⑤（四）主张人民有议政权和监督权。黄宗羲还主张人民有议政权和监督权，并把这两项权利归于学校。在他看来，学校既是培养知识分子的基地，也是评议朝政、实施舆论监督的场所。黄宗羲认为，"天子之所是未必是，天子之所非未必非"，主张"必使治天下之具皆出于学校"，"公其非是于学校"。⑥ 这里的"治天下之具"，当指治理国家的根本大纲及其基本制度、发展战略的设计，使之"出于学校"，则学校就具有政治设计院的性质，而"公其非是于学校"，则学校就具备了舆论

---

① （清）黄宗羲：《明夷待访录·原君》，《黄宗羲全集》第一册，第2—3页。
② 同上。
③ 张岂之主编：《中国思想史》，西北大学出版社1993年版，第413页。
④ （清）黄宗羲《明夷待访录·原君》，《黄宗羲全集》第一册，第2—3页。
⑤ 吴光：《建立现代民主不能忘记黄宗羲的思想遗产》，《北京日报》2005年9月22日。
⑥ （清）黄宗羲《明夷待访录·学校》《黄宗羲全集》第一册，第10—14页。

监督的功能。尽管黄宗羲笔下的学校与近代西方的议会不可同日而语,但应该承认,这是对"是非一出于朝廷"的君主专制的否定,是对人民议政权和监督权的肯定,因而是具有民主性的政治主张。①

顾炎武与黄宗羲相似,少年参加"复社"反宦官权贵的斗争,清兵南下后又参加抗清斗争。失败后长期在外游历,去北方考察山川、拜师访友、搜访资料,做他认为切实有用的学问。顾炎武提出了"明道救世"的思想,"君子之学,以明道也,以救世也"。② 在长期的治学过程中,他积极关注社会现实,力求探索治乱之源。针对当时社会存在的土地兼并、赋役不均等严峻问题,他对整个封建社会进行了反思,认为封建社会的根本弊端在于郡县制度,而郡县制度的根本弊端在于君主一人专权于在上,并指出由分封制变为郡县制,曾经的社会发展的必然,而今弊端已极,必须进行变革。在政治思想上,他还提出了反对君主"独制"、实行"众制"的主张,反对高度集中的君主专权,主张地方分权。

顾炎武特别注重学术的社会价值,认为理学是空疏无用的学问,它所导致的是家、国的覆亡。他把理学与魏晋玄学加以比较之后,指出"清谈"的最大危害在于"祸国"、"乱政"。他说:"刘、石乱华,本于清谈之流祸,人人知之;孰知今日之清谈,有甚于前代者?昔之清谈,谈老庄;今之清谈,谈孔孟。"批评理学家"明心见性"就是空谈,说他们"不习六艺之文,不考百王之典,不综当代之务,举夫子论学、论政之大端一切不问,而曰'一贯',曰'无言',以明心见性之空言,代修己治人之实学"。③ 这里,他指出理学家不注意研究历史,对于现实问题更为漠视,只是一味宣扬"明心见性"的空谈。他还批评"今之所谓理学,禅学也"。④ 因为古人圣人教人,行在孝悌忠信,职在洒扫应对进退,文在诗书礼易春秋,用于修身则出处、去就、交际,用于天下则政令、教化、刑罚。而理学家空谈心道、性理,背离孔孟之道,实质上就是禅学。

---

① 吴光:《建立现代民主不能忘记黄宗羲的思想遗产》,《北京日报》2005年9月22日。
② (清)顾炎武:《又与人书二十五》,《亭林文集》卷四清光绪三十二年(1906)俞氏山隐居刻本。
③ (清)顾炎武:《日知录·夫子之言性与天道》,上海古籍出版社2012年版,第307—308页。
④ (清)顾炎武:《与施愚山书》,《亭林文集》卷三,清光绪三十二年(1906)俞氏山隐居刻本。

王夫之在清兵入关后即举兵抗击，辗转各地，失败后隐居湘西瑶族地区的荒山野岭之间，在艰难困苦之中，奋发自励，从事著述，探索治乱根源，成为伟大的思想家、学者。在政治上，他反对绝对专权，主张限制君权。他认为天下并非天子一家一姓的私有，而是天下生民的公有；一姓之兴亡，国祚之长短，实是一家一姓的私利；而民众之生死，天下之兴亡，才是天下之公义。君主治理天下，不可贪求一姓之私利，而应循从生民之公义。为了限制君权，他提出君主与百官分权，特别强调君主与宰相分权机制的重要性，还提出了中央与地方分权，是治理国家的重要方法。作为明清经世实学思潮的代表人物，王夫之比其他思想家更为全面、深刻地对中国传统文化进行了反思和批判，清理了中国思想史上各种各样的虚妄迷信和空疏不实之说，力倡崇实致用的学风。在他看来，治学的目的在于探求历代得失枢机，阐发治国经世大略，而不可沉迷空谈玄妙陋习，背离圣人大道义理。这样的学术观点使他对儒学发展的认识比较客观。他认为自秦汉以来的儒者，大多背离孔子修己治人之旨，实是合佛、老以混圣道的伪儒。"故朱子以格物穷理为始教，而綮括学者于显道之中"①，尤能坚守经世致用旨。但朱子后学却沉溺于训诂，远离了经世。朱学的衰落导致了王学的兴起，然王阳明的心学实际上是阳儒阴释之异端，诬圣背道之邪说。特别是在经历了明亡清兴的朝代变迁以后，他对王学的空谈危害有了刻骨铭心的体会，所以对当时的废实崇虚学风进行了抨击和痛斥。王夫之对于清初统治者的文化专制政策深怀忧虑，以文化民族主义的心态在论著中借古讽今，对满清政府及其帮凶进行批判和讥讽。他诅咒异族王朝道："治统之乱，［小人］窃之，［盗贼］窃之，［夷狄］窃之，不可以永世而全身；其幸而数传者，则必有日月失轨、五星逆行、冬雷夏雪、山崩地坼、雹飞水溢、草木为妖、禽虫为孽之异，天地不能保其清宁，人民不能全取寿命，以应之不爽。道统之窃，沐猴而冠，教猱而升木，尸名以徼利，为［夷狄盗贼］之羽翼，以文致之为圣贤，而恣为妖妄，方且施施然谓守先王之道以化成天下；而受罚于天，不旋踵而亡。"② 这显然是借着嘲讽历史上的异族王朝来讽刺清初政权的。

傅山在明清之际"天崩地裂"的社会变革中，曾积极参加反对阉党

---

① （清）王夫之：《张子正蒙注·序论》，岳麓书社2011年版，第9页。
② （清）王夫之：《读通鉴论》卷十三，中华书局1975年版，第408—409页。

的斗争，领导诸生赴京请愿，以雪东林党人袁继咸之冤诬。明亡后，他积极参加反清斗争。清政权建立之后，他坚守民族气节，誓死不与清廷合作。傅山在对明亡清兴的历史反思中，深刻地认识到了专制社会的本质，即专制政治下的暴君居天下之尊，而不见其功于民众；腐朽官僚体制下的贪官理天下之民，而横征暴敛于百姓。由于封建专制的集权统治和封建文化的沉重压抑，造成了整个社会和人们言行形成了一种因循守旧、虚伪钻营的奴性性格，败坏了人心风俗，扭曲了人性尊严。基于对民众在社会中地位作用的认识，他提出了平等的主张，认为"市井贱夫可以平治天下"，有了近代平民主义的意识。在思想上，傅山通过对明亡清兴的历史反思，充分到了理学末流空谈心性、不重致用的社会危害和学术弊端，强调独立思考，打破宋明理学死水一潭的局面。他批评理学对人们性灵思想造成了桎梏，对于当时的八股时文，他更是深恶痛绝，说："仔细想来，便此技到绝顶，要问他何用？文事武备暗暗地吃了他没影子的亏。要将此事算接孔孟之脉，真恶心杀！"①

吕留良把思想的重心放在社会批判方面，他反思明亡的重要原因之一，是世道人心多有寡廉鲜耻之风，而少有立志重节之士，指出明中叶以来整个社会存在着结社徒、争门户、空谈不务世事的俗风陋习，造成社会上无经世致用之人，天下之人少礼义廉耻之节，提出救治社会治乱之源，首在重倡立志重节。吕留良还抨击八股取士和庸腐之儒的危害，指出八股取士之制，导致士人不去钻研圣学经典之旨，徒去探析时文之陋，私立门类，沿袭钞撮，只为猎取名禄，不究实济时务，败坏了人心风俗，孳生出庸腐之儒。在思想上，他认为王学的泛滥，是导致明清更迭的祸乱根源之一，而王学的流行，其原因之一则在于朱子后学背离师说，失其本旨，在学术上只重讲章之说，湮没了圣人之道，形成了空谈心性的疏陋学风。

唐甄大胆而猛烈地抨击了秦以后的封建君主专制制度，指出"自秦以来，凡为帝王者，皆贼也"②，宣称历史上的大多数君主都是残害百姓的，一代之中，治世不过占十分之一二，而乱世则占十分之八九。这些乱世的帝王，或为"懦君"而"畜乱"，或为"辟君"而"生乱"，或为"暗君"而"召乱"，或为"暴君"而"激乱"。但是，他并没有明白主

---

① （清）傅山：《霜红龛集·书成宏文后》，山西人民出版社1985年版，第539页。
② （清）唐甄：《潜书·室语》，中华书局1955年版，第196页。

张君主制度应当革除，只是要求加重宰相、六卿的职权，来改良政治。他还对封建伦理道德的虚伪也进行了控诉，认为忠孝仁义诸道德都可以"置人于死"，都可以"成祟"。他反对理学的空谈性命，不讲事功，认为"事功"出于"心性"修养，"心性"修养应表现为"事功"，二者是互相结合的。

颜元重新阐发了尧舜周孔圣学的务实宗旨，揭斥了孔孟之后历代学术的空疏虚浮本质。他对理学、心学都进行过研究，开始一心一意地尊奉朱学，后来走上了批判程朱陆王的道路，认为无论理学心学都是"心头玩弄"的概念游戏，教人死读书，使人耗尽身心，无利于国家人民，都是杀人之学。针对当时流行的这一套"虚学"，他提出"实学"。他所谓的"实学"，是指救世济民的农工兵政之学，认为这才是周孔的"六艺"，提倡恢复这样的"周孔正学"。他把理学家空谈的"正其谊不谋其利，明其道不计其功"，予以根本扭转，针锋相对地提出了"正其谊以谋其利，明其道而计其功"①，并把自己的治学之道归结为实学、实习、实行。

戴震是在批判理学思想的基础上建立自己的思想体系的。他批判程朱理学的理欲说，提出了"理存于欲"的观点，肯定人的情欲的适当满足就是理，理即在欲中，不是与欲对立的，认为人欲对人类的存在有重要的意义。他批评理学家们以"理"来排斥人无异于"以理杀人"。因此大声疾呼："其所谓理者，同于酷吏之所谓法。酷吏以法杀人，后儒以理杀人，浸浸乎舍法而论理，死矣，更无可救矣！"② 这是对封建礼教的强烈抗议和批判。他对理学的社会作用也进行了夸张的揭露，指出"理"自宋代以来，已经成为尊者、长者、贵者压迫卑者、幼者、贱者的工具。他说："尊者以理责卑，长者以理责幼，贵者以理责贱，虽失，谓之顺；卑者、幼者、贱者以理争之，虽得，谓之逆。……人死于法，犹有怜之死，死于理，其谁怜之？"③ 这是对不公正的"理"的控诉和抗议。对于戴震的这些观点，我们今天应该进行历史的具体的分析。关于宋儒"存天理，灭人欲"及其社会影响，主要是明清封建统治者和陋儒、伪儒刻意歪曲和强化的结果，他们把"灭人欲"说成反对人的一切生活欲望，如必要

---

① （清）颜元：《四书正误》卷一，《颜元集》，中华书局1987年版，第163页。
② （清）戴震：《与某书》，《孟子字义疏证》，第173页。
③ （清）戴震：《理》，《孟子字义疏证》卷上，第10页。

的衣住行食色性等，对普通老百姓进行政治统治。其实，"人欲"一词过去指一人之欲，实与私欲同意。宋明理学家所说的人欲，就是指私欲，而凡有普遍的不得不有的人的自然欲望，都不能叫人欲，而属天理范畴，如饥而求食，寒而求衣，以及男婚女配，都是符合天理的。但是，对于食而求美味，衣而求美服，不安于夫妇之道而别有所求，即除这些正常需要以外的欲望则是人欲。这样就肯定了人合理（天理）的生存要求，这是不同一般所讲的禁欲主义的。还有，程颐说过"饿死事小，失节事大"，并不是要求妇女夫死守节，清人纪昀《阅微草堂笔记》就作过调查，伊川程氏妇女夫死除老年者外无不再嫁；而明清理学家就要妇女守节，甚至殉夫，于是理学就演变成所谓"吃人的礼教"。

本章并不是为儒家进行辩护，而是对儒家批判精神与王权政治关系的简略考察，是有感于当代中国知识分子对现实的批判精神缺失，却又勇于通过对古人、死人的批判，来清除所谓封建遗毒。本章写作的起因是2004年夏在《原道》论坛上关于儒家和专制的争论，使笔者久已压抑的情绪得到了一个宣泄的机会，借以通过历史的梳理来表达笔者追求思想自由和人格独立的意向。由于时间紧，自己的学识准备不足，本章还只是初步的整理。笔者试图通过这些材料表达在中国历史上儒者如何突破当时政治的压制，思想的控制，社会的流俗，学术的沉沦，以自己内在的道德修养，精神气质，思想力量，挺立儒者的人格主体性，进行思想学术的更新创造，一定程度上对当时的社会政治、思想文化产生了积极的影响，显示了思想对于社会的能动作用，而这正是当今儒学复兴过程中需要特别强调的。

第十三章

社会儒学
——儒学的现代转型与复兴之路

一 明清以来儒学的衰颓与遭遇

明清以来儒学的衰颓通过两大思想学术思潮可以见其端倪。一是明清经世实学思潮。明王朝的覆亡，朝野志士在痛苦的反思中，清醒地认识到"程朱理学"和"陆王心学"的空疏、教条本质是王朝覆灭的重要祸根，救弊之道在"实学"而不在"空言"。明清之际士大夫中的一批优秀分子如顾宪成、高攀龙、黄宗羲、顾炎武、方以智、王夫之，傅山等，面对当时国危民艰的局面，都把"程朱理学"与"陆王心学"的空疏、教条看作是导致国弱民贫的重要原因。为了救亡图存、济世救民，他们竭力提倡"治国平天下"的有用之"实学"。这就预示了宋明理学走向穷途末路，必须改弦更张。二是乾嘉汉学。明清经世实学思潮以"经世致用"为价值核心，在批判程朱理学"束书不观，游谈无根"的基础上，大力提倡经世致用、实事求是之学，发展到有清一代形成了乾嘉汉学。乾嘉汉学的最大弱点是脱离实际而缺乏现实感，因埋头于烦琐考据而缺乏理论思维和理论批判的能力，这样就造成了一种相当普遍的现象：学与道的分裂，使学失去了道的追求，变成了为学术而学术；而道也失去了学的支持，变成了虚悬的道学教条。于是，在思想文化界就出现了两张皮，一方面是很具体很"科学"的文献学或语言学的考据，另一方面则是习惯性地反复重申的道德训诫。

明末清初西学西教进入中国，中国士大夫中有一部分人站在维护封建正统立场，把天主教视为"异端邪说"，甚至发动教案。还有一些人是站在传统立场上,像辟佛、辟道一样地排斥天主教。还有一部分士大夫认为天主教的理论可以"补儒易佛",补益王化。晚清西方文化进入中国后对中国文化造成了历史上从来没有过的巨大冲击,使中国文化面临着前所未有的全面挑战。近代的文化危机与政治危机、经济危机和民族危机密切联系。在此之前,中国虽有改朝换代,但封建专制的政治制度从未发生过根本变化;经济上一直维持着一家一户的小农经济模式,商品经济只是其补充;民族国家方面一直是在夏夷之辨的思路下一种以文化为标准的观念,没有真正意义近代西方的政治化、法律化的民族和国家观念。然而,1840年以后,古老的中国除内部人口的膨胀、土地集中的加深而导致的农民起义,官僚机构的腐败以外,受到外部更为先进、强大的资本主义文明的全面冲击,包括政治上、经济的、军事的、文化的。这样,中国开始逐步沦为半殖民地、半封建社会,小农业和家庭手工业相结合的封建经济逐步遭到破坏,立于其上的封建专制制度也随之发生动摇。特别明显的是西方列强军事力量的强大,使曾经以文治武功自豪的清王朝感到了实实在在的威胁。全面冲击增加了内部固有的矛盾的激化,引起了中国社会的全面危机,其中尤其引起士大夫震惊和反思的是这种危机预示了一种传统文化的危机。一方面,过去以儒学为主的封建文化已不能有效地回答和解决中国社会政治、经济、军事变革所带来的问题;面对坚船利炮、鸦片、五花八门的商品,儒学经典中的宇宙观,如天道观(天道不变)、天人观(天人相通,天人合一);经济观,如义利观(重义轻利)、本末观(重本抑末);政治观,如内圣外王观、君权神授观、民本观;社会伦理观,如宗族家庭观、等级观、纲常伦理观;民族国家观,如天下观、夷夏观、华夷秩序观等;文化观,如中国中心(天朝上国)观,儒学权威论等都试验过了,都不起作用了,儒家在信仰和意识形态方面的统治地位被不断消解,从动摇走向失落,从中心滑向边缘。另一方面,西方文化随着西方列强的侵入也随之涌入,这时的西方文化已经失去了明末清初传教士的温文尔雅,而是带上了既野蛮又先进的双重性格,使中国士大夫第一次感受到了自己文化的落后,自身精神的乏力。

对于儒学的遭遇,学界多有涉及。有的认为近代以来中国传统儒学经历了三次大的冲击,即太平天国时期对儒学的第一次冲击、辛亥革命对儒学的第二次冲击、五四运动对儒学的第三次冲击。① 有学者通过探讨儒学与近代中国的命运指出：从辛亥革命到五四新文化运动期间，儒学受到三次大的冲击；第一次是辛亥革命南京临时政府的成立和《临时约法》的制定，从法律上、政治上确立了以民主主义思想代替儒学为国家社会指导思想的方针，使儒学在两千多年来首次丧失了官方学说的垄断地位；1912年教育改革过程中决定从小学到中学都不专设经科，儒学及其典籍只是作为历史上有影响的一个学派和学术思想分别在哲学、史学、文学等学科中被学习研究，使儒学丧失了学校教育中的特殊地位。第二次发生在袁世凯复辟帝制的过程中。当时袁世凯利用孔子和儒学制造舆论，引起由梁启超担任撰述主任的《大中华》杂志和著名记者黄远生为代表的批评儒学，反对尊孔复古，反对袁世凯利用儒学作为复辟帝制的工具及恢复儒学在国家社会中指导地位的思想论战。第三次是五四新文化运动以陈独秀创办的《新青年》为主要阵地，猛烈地批判儒学，基本上结束了儒学在思想文化领域的统治地位。从此，"儒学再次回到民间，开始以自己独特的学理来寻求知音的艰难历程"。② 经过一系列激进的社会政治革命和思想文化批判，儒学被迫逐步从孕育滋生它的社会母体中游离出来，成为余英时所说的"游魂"。余英时说："现代儒学的困境则远非以往的情况可比。自19世纪中叶以来，中国社会在西方势力冲击之下开始了一个长期而全面的解体过程；这个过程事实上到今天还没有走到终点。由于社会解体的长期性和全面性，儒学所面临的困境也是空前的。……近百余年来，中国的传统制度在一个个地崩溃，而每一个制度的崩溃即意味着儒学在现实社会中失去一个立足点。等到传统社会全面解体，儒学和现实社会之间的连系便也完全断绝了。"③ "在这个意义上讲，儒学在传统中国确已体现为中国人的生活方式，而这一生活方式则依附在整套的社会结构上面。20世纪以来，传统的社会结构解体了，生活方式也随之发生了根本的改变。我们今天观察儒学在中国地区的实际状况，不能不得出一个不可避免的结论，即儒学'托之空言'已远远超过'见之行事'了。"④ 但是，余先生并不悲观绝

---

① 详见姜林祥《中国儒学史》（近代卷）相关内容，广东教育出版社1998年版。
② 宋仲福、赵吉惠：《儒学在现代中国》，中州古籍出版社1993年版，第1—2页。
③ 余英时：《现代儒学的困境》，《现代儒学的回顾与展望》，生活·读书·新知三联书店2004年版，第53—56页。
④ 余英时：《〈现代儒学论〉自序》，《现代儒学的回顾与展望》，第266页。

望，他认为儒学仍然潜藏在民间："儒学已变成游魂，但这个游魂，由于有两千多年的凭借，取精用宏，一时是不会散尽的。它一直在中国大地上游荡。我们都知道，一切古老文化中的价值观念，不但在知识阶层的手中不断获得新的诠释，而且也传布到民间社会，在那里得到保存和发展。儒家思想20世纪的中国虽然一方面受知识分子的不断攻击，另一方面在最近四五十年间更因民间社会被摧残殆尽而逃遁无地，但是人的集体记忆毕竟不容易在数十年间消灭干净，这个集体记忆便成了儒家道德意识的最后藏身之地。"① 以唐君毅为代表的现代新儒家对20世纪上半叶被五四新文化运动反儒反传统逐出中心平台的儒学有一个悲悯的感受与描述：花果飘零。唐先生在《中华人文与当今世界》之《自序》中写道："此种自动自觉的向外国归化之风势……则整个表示中国社会政治、中国文化与中国人之心，已失去了凝摄自固的力量，如一园中大树之崩倒，而花果飘零，遂随风吹散；只有在他人园林之下，托荫避日，以求苟全；或墙角之旁，沾泥分润，冀得滋生。此不能不说是华夏子孙的大悲剧。"② 儒学在传统上是整合中国社会、推动文化凝聚中华民族的基本力量。儒学这棵大树的崩倒，必然造成中国文化的花果飘零。

著名汉学家约瑟夫·列文森在他的《儒教中国以及现代命运》中用"博物馆"这个比喻试图说明以儒学为代表的传统文化在近代已经衰落，因此可以被放入"博物馆"作为陈列品，那它就"只具有历史意义"，它们代表的是既不能要求什么，也不能对现实构成威胁的过去。或者说它们被陈列在博物馆中，只具有"审美"的意义，只能用价值的而不能用历史的眼光来欣赏。他认为，即使到了近代，在西方的冲击下传统中国社会趋于解体的历史环境下，儒学也没有能够完成其文化形态的转变。因此，儒学实际上已成为一个没有思想实质而徒具象征意义的"躯壳"，已随中国的封建时代一起"退出历史"。③

在儒学退出历史舞台的中心被边缘化的过程中，中国开始了大规模引

---

① 余英时：《现代儒学的回顾与展望（1994年）——从明清思想基调的转换看儒学的现代发展》，《现代儒学的回顾与展望》，第178—179页。
② 唐君毅：《说中华民族之花果飘零》，《唐君毅全集》卷七，台北：学生书局1991年版，第12页。
③ ［美］约瑟夫·列文森：《儒教中国及其现代命运》，郑大华、任菁译，广西师范大学出版社2009年版。

进西学进行现代化的艰难历程。中国的现代化事业进行了将近一个世纪都没有成功,直到20世纪最后20年中国改革开放,才步入了现代化的正规。关于儒学的现代化即现代转换问题仍然一个很大的问题,已经有许多的研究成果和具有争议的观点,但仍有深入探讨的必要。

二 现代新儒家对儒学的现代化转换及其局限

儒学现代转换的逻辑起点是如何对传统儒家的核心价值进行现代诠释和转换。首先,传统儒学的核心理念可以用"内圣外王"四个字概括。在儒学发展史上,先秦儒学"内圣外王"的历史来源是孔子对尧舜以来圣王思想与行事的总结,并提出了自己以"仁"和"礼"为两个支柱的思想体系,在"内圣"方面,孔子主张,"为仁由己"。子曰:"克己复礼为仁。一日克己复礼,天下归仁焉。为仁由己,而由人乎哉?"(《论语·颜渊》)一个人能不能成为品德高尚的仁人,关键在于自己。正所谓"我欲仁,斯仁至矣"(《论语·里仁》)。在"外王"方面,儒家以"修己"为起点,而以"治人"为终点。子曰:"修己以敬","修己以安人","修己以安百姓"(《论语·宪问》)。在孔子的思想中,内圣和外王是相互统一的,内圣是基础,外王是目的,只有内心的不断修养,才能成为"仁人"、"君子",才能达到内圣;也只有在内圣的基础之上,才能够安邦治国,达到外王的目的。同样,内圣之有达到外王的目的才有意义,外王实现了,内圣才最终完成。孔子又说:"夫仁者,己欲立而立人,己欲达而达人。"(《论语·雍也》)自己立身,通达了,也不要忘记使别人也能立身,通达。也就是说,在满足自身需要的同时,也要满足他人的需要,两者都满足了,才是一个真正的"仁者",也才能真正做到"内圣外王之道"。立己,达己是基础,立人,达人是归宿。孔子之后,孔门后学对孔子侧重内在的仁,还是注重外在的礼发生了争论,导致了的分化,一般都按学术倾向可以分为"主内派"和"主外派"。"主内派"以孔子弟子曾子为开山,抓住"人之所以异于禽兽者几希",其思想倾向重仁、内省,明心见性,由孝治推衍为德治、教化,在先秦时期的代表人物是孟子,被认为是儒家的正统;"主外派"是孔子弟子子夏开创的,其思想倾向重礼、博学,从宇宙本体到社会功利,推天及人,重视现实政治参与,发展出法治,对法家的形成影响很大,在先秦时期的代表人物是荀子。学派的分化也是对"内圣外王"核心思想的解构。后来汉儒倾向外王，宋儒倾向内圣，"内圣外王之道"未能合一。儒学的现代转换必然涉及这一核心观念。但是，与这一核心观念密切联系的就是儒学的理论与实践的关系。

儒学与西方哲学最大的不同就是它不仅仅是一套理论体系，更是包含形上和形下、体和用，相当于今天我们所说理论和实践、理念与实用为一体的文化体系，体现在儒者身上就是知行合一。《易传》最早明确地提出了"形而上者谓之道，形而下者谓之器"（《易传·系辞上》），这就用道和器来作为对偶范畴规定形而上和形而下。后来儒家学者多有发挥。"道"作为一个具有多方面、多层次含义的概念，有道路、途径、方法、技艺、行为、言说、治理、做、诱导、道德、学术等较具体的内容，但更是一个高度抽象超越性的哲学范畴，有规律、原则、道理、理论、观念等含义；"器"作为一概念，指具体可见，有声可闻，有味可嗅，可名可道的事物，如器皿、工具、植物等。对形而上下以道器区分，只是一种逻辑上的区分，并不是说有些东西是形上的，有些东西是形下的，而是说同一件东西，从"形而上"的角度去看，它就是"道"，从"形而下"的角度去看，它就是"器"。在区分的同时又注重二者的联系，形成了中国儒学的本质与现象，本体与作用关系之说。

在这里，笔者需要特别强调儒学的实践品格，余英时在分析为什么儒学的困境和社会解体的程度有这样密切的关联时首要从儒学的性质说起。认为"儒学不只是一种单纯的哲学或宗教，而是一套全面安排人间秩序的思想系统，从一个人自生至死的整个历程，到家、国、天下的构成，都在儒学的范围之内。在两千多年中，通过政治、社会、经济、教育种种制度的建立，儒学已一步步进入国人的日常生活的每一角落。我们常常听人说儒学是中国文化的主流。这句话如果确有所指，则儒学决不能限于历代儒学经典中的教义，而必须包括儒学教义影响而形成的生活方式，特别是制度化的生活方式。……儒学基本上是要求实践的，无法长期停留在思辨的层次，从个人的心性修养到制度化显然都是归宿到实践"。[①] "传统儒学的特色在于它全面安排人间秩序，因此只有通过制度化才能落实。没有社会实践的儒学似乎是难以想象的。即使在道德领域内，儒学的真正

---

① 余英时：《现代儒学的困境》，《现代儒学的回顾与展望》，第54页。

试金石也只能是在实践中所造成的人格,即古人所说的'气象'或'风范'。如果儒学仅仅发展出一套崭新而有说服力的道德推理,足以与西方最高明的道德哲学抗衡,然而这套推广并不能造就一个活生生的人格典范,那么这套东西究竟还算不算儒学恐怕总不能说不是一个问题。……在传统时代,到处都可以是儒家'讲学'之地,不必限于书院、私塾、明伦堂之类地方,连朝廷之上都可能有经筵讲座。今天的儒学似乎只能在大学哲学系中存身,而且也不是每一个哲学系中都有儒学。此外当然还可能有一些零星的儒学社群,但也往往要依附在大学制度之中……"①"儒学自孔子以下都不尚'托之空言'而强调'见之行事'。换句话说,儒家的价值必求在'人伦日用'中实现,而不能仅止于成为一套学院式的道德学说或宗教哲学。"② 所以,儒学的现代转型必须特别强调这一点,正如有学者说:"要有一批现代儒家,有一批人真正能够在深入掌握儒学的精髓的同时,又能活学活用,把儒家精神应用于解决自己当下的人生问题,从而用自己活生生的人格向世人昭示,儒学传统仍然可以成为每一个当代人读书、为学和做人取之不尽用之不竭的精神价值源泉。我认为,只有认识到这一点,才能找到儒学转型的正确方向和途径。"③

近代以来的中国是一个急剧变化的社会,民族危机、文化冲突、社会转型三位一体的历史背景,孕生出 20 世纪中国一个特殊的思想学术流派——现代新儒学。儒学的近代转型,简言之:在立足于中国社会和文化的条件下,把传统儒家思想与西方文化联系、融通起来,从而建构一种中西结合形态的近代儒学的文化转型过程,其实现形态之一,即是现代新儒学。所谓现代新儒学,是指五四以来,在强烈的民族的文化危机意识的刺激下,一部分以承续中国文化之慧命自任的知识分子,力图恢复儒家传统的本体和主导地位,重建宋明理学的"伦理精神象征",并以此为基础来吸纳、融合、会通西学,建构起一种"继往开来"、"中体西用"式的思想体系,以谋求中国文化和中国社会的现实出路。④ 现代新儒学思潮是出于对五四反孔教、反儒学运动的反拨,也是出于对政治势力利用孔子儒学

---

① 余英时:《现代儒学的困境》,《现代儒学的回顾与展望》,第 56—57 页。
② 余英时:《〈现代儒学论〉自序》,《现代儒学的回顾与展望》,第 266 页。
③ 方朝晖:《文明重建、中西学术与儒学的转型——论当今儒学转型的三个条件》,《哲学动态》2007 年第 5 期。
④ 方克立:《现代新儒学与中国现代化》,天津人民出版社 1997 年版,第 448 页。

的反感，而以捍卫中华民族生命之脉、以儒家圣贤自任，企图实现传统文化主体——儒学的现代化转换。但是，令人遗憾的是，以心性儒学为代表的现代新儒学至今为止并没有能够完成儒学的现代转换使儒学真正实现现代化，其局限性表现为三个方面：首先，他们主要从心性之学阐扬儒学，是接着宋明理学讲的，无论是"新程朱"还是"新陆王"，都还是宋明理学在现代的复兴和重建，不能够完全反映儒学丰富内涵和满足中国社会全面发展的需要。其次他们大都是学者和教授，主要工作是在学院和研究机构进行的，主要影响也局限在知识阶层，没有能够对社会现实产生直接的作用。最后，他们主要是人文知识分子，缺少儒商、政儒、科儒等各行各业的人才，对于社会政治和经济缺乏经验和实践，也缺少影响社会实际生活的有力手段，与民间团体、宗教组织、社区活动也缺乏广泛的沟通。

中国传统儒学历来都十分强调经世致用，强调知行合一，强调道德修养和践履的同一。因此，在从学理上进行探讨的同时，还要从实践上进行工作。杨子彬说过："在先秦，儒学本来就是一种生活方式，从政、治学、从教或经商都不失儒家本色。所谓'还其本来面目'，不仅发明孔孟之道的本然，而且要恢复儒学之为生活的品格。"① 1982年8月，在台北召开的"当代新儒家与中国现代化"的座谈会上，胡佛发言说："新儒家思想可能还停留在一个学术思想的高层次上面。如果新儒家的思想还不能落实到制度、行为的层次上，而在社会里发挥功能，那么究竟只是学术，不能发挥原来所想象的那样大的社会作用。所以，我连带的想到一些问题：就刘述先先生所谈的，若要从民本思想转变到民主思想，等于要脱胎换骨，经过大死大生，那么，停留在高层次的儒家，就不易落实了，就难发生什么效用了。"② 现代学者已经习惯了在高等教育和科研部门进行学术研究教育工作，所谓"体制"内的工作，这必然存在很多的局限，其中最重要的就是以儒学为主的中国传统文化的弘扬只停留在书本上、讲坛上，与社会实际越来越离得远。没有实际生活的实践，一切的研究及其成果（文章、书籍）都只不过是摆设，有时甚至变成追名逐利的工具，最多只有短暂的意义。对此，蒋庆批评道：

---

① 杨子彬主编：《国学论衡》第1辑，敦煌文艺出版社1998年版，第285页。
② 刘志琴编：《文化危机与展望》下，中国青年出版社1989年版，第566页。

新儒学使儒家的政治理想不能落实到当代中国的社会现实中,从而使儒家的天道性理挂空飘荡,成为诱人玩赏的无谓光景。我们知道,儒学不是形而上学,儒学认为天道性理一定要落实到具体的现实生活中才会有意义。一旦离开了现实生活,天道性理就变成了抽象的观念,从而成为无用之物。所以先儒一直强调道在伦常日用,强调既高明又道中庸,强调即用显体强调经世致用。但是,在新儒学看来,天道性理只是一些抽象的哲学观念,可以通过推理思辨获得,这些抽象的观念本身就具有意义,不必在具体的现实生活中去把握其内涵,更不必落实到具体的现实生活中去实现其意义。这样,在新儒学的眼中,道可以离开伦常日用而独立,可以只高明不道中庸,可以离用显体。新儒学这种把儒家理想与社会现实割裂开来的作法未必是新儒学的主观意愿,但新儒学未能开出新外王使天道性理不能落实到现实生活中在客观上确实把体用打成两片。由于现实生活中不能体现出天道性理的价值,现实生活就丧失了意义,变成了荒谬的存在,许多现代虚无主义就趁虚而入,腐蚀了人们的心灵,使人们把新儒学看成一种于世无补的学术摆设。①

三 儒学传统的三元和合结构

人类历史上出现过的伟大思想文化一般都包含着三个部分:一是深植于人生命深处的天道性理,所谓形而上学的哲学和宗教层面;二是将此天道性理落实到人间政治,形成体现此天道性理的典章制度;三是将此天道性理落实到人间社会,形成良好的社会秩序、淳美风俗。在中国传统社会中的儒学一般可以分为三个层面:一是心性儒学,二是历史上与政治意识形态相关联的制度化儒家伦理(内容是以"三纲"为核心的社会规范),三是世俗化的儒家伦理。② 随着传统社会政治结构的解体,"制度化的儒家伦理",当然早已不复存在,"心性儒学"主要以学术思想形态存在于

---

① 蒋庆:《政治儒学——当代儒学的转向、特质与发展》,生活·读书·新知三联书店2003年版,第18—19页。

② 郑家栋:《断裂中的传统》,中国社会科学出版社2001年版,第19—21页。

高等院校、科研机构,"世俗化的儒家伦理"情况则比较复杂。台湾林安梧认为秦汉以后儒学有三个面向:生活化的儒学、批判性的儒学、帝制性的儒学。"帝制性的儒学"是从西汉董仲舒后所展开的一种历史走向,这样的儒学为帝皇专制所吸收,而成为帝皇专制者统治的工具。"批判性的儒学"则秉持着尧舜之治的理想,格君心之非,与帝皇专制形成对立面的一端。至于"生活化的儒学"则强调人伦孝悌与道德教化,它与广大的生活世界结合为一体,成为调解"帝制性的儒学"与"批判性的儒学"的中介土壤,它缓和了帝制式儒学的恶质化,也长养了批判性儒学的根芽。儒学的这三个面向,就中国自秦汉帝皇专制以来的传统言,无疑地,帝制性的儒学居于核心地位,它支配一切、统理一切,它压抑了批判性儒学的发展,它异化了生活化儒学的原貌。它使生活化的儒学成了控制百姓的工具,它使得批判性儒学委屈而不得申张。然则,生活化的儒学就像土壤一样,生养着儒学的生命,而批判性的儒学就像贞妇一样,劝谏着夫君愿格君心之是非。① 刘述先说儒家可以有三种传统:"(1) 精神的儒家(Spiritual Confucianism),这是指孔孟、程朱、陆王的大传统,也正是当代新儒家通过创造性的阐扬与改造力求复兴的传统。(2) 政治化的儒家(Politicized Confucianism),这是指由汉代的董仲舒、班固以来,发展成为朝廷意理的传统,以纲常为主,但也杂入了道家、法家以及阴阳家的因素。(3) 民间的儒家(Popular Confucianism),这是在草根层面依然发生作用的信仰与习惯,重视家庭、教育的价值,维持勤劳、节俭的生活方式,杂以道教、佛教的影响,及至鬼神的迷信。"② 大陆有学者认为:对于古代儒学,至少可以从三个角度来把握。第一,作为学理的儒学。儒学是一种行之有效的社会组织原理,体现人类性或合群体性,具有普适价值。孔子创立的儒学,只是百家中的一家,并不是官方哲学。后儒讲论儒学,也不都是站在官方的立场上,有许多人是当作学理来研究的。第二,工具化的儒学。汉武帝采纳"罢黜百家,独尊儒术"的政策以后,儒学从一家之言上升为官方哲学。值得注意的是,即便儒学在意识形态领域获得主导地位以后,并不是只有一种声音,而是有多种声音。第三,作为生

---

① 林安梧:《对儒家"伦理"概念的反省与考察》,陈明主编:《原道》第2辑,团结出版社1995年版,第84—87页。
② 刘述先:《儒家思想开拓的尝试》,中国社会科学出版社2001年版,第16页。

活信念的儒学。儒学在中国已经有几千年的历史,已经深入到人民群众的精神世界和生活世界中,成为中国人树立道德理念、处理人际关系、凝聚民族群体的理论依据。作为生活信念的儒学,有别于贵族化、制度化、政治化的儒学,可以称为民间儒学或草根儒学。这样的儒学,具有十分广泛的社会基础。①

结合前贤的研究和论述,笔者概括出儒学的基本结构:心性儒学、政治儒学与社会儒学在博大精深的儒学体系中构成一种三元和合关系。图示如下:

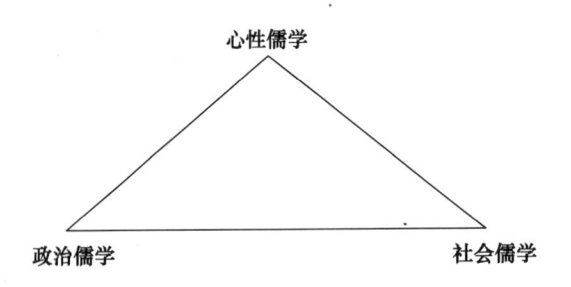

```
              心性儒学
             /        \
            /          \
           /            \
       政治儒学        社会儒学
```

心性儒学具有精英性、神圣性、学术性、理论性;政治儒学具有制度性、规范性、宰制性、官方性;社会儒学具有民间性、世俗性、大众性、草根性。所以人们对这三个层面的关系有不尽相同的论证。

心性儒学 1949年后,一部分儒家学者流落到港台和海外,在欧美风雨笼罩下的边缘地带,继续从事儒学研究和传统文化弘扬的事业。他们对大陆共产主义持批评态度,但他们不是政治活动家,他们的大部分精力用于文化讨论和学术研究,独立于政治权势之外,保持着儒家传统的自主性和批判精神,办教育,创刊物,撰论著,发宣言,进行理论上总结和创造,形成了一个现代新儒家学派,有一批弟子和追随者,并逐渐把影响扩展到了国际上。1958年初,张君劢和熊门弟子唐君毅、牟宗三、徐复观三人,在香港联名发表了《为中国文化敬告世界人士宣言》,提出了当代新儒家"反本开新"的思想纲领。在《宣言》他们中说:"中国古代文化之有一脉相承之统绪。……中国历史文化中道统之说,或非中国现代人与西方人所乐闻,但无论乐闻与否,这是中国历史上的事实,此事实,乃源

---

① 宋志明:《儒学的价值究竟在哪里——儒学的前天·昨天·今天》,《人民论坛》2009年10月19日。

于中国文化之一本性。"关于这个中国文化的"一本性",他们认为"当以心性之学为其本原",因为"中国心性之学,乃至宋明而后大盛。宋明思想,亦实系先秦以后,中国思想第二最高阶段之发展。但在先秦儒家道家思想中,实已早以其对心性之认识为其思想核心。……古文尚书所谓尧舜禹十六字相传之心法,固是晚出的。但后人之所以要伪造此说,宋明儒之所以深信此为中国道统之传之来源所在,这正因为他们相信中国学术文化,当以心性之学为其本原"、"此心性之学,是中国古时所谓义理之学又一方面,即论人之当然的义理之本原所在者。此心性之学,最为世之研究中国之学术文化者,所忽略所误解的。而实则此心性之学,正为中国学术思想之核心,亦是中国思想中之所以有天人合德之说之真正理由所在"。直面以儒学为代表的中国文化在20世纪所遭遇的挫折,他们自信地断定:先秦儒家乃是中国文化学术生命的源头,儒家的心性之学是中国文化的脊髓所在。他们强调中国历史文化为一活的精神生命存在,儒家的道德理想和宗教精神对人类社会具有普遍意义,它与现代科学、民主并不矛盾,而且还成为发展科学民主的内在基础。他们通过正面阐扬儒家的精义和真精神,在西学大潮席卷中国大地,文化激进主义占据上风的情况下,在边缘地带保存了儒学的命脉和生机,使之不绝如缕,成为日后儒家文化复兴的重要凭借。而且在一定意义上说是对大陆割断儒家传统的一种弥补和制衡。但是,应该看到,精英儒者们尽管对儒学从学理上有很深的挖掘和广泛的开拓,也有自我生命的体验、证悟,但总体上看并没有把儒学内在生命力真正发挥出来,以与现实的社会实践结合,产生应有的社会效应;同时与民众生活还有很大的隔膜,无法为普通民众所认同、接受,也就未能发挥应有的社会作用。

　　传统"心性儒学"层面包含有两个方面的内容:"尊德性"和"道问学",而不仅仅是一种观念和学理的存在。在"心性儒学"这一层面,儒学当然在"道问学"上有一套观念和思想的系统;但它更注重在"尊德性"方面的成就,表明儒家所倡为学之道,乃以"尊德性"为其核心。儒学以"尊德性"为核心的"尊德性"与"道问学"统一的精神,使之不局限为一种学理系统,而同时亦以一种道义担当的精神,体现于圣贤的"践形"活动,以活生生的人格力量,昭示于现实社会生活,从而体现着一种类似于宗教的教化功能。由此,传统的士人、思想家乃构成为中国传统哲学、文化理念之"以身体道"的阶层或肉身性的体现。"心性儒学"

处于虚而不实的失位的状态，致力于"实"的意识形态化的西方思想亦由于缺乏历史文化的内涵而流于"无根游谈"，无法与民众日常生活相切合。① 心性儒学主要缺陷是："新儒学在关注生命与心性时，出于孤臣孽子的激愤心情，表现出了一种极端化的倾向，这种极端化的倾向使新儒学不能越出生命与心性一步，而是萎缩在生命与心性的领域内优游涵泳，潜沉玩索，最终未能开出新儒学所希望开出的新外王。"②

政治儒学　蒋庆认为政治儒学源自儒家的经学，主要源自《礼》与《春秋》。最能发挥《礼》与《春秋》精神的是春秋公羊学，故儒家的政治儒学主要指春秋公羊学。春秋公羊学开创于孔子，发展于公羊，光大于荀子，完成于两汉（董仲舒、何休），复兴于清末（刘逢禄、康有为），是我国儒学传统中另一支一脉相承的显学，是区别于心性儒学的另一支儒学传统。政治儒学是关注社会的儒学。政治儒学与心性儒学不同，不关注个人生命的成德成圣，而是关注社会的完善和谐。政治儒学不从个人生命心性的角度孤立地来理解人性，而是从人相互联系的社会关系中来理解人性，把人看作是一种社会关系中的存在，而不是纯粹的个体存在。因此，要建立一个完善和谐的社会就不能靠个人的成德成圣，而必须靠纠正或改变社会关系，如正名、复礼、变周之文从殷之质等。在政治儒学看来，社会关系是人类存在的基础，人不可能离开人群与鸟兽同群而完善自己的生命，人生命的完善只有在社会关系中才有可能，所以政治儒学把用心全放在社会关系上，把社会关系的改变看作是完善人生命的先决条件。正是基于这一理由，孔子才把复礼看作是悠悠万事中最大的事，《春秋》才正夫妇之始，荀子才主张自明诚而非自诚明。总之，政治儒学的立足点是在社会关系上，而不是在生命心性上。③

蒋庆的《公羊学引论》"希图从（公羊学——引者注）中发掘出儒家传统的政治智慧，以解决中国政治文化重建中如何吸取传统思想资源的问题"④，重构儒学，重建中国文化。作者认为，把全部儒学等同于心性儒学（为己之学）是片面的，这就否定了儒学的政治智能和制度建构。公

---

① 李景林：《本虚而实——儒家教化理念的立身之所》，载国际儒学联合会编《儒学与当代文明》卷二，九州出版社2005年版，第595—596、601页。
② 蒋庆：《政治儒学——当代儒学的转向、特质与发展》，第13页。
③ 同上书，第28—29页。
④ 蒋庆：《公羊学引论·后记》，辽宁教育出版社1995年版，第396页。

羊学是区别于内圣儒学的外王儒学，反对将儒学封闭在生命心性、个体存在、形上超越的领域。公羊学是在黑暗时代提供希望的实践儒学，不是空想；公羊学为儒家政治智能的集大成者。蒋庆的《政治儒学》无疑是从政治角度探讨儒家文化与现代政治关系的力作。作者既批评反传统的西化路径，又不满意新儒家内圣开外王的徒劳努力，而独辟蹊径，区分儒家理论中的"心性儒学"与"政治儒学"两个方向。他声称，儒学传统中有一条明显的政治儒学传统。"政治儒学"是儒家特有的"外王儒学"、"制度儒学"、"实践儒学"、"希望儒学"。[①] 作者希望扬弃从内圣开外王的努力，而恢复儒家"以制说经"的传统，用制度解释经典，丰富经典，从而开辟中国政治制度发展的新路径。

社会儒学 关于"社会儒学"的概念[②]现在还不是十分的清晰和统一，但基本的含义不外是强调儒学要发挥其应有的社会功能、作用和影响。笔者认为儒学只有在"社会"层面才能够获得真正鲜活而持久的生命，只有在广大民众的百姓日用当中才能获得广阔的发展。在古代社会，儒学获得旺盛生命力的时期，都是儒学回归"社会"的时期，今天也应该不例外。传统社会中儒学的"落脚点"，也就是它的社会功能的实现，落实在"家"与"国"两个密切联系，共同一体的结构上。而今天，在"家"的范围儒学已不能发挥传统社会的道德、礼仪教化功能；在"国"的领域也很难被纳入意识形态体系，成为统治思想。但是，在"社会"这一领域倒是具有非常广阔的发展空间，所以可以把"家国一体"转化为"社会本位"。换句话说，使儒学从"政治儒学"向"社会儒学"转化。

心性儒学因为主要是精英知识分子的知识和力量构建，也可以称为"精英儒学"；社会儒学是面向大众的，以日常伦理为基本构成，也可以称为"大众儒学"、"民间儒学"、"草根儒学"、"世俗化的儒家伦理"，等等。

---

① 蒋庆：《政治儒学——当代儒学的转向、特质与发展·自序》，第2页。
② 关于"社会儒学"的概念，最早大概是李维武教授在《儒学生存形态的历史形成与未来发展》(《中国哲学史》2000年第4期) 提出的，他认为从先秦至20世纪形成了人生儒学，社会儒学、政治儒学、形上儒学等不同生存形态。笔者2009年11月12—14日在广东肇庆抱绿山庄"百年儒学"学术研讨会上发表论文《社会儒学——儒学的现代转型与复兴之路》即本章原文。

社会儒学的基本层面是民间社会,与百姓人伦日用有密切的关联。杜维明说:"从儒家来看就是这样,它的社会基础是广大的人民,甚至可以说是农民。这也是它的意识形态的一个特色。它的传统养分必须来自广大的人民,如果百姓人伦日用之间和它没有关联的话,这个传统就没有什么生命力和现实意义了。它不是靠上帝的指示,不是靠哲学的睿智,也不是靠内在引发的精神体验。"① 从这个意义上说,社会儒学就是民间儒学。"民间儒学"也被称为"草根儒学",就是指普通民众对儒家精神的无意识认同,是"日用而不知"的儒学,是存在于普通百姓生活方式、生活习惯、风俗习气、品行操守中的儒学。其实,儒学本身就是草根哲学,源于民间、依靠民间、植根民间,在民间社会中生长,在发展过程中切合于民众生活,贯穿于民众的伦理实践。有学者论民间儒学说:

> 民间儒学即儒学的民间形态。它既是传统民间儒学的延续,又是新的历史时期应对人类问题对儒学的新发展。扎根于民间社会,切合于民众生活,贯穿于民众的伦理实践过程是民间儒学本色,大众化、草根化、世俗化、生活化、实践化是民间儒学最基本的特质,从这个意义上说,民间儒学也可称为大众儒学、草根儒学、世俗儒学、生活儒学、实践儒学。
>
> 从传统意义上说,民间儒学是相对官方儒学、权力儒学而言的。当官方儒学解体之后,它主要是相对于学术儒学或精英儒学而言的。相对官方儒学,民间儒学既不是任何政治势力或政治权力的寄生物、附庸,也不是指导或规范政治构架或权力运作的操作性原则,总之,现代民间儒者必须放弃那种"出则必为帝者师,处则必为天下万世师"的怪想,走出所谓政治儒学的迷思,放下身段,走向民间,呼应民间的诉求,顺乎人心之需要,在乡间、在村野、在社区、在校园,在一切有人活动的地方,重建儒学的生活规范,儒学的价值信念。
>
> 相对精英儒学或学术儒学言,民间儒学是大众的而非精英的,是通俗的而非学术的,是生活的而非理论的。一般说来,它重下(社会层位)贯的而不重上(社会层位)达,偏重宣介而不重学

---

① 杜维明:《现代精神与儒家传统》,《杜维明文集》第二卷,第606页。

究式研究，一句话，在理论上，它更重对古人话语的现代性诠释、现代性转活，重"述"而不是"作"，或者说寓"作"于"述"中。①

作为社会儒学主体的大众儒学并不排斥精英儒学。如果说大众儒学体现着"道中庸"的话，那么精英儒学或学术儒学则代表着"极高明"。而"道中庸"无"极高明"之贯注，不是真正的"道中庸"，甚至会沦为平庸；相反，"极高明"不能下贯于"道中庸"，也不是真正的"高明"，甚至可以是孤明，孤明即不明。"极高明而道中庸"体现了儒家的精义、儒家的真精神，是儒家有别僧、道、耶、回处。② 有学者论曰：

> 传统中国社会"心性儒学"和"世俗化的儒家伦理"本是密切相关、互动相成的两个层面。《礼记·中庸》讲："君子之道费而隐，夫妇之愚，可以与知焉，及其至也，虽圣人亦有所不知焉；夫妇之不肖，可以能行焉，及其至也，虽圣人亦有所不能焉……君子之道，造端乎夫妇；及其至也，察乎天地。""察"者，著也。此显著于"圣人"智慧与人格者，就是我们今天所说的"心性儒学"；而其见诸愚夫愚妇日用常行者，即所谓"世俗化的儒家伦理"。这两个层面的关系，也就是今人所谓精英文化与民众文化的关系。儒家所理解的"道"，既存诸百姓人伦日用，又超乎这人伦日用。这个"超乎"，即在于此精英层面对后者的一种反思、自觉、提升、点化的超越作用。二者在这种相成互动的张力关系中，适构成一种良性的、活生生的文化生命存在。③

就心性儒学与政治儒学的关系，有学者论证说："当代中国儒学的任务就是在弘扬心性儒学的同时继承政治儒学的传统，不仅要用政治儒学去批判现存社会政治，建立起体现天道性理的现代政治礼法制度，还要用政

---

① 颜炳罡：《民间儒学何以可能？》，单纯主编：《国际儒学研究》，九州出版社2006年版，第367—368页。
② 同上书，第373页。
③ 李景林：《本虚而实——儒家教化理念的立身之所》，国际儒学联合会编：《儒学与当代文明》卷二，第594页。

治儒学去批判心性儒学极端生命化个体化的倾向,又用心性儒学批判政治儒学可能异化为纯粹意识形态的倾向,使二者之间保持良性的互补关系,从而使儒学能发挥全体大用而形成一健全完整的现代新儒学。"① 政治儒学与心性儒学的关系是可分而互补的。(1)相对的区分:心性儒学解决个人生命安立问题,政治儒学解决政治制度合法性问题。心性儒学是个人道德实践问题,政治儒学关系到国民全体的生活环境问题。心性儒学主要涉及私人领域,政治儒学涉及公共领域。心性儒学是道之作用表现,政治儒学是道之架构表现。心性儒学主要出于个人之自觉,政治儒学是儒家基本价值之规范化制度化。心性儒学的目标是成贤成圣,有出世向度。政治儒学的目标是政治秩序和社会道德秩序,不直接以塑造圣贤为目标,出世向度不明显。总之,心性儒学主要关注"内圣",政治儒学主要关注"外王"。传统儒学主张内圣直统外王,圣王合一。现代政治儒学主张内圣与外王是"曲通"。内圣与外王是相对区分的。之所以区分是相对的,因为虽然心性儒学与政治儒学有如上区分,但是两者并不是截然互不相干的,都是天道的或直接或间接,或中心或边缘的表现。(2)心性儒学超越地评判政治儒学。道德价值标准发于人心之自觉,人心对天道的体认。因此,世间的价值标准折中于圣贤之智慧、见解。圣贤之智慧、见解,对世间一切人事具有道德评判的权威。政治也是人事活动,政治人物未必是圣贤,故心性儒学把握着价值标准,对政治儒学之走向有评判作用方可。因为心性在道德含量上高于政治,而且圣贤之心是神圣天道的直接表现,所以这种评判是"超越"的评判。(3)政治儒学为心性儒学提供实践的制度基础、社会基础。心性儒学,如果没有政治儒学为其提供制度基础、社会基础,就会使心性价值拘于内心,不能通畅。就容易飘零,成为游魂。就会容易枯槁,不容易发扬光大。理想与现实就会严重冲突,甚至酿成社会悲剧。②

因此,社会儒学以社会为本位,但并不是不关心人的内在心性修养和国家的政治运转与制度建构,它与心性儒学和政治儒学有密切的关系,这就是对心性儒学的滋养和对政治儒学的匡正。

---

① 蒋庆:《政治儒学——当代儒学的转向、特质与发展》,第117—118页。
② 米湾:《心性儒学与政治儒学》(2005年10月3日),"洙泗会讲发言稿",360度doc个人图书馆 http://www.360doc.com/content/13/0104/17/11278209_258189285.shtml。

四 社会儒学的意蕴与展开

1. 儒家的社会使命与教化功能

一直到民国以前的中国政治除了时间轴上的分久必合,合久必分这种多元统一现象的存在以外,还有就是小政府,大社会的状况。整个的民间社会是一个空间很大的多重结构的、有调节能力的、有弹性的社会,这个社会里有很多管道作为自组织系统,民间儒学或草根儒学是在社会底层起良性作用的力量。先秦以前的政治体制是民族轮流坐庄式的,如夏、商、周就是如此,但到了周代就有了新的因素,这就是宗法制与分封制的结合:分封制是各自为政的松散的政治联盟,犹如今天的联邦制,但"联"在一起的不是法律,而是在宗法血缘基础上的礼制。秦汉以后实行政治大一统,郡县制比分封制更强化了中央集权,但由于中国实在太大了,各地政治、经济、文化、风俗习惯的差异始终存在和变化,所以中央集权始终是有限度的。尽管名义上是"普天之下,莫非王土",实际上在许多地方是"天高皇帝远",百姓处于自然生存状态,只要赋税一纳,实际上的政治关系是相当淡薄的。相应地,各地往往形成一种以家族为核心的地方自治,而这种地方自治是以儒家思想为主导的。因为政府管不到下面,维系整个社会人心的主要还是儒家文化。进入官场的有士大夫,在民间底层社会的有绅士来承担这样的文化活动。儒家型的社会空间力量很大,例如民间自治,有乡约,有乡练团练武装,有各种祭祀礼仪活动与宗族、家族、祠堂,商会和行会组织,有各种民间宗教、地方自治、绅士集团与士农工商等各种社会团体,有民间文化、教育、技艺活动的活动等。儒者"作为文化精英,他们是社会意义的施赋者以及政府权威合法性的论证者。这主要通过教育得以实现。特别是儒家浸润于集体精神之中,献身于积累符号资本的长期性投资,以之作为内在于社会的基础重建策略"。[①]民国时期梁漱溟等"乡村建设"派依托的就是这样一个社会文化背景,但是在那个时代这样的社会文化背景正在激烈的社会变革和战乱中迅速消失,梁漱溟作为最后一个儒家做了很大的努力最后还是无奈地失败了。

---

① 杜维明:《个人、社群与道》,《杜维明文集》第四卷,第643页。

儒家所实践的社会使命主要有两个：一是政治取向即对统治者施加政治影响；另一则是社会取向即对民众进行社会教化。社会儒学关注社会，但不是国家的异己力量和反对力量；关心政治，但不依附于权势、寄生于体制，甚至要有抗议精神，批评时政。社会儒学，有着强烈的政治关怀和"人溺己溺，人饥己饥"的历史担当，关切国家民族、关心现实政治也是社会儒学的应有之义，"以道易天下"、"天下归仁"是其理想目标。孔子一生收徒授业周游列国十四年，汲汲而求，一方面试图得君行道，推行自己的政治主张和治国理念；另一方面则是导人以正，使社会人心向善，使"天下归仁"。社会儒学认为"道"不在抽象的概念体系中，而在具体的社会现实中，故孔子《春秋》曰："我欲载之空言，不如见之行事之深切著明也。"（《史记·太史公自序》）孔子整理诗时把描写男女相爱的诗列为《诗经》的第一篇："关关雎鸠，在河之洲，窈窕淑女，君子好逑"（《诗经·国风·周南》），就包含了夫子对社会基本秩序构建的高深见解和指导思想。"或谓孔子曰：'子奚不为政？'子曰：'《书》云：'孝乎，惟孝！友于兄弟，施于有政。是亦为政，奚其为为政。"（《论语·为政》）孔子认为，从事人间的伦理实践就是为政，何必一定侧身政治才算是为政呢？这是社会儒学的致思方向与发展道路。荀子写了一篇题为《儒效》的文章，其中对于儒者的形象和社会作用是这样来描写的："儒者法先王，隆礼义，谨乎臣子而致贵其上者也。人主用之，则势在本朝而宜；不用，则退编百姓而悫；必为顺下矣。虽穷困冻馁，必不以邪道为贪；无置锥之地而明于持社稷之大义；呜呼而莫之能应，然而通乎财万物、养百姓之经纪。势在人上则王公之材也，在人下则社稷之臣，国君之宝也。虽隐于穷阎漏屋，人莫不贵之，道诚存也。仲尼将为司寇，沈犹氏不敢朝饮其羊，公慎氏出其妻，慎溃氏逾境而徙，鲁之粥牛马者不豫贾，必蚤正以待之也。居于阙党，阙党之子弟罔不分，有亲者取多，孝弟以化之也。儒者在本朝则美政，在下位则美俗，儒之为人下如是矣。""美政"就是要"善调一天下"，为社会制定各种礼仪规范、政法制度等，以安定社会秩序和富裕百姓生活；"美俗"就要不断修身，提高道德品质，以身作则，化民成俗。在荀子看来，儒家能够遵循先王之道，其社会的榜样只有是其他士人无法比拟的，一定会形成清平的国家政治；若不被任用，地位在人下，也必定会以自己的道德影响形成醇厚的社会风气。这就道出了"儒者"的政治和社会文化功能。其实，美政即可美俗，美俗可带来美政。

儒家作为敬重人生，关怀世事的"社会良心"，站在"政"与"俗"之间，发挥其"美政"与"美俗"的双重功能。通过汉代的乡举里选和隋唐以降的科举制度，"士"可以通过考试进入官僚集团，即所谓"学而优则仕"，成为士大夫，整个官僚系统大体上是由"士大夫"来操纵的。通过宗族、学校、乡约、会馆等社会组织，"儒者"成为民间社会的领导阶层。现代政治趋向民主自由，重视个体价值和普遍人权，给予大众更多的权利，都是社会儒学的应有之义。除了具体的政治操作，为了现代政治打下良好的社会基础，需要儒者深入民间，化民成俗，也仍然是现代为政的最好方式之一。

儒家历来重视社会教化。孔子以前的中国社会是一个政教合一，官师不分而以"教"化天下的社会。这里的"教"大致包含相当于今天的宗教、教化、教育三方面的意思。《周礼》中属地官，有大小司徒、师保之属，其中大司徒的职责中有所谓的"十二教"："因此五物者民之常，而施十有二教焉。一曰以祀礼教敬，则民不苟；二曰以阳礼教让，则民不争；三曰以阴礼教亲，则民不怨；四曰以乐礼教和，则民不乖；五曰以仪辨等，则民不越；六曰以俗教安，则民不偷；七曰以刑教中，则民不虣；八曰以誓教恤，则民不怠；九曰以度教节，则民知足；十曰以世事教能，则民不失职；十有一曰以贤制爵，则民慎德；十有二曰以庸制禄，则民兴功。"其教民的内容可谓具体而广泛，涉及民生的各个层面，而《礼记·王制》中亦云司徒"修六礼以节民性，明七教以兴民德，齐八政以防淫，一道德以同俗，养耆老以致孝，恤孤独以逮不足，上贤以崇德，简不肖以绌恶"。陈澔在这一节下注云："此乡学教民取士之法也，而大司徒则总其政令者也。"①《礼记·王制》："乐正崇四术，立四教，顺先王诗书礼乐以造士，春秋教以礼乐，冬夏教以诗书。"可见，当时的政治就是教化，教化就是政治，二者难分难解，浑然一体。章学诚《文史通义·原道中》云："教之为事，羲、轩以来，盖已有之。观《易·大传》之所称述，则知圣人即身示法，因事立教，而未尝于敷政出治之外，别有所谓教法也。虞廷之教，则有专官矣；司徒之所敬敷，典乐之所咨命；以至学校之设，通于四代；司成师保之职，详于《周官》。然既列于有司，则肄业存于掌故，其所习者，修齐治平之道，而所师者，守官典法之人。治教无

---

① （元）陈澔：《礼记集说》，中国书店1994年版，第115页。

二，官师合一，岂有空言以存其私说哉？"①

三代政教合一，官师不分的局面在春秋又被打破了，于是出现了《庄子·天下》篇中所谓的"道术将为天下裂"的局面，道术之分裂，乃是道统、政统、学统、教统的分裂。孔子不仅仅重视学校教育，也注视社会教化，即对老百姓的道德教化。孔子认为士人在承担了道的前提下还应该以天下苍生为念，推己及人，教化天下，使天下归仁。《论语·宪问》："子路问君子。子曰：修己以敬。曰：如斯而已乎？曰：修己以安人。曰：如斯而已乎？曰：修己以安百姓。"这段话体现的正是孔子通过教育培养士人使其担当起教化民众的责任并进而改造社会的思路。那么如何安人、安百姓呢？孔子认为应在"富之"的基础上"教之"使安，《论语·子路》："子适卫，冉有仆。子曰：'庶矣哉！'冉有曰：'既庶矣，又何加焉？'曰：'富之。'曰：'既富矣，又何加焉？'曰：'教之'。"这里的"教"就是社会性的了，其内容就是价值理性的"仁义道德"，而其教的手段则是灌注入"仁义道德"的精神的诗书礼乐。梁漱溟在《中国文化要义》第十章"治道与治世"中说："教化所以必要，则在启发理性，培植礼俗，而引生自力。这就是士人之事了。士人居四民之首，特见敬重于社会者，正因他'读书明理'主持风教，给众人作表率。有了他，社会秩序才是活的而生效。"② 杜维明说："原始儒家的动向是通过就是教育，是通过教化来转化政治，而不是依赖政治权力来塑造理想的世界。……是从教育，从做人的道理，从教化、思想和实践来转化政治的。"③

2. 修道谓之教

儒家的教化是"道"与"教"一体之教。儒家的"道"为儒家道统之哲学根本，传统道统是中华文明历史经验的升华，也是哲学思想的大本大源。孔子对春秋时代的社会有一个基本的判断："天下有道，则礼乐征伐自天子出；天下无道，则礼乐征伐自诸侯出。……天下有道，则庶人不议。"（《论语·季氏》）这段话显然是孔子考察了历史和现实而得出的结论，是站在道的高度为社会的评判。要复兴礼乐，他认为不能光讲礼乐本身，还要追溯礼乐背后的"道"——用今天的话可以说就是一种历史规

---

① （清）章学诚：《文史通义》，第36页。
② 梁漱溟：《中国文化要义》，第213页。
③ 杜维明：《现代精神与儒家传统》，《杜维明文集》第二卷，第598—599页。

律、文化精神、社会理想、政治理念。"道"的失落意味着文化价值理想的失落和价值标准的失范,是儒者的文化良知促使孔子走到了历史的前沿,立志改变"道之不行"的现状,重新恢复"天下有道"的局面。孔子苦心孤诣要找回的"道",就是指儒家孜孜以求的古者先王之道,是尧舜禹汤文武周公一脉相承的文化传统,它代表着儒家文化的价值理想和最高典范。孔子的"道"自然是承继春秋以来中国文化由天道转到人道的这一历史趋势而进一步探讨的,其传统资源主要是礼乐文化,其价值指向基本上是人文精神,其最后的归宿大体上是社会政治秩序的重建。这就使他的"道"具有了更为广泛、深刻的历史文化意蕴。

道的下贯和落实就是所谓的"教"。"修道谓之教",意味着知道、明道、守道、修道、得道。教之以道,就是儒教之"教"的基本含义。所以,儒家讲修道为教,这不是佛家道家离世孤修的纯粹生命修炼,而是内圣外王在儒家"教统"上的体现。例如郭店儒家竹简填补了孔孟之间的一段思想空白,探讨了性、情、心、道与教育之间的关系,提出了缘情立教、教化成性的思想。在此基础上,描述和论证了以物动性,以悦逆性,以故交性,以义厉性,以势黜性,以习养性,以道长性的情感教育过程;提出了知情体道,由义入道,内外双修的成德途径;确立了"金声玉振",内外和谐,天人合一的理想人格。这些思想上承孔子,下启孟子,以情性论为特征,对我们理解儒教之"教"有多方面的启示。① 韩愈解释他的"道统"说:"夫所谓先王之教者何也?博爱之谓仁,行而宜之之谓义,由是而之焉之谓道,足乎己无待于外之谓德。其文,诗、书、易、春秋;其法,礼、乐、刑、政;其民,士、农、工、贾;其位,君臣、父子、师友、宾主、昆弟、夫妇;其服,麻、丝;其居,宫、室;其食,粟米、果蔬、鱼肉——其为道易明,而其为教易行也。"所谓"先王之教",就是一种传承已久、世代接续的信仰体系,这种信仰体系的核心价值就是"道"。朱子之学能够"致广大,尽精微,综罗百代矣!"② 其理学也可以叫作"道学",其"道"或"理"字统摄了儒、释、道三家的基本义理,集中华文化固有的道统、教统、法统、政统、学统、文统和传统为一体,

---

① 姜国钧:《缘情立教 内外双修——郭店楚简所见儒家学派的教育思想》,《现代大学教育》2004年6期。

② (清)黄宗羲:《宋元学案》卷四十八《晦翁学案》,中华书局1986年版,第1495页。

成为当之无愧的集大成者。但是,必须看到,在朱熹那里儒家的"道统"由"学统"下学上达得到充实、拓展与发展,使原始儒学提升为"新儒学"。"新儒学"所持"道统"之"道"则包括孔孟之道的核心价值,又容纳了道家之道,吸收和内化了外来的佛教之道,把儒家道统推到了一个新境界,在儒学发展史上占有极其重要的地位。

3. 儒家教化的三维展开

儒家"教化"的具体展开有道德教化、礼乐教化、宗教教化。

(1) 道德教化。《大学》云:"大学之道,在明明德,在亲民,在止于至善",儒家对道德教化的重视在世界各国史上无与伦比,因而对后世的影响亦罕有其匹。早在西周就有了敬德思想。敬德在周人有不同的表述,如"以德配天"、"皇天无亲,惟德是辅"、"敬德保民"、"明德慎罚"等。孔子认为社会秩序混乱是因为人们道德全面败坏的结果,于是提出了以"仁"为核心的道德规范体系,把道德教化的范围逐步扩大到重视社会的全体成员的道德教化,确立了以德教为先的原则。在《论语》中有不少条目阐述了这一观点,如"弟子入则孝,出则悌,谨而信,泛爱众,而亲仁。行有余力,则以学文"(《论语·学而》)。即是认为,青年人要首先把孝敬父母、尊敬兄长、言行有信、博爱大众、亲近仁德等做好后,再去学习文化知识。孔门四科中,也以德行为首(《论语·先进》)。在政治上孔子要求统治者做到"为政以德",以德化民。孔子说:"为政以德,譬如北辰,居其所而众星共之。"(《论语·为政》)告诫统治者只要实行仁政德治,便会像北极星受到众星环绕那样得到臣民的拥戴。从孔子开始明确地将道德教化置于政令刑罚之前、之上。《论语·为政》载:子曰:"道之以政,齐之以刑,民免而无耻;道之以德,齐之以礼,有耻且格。"《论语·颜渊》又说:"君子之德风,小人之德草,草上之风,必偃。"君子的道德人格就像清风拂草那样对社会大众产生好的影响,就是说在上位者要注重自己的道德修养,以自己的人格风范熏陶天下,而不是以赤裸裸的政治法律力量强行控制人民,这样才能实现一个"德化"的社会,真正达到天下大治。可见,孔子在治国为政上注重德教,主张以道德教化为先。孔子的道德教化思想奠定了后代统治者以道德教化治国和后世儒者化民成俗的思想基础。

儒家以六艺为教,其重点不在理论知识而在社会实践,是以六艺中所蕴含的精神来进行社会教化,以达到人变化气质、好德慕义、群体和谐、风俗美善的社会效果,这也就是儒家孜孜以求的王道理想。孔子在《论语·述而》中说:"志于道,据于德,依于仁,游于艺。"又《礼记·经解》载孔子说:"人其国,其教可知也。其为人也,温柔敦厚,诗教也;疏通知远,书教也;广博易良,乐教也;洁静精微,易教也;恭俭庄敬,礼教也;属辞比事,春秋教也。"以孔子的看法,为学虽要涵泳于知识技艺,但却必须以道德仁义之成就为其本。儒学六艺尽管包含丰富的知识技艺,然其要旨则在于对学生德行的教养和敦民化俗的功能。孔子以六艺教人划时代的意义就是宫廷之师儒成了社会民间之师儒,使儒家的教化扎根于社会民间并在此一阵地上培植人之理性从而影响社会政治,在儒家的一般观念中,只要社会民间人人拥抱价值理性,那么它无疑对朝廷政治形成一个压力场,并因此纠正无道的政治而使天下归于和谐,其思路是典型的用思想文化解决社会政治问题的范式,因此儒家特重教化,特重在社会民间的经营。①

(2)礼乐教化。儒家特别强调礼乐的社会教化意义。儒学与社会的密切关联,就集中表现于它对作为社会生活样式的"礼乐"的关切。杜维明论证说:"在儒家的脉络中,'礼'与人类沟通的社会视界密切相关。……由《礼记》所代表的社会视界,不是将社会定义为一种基于契约关系之上的对立系统,而是一种强调沟通的信赖社群。由士、农、工、商四民分工所组成的社会,是一种协同运作。作为对这一协同运作有所贡献的成员,每一个人都有义务承认他人的存在并服务于公益。"②《礼记·经解》:"礼之教化也微,其止邪也于未形,使人日徙善远罪而不自知也。是以先王隆之也。"《礼记·乐记》:"乐也者,圣人之所乐也,而可以善民心,其感人深,其移风易俗,故先王著其教焉。"儒家重视礼乐之教化作用,但是,这个礼乐的系统,乃是由历史传统之延续而形成的一种普泛的社会生活形式,并非儒家自身所专有的仪式系统。礼乐作为一种生活的样式,携带着丰富的文化信息,并直接关乎人的行为,与民众生活具有一种天然的关联性,能够对人们的修养和社会道德氛围的养成起到潜移默化的作用。这使儒家的"教化"与宗教的教化大异其趣。正如有学者所论:

---

① 刘文勇:《为天下而教化:儒家教化说之精神再检讨》,《西南大学学报》(人文社会科学版)2007年第4期。

② 杜维明:《何为儒家之道?》,《东亚价值与多元现代性》,第182、184页。

"儒学施其教化于社会的生活的方式是很巧妙的。教化之行，必须切合和影响于人的社会和精神生活之样式。儒学于此，并不另起炉灶，独创一套为自身所独有的礼仪、仪轨系统。它所据以建立和安顿其教化理念的礼仪、仪式系统，为中国古代社会所固有。一方面，这种社会生活所固有的礼仪和礼乐系统，作为一种普泛的生活样式，与一般民众之人伦日用，水乳交融，因而儒学所行教化，于中国古代社会，最具普遍性的意义。在这一点上，任何宗教形式的教化都无法与之相俦匹。另一方面，那不断经由儒学形上学诠释、点化、提升的礼仪和礼乐系统，亦具有着一种因革连续的历史变动性和对其他宗教生活样式的开放和包容性。这与一般宗教仪式、仪轨系统所特有的固定性和排他的性质，亦有根本性的区别。"①

（3）宗教性教化。宗教性教化就是指儒家礼乐祭祀传统所体现的社会教化功能。儒家最具有宗教意味的传统主要是指礼乐文化中祭祀传统。儒家伦理的中心就是孝，对于孝道的培植，当然是教化上的重点，为此，儒家使孝德与祭祖二者发生联系，且成为中国传统社会中非常重要的理念与力量。"君子之教也必由其本，顺之至也，祭其是欤？故曰：'祭者教之本也已。'""外则教之以尊其君长，内则教之以孝于其亲。""祭者，所以追养继孝也。"（《礼记·祭统》）"修宗庙，敬祀事，教民追孝也。"（《礼记·坊记》）《论语·学而》曾子曰："慎终追远，民德归厚矣。"如果对于去世者的丧礼能慎重地处理举行，日久之后亦能定期举行祭礼不断追思的话，社会之风俗道德也一定可以渐渐笃厚起来的。这样，通过丧祭之礼，实际上是在潜移默化地进行教化，使人们不仅要记住自己之所从来的"根源"，更意味着永远不忘先人筚路蓝缕的开创之功，这样民德民风就会归于纯厚朴素。《孝经·纪孝行章》引子曰："孝子之事亲也，居则致其敬，养则致其乐，病则致其忧，丧则致其哀，祭则致其严，五者备矣，然后能事亲。"意为：父母过世时，要以哀痛的心情隆重料理丧事；在行祭祀时，要以严肃的态度来追思父母，这才称得上孝。孔子这种孝道丧葬视深入当时的民心，对当时的丧葬习俗产生了极其深远的影响。可见，儒家从古代礼乐文化中继承下来的祭祀传统是教化的一个重要本源。对于儒学的宗教性教化功能，辜鸿铭在《中国人的精神》中进行了的论

---

① 李景林：《哲学的教化与教化的哲学——论儒学精神的根本特质》，《天津社会科学》2005年第6期。

证:"儒学在中国则为整个民族所接受,它成了宗教或准宗教。我这里就广义而言,而非欧洲人所指的狭义宗教。"① 辜鸿铭认为传统的儒教在古代儒生那里就是一种宗教,但这一种有理性的人的宗教,即"所有有理性的人对此达成默契、决不谈论的宗教"。② 这就是说,传统的儒教就是一种以理性为主而能够发挥宗教功能的"宗教"。"中国人之所以没有对于宗教的需要,是因为他们拥有一套儒家的哲学和伦理系统,是这种人类社会与文明的综合体儒学取代了宗教。人们说儒学不是宗教,的确,儒学不是欧洲人通常所指的那种宗教。但是,儒学的伟大之处也就在于此。儒学不是宗教却能取代宗教,使人们不再需要宗教。"③ 这就是说儒学不是严格狭义的欧洲人理解的那样的宗教,但同时又具有欧洲宗教同样的社会教化功能,可以说是有异曲同工之妙。

现代民间大儒段正元在北京办道德学社,后来,南京、汉口、杭州、上海、奉天、荥阳、随县、张家口、太原、孝义、徐州、保定、天津等地也纷纷成立道德学社分社,段正元在各地讲学传道,造成广泛的影响,在民间形成一般的复兴以儒学为主体的中国传统文化的热潮,成为战乱中保一方平安、挽世道人心的正面力量。他的思想与当时已经产生的以梁漱溟、熊十力为代表的新儒家理路大不相同。以教育方式而言,新儒学基本和传统儒学教育相类似,主要是以学校教育为其重心(梁漱溟虽然后来发现这一模式的弊病,把教育的重心放到农民身上,办乡村教育,但还是没有脱离学校的形式),而段正元是把教育的目标放到全社会,走的是传统儒家向上师儒君相,向下教化百姓的道路。他的思想虽然从道家、道教、佛教那里吸取了许多东西,但本质上并不是以宗教立教而是以"道德"立教的。他曾区分"教"与"道"云:"教犹植物之花,道犹植物之本。花由本生,教由道发,花不能离本而生,教不能离道而存。花不能与根本比美丑,教不能与道较高下。道本千变万化,圆通无碍,打破来说,令人骇闻。……道千变万化,宽泛无边;教则单取一线,有一定不移之方针。道者路也,随人共由,缓急迟速,无人限制;教则含专制性质,

---

① 辜鸿铭:《中国人的精神》,《辜鸿铭文集》下卷,第42页。
② 辜鸿铭:《呐喊》,《辜鸿铭文集》上卷,第535页。
③ 辜鸿铭:《中国人的精神》,《辜鸿铭文集》下卷,第37—38页。

强迫前行，步步加紧。"① 认为讲"教"是迷信："教甚易讲，盖讲教都是迷信，所谓窝起舌头说话，只讲半面。遇着时机，秉着一部分天命，各说各的，不管其它方面通与不通。如耶稣云：'除我以外别无上帝。'要阐其教，使人迷信，不得不然。前大道不明不行之时，万教后学，概在迷信之中。儒家迷信文章；佛家迷信顽空；道家迷信神仙；耶稣迷信上帝；回教迷信真神。其它非儒非佛非道非耶非回之教，亦莫不各迷信一端。非迷也，不明道而行教，不得不如是也。"② 在这样的基础上，他认为西方宗教不如我道德文明，"耶稣教义究不能摆脱简单拘束之宗教思想，于道德文明犹有偏而不全、美而未善之处"。③ 他批评西方人与基督教"所以当今之世，求诸宗奉宗教者，比比有人；求诸信教而又知重道者，曾不数见。试观泰西各国等，是崇奉耶教，讲博爱主义之文明国也。今乃日寻干戈，置数千万人之生命财产于不顾，则博爱之道何在？"④ 在预测儒学未来发展的时候提出"三教合流，万教归儒"的思路："中国数千年来，儒释道三教为纲领。后加入耶回二教，合之为五，犹如五行。其他派别支流，则数之不尽。惟吾自来讲道，则犹尊儒教。儒非专指孔子，凡能言能行，踏实认真；一时可行，万世有益；一人可行，天下有益；有教无类者皆儒也。故以儒为体，以佛耶回各教之慈悲存心养性，实行儒教处世为人。真儒者，贯通天地人，具足智仁勇。各教圣人之实行实德，皆包藏其中。儒实扫除各教之流弊，独现各教之精华，故曰儒为席上珍。惟孔子集儒教大成，足为万世师表。"⑤ 这里段正元对儒学与其他宗教的关系分疏上，所强调的是儒学作为实在的人文主义思想体系，能够包括其他宗教的基本精神但又有极强的实践功能，在本质上具备了兼融其他宗教的素质，有融合诸教的始基。

4. 秦汉以降儒家的教化及组织形态

先秦儒家的教化思想由于诸多原因没有办法得到落实，秦汉以后，随着儒家走向政治舞台，汉初诸儒在反思秦严刑峻法，不行仁义，二世而亡

---

① 段正元：《道德约言》，道德学社编印，1921年，第2—3页。
② 同上书，第2页。
③ 段正元：《政治大同》卷上，北平道德学社编印，1930年，第3页。
④ 段正元：《道德学志》，载《师道全书》卷五，道德学会总会编印，1944年，第48—49页。
⑤ 段正元：《道善》，载《师道全书》卷十二，第26页。

的前提下，强调"治以道德为上，行以仁义为本"（《新语·本行》），努力使教化与政治结合起来，以政府的力量落实到社会现实中。陆贾说："故曾闵之孝，夷齐之廉，此宁畏法教而为之者哉？故尧舜之民，可比屋而封，桀纣之民，可比屋而诛，何者？化使其然也。"（《新语·无为》）再严苛的"法教"也不能使人产生孝悌之心，廉洁之行，因为道德是靠教化而不是靠法律惩罚出来的，教化是君主推行仁政的必不可少的工具。董仲舒特别重视教化，把施行教化看成是王道政治的根本，从而实现了"教"与"政"的结合："教，政之本也。狱，政之末也。其事异域，其用一也，不可不以相顺，故君子重之也。"（《春秋繁露·精华》）教化作为政治之本，是与刑罚相对而言的。教化侧重于道德感化和影响，是对人的内心的改变；而刑罚则诉诸威权，对人只能起到阻恶的作用，不能产生徙恶迁善的效果。他在回答汉武帝策问的第一策中就明确地阐述了教化的意义以及推行教化的具体方法。他说："古之王者明于此，是故南面而治天下，莫不以教化为大务。立太学以教于国，设庠序以化于邑，渐民以仁，摩民以谊，节民以礼，故其刑罚甚轻而禁不犯者，教化行而习俗美也。圣王之继乱世也，扫除其迹而悉去之，复修教化而崇起之。教化已明，习俗已成，子孙循之，行五六百岁，尚未败也。"（《汉书·董仲舒传》）在这里，董仲舒明确提出王道教化的主要手段——学校教育，王道教化的主要内容——仁、谊（义）、礼（后来又扩充为三纲五常），王道教化的目标——教化行而习俗美。如何实行王道教化？董仲舒的主要手段就是大力提倡学校教育，呼吁国家设立太学，地方设立庠序，来推广社会教化，形成良好的社会习俗。董仲舒尤其重视太学建制，认为，朝廷求得贤才最根本、最可靠的办法，是兴办太学，通过教育培养贤士。但是，我们应该看到，汉儒的教化实际上是政治教化，即希望统治者自上而下地进行教化，目的就是为了维系自己的统治。特别在汉武帝"罢黜百家，独尊儒术"以后，汉代的教化主要就是维护大一统的政治局面，统一民众思想，确立社会是非价值标准，具有强制性，民众是被动的，缺乏自觉性、主动性，一定程度上异化为统治术。

儒家教化到宋明以后由带有强烈官方色彩的政治性教化转向带有浓重民间色彩的社会性教化。正如有学者所论："儒学在中国社会中发展，并不只靠学术性组织和国家政治教育体制。过去一直以为是如此的，故研究者眼光只集中在学者、学派、科举官僚系统、国家政策、国家祭典、教育体系上。殊不知儒家思想之所以能普遍浸润到民间具体的生活中,达到百姓日用而不自知的地步,并不只靠著这些。国家政治教育体制,固然在实现儒家思想时,效力宏大;但广大平民,不参与政治又未入学受教的老百姓,其儒家教养由何而来?这些人及其生活世界,也是学者与学派触及不到的领域。因此,儒学在中国社会中之所以可以推广普及,成为人民生活的具体伦理与价值观,仰赖的,还另有一套社会性组织和一套宗教性组织。"① 其中代表性的就是乡约和社学。在中国传统社会,掌握实际控制权的官吏很少。一个县官有时要控制25万—80万人,而所有衙门之内的人有时就是十几个或者几十个。没有军队,没有警察,靠的就是像乡约、社学、圣谕之类的教化力量。这是传统社会中的互助组织,也是一种社会制约。②

　　始于北宋的乡约组织特别具有典型意义。乡约始于北宋,盛行于明代,流传至今。乡约是国家政权组织以外的一种社会组织,作为一种特殊的社会控制形式,是村民自我进行教育、自我管理的传统风俗,是一种地域性的道德规范,甚至带有法律的性质,它融政治管理与社会教育为一体。北宋吕大临兄弟在家乡蓝田制定乡约,规定同约人要"德业相劝","过失相规","礼俗相交","患难相恤",以儒家移风易俗为终极理想,使"关中风俗为之一变"。吕氏兄弟及其邻里发起的乡约是自发性的,是本区域本宗族、本姓氏、本血缘的族人或乡民共同发起,主事的是族内有相当文化、威望的人,受衙门的管束不大。乡约后来才受政府权力介入的。后来,朱熹加以修订,并在乡村广为推行,成为中国农村很多地方采用的一种自治性社会制度。明儒对民间社会的注视更体现在乡约制度上。王守仁在南赣做地方官时,曾仿《吕氏乡约》,并结合当地社会实际制定了著名的《南赣乡约》,其乡约组织有严密的管理制度,乡所或会所设立在距离各村等距的中心地方,实行会费制度,规定乡约领导在实施管理和教育时要注意积极引导和正面教育,其主要目的是为了加强乡村管理和教化,成为一种地方自治性质的"政教合一"的组织形式,使儒家教化普遍且深入村社乡里。中国现代史上梁漱溟先生也模仿《吕氏乡约》和《南赣乡约》的组织形式,推行乡村建设,并倡办"乡农学校"。这些都

---

① 龚鹏程:《儒学与儒教》,载《儒学新思》,北京大学出版社2009年版,第417页。
② 杜维明:《现代精神与儒家传统》,《杜维明文集》第二卷,第607页。

是在国家政治体制之外的政治和文化活动。正因为如此，后来才引起了专制政府的警惕，清代以后，封建专制加强，乡约不得已沦为政府控制乡村的一种工具。

5. 明清儒学的社会、民间转向

汉代儒家参与政治实践，使儒学基本精神发生了变异，形成的"帝制性的儒学"其基本立场是国家—皇帝，而不是社会—民众，主导的政治文化传统是庙堂文化。明代以降，中国社会转型，必然带来并要求文化思想的转型，这就出现了"帝制性的儒学"的衰落，及学者对其反思、批判以及对儒学发展多样化的探索。

明清儒学就开始了从政治取向转为社会取向，从官方取向转为民间取向，从精英取向转为大众取向。王阳明可以说是这一取向的创始者。余英时指出："与朱子反复向皇帝陈说'正心、诚意'不同，阳明说教的对象根本不是朝廷而是社会。他撇开了政治，转而向社会去为儒学开拓新的空间，因此替当时许多儒家知识分子找到了一条既新鲜又安全的思想出路。专制君主要使'天下之是非一出于朝廷'，现在阳明却说：'良知只是个是非之心。'而良知则是人人都具有的。这样一来，他便把决定是非之权暗中从朝廷夺还给每一个人了。从这一点来说，致良知教又涵有深刻的抵抗专制的意义，这是阳明学说能够流行天下的一个重要的外缘。"① 王阳明提倡良知人人皆有，还有提升大众人格独立，追求个性平等的积极意义。既然良知人人皆有，良知人人皆同，"良知之在人心，无间于圣愚，天下古今之所同也"。② "自圣人以至凡人，自一人之心以达四海之远，自千古之前以至于万代之后，无有不同。是良知也者，是所谓天下之达本也。"③ 良知是成圣的根据，人人有良知，人人就也可能成为圣人，这就向普通民众打开了成圣的大门。而且，"'良知说'的'简易直接'使它极易接受通俗化和社会化的处理，因而打破了朱子'读书明理'之教在新儒家伦理和农工商之间造成的隔阂"。④ 儒学的通俗化、社会化成为阳明学的重要特征，并深刻影响了整个文化领域。晚明儒学的转向就是由

---

① 余英时：《现代儒学的回顾与展望——从明清思想基调的转换看儒学的现代发展》，《现代儒学的回顾与展望》，第143—144页。
② 《传习录》中。
③ 《传习录》下。
④ 余英时：《士与中国文化》，第516页。

"上行"的"得君行道"改为"下行"的"化民成俗"。① 当时儒者们所关注的"在下而不在上,在社会而不在朝廷。明儒无论在朝在野多以'移风易俗'为己任,故特别重视族制、乡约之类的民间组织,不但讨论精详,而且见诸行事"。②

在儒学发展史上真正走向民间,远离政治专制,把精英儒学化为愚夫愚妇皆知所以为学的泰州学派。由王艮、朱恕、韩贞、颜钧、罗汝芳、何心隐等推行的民间儒学运动是社会儒学的真正开拓者和主体构建者。这场儒学革新运动开儒学的普及化、民间化、社会化之先河,代表着儒学现代转型的早期动向。泰州学派所处的年代,主要在明朝嘉靖至万历年间,这个时期正是中国漫长的封建社会已经进入晚期,新的资本主义经济关系开始萌芽,社会关系和阶级矛盾斗争也随之发生了新的变化,中国封建社会至此发展到了一个新的转折点。这个时期的统治者已经安于守成享乐,怠于政事,宦官因而得以窃权专政,除了对人民的政治压迫和经济盘剥,还实行文化专制政策,对有"异端"思想的人们采取思想禁锢和进行残酷迫害,在整体上强化了封建专制主义。泰州学派成员平民化,讲学风格平民化,讲学内容通俗化,可以说是一个代表着平民、市民的学派。他们的思想突破了传统精英儒学和政治儒学的藩篱,有着强烈的追求个性解放和发展自由经济的要求,代表着广大民众的利益,赢得了广大民众的参与,思想传播很快很广。泰州学派是明代中叶崛起于民间的一个儒学派别。有人称之为王学左派,也有人称之为民间儒学派,实际上是一个平民儒学派。泰州学派创建人王艮,字汝止,号心斋,泰州(今江苏泰州市)安丰场人。好读儒家经典,有疑难,逢人便问;对儒经的解释,不拘泥传注,常常自有发明。王守仁巡抚江西,讲"良知之学"聚徒众多,王艮也拜王守仁为师。王艮具有独创性的观点是"百姓日用即道"。他说:"即事是学,即事是道。人有困于贫而冻馁其身者,则亦失其本而非学也。"③ 这里的"事"是指当下存在与发生的任何事;"道"是指儒家的圣人之道。王艮认为"百姓日用条理处,即是圣人之条理处。圣人知,

---

① 余英时:《士商互动与儒学转向》,《现代儒学的回顾与展望》,第 248 页。

② 余英时:《现代儒学的回顾与展望——从明清思想基调的转换看儒学的现代发展》,《现代儒学的回顾与展望》,第 146 页。

③ (清)黄宗羲:《明儒学案》卷三十二《泰州学案一》,第 715 页。

便不失；百姓不知，便会失。"① 又据王艮《年谱》载："先生言百姓日用是道。初闻多不信。先生指僮仆之往来，视听、持行、泛应动作处，不假安排，俱是顺帝之则，至无而有，至近而神。"可见他所说的"道"不假思索、不用安排、自自然然、简易直接，它体现于"百姓"的"日用"之中并对日常生活起规范的作用，这显然是形而下的，但同时此道又"至无而有，至近而神"，不知不识，随感而应，神妙莫测，却也是形而上的。为了救世度人，他"周流四方"，进行广泛的讲学传道活动。其中最耸动天下的是北行讲学活动，他"驾一小蒲车，二仆自随"，"沿途聚讲"。② 这种讲学形式，已经离开了传统的书院，直接以社会为讲坛，以"山林隐逸"、"市井愚蒙"这些下层民众为宣讲对象。在讲学内容上，年谱于三十二岁下云："先生讲说经书，多发明自得，不泥传注。"这是跳出传统的正宗经学圈子，用自己发明的新意作解说。因此"言多出独解，与传注异"。③ 这种标新立异，具有异端色彩的讲学活动受到社会各阶层的广泛注意，轰动一时。陈来认为："王艮的这些思想不应当被视为理学的'异端'，而是作为精英文化的理论价值体系向民间文化扩散过程中发展出来的一种形态，其意义应当在'世俗儒家伦理'的意义上来肯定。"④ 王艮致力于"道"的感性化、情趣化、平民化、世俗化，形成了非常有影响的泰州学派。容肇祖认为："王艮一派的思想，是极端平民化和极端的实践派。黄宗羲《明儒学案·泰州学案序》说道：'阳明先生之学，有泰州、龙溪而风行天下'，因为平民化，故推行得普遍。又说道：'泰州之后，其人多能赤手以搏龙蛇'，这是论他们的实践实行的精神。"⑤ 王艮传授的主要参与者是下层知识分子，其门人中有隶仆、士、农、贾、工等下层百姓，也有少数中、上层知识分子、官吏。他们的弟子中还有樵夫朱恕、陶匠韩贞、农民夏廷美等。不见于纪传的平民百姓就更多了。据清代袁承业在《明儒王心斋先生师承弟子表》中说："心斋先生毅然崛起于草莽鱼盐之中，以道统自任，一时天下之士翕然从之，风动于内，绵绵数百

---

① （明）王艮：《明儒王心斋先生遗集》卷一《语录》，民国元年壬子（1912）东台袁氏神州国光社铅印本。
② （明）赵贞吉：《王艮墓铭》，《明儒王心斋先生遗集》卷五。
③ （明）徐玉銮：《王艮传》，《明儒王心斋先生遗集》卷四。
④ 陈来：《宋明理学》，辽宁教育出版社1991年版，第349页。
⑤ 容肇祖：《明代思想史》，开明书店1941年版，第231页。

年不绝。"他不完全考证出王艮至其五传弟子487人,其中入《明儒学案》的30余人,为官者40余人。主要传人中有王艮的中子王襞、徐樾、颜钧(山农)、罗汝芳、何心隐、李贽等。王艮论"道"、论"学"则以"百姓日用"为最后归宿,这就确立了泰州儒学走向民间社会的一条新路。嘉靖、隆庆、万历年间,泰州后学颜钧、罗汝芳、何心隐、李贽等进一步走向民间。他们周流天下,所到之处,讲学传道,蔚然成风。

颜钧(1504—1596年),字子和,号山农。江西吉安府永新县人。从学徐樾三年,后又经徐介绍卒业于王艮门下。因而,颜亦得"泰州之真传",颜本人也以"泰州正传"自居。颜钧"平时只是率性所行,纯任自然,便谓之道。及时有放逸,然后戒慎恐惧以修之"。① 他心目中的道就是人的自由解放,其张皇气象、游侠精神显然已非名教所能羁绊。他在家乡做的第一件事就是建立"萃和会",集自家、本族、同乡老壮男女近七百人,"讲耕读孝悌之学","士农工商皆日出作业,晚皆聚宿会堂"。在泰州学成之后,立即到江西南昌,招徕一千多名参加科场考试的学子,向他们宣讲"大成之道"。

何心隐拜颜钧为师,很推崇王艮的实事实用的观点,他的实事就是革新社会事业而建立共和社会的一种试验。他献出全部家财,在家乡创办"聚和堂",进行他的"理想社会"的实践。他学习其师颜钧在家乡办"萃和会"的举措,也在自己的家乡办起了"聚和堂",进行理想社会的实验。何在聚和堂里,献出家财,"捐千金,购义田,储公廪",并且"身理一族之政,冠、婚、丧、祭、赋、役,一切通其有无"。族内子弟宿于祠、聚于祠、食于祠,过集体生活,享受平等待遇。"学成之后,冠婚衣食,皆在祠内酌处。"鳏寡孤独失所者,皆有所养。何心隐理论根据即理在事中、理在物中。在《原学原讲》中他提出学问之道,不离日用事物,"即事即学也,即事即讲也",主张实事实学,反对空谈性命。容肇祖盛赞何心隐人格与精神之伟大,论曰:"综而言之,泰州一派是王守仁派下最切实、最有为、最激励的一派,何心隐是这派的后起,而亦是最切实、最有为、最激励的一人。他抱着极自由极平等的见解,张皇于讲学,抱济世的目的,而以宗族为实验,破家不顾而以师友为性命,所谓

---

① (清)黄宗羲:《明儒学案》卷三十二《泰州学案一》,第703页。

'其行类侠'者。"①

罗汝芳提出了"捧茶童子却是道"的命题。据《罗汝芳先生明道录》记载,罗汝芳见一童子捧茶而进,即曰:"此捧茶童子却是道也",众皆默然。"此捧茶童子却是道"是对"百姓日用即道"一种通俗的说法,也是他"道本是个中庸,中庸解作平常"② 思想的形象化表达。它使王艮的"百姓日用即道"的观念更通俗易懂,从而更易为广大民众所理解和接受。罗汝芳还具有人道主义思想,同情下层人民的悲惨命运。比如,他在太湖知县任上,有兄弟为争遗产来投诉,他闻之家境艰难,"汝芳对之泣,民亦泣,讼乃止"(《明史·儒林列传》)。③

李贽发展了王艮的"百姓日用即道"的思想,直截了当地提出"穿衣吃饭,即是人伦物理"和"人即道"的命题,进一步将生存之道生活化、世俗化。他进一步提出"治贵适时,学必经世"的观念,以成事、有用作为评价一切学术、行为和人品的标准。沈瓒《近事丛残》说李贽"好为惊世骇俗之论,务反宋儒道学之说……儒释从之者几千万人。其学以解脱直截为宗,少年高旷豪举之士多乐慕之,后学如狂。不但儒教防溃,而释氏绳检亦多所屑弃"。④ 李贽的反道学思想从根本上改变了传统儒家的价值观念,获得广大青年的拥护,"后学如狂",并猛烈地冲击了道学堤防,使它有发生溃决的危险,这就是所谓"儒教防溃"。

泰州学派"百姓日用即道"思想是真正意义上的儒学民间化基点,其演进过程是儒学民间化的推进过程。通过对这一进程的考察,我们可以了解儒学是如何走进大众、服务大众、成为大众安身立命之学的,从中还可透视儒学民间化的内在理路,并了解儒学在发展过程中是如何拓展自己的发展空间的。

6. 儒家民间讲学的社会意义

一般以春秋战国为私人讲学的开端,其实可以追溯到西周。如《礼记·学记》郑玄注"古之教者家有塾"时说:"古者仕焉而已者,归教于闾里,朝夕坐于门,门侧之堂,谓之塾。"归乡的士大夫坐在闾门之侧,

---

① 容肇祖:《明代思想史》,第231页。
② (明)罗汝芳:《盱坛直诠》,中国子学名著集成本,台北:中国子学名著集成基金会1978年影印发行,第207页。
③ (明)沈瓒:《近事丛残》卷四下,上海古籍出版社1990年版,第1060页。
④ 同上。

进行讲学，就是私塾。自孔子办私学形成儒家学派，儒家学者就以讲学为切磋学问、提升道德、影响社会的基本方式。孔子去世后，门生子夏到魏国讲学，他的思想个人格受到魏文侯的重视，并成为魏文侯的老师。在魏文侯的鼓励和支持下，子夏创立了"西河学派"。这个学派的学风是不讲虚理，注重实际，主张经世致用，志在改革，当时著名的政治家李悝、军事家吴起、学者段干木等，都是子夏的弟子，成为西河学派的颇有影响的人物。

秦汉以后儒家走上政治舞台，儒者讲学兼顾政治和社会两个层面。两汉学校制度分官学和私学两类：官学有中央官学和地方官学之分；私学又分经师讲学和书馆。地方官学通过儒家经学来宣传孝悌仁义等伦理道德，以改造民间风俗，对提高地方文化水平，整合地域文化，促进中华民族共同心理的形成起了积极的作用。经师讲学是指经师居官教授，大多数为一代名儒自立"精舍"（亦称"精庐"，为书院的前身）"隐居教授"。东汉经师讲学之风更是盛况空前。《后汉书·儒林列传》曰："自光武中年以后，干戈稍戢，专事经学，自是其风世笃焉。其服儒衣，称先王，游庠序，聚横塾者，盖布之于邦哉矣。若乃经生所处，不远万里之路；精庐暂建，赢粮动有千百。其著名高义，开门受徒者，编牒不下万人。"

书院为阵地的讲学始于宋代，但"书院"则肇始于唐朝，最早都是官方创立的，当时只是作为朝廷藏书、校书之所，并非教育士子的教育机构。到了唐德宗贞元（785—805 年）后，出现了一些私人创建的书院，但是规模很小，从学者也少，且以读书为主，讲学为辅。而真正具有后世意义上的书院是五代南唐所建的庐山国学，又称白鹿国庠，也是宋代白鹿洞书院的前身。宋朝虽然奖励名节，但是科举始终是利禄之门，使得士人趋之若鹜。因此，凡欲正人心，明道学之儒者，往往于山水之胜处，修书舍以授生徒，书院便兴盛起来。朱熹就是创建书院的积极推动者，曾明确声称建立书院是为了讲学传道，并不是为了科举考试，他说："前人建书院，本以待四方友士，相与讲学，非止为科举计。"[①] 随着城市、商业、交通以及印刷技术和造纸技术的发达，知识传播更加容易，也越来越超出官方意识形态允许的边界，士绅与市民所拥有的财富资源，也使得另外开辟思想表达和知识传播的渠道成为可能。正是在这样相对自由的背景下，

---

① （宋）黎靖德编：《朱子语类》卷一百六，第 2655 页。

大批士人重新开创了体制以外的讲学风气。① 明代书院重兴，面向平民成为其发展的一个重要特点。城镇官府书院向平民百姓开放，乡村书院大量出现，山林布衣、乡村长者、普通百姓、佛教僧侣都可以进院听讲，甚至登堂讲说。这是宋元时期罕见的现象。书院讲学以化民成俗为主要目的，讲求日用百姓之学，服务于乡村民众的文化建设，出现了儒学诠释的平民化倾向。书院讲学的平民化，促进了文化学术的下移，也使教育与学术发展获得了更为广阔的空间。②

讲学作为儒者所参与社会的一种主要途径，在明代中期阳明学兴起以后，得到了令人瞩目的发展。可以说，在整个宋明理学的发展史上，明代的讲学活动与前代比较起来更为活跃，蔚然成为一种时代风潮。甚至毫不夸张地说，阳明学之展开过程本身也是一部讲学运动史。据史载："正、嘉之际，王守仁聚徒于军旅之中，徐阶讲学于端揆之日，流风所被，倾动朝野。于是搢绅之士，遗佚之老，联讲会，立书院，相望于远近。"③ 王阳明讲学尽管没有脱离学理层面，但并不是纯粹的学理研究或学说传授。这一点可以从他对自己所谓讲学之特定内涵的强调中看得十分清楚。弘治十八年乙丑（1505年）王阳明在京师任兵部武选清吏司主事，针对当时"学者溺于词章记诵，不复知有身心之学"的风气，"首倡言之，使人先立必为圣人之志"，并开始"专志授徒讲学"。④ 对"身心之学"的提倡可以说就是他讲学事业的起点。他说："大抵此学之不明，皆由吾人入耳出口，未尝诚诸其身。譬之谈饮说食，何由得见醉饱之实乎？仆自近年来始实见得此学，真有百世以俟圣人而不惑者。"⑤ 正德十五年庚辰（1520），阳明在《答罗整庵少宰书》中说："世之讲学者有二：有讲之以身心者，有讲之以口耳者。讲之以口耳，揣摸测度，求之影响者也；讲之以身心，行著习察，实有诸己者也，知此则知孔门之学矣。"⑥ 由此可见，

---

① 葛兆光：《七世纪至十九世纪中国的知识、思想与信仰》，《中国思想史》第二卷，第300页。

② 邓洪波：《儒学诠释的平民化：明代书院讲学的新特点》，《湖南大学学报》（社会科学版），2005年第3期。

③ 《明史》卷二百三十一《顾宪成等传·传赞》。

④ 吴光等编：《王阳明全集》，上海古籍出版社1992年版，第1226页。

⑤ 同上书，第180—181页。

⑥ 同上书，第75页。

阳明所倡导的讲学，虽然也包括学理研究在内，但他首先强调的是自身的精神修养和道德践履。他还说："君子之事，敬德修业而已。虽位天地、育万物，皆己进德之事，故德业之外无他事功矣。乃若不由天德，而求骋于功名事业之场，则亦希高慕外。"① 阳明的讲学强调"敬德修业"，即道德人格修养与社会事功兼备。"敬德修业"来源于《易传·文言》："子曰：君子敬德修业。忠信，所以进德也，修辞立其诚，所以居业也"，与孔门内圣外王的思想一脉相承。受其影响阳明后学更注重讲学的社会效应，如江右王门学派的代表人物刘元卿就具有强烈的道德意识，更重视讲学活动对于社会道德建设的功效，他绝意功名，创立复礼书院，研究理学，收徒讲学，其《复礼书院记》备述通过复礼书院的讲学活动改变了其家乡道险远，阻声教，其俗尚富兢胜，莫肯顺理的风气，起到了化民成俗的社会作用。

概括明代的讲学学界一般分成两系：学院式和庶民式。"阳明学是从传统理学的背景出发，形上的哲学范畴是其终极关怀；王艮乃是从下层生活去体验，终极关怀是在个人与其扩及人群、事物的关系上。换言之，一个是学院式自觉，一个是庶民式的自觉，二者殊途同归。"②"学院式的代表人物，通常是进入仕途甚至在仕途上颇为辉煌的讲学者，他们是政治和讲学的精英；庶民式讲学的代表人物，大多是处于社会中下层的低级官僚或布衣百姓，在政治上常受迫害，一生命运多舛，像何心隐、邓鹤、李贽都不得善终。虽然，作为讲学者，庶民式讲学者们与学院式讲学者们有千丝万缕的关系，并且常常受到后者的庇护，但是却又与后者之间充斥了辩论和问难。"③ 实际上以当时讲学活动还是以士大夫为主体的，庶民阶层始终是支流和旁系。

王艮及其弟子所代表的庶民式讲学在当时产生了巨大的社会效应。耿定向在其所作《陶人传》中说：王艮"先生学有得，毅然以倡道化俗为己任，无问工商佣隶，咸从之游，随机因质诱之，化而善良者以千数。每秋获毕，群弟子班荆跌坐，论学数日，兴尽则拿舟偕之，赓歌互咏。如别林聚所，与讲如前。逾数日，又移舟如所欲往，盖遍所交居村乃还。翱翔

---

① 吴光等编：《王阳明全集》，上海古籍出版社1992年版，第960页。
② 张涟：《从流行价值论王艮思想的历史评价》，《东华人文学报》2002年第4期。
③ 陈龙时：《明代中晚期讲学运动》，复旦大学出版社2007年版，第278页。

清江……闻者欣赏若群仙子嬉游于瀛阆间也。"① 黄宗羲也描述了乐吾讲学的情形："秋成农隙，则聚徒讲学，一村既毕，又之一村，前歌后答，弦诵之声洋洋然也。"② 这确实是中国历史上一幅罕见的平民讲学图景。泰州学派诸子大多热衷于讲学，以讲学为乐，以讲学为人生一大要事，故而他们无论是大江南北，还是穷乡僻壤，行迹所至，周遍乡县，四处讲学。这种讲学实质上是一种面向社会大众的宣教活动，本身也是儒学宗教化的一个重要反映。余英时指出颜山农"所体现的是一种真实的宗教生命，他的悟道和证道都是通过宗教的经验，而他所承担的主要也是一种救世的使命，那么他在泰州学派史上划时代的地位便十分清楚地显现出来了"。③ 因此，余先生主张应从这一视角来重新评估山农思想的时代意义，对其思想我们已不能以宋明以来的理学或心学传统来视之。颜山农对讲学化俗的社会功能极为重视，主张以孔孟之道"衍教四方"，并亲自设立"道坛"，主张"聚财"以为推动讲学的经济支柱，故他实是一位讲学活动家；同时他也十分重视宗教化俗的社会功能，在他身上洋溢着一种宗教精神，并以此感染和吸引了不少文人学士，故他的思想又有宗教性特征。罗汝芳热心于讲学，善于把玄妙的道理用平易的讲演表达出来，为广大平民所接受。即使是不通文墨之人，也能在瞬间令其开悟。他出任太湖知县，颁布讲规，召集诸生研习经文，公事多决于讲座。出守宁国，同样召诸生会文讲学，并兴建了志学书院、水西书院等一批讲学场所。在京都时，礼部尚书徐阶，集两司郡县候选吏人，大会济灵宫，聘汝芳讲习，听者数千人，无不动容铭心。入滇五载，罗汝芳虽然年逾花甲，讲学热情依然不减，昆明五华书院和春梅书院都是他讲学的重要场所。从官场退下来后，他仍然壮志凌云，率弟子游金陵、福建、浙江、湖广等地，频频讲学集会，继续阐扬泰州学派的思想。后儒如果能像泰州学派那样讲学，儒学不仅可以传之久远，假以时日，也可能会广被四海。正如学者所论："无论是儒家知识分子的聚会讲学，还是面向社会大众的宣教活动，大规模的聚会讲学，是中晚明儒学宗教化两种不同方向和类型的一个共同形

---

① （明）耿定向：《陶人传》，《颜均集附韩贞集》，中国社会科学出版社1996年版，第188页。
② （清）黄宗羲：《明儒学案》卷三十二《泰州学案一》，第720页。
③ 余英时：《士商互动与儒学转向》，载《现代儒学的回顾与展望》，第239—240页。

式。……这种大规模的聚会活动有两方面的特征。首先，聚会往往以山林、寺庙、道观为场所，在此期间，参与者通常远离自己的家庭，衣食起居都在一起，组成一种大家庭式的生活社群。而这种社群的维系，完全有赖于参与者共同的精神追求。其次，在这种聚会活动中，彼此之间劝善改过、互相监督，力求不断提高个人的道德修养，构成参与者们日常生活的基本内容。……从这两方面来看，这种群体性的聚会讲学活动，显然可以同西方宗教团体的集会相提并论，具有某种宗教'团契'（fellowship）的意涵。"①

五 儒学的现代转换与复兴之路

1. 儒学的现代转换

前面指出传统儒学的三元结构，但是近代以来儒学与传统文化的危机使这结构被解构。现在是需要进行重建的时期了，这是儒家思想能够促进现代化发展的必要前提。

自清末废除科举与民国初年废除读经，儒学从传统社会的主流地位被边缘化已经上百年，中国社会发生了史无前例的巨变，特别是西方文化的全面涌入取代了以儒学为主体的中国传统文化的地位。抛弃传统文化，学习西方文化，成为一百多年来中国社会的主旋律，并与所谓的"现代化"问题混在一起。一百多年的旋涡流转，在20世纪末，21世纪初逐渐沉淀澄清，使得中国人头脑也逐渐恢复清明。现在越来越多的人在重新整理思绪，梳理历史，寻找中国人自己的位置。

传统儒学是农业社会的产物，为了顺应工商业社会，传统儒学必然需要改造，以下几个传统儒学的核心元素须要调整：工商业社会必为法治社会，传统儒学偏重德治的观念须转变为以法治为主，德治为辅。由重德轻智转变为德智并重，由偏重人理学转变为人理、物理并重，如此，才能适应错综复杂，瞬息万变的工商业社会。由民本主义进化为民主政治。只言义不言利或重义轻利的观念早已腐朽，应转变为义利双行或义利合一。"功利"一词在以往儒学中是负面名词，在今日工商业社会应是正面名

---

① 彭国翔：《王畿的良知信仰论与阳明学的宗教化》，《中国哲学史》2002年第3期。

词。为此，笔者曾经提出"面向工商社会的儒学"。① 传统儒学虽然是农耕时代的产物，不可避免地带有历史的局限性，但不能因此而否认其具有普适性。其实，冯友兰很早就指出，儒家伦理虽然产生于农耕社会，但所阐述的并不限于农耕社会之理，而是社会之所以为社会之理。农耕社会改变了，农耕社会之理无疑过时了，可是社会之所以为社会之理却没有过时，仍然适用于现代社会。在市场经济时代，每个人依旧是某个家族的一员，依旧担当某种社会角色。"不论一个人所有底伦或职是什么，他都可以尽伦尽职。为父底为尽父之道是尽伦；为子底尽为子之道亦是尽伦。当大将底，尽其为将之道，是尽职；当小兵底，尽其为兵之道，亦是尽职。"② 他把儒家传统的家族伦理改造为职业伦理，这样就与工商社会有了兼容性。今天在工商经济时代，我们的社会结构发生了根本性的变化，确立基本的价值观是亟须的，同时也要强调工商为社会的经济基础。所以，笔者提出"道德为本（体），工商为基（础）"的思路。这里"道德为本"与"以人为本"并不矛盾。"以人为本"的核心就是以道德为本，铸就健康的道德人格。在"以人为本"的前提下发展经济，发展工商业，构筑中国社会的基础，这是中国全面、协调、持续发展的必由之路。

2. 儒学复兴的思考

儒学复兴是今天学界常常谈及的一个话题，尽管赞同者有之，批评者有之。所谓"儒学复兴"，其宗旨就是认为儒家思想不仅没有过时，而且还代表着中国乃至世界文化发展的未来方向，因而通过弘扬、复兴儒学，不仅可以解救中国，甚至可以解救世界。被后来的新儒家推崇为新儒学开山祖师的梁漱溟先生首先提出"儒学复兴"的命题。在梁漱溟看来，中、西、印三大文化系统表现了三种不同的人生态度或人生路向，西方文化的根本精神是以意欲纯粹向前要求伸展，中国文化的根本精神是以意欲自为调和持中，印度文化的根本精神是以意欲反身向后要求。中国文化和印度文化都属早熟型的，与西洋文化之间均不可作高低优劣的价值评判。梁漱溟指出："以后世界是要以礼乐换过法律的，全符合了孔家宗旨而后已。因为舍掉礼乐绝无第二办法。""世界上只有两个先觉：佛是走逆着去解脱本能路的先觉；孔子是走顺着调理本能路的先觉。以后局面不能不走以

---

① 韩星：《面向工商社会的儒学发展》，《中国文化报》2007年6月28日。
② 冯友兰：《道德》，载《贞元六书》下，华东师范大学出版社1996年版，第620页。

理智调理本能的路,已经是铁案如山,那就不得不请教这先觉的孔子。"因此,他断言"世界未来文化就是中国文化的复兴"(这里的"中国文化"实指儒家文化),并主张"把中国原来态度重新拿出来"。① 梁漱溟"复兴儒学"的主张奠定了现代新儒学的总基调和总方向。

儒学复兴论是中国大陆20世纪80年代文化大讨论中与海外现代新儒学的文化意向上遥相呼应,一脉相承的重要观点。杜维明成中英等作为儒学大师唐君毅、徐复观、牟宗三之后第三代现代儒家的主要代表人物,到中国大陆北京大学等高校讲学,参加儒学会议,作儒学报告,接受记者采访,逐渐使"儒学复兴"说成为当代文化讨论中的一派显学。从一定意义上说,现代新儒学在中国大陆绝响30年后重新引起人们的注意和兴趣,与海外新儒家的反哺是分不开的。与此同时,一个强大的保守主义思潮正在中国翻卷起来,越来越多的人认同孔子儒家思想,要成为大陆的新儒家。

儒学的复兴有其内在的动因,集中在道统不彰,学术腐败,传统的儒者断代,作为社会良知代言人的知识分子不能发挥自己应有的社会作用。中国自20世纪70年代末改革开放,到80年代中后期改革开放取得巨大进展,但在社会经济发展的同时,人们的精神受到了冷落;社会结构的变迁,社会风气的变化,思想及价值观念的裂变:这一切使人们的灵魂落入迷茫并在痛苦中挣扎和呼唤,引发了广泛的信仰危机和精神困惑。不说别的,就是被作为精神纯洁之地的大学,曾几何时也成为思想迷茫,学术浮躁,精神危机的地方。有学者揭示说:"社会喧闹,大学更喧闹;社会腐败,大学更腐败;社会浮躁,大学更没有定力。这就是我们现在面对的现实。我觉得我们中国的大学弥漫着两种可怕的思潮:实用主义和虚无主义的思潮。所谓实用主义就是完全被个人利益所驱使,有用就干,无用不干。因此必然也走向虚无主义,就是除了时尚和利益之外一切都不可信,一切都不可靠,一切都可以放弃抛弃。实用主义和虚无主义就导致了大学的两个结果:一个是知识的实用化,一切与实用无关的知识都被大学所拒绝,既被大学里的老师所拒绝,也被大学里的学生所拒绝;二是精神的无操守,拒绝一切精神的追求和坚守。我觉得这样的实用主义和虚无主义两大思潮所导致的知识的实用化和精神的无操守,是现在大学里的两个基本

---

① 梁漱溟:《东西文化及其哲学》,商务印书馆1999年版,第198—199、202页。

弊病。"①

儒学复兴不仅是儒学内部的要求，更是社会的需求。当今中国社会乃至全球，社会问题都非常严重。突出表现在工具理性宰制人生社会，人性物化，心为形役；物欲横流，道德沦丧。真情泯灭，麻木不仁。唯利是图，缺乏理想。人际关系冰冷，缺乏精神慰藉。人文世界趋于瓦解，自然生态濒临崩溃。面对这种末日世界般的社会状况，传统的佛教、道教乃至西来之基督教，能起到一些救治作用。但是，关键还是要复兴儒学。儒学复兴之路在哪里？在广阔的社会。我们今天要在新儒家的基础上继续前进，回归儒学的"社会本位"，逐渐形成"社会儒学"。传统儒家在国家与社会二元分立甚至矛盾对抗中执着于王道政治与大同理想，既为社会生活、政治运作及个人安身立命确定了价值标准，又对社会整合、社会均衡有重大作用，主要是立足于"社会本位"的立场。儒学在价值观上表现为社会本位主义。儒家虽然也倡导"罕言利"，主张重道义轻功利，但是，任何道德其实都是以利益为基础的，任何精神文化都无法摆脱物质的纠缠，儒家实际上就是主张利人、利家、利国、利天下，以社会功利为重，尤其是在核心价值理念上，儒学更是主张以社会为本位并呈现出浓厚的他人理性、家庭理性、国家理性和天下理性等特质。不论是先秦儒家倡导的较为温和的以"义"制"利"，还是宋明理学力主的较为极端的去"欲"存"理"（义），抑或是戴震等人宣传的综合折中的以"义"节"欲"，其共同的思想倾向均是要求个人行为符合社会纲常要求，个人利益符合社会利益，坚持社会至上、义务本位。② 因此，中国传统文化的总体精神就是在确认社会总体利益的前提下规定一般个人的权利和义务，而不是从确认个人的权利义务出发，来维护某种社会秩序。

我们现在的儒学主要停留在学院和书本上，只是观念的构想和学术的梳理，流于玄虚和空谈。要复兴儒学，就要使儒学成为现代社会普遍的价值认同，儒学的社会化无疑是儒学走出现代困境、完成现代复兴的根本出路。对此，余英时强调现代儒学的出路便恰恰在"日用常行"的领域。当然所谓"日用常行化"的儒家也不是湮没在个人生活的琐碎事务之中，

---

① 钱理群：《寻找失去了的"大学精神"——北大110周年民间纪念会上的讲话》（2008年4月27日），http：//www.newsmth.net/nForum/#!article/CANON/7429? au=boreas。
② 涂可国：《论儒学的社会本位与个人本位悖论及其影响》，《哲学研究》2005年第1期。

而仍然是"家事、国事、天下事,事事关心"。但是这种关心往往是从社会和民间的角度出发。① "唯有如此儒家似乎才可以避开建制而重新产生精神价值方面的影响力。"② 通过儒学的社会化的途径以实现儒学的现代化与现代新儒家超越层面发挥儒学现代性的构想是有根本不同的。

怎么看待儒学复兴?对于儒学复兴问题,有学者撰文指出:提倡"儒学复兴"是必要的、可行的关键在如何理解。首先,儒学复兴是"中华民族复兴"、"中国文化复兴"主张下必然提出的课题;其次,儒学复兴就是儒学的充分现代化;最后,儒学复兴既不是政治层面的,也不是意识形态层面的,而只能是学术文化层面的。儒学的复兴有三个标志:第一,要诞生一些有代表性的大师;第二,大众儒学或曰世俗儒学的复兴和普及;第三,全球国际社会的认同。"儒学复兴"的动力是知识分子、儒商及政府官员三大力量的良性互动。儒学与西学、马克思主义之间的互相吸收与融合是儒学复兴的根本途径。儒学与西学、马克思主义之间的互相吸收和融合是动态的,而非静态的,而三者各自的动态方向分别是:儒学的现代化、西学的中国化、中国特色的马克思主义的进一步丰富和发展。未来的中国文化应是各种文化的"和而不同"、"多元一体"。③ 有学者认为儒学要复兴而不要复古。儒学在世界未来的多元一体的文化格局中找到自己合理的定位,其目的是为了民族文化的复兴而绝不是民族文化的复古。复兴与复古有着原则区别。复古就是简单地肯定,而复兴则是否定之否定,即扬弃。复兴必然要求我们要立足于时代发展的要求,正确处理好传统与当代的关系,善于运用好"我注六经"的思维方式,对儒学进行创造性的转化。④ 其实,儒学的复兴与中国文化的复兴和中华民族的伟大复兴是密切联系在一起的。没有儒学的复兴,中国文化的复兴是不可想象的,而没有中国文化的复兴中华民族的复兴残缺的。因此,一切有志于中国文化的复兴和中华民族的伟大复兴的人士,都应该关注社会儒学,都应该积极促成民间儒学的兴起。这里特别是有志于儒学研究、儒学复兴的同仁,都应该为社会儒学的复兴尽到自己的心力。因为,没有社会儒学的全

---

① 余英时:《现代儒学的回顾与展望——从明清思想基调的转换看儒学的现代发展》,《现代儒学的回顾与展望》,第182页。
② 余英时:《儒家思想与日常人生》,《现代儒学的回顾与展望》,第255页。
③ 姜林祥:《儒学复兴新论——兼谈中国文化发展的路向》,《齐鲁学刊》2006年第1期。
④ 杨明:《现代儒学重构研究》,南京大学出版社2002年版,第256页。

面展开，一切儒学复兴的讲论都是空谈，一切现代高妙的儒学理论都只能仅仅停留在纸上。

3. 儒者群体的自觉

儒学的复兴需要"以身体道"的儒者群体的直接推动。20世纪以来我们一直把儒学仅仅作为一种书斋里的学问，儒学的研究与研究者的生命状态和人生追求无关，这样的儒学研究只是学术意义上的，永远不可能实现儒学的真正复兴。儒学的真正复兴有赖于真正的儒者来承担，儒者的承担自然主要是学术思想的承担，但同时也是人格的承担。人格的承担毋宁说正是儒学最根本的载体，没有现代意义上儒者的承担，儒学就失去了可以赋予生命力的载体，儒学的复兴也只能是纸面上的事情，言语中的事情，不可能落到实处。换句话说，儒家的基本理念必须落实于一个"以身体道"的群体以构成其传承和传播的生命载体。传统社会的精神人格已经不复存在，在今天则是必须具体体现在每一个相信儒学价值的个体身上，体现在这些儒者的精神状态与性格结构之中，如果这一步的体现能够成功，才能够说明儒学在当代仍然有生命力。

贺麟对"儒者"作了最广泛的解释。"何谓'儒者'？何谓'儒者气象'？须识者自己去体会，殊难确切下一定义，其实也不必呆板说定。最概括简单地说，凡有学问技能而又具有道德修养的人，即是儒者。儒者就是品学兼优的人。我们说，在工业化的社会里，须有多数的儒商、儒工以作柱石，就是希望今后新社会中的工人、商人皆为品学兼优之士，参加工商业的建设，使商人和工人的道德水准知识水平皆大加提高，庶可进而造成现代化、工业化的新文明社会。儒者固需品学兼优，但因限于资质，无才能知识而卓有品德的人亦可谓为儒者，所谓'虽曰未学，我必谓之学矣'。唯有有学无品，有才无品，只有知识技能而无道德，甚或假借其知识技能以作恶者，方不得称为儒者，且为儒家所深恶痛绝之人。"① 在他看来，儒者应该是一种高尚的道德形象，一种合乎理想的人格。儒者人格不是抽象的，而是具体的存在。所谓"儒者，圣之时者也"，就是说，儒者的内涵是变化的，将随着历史环境的变迁而改变。在农耕时代，儒者指的是耕读传家之士，而在市场经济时代，则是指品学兼优之士。贺麟指出，中国只有造就一大批新式儒者，现代化事业才有望成功。"若无多数

---

① 贺麟：《儒家思想的新开展》，《文化与人生》，第11—12页。

重忠孝仁爱信义和平的道德修养的儒商、儒工出，以树立工商的新人格模范，商者凭其经济地位以剥削人，工者凭其优越技能以欺凌人、傲慢人，则社会秩序无法安定，而中国亦殊难走上健康的工业化的途径。"① 贺麟认为要重塑儒者形象，要"建立自我"，作"立本、立大、务内"的工夫。他反复强调：建立自我，消极方面必须使我不为物欲名利所拖累、所束缚。所以必须用一番摆脱物欲名利的功夫，使自我可以抬起头来，不致沉溺于物欲名利而不能自拔。建立自我就是使我以道或以理为依归，不随俗浮沉，与世俯仰。不以众人的意见为意见，而为真理守节操。建立自我，可以使我读书的时候，心中自有主宰，自能致良知以读书，不仅六经皆我注脚，而且诸子百家亦皆我注脚。建立自我，可以以自我之内心所是随机应变为准则，而反对权威，反对泥古，注重随时，权变革新，以作自由解放及变法维新的根本。建立自我是求心同不求迹同，发挥出自由革新的精神。② 他所说的建立自我，也就是心学系统的"先立乎其大"，以真正的人格精神为"儒家思想新开展"寻找时代的立足点，从而无论做人或做事都合乎理性、合乎时代、合乎人情，真正体现出儒家的积极人生态度。

笔者相信，在儒学和中国文化的复兴过程中，在中华民族的复兴过程中，儒者的人生理念和价值观可以推演并贯彻到社会的各行各业，每个人都要结合自己的职业从事道德实践和提高生活修养，军人就要有"儒将"的风度，医生要有"儒医"的风度，政治家则可以说是"儒臣"，农人即耕农传家的"儒农"，当然，最需要的乃是有儒者风度的"儒工"、"儒商"和技术人员，进而形成冠以"儒"字的各类现代人群，如"儒商"、"儒官"、"儒师"、"儒生"、"儒医"……当然，这一切都有待于儒者群体的自觉意识以及真诚而艰苦的努力。

---

① 贺麟：《儒家思想的新开展》，《文化与人生》，第 11 页。
② 贺麟：《王安石的哲学思想》，《文化与人生》，第 288—293 页。

第十四章

儒家天地人一体观与生态文明

一 天地人一体,以人为主体

1. 天地人一体观的形成

中国传统蒙学文化的经典《三字经》说:"三才者,天地人。"三才指天、地、人,古人常以三者并列探索宇宙的构成和发展规律。"三才"观念是"天地人一体"的思想早期形态,从考古文物所蕴含的文化意识,可以证明"三才"观念至少在原始社会晚期就萌芽了。20 世纪 80 年代末,在河南濮阳西水坡出土了一组原始社会晚期的墓葬,其中一组蚌壳图最引人注目。此墓是许多墓葬群中最大的,里面结构大致如下图:①

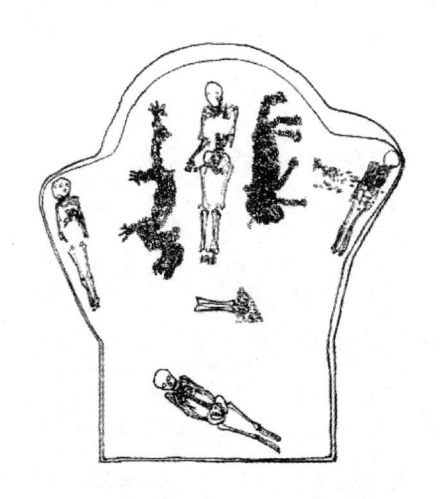

墓室上方(南)呈弧形,下方(北)呈方形。左边是蚌龙,右边

---

① 《河南濮阳西水坡遗址发掘简报》,《文物》1988 年第 3 期。

是蚌虎，墓主安卧在墓室居中偏南。从整个构图上看，现在有两种解释，都与三才有关。一是冯时先生的解释，认为墓主头顶方形穹隆状，模拟天空；左右两侧各作弧形向外凸起，表示东方天与西方天的弧面；墓脚下呈方形，大地。整个墓室平面是模拟"天圆地方"的"盖天说"宇宙论布置的①，墓主人居中，头顶苍天，脚踩大地，与《说文》王字的构义吻合："王，天下所归往也。董仲舒曰：古之造文者，三画而连其中，谓之王；三者天、地、人也，而叄通之者王也。孔子曰：一贯三为王。"这说明墓主身份曾是原始部落的酋长或早期部族国家的国王。王在远古时代之所以为"天下所归往"，是因为他有通天达地的能力，被认为是通晓神意，沟通天地、人神的"中介"，具有宇宙轴心的性格。《礼记·孔子闲居》载子夏曰："三王之德，参于天地。"

董仲舒《春秋繁露·王道通三》解释王云："古之造文者，三画而连其中，谓之王。三画者，天、地与人也；而连其中者，通其道也。取天地与人之中，以为贯而通之，非王者，孰能当是？"这就是说，"王"字的三横是天地人的象征，贯穿其中心的一竖则表示出王沟通天地人三域的职能。这一解释不仅仅是在从文字学角度诠释王的原意，还是对王的职能的一种哲学隐喻，贯穿了三才观念。

另外，一些神话传说当中也有三才观念的形象化表述。盘古开天辟地的神话，三国时期的徐整在《三五历纪》和《五运历年纪》中有较为详细地记录：

> 天地浑沌如鸡子，盘古生其中。万八千岁，天地开辟，阳清为天，阴浊为地。盘古在其中，一日九变，神于天，圣于地。天日高一丈，地日厚一丈，盘古日长一丈，如此万八千岁。天数极高，地数极深，盘古极长。后乃有三皇。数起于一，立于三，成于五，盛于七，处于九，故天去地九万里。后乃有三皇。数起于一，立于三，成于五，盛于七，处于九，故天去地九万里。
>
> 天气蒙鸿，萌芽兹始，遂分天地，肇立乾坤，启阴感阳，分布元气，乃孕中和，是为人也。首生盘古，垂死化身；气成风云，声为雷霆，左眼为日，右眼为月，四肢五体为四极五岳，血液为江河，筋脉

---

① 冯时：《河南濮阳西水坡45号墓的天文学研究》，《文物》1990年第3期。

为地理，肌肉为田土，发髭为星辰，皮毛为草木，齿骨为金石，精髓为珠玉，汗流为雨泽，身之诸虫，因风所感，化为黎氓。

这些神话传说虽然出现比较晚，但可以作为上古三才观念萌芽的证明。

关于三皇的传说，遍览史书，到目前为止，还没有确切的说法。但其中有一个版本称"三皇"为天皇、地皇、泰皇，如《史记·秦始皇本纪》中的李斯奏议说："古有天皇，有地皇，有泰皇，泰皇最贵。"《春秋纬·命历序》以为三皇是天皇、地皇和人皇，用人皇代替了泰皇之位。关于《周易》的起源，《易传·系辞下》说："古者包牺氏之王天下也，仰则观象于天，俯则观法于地，观鸟兽之文，与地之宜，近取诸身，远取诸物，于是始作八卦，以通神明之德，以类万物之情。"这既说明了《易》的基础八卦始见于史前的包（伏）牺氏时期，也说明这时期已经有了三才观念的萌芽。八卦以其独特的象征形式，将天地人三者概括起来，八卦也便成为三才观念的简洁表达。

这种观念为后来的思想家继承，并进行发挥，其中主要是儒家，形成了天人合一的思想，可以说是把"地"省略了的三才观念。后来，中国文化深受儒家思想的影响，天人合一观念在长期发展中逐渐强化和积淀为中国古代思想的基本观念之一，并且渗入政治、艺术、科学以及日常习俗、心理结构等中国文化的各个方面，成为中国文化的精神基本之一。

2. 天地人一体观

儒家的天地人一体观认为人类与天地及万物是一个有生命的整体。

在中国古代人的观念中，天与地是不同的，是各有功能、不可替代的，最典型的就是《易传》对天地本性的阐述。《易传》中《象》、《彖》、《文言》、《序卦》、《说卦》都以乾为天，以坤为地。《象》强调乾坤两卦代表天地，提出"天行健，君子以自强不息"，以乾为天之运动的刚健性质，要求君子取法于天行的健动不止，在个人的修养方面自强不息；又提出"地势坤，君子以厚德载物"，以坤代表地的厚重顺承的性质，要求君子像大地一样，以博厚的德行待人待物。

《彖》云："大哉乾元！万物资始，乃统天。云行雨施，品物流形，大明终始。六位时成，时乘六龙以御天。乾道变化，各正性命。保合大和，乃利贞。"乾者，天之功能也。孔颖达说："此乾卦本以象天"，"而谓之乾者，天者定体之名，乾者体用之称，故《说卦》云：'乾，健也。'言天之体以健为用。圣人作《易》本以教人，欲使人法天之用，不法天之体，故名乾不名天也。"这就是说，天道是一切的根源，万事万物，流变凝聚，成为万有品类的形质，都是它的功能。它是宇宙光明自始至终的能源。它的生长、发展、变化的过程，包含了六个位的程序，形成宇宙的作用，犹如六龙驾驭天体运行一样。由于乾道变化，万有物类各得性命，保持了与原初状态的和谐一致性，这才更有利于贞洁的生命体。《彖》云："至哉坤元，万物资生，乃顺承天。坤厚载物，德合无疆。含弘光大，品物咸亨。"乾道既立，坤道自然不爽。古往今来万物赖地生长，坤体柔顺地承受了天道法则而资生万物，其德性正大而以至达到无边疆域，并含有弘博光明远大的功能，使万类都因此而亨通成长。

《序卦》云："有天地然后万物生焉。……有天地然后有万物，有万物然后有男女，有男女然后有夫妇，有夫妇然后有父子，有父子然后有君臣，有君臣然后有上下，有上下然后礼仪有所错。"这就是说，天地间阴阳二气交合才能化生万物，有万物才能产生男女、夫妇、父子、君臣、上下、礼仪，万物离开天地就无法生存。

《系辞下》云："天地絪缊，万物化醇，男女构精，万物化生。"天地间阴阳二气交融，万物才能变化而完美；阴阳雌雄两性交合，万物才能产生变化。这就从男女两性交合衍生后代直观地得出天气与地气相交产生万物的思想，说明是把天和地看成性质不同而又可以和合的两体。

对于中国人这种宇宙观，斯宾格勒这样评说："天和地就中国的觉醒意识看来是大宇宙的两半，彼此间并无矛盾，而是互为对方之影象。在这幅图景中，既无枚斋式的二元论，也无浮士德式的积极力量的单位。变化发生于阳和阴两种要素自发的相互作用之中，这二者被设想为周期的而非两极的。"①

至于人，在天地之间是处于一个居中的地位，具有天地之性，能够沟通天地。人在天地之间的特殊性决定了只有人才能使天地人三者合为一体。对此，儒家学者多有论述。

《易传·文言传》说："夫大人者，与天地合其德、与日月合其明，

---

① ［德］斯宾格勒：《西方的没落》下册，齐世荣译，商务印书馆1994年版，第470页。

与四时合其序，与鬼神合其吉凶。"这是从大人即圣人，从人格的最高理想和最终境界来论述人与天地的合一。

郭店楚简不仅强调天和天命，也很强调"地"的作用，是早期儒家较为全面的观点。如《语丛一》第12、14、6、7简云："有天有命，有地有形，有物有容，有尽有厚。有地有形尽，而后有厚。"第19简云："地能含之生之者。"说明天地之间的"生物"（有生命的存在，包括人在内）的生成都是天赋其命，地予其形，有天有地，两厢合作的结果。《语丛一》："易，所以会天道、人道也"，这也许是最早最明确的"天人合一"思想的表述。

孟子有句名言："天时不如地利，地利不如人和"（《孟子·公孙丑下》）把天地人放在一起进行讨论。他的"万物皆备于我"（《孟子·尽心上》）追求人与宇宙冥合为一的境界，实即人与万物为一体之意，只是有点宗教神秘的意思在里面。值得注意的是从孟子开始大量出现了天地合言而与人对举或单言天（包含并代替地）而与人对举的倾向，如孟子讲天人合一，即"尽心"、"知性"、"知天"，认为人的心性是沟通天人关系的桥梁，要求人以道德规范约束自己，扩充善端，来实现知天达命、天性与人性、天心与人心的统一。孟子又说："是故诚者，天之道也；思诚者，人之道也。"（《孟子·离娄上》）然而，其内涵仍不失"三才"之意蕴，所以清人程瑶田说："诚者，实有而已矣。天实有此天也，地实有此地也，人实有此人也。人有性，性有仁义礼智之德，无非实有者也。"①说明"诚"是沟通天、地、人的"实理"而非虚言。

荀子有"礼三本"之说，《荀子·礼论》云：

> 礼有三本：天地者，生之本也；先祖者，类之本也；君师者，治之本也。无天地，恶生？无先祖，恶出？无君师，恶治？三者偏亡，焉无安人。故礼，上事天，下事地，尊先祖，而隆君师。是礼之三本也。故王者天太祖，诸侯不敢坏。

《大戴礼记·礼三本》的文字和荀子相差无几："故礼，上事天，下事地，

---

① （清）程瑶田：《论学小记·述诚一》，《程瑶田全集壹》，黄山书社2008年版，第44页。

宗事先祖，而宠君师，是礼之三本也。……"这样，就以礼统摄了"三才"，或者说是三才成为礼的本质特征。

《周易》积淀了深厚的原始文化观念，《易传》对这些观念作了更系统的总结和发展，尤其是对天地人一体的议论精当完备。《易传·系辞下》："……《易》之为书也，广大悉备：有天道焉，有人道焉，有地道焉，兼三才而两之，故六。六者，非它也，三才之道也。"这就是说，《易》这部书的内容之所以广大而完备，博大而精深，就因为它专门系统地研究了天、地、人三才之道。六画卦之所以成其为六画卦，就是由于它兼备了天、地、人三才之道而两两相重而成的。所以说，六画卦，并非是别的什么东西，而就是天、地、人三才之道。易卦以天、地、人三才作为基本内容，用六爻作为象征说明它们自己和它们之间的关系。三才虽各有其道，但又相互联系而贯通。"道"就是规律和法则，通过卦画可以表现出来。它们交错成文，道一成而三才备，卦一成而六位备，由此可以穷尽世间所有的规律、运动或性命之理。

《周易·谦·彖传》："天道亏盈而益谦，地道变盈而流谦，鬼神害盈而福谦，人道恶盈而好谦。"通过对"谦"和"盈"的比较强调无论天地人乃至鬼神都会护佑有"谦"德的人。

《易传·说卦传》论"三才之道"说："昔者圣人之作易也，将以顺性命之理，是以立天之道曰阴与阳，立地之道曰柔与刚，立人之道曰仁与义，兼三才而两之，故《易》六画而成卦。"这是对天、地、人三才之道的内涵的界定。所谓天道为"阴与阳"，是就天之气而言的，是指阴阳之气的。所谓地道为"柔与刚"，是就地之质而言的。所谓人道为"仁与义"，是就人之德而言的，是指仁义之德的。而人道之所以为"仁与义"，乃是由于人禀受了天地阴阳刚柔之性而形成的。"性"即万物的本性，"命"即事物发生、消亡的规定，"理"即天地万物的规律，"顺性命之理"就是指《易》的卦爻系统及其规则都是为了顺应人及万物的本性与规律。这就是说，《周易》通过六画成卦，还表达了阴阳、刚柔、仁义之理。依《易经》之说，易的符号体系是根据天地人三才的关系建立起来的，其结构就生动地体现在卦象中。易每卦六爻，分天、地、人三位。其中初爻、二爻为地位，三爻四爻为人位，五爻上爻为天位。也就是说，易六卦，上面二爻为天，下面二爻为地，中间二爻为人，这样，就象征了人立天地之间，能够沟通天地，参而和之。

天地人一体的思想在帛书《易之义》与《二三子问》、《要》中也有明显的表现，不过是把易道与三才之道合言的。在《易之义》中，是易义与天义，地义、人义（文臣之义、武将之义）、物义合一。义犹道也。而在帛书《要》中尤为集中。《要》云："易又（有）天道焉，而不可以日月生（星）辰尽称也，故为之以阴阳；又（有）地道焉，不可以水、火、金、土、木尽称也，故律之以柔刚；又（有）人道焉，不可以父子君臣夫妇先后尽称也，故要之以上下；又（有）四时之变焉，不可以万勿（物）尽称也，故为之以八卦。故《易》之为书也，一类不足以亟之，变以备其请（情）者也，故谓之易；又（有）君道焉，五官六府不足尽称之，五正之事不足以至之……不问于古法，不可顺以辞令，不可以志善。能者由一求之，所谓得一君（群）毕者，此之谓也。"天地人的阴阳、柔刚、上下、变化都用《易》的符号语言刻画描绘出来了，这在《易传》中被阐释得更为详尽，形成了易道与天道、地道、人道合一的思维模式。

董仲舒论天地人一体云："天地人，万物之本也。天生之，地养之，人成之。天生之以孝悌，地养之以衣食，人成之以礼乐。三者相为手足，合以成体，不可一无也。"（《春秋繁露·立元神》）意即天地人是一个相互联系、共生共养、和谐一体的生命系统。

张载在《横渠易说·系辞下》中明确指出："天人不须强分，《易》言天道，则与人事一滚论之，若分别则［只］是薄乎云尔。自然人谋合，盖一体也，人谋之所经画，亦莫非天理。"① 这是说，天道与人道有共同点，所以《周易》将天道同人事统而论之，天道的变化同人谋自然相合，人之经营谋划皆顺从天理，此即天人一体。张载《西铭》的说法最为著名：

> 乾称父，坤称母；予兹藐焉，乃混然中处。故天地之塞，吾其体；天地之帅，吾其性。民吾同胞，物吾与也。大君者，吾父母宗子；其大臣，宗子之家相也。尊高年，所以长其长；慈孤弱，所以幼吾幼。圣其合德，贤其秀也。凡天下疲癃残疾、惸独鳏寡，皆吾兄弟

---

① （宋）张载：《横渠易说·系辞下》，《张载集》，第232页。

之颠连而无告者也。①

张载继承《尚书·泰誓》"惟天地万物父母"的说法，将天地视作父母，将人与人、人与物之间的阻隔全面破除，对天地人一体的境界作了形象论述：乾、坤就是天地，人与天地万物同处于一个无限的生命链条和整体之中，同在天地乾坤之德的创生中同生共长，浑然无别。这样，塞乎天地之间的阴阳之气即形成吾人之形体，而主宰天地之常理，即为吾人之本性。人与人、人与物之间，犹如同胞手足，也如朋友同侪，彼此血肉相连，痛痒相关，休戚与共，构成一种和谐共生的关系。这里的乾父坤母主要是象征意义上说的，他并不是说天地就是人的父母，而是强调超越性的天地对于人而言的根本意义，也就是它对于人的本体论意义。诚如朱子所云："《西铭》首论天地万物同体之意，固极宏大。"② 嗣后，程朱理学、阳明心学对"天地万物一体之仁"之说加以进一步深化。

再进一步深问：天地人何以能够达到一体？曰"仁"。张载把天地生物之心理解为"天体物不遗"的一片仁心。他说："天本无心，及其生成万物，则须归功于天，曰：此天地之仁也。"③ "天体物不遗，犹仁体事无不在也。'礼仪三百，威仪三千'，无一物而非仁也。"④ 张载作为儒家赞同老子说的"天地不仁"，而不赞同老子说的"圣人不仁"："老子言'天地不仁，以万物为刍狗'，此是也；'圣人不仁，以百姓为刍狗'，此则异矣。圣人岂有不仁？所患者不仁也。天地则何意于仁？鼓万物而已。圣人则仁尔，此其为能弘道也。"⑤ 天地可以不仁，而圣人不能不仁。其实，天地生生之大德即为仁。天地之大德曰生，此生物之本乃天地之心。生生即是仁，人之所以成人，乃秉自天地之性或荫得于天地生物之大德（仁）。这是认为，老子不区分天与人，从而废弃仁道，是不可取的。

如果说董仲舒的"天地人一体"之说还比较感性直观，具有天人感应的痕迹，那么张载天地人一体的架构则灌注了更多的理性内容，即在天、地、人三个存有领域通贯地应用于张载的本体论与宇宙论，以及心性

---

① （宋）张载：《正蒙·乾称篇》，《张载集》，第62页。
② （宋）朱熹：《朱文公全集》卷四十九《答廖季硕第一书》，四部丛刊本。
③ （宋）张载：《经学理窟》，《张载集》，第266页。
④ （宋）张载：《正蒙·天道篇》，《张载集》，第13页。
⑤ （宋）张载：《横渠易说·系辞上》，《张载集》，第188—189页。

论与修养论之中。

程颐说："……天地人只一道也。才通其一，则余皆通。"① 以道贯通天地人，即认为三者在道上是通而为一的。二程还说："医书言手足痿痹为不仁，此言最善名状。仁者，以天地万物为一体，莫非己也。认得为己，何所不至？若不有诸己，自不与己相干。如手足不仁，气已不贯，皆不属己。"② 医学上通常说人的手足麻木不仁，意思就是指手足与己无干。人得了痿痹病，就表现为手足麻木不仁，觉得手足与自己没有关系。反之，仁爱则是指手足与己相干而为一体。具有仁爱之德的人与天地万物的关系与此非常相似，凡有"仁"德的天性的人都能与天地万物（既包括人，也包括物）密切相干而为一体，能够体现仁爱的人能够与天地万物感通，把天地万物看成是与自己息息相关的有生命力的整体，把天地万物看成是自己的生命的一部分，故能爱人爱物，如同爱己。

陆象山说："儒者以人生天地之间，灵于万物，贵于万物，与天地并而为三极。天有天道，地有地道，人有人道。人而不尽人道，不足与天地并。"③

王阳明认为："夫圣人之心，以天地万物为一体，其视天下之人，无外内远近，凡有血气，皆其昆弟赤子之亲，莫不欲安全而教养之，以遂其万物一体之念。天下之人心，其始亦非有异于圣人也，特其间于有我之私，隔于物欲之蔽。大者以小，通者以塞，人各有心，至有视其父子昆弟为仇雠者。圣人有忧之，是以推其天地万物一体之仁，以教天下，使之皆有以克其私，去其蔽，以复其心体之同然。"④ 在王阳明看来，就"心"的本来面目而言，每个人与圣人一样，都是以天地万物为一体的，这种一体主要表现为相互之间的诚爱无私。王阳明还说："大人者，以天地万物为一体者也，其视天下犹一家，中国犹一人焉。若夫间形骸而分尔我者，小人矣。大人之能以天地万物为一体也，非意之也，其心之仁本若是，其与天地万物而为一也。岂惟大人，虽小人之心，亦莫不然，彼顾自小之耳。是故见孺子之入井，而必有怵惕恻隐之心焉，是其仁之与孺子而为一

---

① （宋）程颐：《河南程氏遗书》卷十八，《二程集》，第183页。
② 《河南程氏遗书》卷二上，《二程集》，第15页。
③ （宋）陆九渊：《与王顺伯》，《陆九渊集》，第17页。
④ （明）王阳明：《答顾东桥书》，《阳明先生集要》上，第222页。

体也。孺子犹同类者也。见鸟兽之哀鸣觳觫而必有不忍之心焉,是其仁之与鸟兽而为一体也。鸟兽犹有知觉者也,见草木之摧折,而必有悯恤之心焉,是其仁之与草木而为一体也。草木犹有生意者也,见瓦石之毁坏,而必有顾惜之心焉,是其仁之与瓦石而为一体也。是其一体之仁也,虽小人之心亦必有之。"① 在阳明看来,大人之所以能"以天地万物为一体",乃是出于"其心之仁"的显现,全然无私利计较之意。而这个仁心,人人固有,只是小人因躯壳的自我限定,蔽于私欲,不能时时呈现仁心的感通的作用,所以有物我之分,而无一体之感。虽然如此,当仁心一旦真实呈现时,感通之情油然而生。故见孺子入井,恻隐之心自然流露,思以救之,不救则心不安。由此而言,恻隐之心已与孺子相感通,成为一体,孺子之伤痛即我之伤痛。同样地,人见鸟兽、草木与瓦石不得其生、不得其所,也会有不忍、悯恤、顾惜之心。也就是说,人通过这些感应活动就与鸟兽、草木、瓦石成为一体。

刘蕺山说:"仁者以天地万物为一体,真如一头两足合之百体然。"② 这是一个形象生动的比喻,就是人们常常说的"人体小宇宙,天地大人体"。

戴震把天文与人文分为"天文、地义、人纪"三纲,认为三者既有联系又有区别,既有合又有分,共处于文化宇宙的大化流行之中。他说:"凡天之文、地之义、人之纪,分则得其专,合则得其和。分也者,道之条理也;合也者,道之统会也。"③ 这就是说,天文、人文本为一文,天道、人道本为一道。古代圣贤仰观天文,俯察地理,中痛人事,达到与天地合其德,与四时合其序。

"天地人一体"思想具有客观性、整体性、统一性与和谐性的特点,而这些特点是建立在朴素的系统哲学基础上的。

3. 以人为主体

中国文化强调天地人一体,但人在天地之间又有特殊的地位。天地虽然创造了人,但没有人这天地又为何而存在?这样,中国文化又逐渐发展出以人为主体的传统。天人一体观重视人类生命活动的实践意义和社会意

---

① (明)王阳明:《大学问》,《阳明先生集要》上,第145页。
② (清)黄宗羲:《宋元学案》卷十七《横渠学案上》,第667页。
③ 《法象论》,《戴震集》卷八,上海古籍出版社2009年版,第155页。

义，从而实现了人的主体性，表现出主体思想的特征。所谓主体思想，就是重视主体即人在天地之间的地位和作用，强调人作为主体在实现天地人一体方面能起到决定性作用。

《尚书·泰誓》强调"惟天地万物之母，惟人为万物之灵"。《诗经·玄鸟》有"邦畿千里，维民所止"之句，同书《绵蛮》有"绵蛮黄鸟，止于丘隅"之句。这些诗句所包含的意蕴长期以来没有被人们认识清楚。相传孔子曾经对这两句有独到的见解，他说："于止，知其所止，可以人而不如鸟乎！"（《礼记·大学》）孔子意思说鸟都知道选择可居之处而居住，人怎么能够不如鸟呢？朱熹曾经阐释孔子之意，指出孔子之语的意思是在反问"岂可人为万物灵，而反不如鸟之能知所止而止之乎？"①朱熹的阐释是有道理的。由此可以推测孔子已经有了人为万物之灵的意识。《孝经·圣治章》中则借孔子的名义说："天地之性，人为贵。"这句话中的"性"字，是"生"的意思。宋人邢昺解释说："性，生也。言天地之所生，惟人最贵也。""夫称贵者，是殊异可重之名。"②

《易经》中的主体思想是在"天地人一体"整体论的模式中发展的。"它不是认识论意义上的主体思维，它是从如何完成生命过程，实现生命价值这个意义上，也就是从主体实践的意义上形成和发展起来的，因此，它是一种主体实践思维。由于《易经》所强调的主体性，不是以主客体相对立、相分离为特征的主体性，而是以主客体相统一、相融合为特征的主体性，因而它是绝对的，不是相对的，是绝对主体性思维，不是相对主体性思维。这一点对后来中国哲学思维，具有决定性的影响。"③

《易传》强调人的道德主体性集中地通过与天地万物以及鬼神的沟通的圣人体现出来。《易传·文言传》上说："夫大人者，与天地合其德，与日月合其明，与四时合其序，与鬼神合其吉凶。先天而天弗违，后天而奉天时，天且弗违，而况于人乎！况于鬼神乎！"这里的"大人"就是"圣人"，这在孟子中时或见之，《史记》司马贞索隐引向秀《易·乾卦》注云："圣人在位，谓之大人。"就是说，圣人与天地相融合并沟通天地，并参与天地之中，仿效天地，建立了一套类通天地的人间秩序；同时圣人

---

① （宋）朱熹：《四书或问·大学》上篇，第15页。
② 《孝经注疏》卷五，阮元校刻《十三经注疏》下册，第2553页。
③ 蒙培元：《略谈〈易经〉的思维方式》，《周易研究》1992年第2期。

又融进阴阳的相摩相荡之中，融入天地的变化之中，成了宇宙整体的一部分。这样，圣人就与天地变化的精神（德）感而通之。《易传·系辞上》还指出："圣人以神道设教"，"观乎天文，以察时变；观乎人文，以化成天下"。只有这样，才能达到"圣人感人心，而天下和平"的境地。

《荀子·王制篇》说："水火有气而无生，草木有生而无知，禽兽有知而无义，人有气有生有知亦且有义，故最为天下贵也。"无道德礼义，人便与禽兽无异。荀子用比较的方法，从现象上说明了为什么天地万物中人最为贵的道理。《荀子·非相篇》讲人之所以为人者："人之所以为人者，何已也？曰：以其有辨也。饥而欲食，寒而欲暖，劳而欲息，好利而恶害，是人之所生而有也，是无待而然者也，是禹、桀之所同也。然则人之所以为人者，非特以二足而无毛也，以其有辨也。……夫禽兽有父子而无父子之亲，有牝牡而无男女之别。故人道莫不有辨，辨莫大于分，分莫大于礼，礼莫大于圣王。"所以，人类社会有礼义制度是区分人与动物的根本，也可以说是确立人的道德主体性的基础。

《礼记·礼运》认为："人者，其天地之德，阴阳之交，鬼神之会①，五行之秀气也。"在天地万物之中，人有突出的价值，人是一个具有感性、能够创造、能够进行自我发展的万物之灵。

汉儒承继了这一思想，继续肯定"人为万物之灵"、"天地之性人为贵"的观念。董仲舒说："天德施，地德化，人德义。天气上，地气下，人气在其间。……故莫精于气，莫富于地，莫神于天。天地之精所以生物者，莫贵于人。"（《春秋繁露·人副天数》）"人受命于天，固超然异于群生。……是其得天之灵，贵于物也。"（《汉书·董仲舒传》）人和万物都禀天地之气而生，由于人禀天地精秀之气故而人贵于物。桓谭在《新论·正经》中说："人抱天地之体，怀纯粹之精，有生之最灵者也。是以貌动于木，言信于金，视明于火，听聪于水，思睿于土。五行之用，动静还与神通。"人为天地之间最为灵动的生物，因为人的感觉器官和道德行为高于其他万物。

---

① "鬼神之会"是指形体与精神的会合。如唐孔颖达解释说："鬼谓形体，神谓精灵。《祭义》云：'气也者，神之盛也；魄也者，鬼之盛也'，必形体精灵相会，然后物生，故云'鬼神之会'。"（孔颖达《礼记正义》卷二十二，阮元校刻《十三经注疏》下册，第1423页）

周敦颐在《太极图说》中说："二气交感，化生万物。万物生生，而变化无穷焉。惟人也，得其秀而最灵。"① 邵雍说："人之所以能灵于万物者，谓其目能收万物之色，耳能收万物之色，鼻能收万物之气，口能收万物之味。"② "惟人兼乎万物而为万物之灵。如禽兽之声，以其类而各能其一，无所不能者人也，推之他事亦莫不然。惟人得天地日月交之用，他类则不能也。人之生真可谓之贵矣。"③ 人能够兼收万物之能，得天地日月之用，故可云为万物之灵，贵于万物。这是对人在天地万物之间尊贵地位的肯定。

张载首先提出天人合一的概念，他认为要达到天人合一，必须尽人谋。《正蒙·诚明》云："天能谓性，人谋谓能。大人尽性，不以天能为能，而以人谋为能。故曰'天地设位，圣人成能。'"④ "天能"是说天地之所能，指气化万物，无心无为，自然而然，故称为"性"。"人能"是指人的思虑谋划。认为大人君子要发扬人的本性，即竭尽其思虑谋划，不以自然无为为自己的本能，此即《周易》所说的"天地设位，圣人成能"。其所谓"圣人成能"，即充分发挥人的主观能动性，以自己的聪明才智把握天道，经营万物万事，以成就天之所能，以救济天下之人，如《周易》所说的"知周乎万物而道济天下"。显然，张载相当看重人为，强调人不仅应该尽天职，还须要尽人谋，以补天地之不足。这也就是张载所谓："天地设位，圣人成能。圣人主天地之物，又智周乎万物而道济天下，必也为之经营，不可以有忧付之无忧。"⑤ "圣人主天地"，即圣人心怀"忧患"，努力"经营"，依据天地万物的性能及其变化规律，在与天地万物并立一体的情况下主持之。这样，"主天地"三字，就把张载天地人一体，人为主体的精神淋漓尽致地凸现出来了。张载认为，人为主体的精神集中地体现为道德精神。如他说："易一物而三才备：阴阳，气也，而谓之天；刚柔，质也，而谓之地；仁义，德也，而谓之人。"⑥ 高忠宪曰："一物而三才，其实一物而已矣。"这是揭示易的本质是一物含三才，

---

① （宋）周敦颐：《太极图说》，《周敦颐集》，中华书局1990年版，第5—6页。
② （宋）邵雍：《观物内篇》，《邵雍集》，中华书局2010年版，第6页。
③ （宋）邵雍：《观物外篇》，《邵雍集》，第151页。
④ 《张载集》，第21页。
⑤ （宋）张载：《横渠易说·系辞上》，《张载集》，第185页
⑥ （宋）张载：《横渠易说·说卦》，《张载集》，第235页。

其中阴阳二气的构成了天道的运行的方式,刚柔材质构成了地道存在的形式,仁义道德则人道所独有的。张载提出"为天地立心"的命题就是在天地人一体和谐的构架中贯通天道、地道与人性,强调人对天地万物的主动性、能动性和主体性。"天地之心"就是仁心,儒者只有弘大其心才能真正"为天地立心"。

陆九渊提倡人在天地之间要"自立",要认识自己,实现自己,就是要提高人在天地之间的地位。"天地人之才等耳,人岂可轻,人字又岂可轻!""上是天,下是地,人居其间。须是做得人,方不枉。""宇宙之间,如此广阔,吾身立于其中,须大做一个人。"① 在陆九渊心学中,"天"、"地"、"人"都是有生命的存在。"天","位乎上而能覆物";"地","位乎下而能载物";"人生天地间,灵于万物,贵于万物,与天地并而为三极"。"位乎上而能覆物"是"天"之才;"位乎下而能载物"是"地"之才;"灵于万物,贵于万物"是"人"之才。故曰"天地人为三才","天地人之才等耳"。

王阳明认为"人者,天地万物之心也;心者,天地万物之主也。心即天,言心则天地万物皆举之矣"。② 这里以心为天,突出了人的主体地位,表现了人的主动性、能动性,强调要实现人与天地万物一体的理想,就必须充分发挥人的主观能动作用。王阳明进一步向他的弟子解释说:"天没有人的灵明,谁去仰它高?地没有人的灵明,谁去俯它深?鬼神没有我的灵明,谁去辨它吉、凶、灾、祥?"意思是说,如果没有人心和人的思维,就不会存在天高地深的观念,也不会产生关于鬼神的吉、凶、祸、福的思想。正是在这一意义上,王阳明说:"充塞天地之间,只有这个灵明。"③ "所谓天地万物一体境界,靠灵明之心来实现,如果没有这个灵明,天地万物就失去了主宰。"④ 也正是在这一意义上,王阳明认为人是天地宇宙的主体。

朱熹发挥荀子"水火有气而无生,草木有生而无知,禽兽有知而无义,人有气有生有知亦且有义,故最为天下贵也"一段云:"天之生物,

---

① (宋)陆九渊:《陆九渊集》卷三十五《语录》,第463、450、439页。
② (明)王阳明:《答季德明》,《王阳明全集》卷六,第238页。
③ (明)王阳明:《传习录》下,《王阳明全集》卷三,第141页。
④ 蒙培元:《理学范畴系统》,人民出版社1989年版,第444页。

有有血气知觉者，人兽是也；有无血气知觉而但有生气者，草木是也；有生气已绝而但有形质臭味者，枯槁是也。是虽其分之殊，而其理则未尝不同；但以其分之殊，则其理之在是者不能不异。故人最为灵，而备有五常之性，禽兽而昏而不能备，草木枯槁则又并与其知觉者而亡焉。"① 这就进一步探讨了天地之间人之所以尊贵的原因，即人具有禽兽草木所没有的知觉和道德。

清初黄宗羲继承了王阳明"充塞天地之间，只有这个灵明"的思想，提出了"盈天地间皆心也"的命题，认为离开了人心，无所谓"物"，"物"总是与心联系在一起的物。他说："盈天地之间无所谓万物，万物皆因我而名。"② 因为万物只是由于有了人的存在，它们才相应地有了其不同的称谓。山川、河流、森林、沙漠，都是因为有了人，它们才有了相应的称呼。如果没有人的存在，宇宙间的一切事物就只是一团混沌的空寂物。这就突出了人在天地之间的独特地位与作用。

清代戴震也肯定人的价值，他说："卉木之生，接时能芒达已矣；飞走蠕动之俦，有觉以怀其生矣；人之神明出于心，纯懿中正，其明德与天地合矣。……是故人也者，天地至盛之征也，惟圣人然后尽其盛。"③ 人有知觉，有道德，是天地之间最高等的生物。

人的主动性和能动性主要表现在作为第三者能够参与帮助天地万物化育："唯天下至诚，为能尽其性；能尽其性，则能尽人之性；能尽人之性，则能尽物之性；能尽物之性，则可以赞天地之化育；可以赞天地之化育，则可与天地参矣。"（《中庸》）"参"者，"叁"也，人与天地的地位和价值是平等的。"赞"者，"助"也，人不是凌驾于天地之上的主宰者。因此，在中国传统文化中，对自然资源的开发与利用，一贯以不违背天地自然规律、不破坏自然环境，而能因势利导、顺时治理、尽物之性为上。荀子喜欢谈"参"，如"天有其时，地有其财，人有其治，夫是之谓能参"（《荀子·天论篇》）；"专心一致，思索孰察，加日县久，积善而不息，则通于神明，参于天地矣"（《荀子·性恶篇》）。《荀子·王制篇》说："天地者生之始也，礼义者治之始也，君子者礼义之始也，为之、贯

---

① （宋）朱熹：《答余方叔》，《朱文公文集》卷五十九，四部丛刊本。
② （清）黄宗羲：《黄宗羲全集》第一册，第149页。
③ （清）戴震：《原善》卷中，《孟子字义疏证》，第67页。

之、积重之、致好之者，君子之始也。故天地生君子，君子理天地，君子者天地之参也……"天地人虽然各有其职分，不能互相替代，但从更大的范围看，天地人又是一体的，人的生命活动可以参赞天地的变化。荀子的基本观点是"天人相分"，所以他说天、地、人各有所长，既有了"所以参"之资，又有了"能参"之能，方可完成"所参"之愿。荀子的兴趣，在人（君子）之所以参和所参，故有所谓"天地生君子，君子理天地"之说。① 所以，他实际上是十分注重人（君子）作为三才之一的主动性和主体性的，这也使他的"天人相分"没有发生西方文化中的天人分裂，他的天人相分还是在天、地、人的大框架之中的更细致的分疏。因此，荀子既讲天人相分，也讲天人合一，二者构成其思想的整体。如果要说有什么不同的话，就是荀子是以天人之分为主，以天人合一为辅，而孟子以天人合一为主，以天人相分为辅。

董仲舒继承荀子思想，也在许多地方论证人与天地并为万物之根本。如说："人下长万物，上参天地。"（《春秋繁露·天地阴阳》）"唯人独能偶天地。"（《春秋繁露·人副天数》）"唯人道为可以参天。"（《春秋繁露·王道通三》）庞朴先生曾经发挥说："天的作用在'化'，地的作用在'育'，人的作用在'赞'，三者相互为用，是为'参'……所谓人与天地参，是指人在帮助（赞）天地化育万物，而帮助天地化育万物也就是'参'加了天地的工作，作为第三者加入到天地共长久的圈子里去……"②

在中国文化的研究中，长期以来形成了一些较为固定的看法，认为中国文化的基本精神是人文主义、人本主义等，这实际上是以西方人文与宗教、人本与自然的分裂前提下所形成的人文主义、人本主义来比附中国文化的。其实，中国文化的人文精神是与西方文化以神为本、以自然为宗的人文主义、人本主义截然不同的。西方的人文相对于"神文"而言，西方的人文主义是在反抗西方宗教黑暗势力的斗争中产生的，是欧洲文艺复兴时期新兴资产阶级反抗封建主义的一种社会思潮。它要求在各个文化领域把人、人性，从宗教神学的禁锢中解放出来。西方人文主义主张平等、人权、民主，赞美人的力量，颂扬人的特性，反对封建等级观念，反对经院哲学和蒙昧主义，宣扬人的理想，提倡尊重人，推动了欧洲各国思想的

---

① 庞朴：《对立与三分》，《中国社会科学》1993年第2期。
② 庞朴：《一分为三——中国传统思想考释》，海天出版社1995年版，第98页。

解放和文化的发展。人文主义的哲学基础是"人性"论，提倡的是"人道主义"的世界观。西方的"人本主义"也与中国传统的人文精神有所不同。西方人本主义认为：人是万物的尺度。判断是非，善恶的标准只能是人的感觉和利害关系，人总是从自己出发看待自然，看待世界。西方人文主义是一特定时代的一种思潮，一次以人为目的的思想解放运动。人本主义则仅仅是某些哲学学派的学术思想。无论人文主义，还是人本主义，都未形成系统的连续的学术理论体系，也不具备本体论的价值。在中国传统文化中，并没有这种显著的、外化的人与神、人与自然的"二分对立"，而是认为天地人浑然一体的。不过，在这浑然一体中又是有差别、有区分的，而强调人的主体性则是一以贯之的。这才是中国文化真正的、内在的、本质性的特征。

4. 天地人一体与人和自然的关系

近代以来受西方文化影响，在中国文化研究中，许多学者习惯于以西方文化中人和自然的关系来比附中国文化中的天人关系，常常将天地人一体简化为天人合一，认为这是中国文化不同于西方文化的最突出的特征之一。就是说，中西文化的基本差异之一就在人与自然的关系上，这样就把"天地"置换为"自然"，把"天人合一"解释为"人与大自然和谐相处"等，认为中国文化比较重视人与自然的和谐统一，而西方文化则强调人要征服自然、改造自然，才能求得自己的生存与发展，这样就使人与自然的关系紧张，造成了人类生存环境的破坏，带来了生态环境的恶化以及人口危机、核战争威胁等全球性的问题，现在应该回归中国文化"天人合一"的观念。这些想法无疑是正确的、有意义的。但是，人们普遍地对"地"的研究和探讨不够，甚至好像遗忘了给我们直接生活资料，生养我们的"母亲"。这也许是因为在历史上"母亲"一直俯伏在"父亲"（天）的脚下，使我们儿女们自觉不自觉地吮吸着"母亲"的乳汁长大，穿着"母亲"给的衣服，吃着"母亲"给的食物，却对"母亲"没有感恩之情，尊敬之意，甚至还不断地进行破坏，使我们生存的最切近的生态环境（山川河流、花草树木、鸟兽虫鱼）日益恶化，导致了我们人类生存的空前危机。

二 天地人一体：儒家生态文明理论与实践

传统儒家虽然没有明确提出生态文明的概念，但是已经有了生态文明的基本理论与实践。《尚书》、《周礼》、《礼记》、《论语》、《孟子》、《荀子》等儒家典籍中就保存了非常丰富的与治国方略在一起的生态文明的思想理论与制度规划。

首先，在天地人一体的观念的指导下，儒家要求以和善、友爱的态度对待天地万物，善待鸟、兽、草、木，提出了丰富的保护自然环境的思想。在武王伐纣时的一篇讨伐檄文中，对纣列的第一大罪状就是"暴殄天物"（《尚书·武成》）。"暴殄天物"原指残害灭绝天地间生长的万物，后来成为成语，指任意糟蹋东西，不知爱惜。孔子主张敬天法天，"天何言哉？四时行焉，百物生焉，天何言哉？"（《论语·阳货》）苍天在上，静穆无言，而四季轮转，万物滋生，都是天的意志的体现。天是一切现象和自然变化的根源，是宇宙的最高本体，希望人们在敬天法天的高度上以"天道"为依据立"人道"秩序，协调天人关系。孔子对自然界的生命充满了怜悯之情。《论语·述而》载："子钓而不纲，弋不射宿。"意思是说：孔子钓鱼用杆而不用网捕，射鸟不射巢中的鸟，这就充分体现了孔子爱物及取物有节的思想。很显然，他反对人类的滥捕滥猎、破坏生态平衡的愚蠢行为。孟子提出了"君子之于物也，爱之而弗仁；于民也，仁之而弗亲。亲亲而仁民，仁民而爱物"（《孟子·尽心上》），孟子讲爱的差等性，从亲爱自己的亲人出发，推向仁爱百姓，再推向爱惜万物，这就形成了儒学的"爱的连锁"。从仁的角度看，"亲亲"是仁的自然基础，"仁民"是仁的核心和重点，"爱物"则是仁的最终完成。对万物的爱心，实际上是仁需要完善化的内在逻辑要求。孟子已经认识到"养"是"用"的基础，齐国东南的牛山就因为滥伐滥牧而变成濯濯童山。《孟子·告子上》："牛山之木尝美矣，以其郊于大国也，斧斤伐之，可以为美乎？是其日夜之所息，雨露之所润，非无萌蘖之生焉，牛羊又从而牧之，是以若彼濯濯也。"从牛山林木受到破坏的教训中引申出"苟得其养，无物不长；苟失其养，无物不消"（《孟子·告子上》）的道理。为了使"物得其养"，就必须"取物有节"，即有节制地利用自然资源。荀子谈自然资源利用时也强调协调"养长"与"杀生"（斩伐）的关系，以避免童山竭泽现象的出现。《荀子·王制篇》说圣王之制"草木荣华滋硕之时则斧斤不入山林，不夭其生，不绝其长也；鼋鼍、鱼鳖、鳅鳣孕别之时，罔罟毒药不入泽，不夭其生，不绝其长也；春耕、夏耘、秋收、冬藏四者不失时，故五谷不绝而百姓有余食也；污池、渊沼、川泽谨其时禁，故鱼鳖优多而百姓有余用也；斩伐养长不失其时，故山林不童而百姓有余材也。圣王之用也……谓之圣人"。这段文字是荀子合理利用和开发自然资源基本措施，是把它作为《王制》篇中的核心——"圣人之制"（亦即篇名"王制"之义）提出来的。这也说明了荀子对天地万物不仅仅是"制而用之"的，他也是高度重视自然资源的可持续性利用和自觉地维护生态平衡的。《荀子·天论篇》还说："财非其类以养其类，夫是之谓天养。"这已包含了自然界各种生物之间互养共生的意义在内。

董仲舒进一步将孔子的"仁者爱人"引申到人们对自然环境的爱护，他说："质于爱民，以下至于鸟兽昆虫莫不爱。不爱，奚足谓仁？"（《春秋繁露·仁义法》）"泛爱群生，不以喜怒赏罚，所以为仁也。"（《春秋繁露·离合根》）这样就把仁爱的道德范畴从人扩展到鸟兽鱼虫，表现了儒家泛爱生灵的博大胸怀。

天地的德性是生生不已，人也具备，儒家称之为仁德。仁德是一种生物之心，希望万物都能活泼生长。《诗经》有《旱麓》一诗，它描述万物活泼生长的样子说："鸢飞戾天，鱼跃于渊。"万物生长，向上欲冲破长空，向下欲穿透大地。春天长成万物，使万物欣欣向荣，类似于仁，所以儒家经常用春天来类比天地的仁德。北宋周敦颐窗前的杂草从不除去，因为每当他看到春天窗前杂草悄然生长，看到万物生生不已，便会油然升起一股仁人爱物的情怀来。这就是为后儒津津乐道的"茂叔窗前草不除"的掌故。周敦颐的弟子程颢写过一首诗："云淡风轻近午天，傍花随柳过前川。时人不识余心乐，将谓偷闲学少年。"（《偶成》）他春天出游，看到万物生生不已，内心便油然升起一股仁人爱物的情怀，感觉自己与天地大化融为一体，于是写下了这首诗。这首诗后来收入《千家诗》，列为首篇。

程颢上疏宋神宗："圣人奉天理物之道，在乎六府，六府之任，列之五官，山虞泽衡，各有常禁，夫是以万物阜丰而财用不乏也。今五官不修，六府不治，用之无节，取之不时，林木焚赭，斧斤残伤，而川泽渔猎之繁，暴殄耗竭，而侵寻不禁。宜修古虞衡之职，使将养之，以成变通长久之利。古冠婚丧祭，车服器用，差等分别，莫敢逾僭，故财用易给而民有常心。今礼制未修，奢靡相尚，卿大夫之家莫能中礼，而商贩之类或逾王公，礼制不足以检饬人情，名数不足以旌别贵贱，诈虔攘夺，人人求厌其欲而后已，此大乱之道也。因先王之法，讲求而损益之。凡此，皆非有古今之异者也。"① 他通过古代圣人设"六府"、"五官"以顺应自然，整治万物，严禁破坏山泽等自然环境，人们也无财用匮乏之忧，要求朝廷"修古虞衡之职"，认真地行使掌管山泽、山林之官的职责，保物、养物，防止自然资源的耗竭和环境的破坏，使人类与自然界能够长久地和谐相处。

南宋朱熹写了一篇《仁说》，劈头就说："天地以生物为心者也，而人物之生，又各得夫天地之心以为心者也。故语心之德……一言以蔽之，则曰仁而已矣。"意谓天地之大德是生生不已，这个大德像种子一样种到每个人的心里，成为每个人的仁德。朱熹还写过一首诗："半亩方塘一鉴开，天光云影共徘徊。问渠哪得清如许，为有源头活水来。"（《读书有感》）说天地生物之心，是人类心灵的源头活水。

明代吕坤在《呻吟语·谈道》中说："己欲立而立人，己欲达而达人，便是肫肫其仁，天下一家滋味。然须推及鸟兽，又推及草木，方充得尽。若父子兄弟间便有各自立达、争先求胜的念头，更那顾得别个。"这里引用孔子《论语·雍也》中"己欲立而立人，己欲达而达人"的名句，把忠恕之道从人类扩大到禽兽、草木。强调人与人以忠恕之道对待，处理好人类内部的伦理关系是基础，在这个基础上才能顾及天地之间的万事万物，这符合儒家以人为本，推人及物的基本思路。

其次，儒家强调要更好地保护生态资源必须具体体现在国家大政方针、政治制度和法律规范中。周、秦的国家法律都有定期封山，禁止伐木、建立保护区等保护自然生态的法律条文。《逸周书·文传解》记载周文王告示太子发之言说：

文王受命之九年，时维暮春，在鄗，召太子发曰："呜呼！我身老矣，吾语汝。我所保与我所守，传之子孙。吾厚德而广惠，忠信而志爱，人君之行。不为骄侈，不为泰靡，不淫于美。括柱茅茨，为民

---

① （宋）程颢：《论十事札子》，《二程集》，第454页。

爱费。山林非时不升斤斧，以成草木之长；川泽非时不入网罟，以成鱼鳖之长；不麛不卵，以成鸟兽之长。畋渔以时，童不夭胎，马不驰骛，土不失宜。土可犯，材可蓄。润湿，不谷，树之竹苇莞蒲；砾石不可谷，树之葛木，以为缔绤，以为材用。"

这就充分地表达出重视土地利用的效益和生态保护的措施，可以说已经具有了国策的性质。

武王继承文王是遗训，周公辅佐成王，都相继传承生态保护的思想作为治国方略。《逸周书·大聚解》就是周公明白公告维护自然生态的谕告："旦（周公旦）闻禹之禁：春三月山林不登斧，以成草木之长；夏三月川泽不入网罟，以成鱼鳖之长。且以并农力（执）〔桑〕，成男女之功。夫然，则有（生）〔土〕（而）不失其宜，万物不失其性，人不失其事，天不失其时，以成万财。"

《周礼》在官职的设置上来体现对于山林河泽自然生态的保护思想，《周礼·地官》：

> 山虞，掌山林之政令。物为之厉而为之守禁。仲冬，斩阳木；仲夏，斩阴木。凡服耜；斩季材，以时入之，令万民时斩材，有期日。凡邦工入山林而抡材，不禁，春秋之斩木不入禁。凡窃木者有刑罚。若祭山林，则为主而修除，且跸。若大田猎，则莱山田之野。及弊田，植虞旗于中，致禽而珥焉。林衡，掌巡林麓之禁令而平其守，以时计林麓而赏罚之。若斩木材，则受法于山虞，而掌其政令。川衡，掌巡川泽之禁令而平其守。以时舍其守，犯禁者，执而诛罚之。祭祀、宾客，共川奠。泽虞，掌国泽之政令，为之厉禁。使其地之人守其财物，以时入之于玉府，颁其余于万民。凡祭祀、宾客，共泽物之奠。丧纪，共其苇蒲之事。若大田猎，则莱泽野。及弊田，植虞旌以属禽。

可见，凡山虞、林衡、川衡、泽虞各有职掌，并执禁令，以保证自然资源得到合理的开发和利用。

《礼记·王制》也有许多对天子、诸侯在什么情况下可以打猎、砍伐，什么情况下不能打猎、砍伐，应该打什么动物，不应该打什么动物，应该砍伐什么样的树木，不应该砍伐什么样的树木等等细致的规定。如："天子诸侯无事则岁三田，一为乾豆，二为宾客，三为充君之庖。无事而不田曰不敬。田不以礼曰暴天物。天子不合围，诸侯不掩群。天子杀则下大绥，诸侯杀则下小绥，大夫杀则止佐车，佐车止则百姓田猎。獭祭鱼，然后虞人入泽梁。豺祭兽，然后田猎。鸠化为鹰，然后设罻罗。草木零落，然后入山林。昆虫未蛰，不以火田。不麛，不卵，不杀胎，不殀夭，不覆巢。"其目的是根据动植物的自然生长规律进行砍伐和田猎，保护野生动植物的生长繁衍，保护人们赖以生存的自然资源。《大戴礼记·易本命》则直接对帝王提出警告："故帝王好坏巢破卵，则凤凰不翔焉；好竭水搏鱼，则蛟龙不出焉；好刳胎杀夭，则麒麟不来焉；好填溪塞谷，则神龟不出焉。"提示不保护环境可能带来的严重问题，以为帝王行政的借鉴。

《礼记·月令》叙述了全年的生态保育规划，在儒家天地人一体观的指导下，为了维持人类的最基本的生存需要而制定了相关的礼制、法规、禁令等，集中反映了儒家重视人与动植物共生共存关系，以及季节与动植物生长的密切关系。孟春之月，"草木萌动"，"禁止伐木，毋覆巢，毋杀孩虫、胎、夭、飞鸟，毋麛毋卵"。仲春之月，"毋焚山林"。季春之月，"田猎罝罘、罗网、毕翳、餧兽之药，毋出九门"。"命野虞毋伐桑柘。"孟夏之月，"毋伐大树"，"毋大田猎"。季夏之月，"树木方盛，乃命虞人，入山行木，毋有斩伐"。季秋之月，"草木黄落，乃伐薪为炭"。仲冬之月，"山林薮泽，有能取蔬食田猎禽兽者，野虞教道之"。"日短至，则伐木取竹箭。"季冬之月，"命渔师始渔"，"乃命四监，收秩薪柴，以共郊庙，及百祀之薪燎"。所谓"草木黄落，乃伐薪为炭"等。

最后，儒家的生态文明思想还体现在教育上。在中国历史上，受儒家思想的影响，大至皇太子，小到平面百姓都非常重视"爱惜物命"的教育。据载，北宋程颐在给小皇帝（哲宗）讲书时态度非常严肃，甚至严厉，不但重视课堂上的知识教育，也重视课外的品德教育。有一次正当春天，在讲课休息期间，年幼的哲宗起来活动活动身子，顺便走到院子折了根柳枝玩耍，程颐看见了马上谏曰："今万物生荣，不可无故催抑。"（《寓简》卷五）这样的小事，因为有儒家泛爱万物的思想起作用，程颐也要与皇帝较个真，弄得小皇帝不高兴，把柳枝一扔，回到书房。关于"爱惜物命"，明万历时期兵部职方主事袁黄在《训子言》中说："何谓爱惜物命？凡人之所以为人者，惟此恻隐之心而已。求仁者求此，积德者积此。"就是说人之所以为人就在于有恻隐之心，即我们常常说的同情心、怜悯心。儒家讲的求仁就是求的恻隐之心，我们常常说积德就是积这个恻隐之心。明代东林党学派著名学者高攀龙认为："少杀生命最可养心，最可惜福。一般皮肉、一般痛苦，物但不能言耳。不知其刀俎之间何等苦恼，我却以日用口腹，人事应酬，略不为彼思量，岂复有仁心乎？"（《高子遗书·家训》）他要家人待客时少用肉肴，兼用素菜，以少杀生命，积德行善。郑板桥在《潍县署中与舍弟墨第二书》中对这个问题也作了很深刻的论述。他说"平生最不喜笼中养鸟，我图娱悦，彼在囚牢，何情何理，而必屈物之性，以适吾性乎？至于发系蜻蜓，线缚螃蟹，为小儿玩具，不过一时片刻，便折拉而死。夫天地生物，化育劬劳，一虫一蚁，皆本阴阳五行之气，氤氲而出，上帝亦心心爱念，而万物之性人为贵，吾辈竟不能体天地之心以为心，万物将何所托命乎？"（《郑板桥全集·家书》）这是郑板桥写给弟弟希望帮忙教育孩子的信。他晚年得子，甚是喜爱，但是，由于在外做官，不能在孩子身边教导，于是写信请弟弟帮忙管教，希望不要溺爱，要教他学会体天地仁爱之心，不要玩虐小生命，康熙为子孙编写的《庭训格言》中说："仁者无不爱。凡爱人爱物，皆爱也。"作为帝王也这样认真教诲、严格训饬子孙，希望他们能够爱人、爱物，实在难能可贵。

三 天地人一体观的生态文明意义

20世纪60年代以来，环境危机成为全球共识，自然资源逐渐枯竭，工业化和城市化使我们生活的环境污浊和拥挤不堪，威胁到人类的健康，甚至威胁到人类的生存，人类面临一个人口快速膨胀，耕地急剧减少，水陆全面污染，资源成倍损耗，全球气候异常，生态失调，臭氧屏障趋薄，海水逐年升高，自然灾害频发，多种疾病困扰的世界。随着生态的恶化，人与自然的矛盾加剧，人类开始对自身的行为进行反思。人类文明发展到今天，生态文明成为国内外普遍关注的问题。中国儒家"天地人一体"的思想，通过有机整体思维把人与人间的和谐、人与社会之间的和谐扩充到人与自然之间的和谐，为实现生态文明提供了坚实的哲学基础和思想源泉。特别是在这一思想指导下许多具体的政策、礼制、法规，是今天世界性生态保护可贵的制度资源，无论对中国自身可持续发展还是对当代世界和人类文明的未来都有着重要启示和实际意义。

天地人一体观"既是中国古代对于宇宙系统的基本概括，同时又成为考察一切具体事物的理论框架。人们无论研究什么对象，总是从天、地、人这三个方面对对象的属性加以界定，寻找它们与天地人三者的关系，确认它们在天地人宇宙系统中的位置。在我们的祖先看来，只有将具体事物置于这个囊括一切的宇宙大系统之中，才能真正懂得它们，才能发现它们的真谛"。① 日本的现代大儒冈田武彦认为儒学的万物一体论、天人合一论，基于天人共存、人我共存的立场，是一种宽容的具有普遍性的思想，足以帮助免去现代社会的弊病。②

儒家虽然强调在天地人一体构架下人的主体性，但是与现代性思维之片面强调主体欲望作为财富乃至文明根本动力源的观念不同，儒家强调节欲以实现道德的完善，人格的建树。儒家对待"欲"提倡中道的"寡欲"、"导欲"、"节欲"，不同于道家、道教禁欲主义，也不同于杨朱的纵欲主义，而是走中道的节欲主义。儒家在承认欲望合理性的同时，几乎毫不例外地主张对欲望必须进行德性方面的引导。孔子称："克己复礼为仁。"（《论语·颜渊》）朱熹的解释为："'克'，胜也；'己'，谓身之私欲也。"由此可见，"克己"就是抑制自己的私欲，引导这一私欲符合礼的社会规范，从而形成仁义的道德理性。孔子进一步认为，只要对欲望进行引导，通过长期的自觉与自律，最终就能达到"从心所欲，不逾矩"的自由境界。孟子说："养心莫善于寡欲。其为人也寡欲，虽有不存焉者，寡矣；其为人也多欲，虽有存焉者，寡矣。"（《孟子·尽心下》）强调修心养性最主要的就是清心寡欲，不要有太多的欲望。但孟子说的是"寡欲"，而不是"无欲"。荀子反对"纵欲"，但也反对"去欲"、"寡欲"，而是主张"节欲"、"导欲"和"养欲"。荀子从人天生有纵欲之恶的本性来论述导欲的必要性。在他看来，人"生而有耳目之欲，有好声色焉，顺是故淫乱生而礼义文理亡焉"（《荀子·性恶篇》）。因此，他的结论是"以道制欲，则乐而不乱；以欲忘道，则惑而不乐"（《荀子·乐论篇》）。在荀子看来，以一定的礼义规范引导人之欲望才能使人"乐而

---

① 刘长林：《中国系统思维》，中国社会科学出版社1990年版，第440页。
② 蔡德贵：《儒学与21世纪》，《国际展望》1993年第2期。

不乱"。显然,"导欲"是指在人生的活动过程中,自我凭借理性的认知,对生命之欲进行引导、规范和改造,以达到"中道"的过程。荀子对礼与欲望的二重关系的揭示。一方面,礼源于人们的欲望。荀子说:"礼起于何也?曰:人生而有欲,欲而不得,则不能无求,求而无度量分界,则不能不争。争则乱,乱则穷。先王恶其乱也,故制礼义以分之,以养人之欲,给人之求。使欲必不穷乎物,物必不屈于欲,两者相持而长,是礼之所起也。"(《荀子·礼论篇》)认为礼起源于人们的感性欲望,即承认欲望的合礼性。另一方面,为了实现满足欲望的目的,却必须采取限制欲望的方式,关键就在于物质资源有限:"人之情,食欲有刍豢,衣欲有文绣,行欲有舆马,又欲夫余财蓄积之富也,然而穷年累世不知不足,是人之情也。今人之生也,方知畜鸡狗猪彘,又畜牛羊,然而食不敢有酒肉;余刀布,有困窌,然而衣不敢有丝帛;约者有筐箧之藏,然而行不敢有舆马。是何也?非不欲也,几不长虑顾后而恐无以继之故也。于是又节用御欲,收敛蓄藏以继之也。"(《荀子·荣辱篇》)

儒家的节欲观有着非常重要的生态文明意义。因为人类的财富是有限的,而人的欲望是无限的,如果人类自身不能节制欲望,而是像现代西方某一经济学理论那样以刺激人们的消费欲望来刺激经济,必然造成对有限自然资源的无穷占有和大量浪费,进而造成对生物的伤害,对环境的破坏,威胁人类赖以生存的家园。与节欲观对应,在对于自然资源的态度上,儒家反对无限度的开发。《孟子·梁惠王上》说:"不违农时,谷不可胜食也;数罟不入污池,鱼鳖不可胜食也;斧斤以时入山林,材木不可胜用也。"孟子在这里强调农民耕植不违农时,不超量捕鱼,不滥垦山林,才能取材不竭。《礼记·祭义》上载:"曾子:'树木以时伐焉,禽兽以时杀焉。'夫子曰:'断一树,杀一兽,不以其时,非孝也。'"《礼记·王制》:"天子诸侯无事,则岁三田,一为乾豆,二为宾客,三为充君之庖。无事而不田曰不敬,田不以礼曰暴天物。天子不合围,诸侯不掩群。"这些都是强调有节制地利用自然资源的思想。反对无限度开发的理由,从功利层面上说,是因为如此可以保障自然资源的再生长,使人类的持续开发成为可能;从伦理层面上说,则是因为儒家基于天人合一的观念,把整个自然界都看作与自身血脉相连的有机系统,因而人对其他物种承担着相应的伦理责任。

儒家在这方面的思想与当今的生态文明可以说是相得益彰。今天国家搞国家级自然保护区，搞退耕还林，渔民春季休渔，等等，就是向传统儒家保护、善待天地万物思想的回归。另外，当代人类已意识到了天人一体的重要性，开始把三者联系起来，实行所谓国际地圈—生物圈计划，主要是针对整个地球系统和生命环境的全球变化，以及其间相互作用的物理、化学和生物过程，包括人类活动的影响等进行多学科交叉的系统研究。中国从20世纪60年代起，一些不同领域的科学工作者，继承中国传统文化天地人三才统一观，在现代科学的基础上，将天文、地球、生物三者视为相互联系的有机整体，开展了多学科交叉的综合研究。他们把这项研究叫作"天地生综合研究"，后又改称"天地生人综合研究"，研究对象是天地生人系统。这里的天指的是宇宙，地指的是地球，生指的是生命，人则指的是人类。这种研究既不仅仅局限于只在人类社会系统内部去研究社会兴衰及其原因，也不仅仅局限于研究地球表面系统与人类社会系统的人地关系，而在于探索历史时期天文系统、地球表面系统、人类系统间的有机联系，探索左右人类社会原因的不可逆转性与可逆转性、可回归性与不可回归性的辩证关系，在自然史的大背景下研究人地关系，在人地关系的原则中探索人类社会。

第十五章

全球化背景下的儒学与中国文化整合

在全球化这一大的历史背景下进行观照,我们会发现当代中国文化的发展正处在一个经纬交错的十字形的交叉点上:它一方面要实现本土文化与域外文化(主要是西方文化)的整合,一方面则要实现传统文化与现代文化、"后现代文化"的整合。全球化时代中国文化的整合就是要在世界性和民族性等两重性之间找到一条既可以构建起中国文化的新体系,又能够解决人类文化出路问题的基本道路。对此,笔者尝试提出一些基本看法,以求教于师友。

一 全球化时代文化发展的特点及其带来的问题

1. 全球化时代文化发展的特点

目前国内外学术界关于全球化时代的文化发展主要有三种观点,一是承认文化全球化,二是认为全球文化多元化,三是主张全球文化多元一体化。

"文化全球化"论者认为全球化是全方位的,如果只承认经济全球化而排斥文化全球化,那就违背了基本逻辑,它强调经济对文化的决定作用,认为经济全球化会产生相应的普世文化。"全球文化多元化"说则认为,文化这一概念本身就是建立在人与人不同的前提之上的,因此,文化全球化从任何意义上说都根本不能成立,它强调各种文化之间的差别,认为经济全球化并不构成文化走向趋同或一体化的条件;相反,由于全球化条件下的差异性加剧或利益多元化格局的存在,反而会使文化发展的多样化有了更为牢固的基础。显然,上述文化全球化说和文化多元化说均有其合理性与片面性,于是,为克服两说各自的片面性,就出现了"多元一体化"说,此说综合了上述两说的合理成分,提出了一个折中的方案,认为全球文化一体化和多元化会同时加强。就其大端而言,此说固然不谬,但并没有很确切地表明哪些方面一体化趋势会加强,哪些方面多元化趋势会加强;从哪种意义上说一体化趋势会加强,从哪种意义上说多元化趋势会加强。这样,"多元一体化"说对现实文化建设的指导意义就大打了折扣。①

对全球化及其产生的问题,李慎之曾在一篇文章里这样概括:"自从1492年哥伦布远航美洲使东西两半球会合起来之时起,全球化过程已经开始了。为什么现在才说世界进入全球化时代呢?这是因为在过去的500年中,我们看到的主要还是国家力量的伸张,民族利益的碰撞,宗教的传播,文化的渗透……总之,还只是局部力量的会合而引起的冲突和融合。而现在,我们已经可以清楚地看到超国家的、超国界的、全球性的力量在行动,全球性的问题在蔓延。从1989年柏林墙的坍塌到1991年苏联的瓦解,到1993年欧洲统一市场的形成和1994年建立信息高速公路的倡议纷纷出台,可以说是这样一种转折的分界线。……市场经济的全球化和信息传播的全球化应该说是全球化时代最重要的标志,还有许多其他的标志:环境污染的全球化,人口爆炸以及由之而来的移民问题的全球化,核武器以及其他大规模毁灭性武器扩散所造成的对全人类的威胁,恶性传染病、毒品买卖与犯罪活动的全球化……甚至垃圾处理都成了全球性的问题。正因为如此,前联合国秘书长加利在1992年联合国日致辞时说:'第一个真正的全球性时代已经到来了。'"② 这说明全球化时代的文化处于日益频繁的国际交流中,不同国家、不同民族和地区间的文化呈现出异彩纷呈,百舸争流的局面,它们之间有吸收,有融合、同化,也有对峙、排拒、摩擦,甚至对抗。正如塞曼·杜林指出的:"全球化意味着文化形成越来越失去固定空间的限制,并很难集合为整体和传统。"③ 这样就可能带来严重的文化挑战。

全球化时代文化发展目前主要呈现一系列的两极化倾向:如全球性和

---

① 孙景峰:《经济全球化对全球文化的影响——兼论中国文化发展战略》,《思想战线》2002年第3期。
② 李慎之:《全球化与中国文化》,《美国研究》1994年第4期。
③ [德] 塞曼·杜林:《全球化与后殖民主义》,中央编译出版社1998年版,第140页。

本土性、世界性与民族性、一体化与多元化、文化帝国主义和文化民族主义等等的张力。杜维明教授在新加坡《联合早报》75 周年报庆活动的演讲中还指出：高度发达国家内部也有南北问题。他从族群、语言、性别、地域、年龄、阶级和宗教七个方面，具体阐述了西方发达国家内部的文化差异性问题，指出南北问题不仅出现在高度发达的国家和正在发展的国家之间，即使高度发达的国家本身也有南北问题，因此，族群、语言、性别、地域、年龄、阶级和宗教这些根源性问题和全球的普世化问题经常是纠缠在一起的，他说："这一种复杂的互动的现象，就是 global 和 local 之间的关系，英文世界里用一个特别的名词来形容它，叫作 glocal，就是说既是 global（全球的），又是 local（地方的），因此同时是全球又是地方的现象。"① 事实上，全球化把世界上的所有国家和民族都卷入了现代化的过程中，但这一过程从一开始就是在发达国家和发展中国家强弱两极的不平等条件下进行的。总的来看，发达国家尽管也受到全球化的压力，但大体处于受益者的地位，他们的文化精神、价值观等得到扩张，主体性得到发挥；全球化虽然也给发展中国家带来机遇，但面对发达国家的先进优势，其民族文化处于边缘地带，甚至有失去自主性的危险。因此，由于对于上面一系列问题认识上分歧，人们也就产生了两种截然不同的态度：彻底变革论与怀疑论，乐观主义与悲观主义，开放主义与排斥主义。

2. 全球化时代文化发展带来的问题

全球化时代文化发展带来的问题主要有如下几方面：

（1）文化帝国主义。文化帝国主义是当今以美国为主的西方国家借用其强大的经济和军事实力以及文化影响力自觉不自觉地推行的一种全球文化战略，其后果就是使西方强势文化在许多方面取代本土文化，使文化的多样性失去其真实的意义，成为空洞的形式。文化帝国主义认为自己的文化是普遍性的，否定其他文化的"其他性"并改变这种"其他性"。这种态度带有一种悖论的特性：一方面，它要求保持自己文化的同一性，不能改变这种同一性的独特性；另一方面，它又强调其独特同一性的价值是普遍的。② 文化帝国主义的出现，与世界文化发展的多样化趋势是相反

---

① 杜维明：《东亚价值与多元现代性》，第 96—99 页。
② 王逢振：《全球化和文化同一性》，中国社会科学院"世界文明"课题组编：《国际文化思潮评论》，第 299 页。

的,也往往被作为所谓的文化"一元化"倾向的主要表现来看待。其实,文化帝国主义既是对多样形态的挑战,又是对一元性的僭妄。

(2)文化认同危机。文化认同是由共同的宗教信仰、历史经验、语言、民族血统、地理、经济环境等因素共同形成,其特性比起政治、经济结构更不容易改变。全球化进程迄今大体上和西方价值观尤其是美国文化对世界其他部分的渗透同时并进。牛仔裤、可口可乐、肥皂剧、好莱坞电影差不多被带到世界上的每一个角落,不仅娱乐节目已经模式化,就连国际新闻也深受影响。非西方文化的基础被削弱了。许多输入西方文化的地方出现了文化的混乱,表现为目的的丧失、道德的冷漠、暴力的嗜好、传统的破裂以及认识到属于"落后"社会而产生的心理痛苦。今天经历的文化全球化道路与百年前的殖民化过程一样,正在趋于破坏各个社会的传统文化,抹杀各民族文化自身的本质特征或文化身份。对此,亨廷顿在他的著作《文明的冲突与世界秩序重建》中也有所描述:"90年代爆发了全球的认同危机,人们看到,几乎在每一个地方,人们都在问'我是谁?''我们属于哪儿?'以及'谁跟我们不是一伙?'等。"[①] 这显然是全球化带给人的认同危机,表明信息时代的今天人的孤独感一点也没有减弱,所以全球化不仅让人失去了私人空间、精神家园,而且也产生了对私人空间和精神家园的需求。这就不难理解人们为什么会转而注重对本民族文化的认同。

(3)更多的文化冲突。全球化带来的是现代化、西方化或者美国化的冲击。面对西方强势文化,弱势文化可能采取的态度一般会有如下几种:拒绝现代化和西方化;接受两者;接受前者,拒绝后者。对传统因素还比较浓厚的、尚未实现现代化的国家而言,现代化同时会引起传统社会的文化反映。全球化在世界范围内已经引起一场文化和宗教复兴运动:"印度化"、东亚的"亚洲化"、"斯拉夫化"、"伊斯兰化"等等。尤其是宗教文化复兴直接表现为对宗教价值观的肯定,以至于有人指出,世界的非世俗化是20世纪末占主导地位的社会事实之一。亨廷顿认为,随着冷战时代的结束,全球文明不仅没有发生趋同,反而日益分裂为相互冲突的七大文明或八大文明,即中华文明、日本文明、印度文明、伊斯兰文明、西方文明、东正教文明、拉美文明,还有可能存在的非洲文明。他认为,

---

[①] [美]萨缪尔·亨廷顿:《文明的冲突与世界秩序的重建》,第129页。

冷战后的世界，冲突的基本根源不再是意识形态，而是文化方面的差异。他还预言非西方社会面对西方文化的强大攻势将回归本土文化。如伊斯兰世界对西方"腐蚀"的反应；东亚社会将经济增长归功于他们自己的文化等。① 后殖民理论之所以引起第三世界知识分子的热烈反响，主要在于它被视为消解帝国中心话语，弘扬民族文化的理论武器。文化间的对抗同样发生在西方文化内部，如法国打算建立文化马其诺防线，以保护法语，防止美国文化的侵袭；欧洲影视界则视好莱坞为劲敌，等等。

（4）对精英文化的生存、发展构成极大威胁。在文化全球化的大潮下，文化生产走向市场化已是不可逆转的趋势。文化只有成为商品进入市场才能被关注和被炒作，不能适应市场化要求的文化产品面临被淘汰或被边缘化的命运。尽管这并不像某些论者所担心的那样，意味着精英文化的末日，但的确产生了不容乐观的现象：一方面，物质利益原则占主导地位，"启蒙"、"审美"、"深度"纷纷让位于"娱乐"、"效益"、"平面"，以"混杂拼贴"（Pastiche）与"精神分裂"（Schizophrenia）为特征的文化商品充斥市场；另一方面，一些人文知识分子不甘寂寞，放弃原有追求，转向生产取悦于大众的、通俗的甚至低级无聊的文化商品。一时间，对精英文化而言，生存还是死亡已成为一个问题，而文化本身也面临被重新定义的境地。②

（5）使弱势文化的发展面临陷阱。全球化时代的文化使弱势文化的发展面临两个陷阱。第一个文化陷阱是民族虚无主义，这差不多是大部分发展中国家的通病。如中国在全面开放的条件下，转型社会中的民众可能会持中华文化已不如人的观点，导致彻底否定文化传统，经历另一种形式的"文化大革命"，结果是西方经济文化、消费文化乃至政治文化的全面介入，造成中国社会的无根状态和无序状态，这显然不符合基本的国家利益。第二个文化陷阱是强势文化民族主义。文化民族主义固然可以作为凝聚民族、整合国家、推动经济起飞的强大资源，但是，文化民族主义的前提之一是本国文化最优，在实践中处理不当往往会对外来文化采取排斥的态度，形成大文化民族主义，这在中国近代史上不乏其例。就当代国际环

---

① ［美］亨廷顿：《西方文明：独特，但并不普遍》，《现代外国哲学社会科学文摘》1997年第6期。

② 叶虹：《文化全球化的形成及其后果》，《浙江师范大学报》2000年第1期。

境而言，提倡文化民族主义容易给国际上别有用心的势力以宣扬中国威胁的借口，历史上华夏中心主义的文化心态已经使中华民族付出了太大的代价，它如在全球化的当代条件下复活，会损害中国崛起的国家利益。

二　文化整合与主体性确立

1. 文化整合的定义

由于全球化的双重性，不同国家、民族在全球化过程中所处的不同地位和所扮演的不同角色，以及观察的不同视点和角度，人们对文化的全球化也采取了完全不同的态度：彻底变革论（全球主义论）与怀疑论，激进主义与保守主义，乐观主义与悲观主义，开放主义与拒斥主义，等等。近代以来，中国人民就是在中西古今的激荡中应对全球化问题和探寻中国文化出路的。时至今日，已经形成了诸多文化观点。我们认为，多元文化观的情况下，当前需要做的是进行文化的整合。

"整合"（intergration）一词是现代文化科学和思维科学所普遍使用的一个重要概念。最初来源于生物学，是指生物机体或细胞中各个组成部分在结构上有着严密的组织形态，在功能上能够很好地协同动作，共同组成一个完整的良性系统。后来，"整合"一词被社会学家和人类学家所借用，来说明社会发展或文化发展中出现的种种不同思想观念（如价值观等）的融通和合现象。它有结合、融合、统合、综合、有机化、整体化、系统化、统一化等多重含义。

当代著名文化人类学家本尼迪克特对"文化整合"有经典性的表述：

> 文化行为同样也是趋于整合的。一种文化就如一个人，是一种或多或少一贯的思想和行动的模式。各种文化都形成了各自的特征性目的，它们并不必然为其它类型的社会所共有。各个民族的人民遵照这些文化目的，一步步强化了自己的经验，并根据这些文化内驱力的紧迫程度，各种异质的行为也相应地愈来愈取得了融贯统一的形态。一组最混乱地结合在一起的行动，由于被吸收到一种整合完好的文化中，常常通过最不可设想的形态转变，体现了该文化独特目标的特征。我们只有首先理解了一个社会在情感上和理智上的主导潮流，才得以理解这些行动所取的形式。……而这个文化整体正是为了其自身

目的才应用了这些文化元素,并且在周围地区可能存在的文化特质中选择了能为这个文化目的所利用的特质,舍弃了那些不可用的特质,同时也改造了其它一些特质,使之合乎文化目的的要求。①

这就是说,文化整合是文化发展过程中一个必然阶段,各种不同特质,不同目的文化行为在一定条件下经过接触、冲突、交流、融汇最后发生形态转变被整合在一个新的文化整体之中。这一文化整体的形成首先是社会主导潮流的结果。在文化整合过程中,这一文化整体对其他文化特质的选择、舍弃、改造是有一定目的性的。

克罗伯对文化模式进行了更进一步的概括:"那些赋予任何文化之连贯一致与计划之内部关系之安排或体系,并使它免于仅只是漫无目的的事物之积累而已。"② 这是强调文化模式是文化内部保持其连贯性、一致性的一种安排或体系。这种连贯性、一致性又对文化内部的组成因素进行着自身的调适。

文化整合表示各种文化的结构、形式、功能、意义上的改变,它不是简单的集合,而是经过选择、涵化、融合而达到新的适应,因而是文化创新的过程。文化整合一方面改变人们的思想、目标、宗教信仰、行为规范和心理情感,另一方面也是形成新的文化模式的过程。本尼迪克特认为,文化整合的过程本身就是"文化模式"的形成过程,通过对文化整合过程的结构分析,就可以得到一种文化模式。她说:

> 文化的这种整合毫无神秘之处,艺术风格的形成和盛行的过程与此相同。哥特式建筑,最初充其量不过是人们对高度和光亮的一种偏好,但是,由于在其技术中所确立起来的鉴赏规范的作用,到了13世纪,它已成为一种独特的、同质性的艺术。……伟大艺术风格中所发生的这一切情形,同样存在于作为整体的文化之中。所有各式各样的行为,诸如谋生、择偶、战争和神祇崇拜,都依据文化内部发展起

---

① [美]本尼迪克特:《文化的整合》,见庄锡昌、顾晓鸣、顾云深等编《多维视野中的文化理论》,浙江人民出版社1987年版,第125—126页。

② [美]艾尔文·哈奇:《人与文化的理论》,黄应桂等编译,台北:桂冠图书公司1981年版,第107页。

来的无意识选择规范而被融汇到了统一模式之中。某些文化就像某时期的艺术一样，没有得到整合；还有许多文化我们所知甚少，以至于还不理解这些文化的动机。但是处于各种不同复杂层次上的文化，即使是最简单的文化，都获得了这种动机。诸如此类的文化或多或少都达到了成功的行为整合，而存在如此众多可能的文化构型倒或许是一种奇迹。①

这里，本尼迪克特把文化整合与文化模式之间的关系作了很精致的阐述，说明文化整合过程就是文化模式的构建过程，文化整合的结果往往就体现为一定的文化模式，也就是说，文化整合与文化模式可以说就是一体两面的事。

2. 主体性的确立

正如其他文明形态的现代化变革一样，中国文化的现代化也必然是一方面要面向具有世界普遍意义的文化发展模式，另一方面又有其特殊要求。因此，我们首先应该明确中国文化的主体意识，并将其作为驾驭普遍模式和特殊要求的核心观念，否则，所谓变革就会丧失相应的价值支持和引导，以至于要走许多弯路。20世纪探寻中国文化出路的历史经验和教训已经证明，要使中国文化走上健康发展的道路，就不能割离自身的传统，相反，对于传统不仅要正面面对，而且要发掘传统资源以明确文化主体意识，作为我们前进的原动力。

近代以来文化观点的众说纷纭，都是因为失去了这个主体性以后的不知所从。中体西用在理路上就是试图确立这个主体性，但是当时的"体"已经是被掏空的"游魂"，不但与社会制度剥离了，而且与民族生命失去了联系，所以这一有价值的理论没有办法落实。今天，我们的文化建设应该出于"对传统、民族的一种生命式的理解，强调人这个主体在传统/现实、先贤用心/历史文本之中的转轴作用"。"我们今天的责任，就是要从文化与民族的内在关联中，从中国历史的一贯性和民族的内在性出发，重建一种能够反映、把握和调整民族意志、需要的话语系统，在此过程中的接纳现代性、融入全球化，都不是消泯而是丰富、高扬了自己的文化主体

---

① [美]本尼迪克特：《文化模式》，王炜等译，生活·读书·新知三联书店1988年版，第47页。

性。作为中华文化主体的儒学，其在当今的理论形态与实践落实，也必须以实现这一目标为最高指归。"①

关于主体性，杜维明教授这样论述：

> 中国文化基本上是一个性格独具，结构完整的系统。中华民族的再生，不仅表现在经济上，政治上，也应该表现在文化上。中国传统的文化信息，必须靠中国社会内部的知识分子，也就是那些能够对中国社会内部进行深刻反思的知识分子本身，来陈述它的希望，它的期待，和它自己的理念。所以现在大家谈的就是应该有一种"文化的主体性"，这种文化主体性与原来的所谓"中国文化本位"是有所不同的，"文化的主体性"不只是一个立场的问题，而是一种自我意识，费孝通先生就特别强调文化自觉，文化的自我意识。……"主体性"意味着以下几个方面的特点：首先，主体性绝对是开放的，这种开放性意味着不仅是政府、企业、媒体、学术机构各个不同领域都能够参与这种建构的工作；其次，它的民间性比较强，不是从上到下；再次，它是发展的，是一个动态的发展过程。最后，它一定与传统资源的开发、发展有密切的关系，不是站在反传统的立场上把外来的价值嫁接进来。②

这也就是说，要完成这一整合，必须确立民族文化的主体性，而中华民族文化的发展历史又是以儒家为主体的，而儒家思想学说又是最重视儒者的道德人格主体性的。这样，我们就有了层层递进，密切联系的三重主体性：

一是中华民族在与世界多元文明交流融会过程中，要确立中国文化的主体性，再强调和而不同，和平共处等。

二是在当今中国文化内部多元思潮和思想观念、学术流派纷杂的情况下，要确立儒学的主体性。

三是儒学复兴的过程中，要确立儒者的道德人格主体性。

---

① 《〈原道〉十年自述》，陈明主编：《原道》第十一辑，北京大学出版社2005年版，第98页。

② 陈壁生：《儒家与文化保守主义——杜维明教授访谈》，《博览群书》2004年第12期。

这三重性是环环相扣的，是从小而大，由内而外，层层推展的。进入21世纪，儒学复兴日益成为一种社会思潮，乃至社会运动。儒学已经不再是学院里专家、教授、学者们的事业，儒学日益成为社会不同层面凝聚和向心，达致共识的一项事业，社会上各行各业正在不断出现诸多儒者。之所以称他们为儒者就是因为他们除了学理的掌握、探研之外，更有价值的承担，儒家的实践。在这种情况下，儒者的道德人格问题开始成为令人关注的根本性问题。如果一个人基本的道德人格不能确立，那么就很难说他是真正的"儒者"，也很难说是什么"儒学大师"，新儒家，等等。郑家栋现象就是典型的例子。郑在文章和演讲中不止一次地宣称儒学不再是生命的学问，不再是实践的事业，今天是一个没有圣贤的时代，等等。这些观点显然是误导人的，是有害于儒学复兴事业的。

在当前这种信仰缺失，道德沦丧，人心堕落，社会离析，违法犯罪司空见惯的状况下，儒者以其道德人格成就一个个实实在在的文化生命，才能通过承担儒家的事业来担当中国文化的事业，以个人的文化生命来成就民族的文化生命。

三　儒学与中国文化整合

1. 整合的原则：和而不同

中国思想文化在发展中其内部不同因素的整合就是以"和而不同"的精神来进行的。中国思想文化的源头也是多元并发的，三代以来逐渐形成了以华夏为主体的多元文化格局。西周礼乐文化是中华文明早期集大成之作，它本身就是具有很强的综合能力，并为中国传统文化的发展奠定了基本路向，成为其后诸子蜂起、百家争鸣的思想源泉。春秋时代，宗周礼乐文化与晋、齐文化结合而有法家，与荆楚文化结合而有道家，与东夷文化结合而有儒家。这三派中唯有儒家特别重视"和而不同"，孔子初步对三代以来，春秋之世的思想文化进行了一次整合。先秦儒家处理自己与道、法的关系中，也以这种文化观为依据在争辩中求同，在求同中发展。到了战国中后期，以齐稷下学宫为中心，儒、墨、道、法、名、阴阳各派经过百家争鸣，互攻互取，产生了黄老学派、管子学派等综合融汇特色明显的学派。到了战国末年，各流派走向兼综和合的趋势更为明显。荀子，在稷下学宫待的时间很长，又多次担任"祭酒"，主持学术讨论活动，所以他有机会、有条件对各家进行批判总结，取其长，剔其短，熔于一炉，显示了统一百家的气魄，并企图为当时政治统一的历史大势提供理论指导。在政治上，荀子以儒为本，礼法结合，王霸并用。在哲学方面，吸收道家的天道自然说，吸取《易传》与阴阳家的思想，吸取墨家的"非命"思想……总之，以儒为本，综合各家之长，建立了自己的儒学思想体系，在中国思想史上开创了以儒家思想为主体，兼容各家思想的道路。《吕氏春秋》是这一趋势下的又一产物。汉代是先秦诸子融合最终完成的时代。汉初用黄老之学，使经济文化得以恢复，取得了显著成绩。至董仲舒，以儒家学说为主体，实际上大量采用道、法、阴阳思想和治术，为西汉统治者制定了长远的统治方略，使中国政治文化整合得以完成，建立了其后运用达两千余年的阳儒阴法，德礼刑法兼治、王霸道杂之的政治文化模式，对中国历史影响十分巨大、深远。隋唐、宋明儒者面对佛教对中国文化的冲击，以儒为主体，以道、佛为调节和补充，以法家为实行，形成了一个互动互助的四维结构形态，而儒学又在漫长复杂的文化演进过程中，起着一种制衡作用，通过与时俱进，满足社会的要求，整合不同文化因素，不断更新发展，于是就形成了中国文化多元并发、并行，而以儒居中制衡的独特形态。这样，"和而不同"就成为中国文化可贵的历史经验，也应该成为今天进行文化整合的基本原则。

中国思想文化在发展中对其外部其他民族文化的整合、对外来文化的吸收融合也是以"和而不同"的精神来进行的。在中国历史上，以汉族为主与不同少数民族民族融合的过程，同时也就是中华文化融合周边各民族文化的过程。中华民族的原体汉族就是古代中原地区华夏部族融合周边少数部族的结果。起初是炎黄集团和犬戎之间的融合，接着又与东夷集团融合，形成夏王朝；商代八迁，周武王联合八百诸侯共伐殷纣王，也是大范围的民族融合；春秋战国之际，中原华夏与四周的楚、吴、越、东夷、西戎、南蛮、北狄等融合，形成了华夏族，这一融合到汉代完成，形成了汉族。此后，以汉族为主体，在历史上又经历了多次的民族融合：第一次是两晋南北朝时期，汉族又与其他少数民族融合。匈奴、鲜卑、羯、氐、羌等少数民族入主中原，建立前凉、后凉等十六国，并逐步汉化，最后融入汉民族之中。第二次是五代两宋期间，北方契丹、党项、女真各族在中国北部相继建立了辽、西夏、金等政权，与北方汉族融合起来。同时，南宋政权的南迁，与南方各少数民族进行了较大程度的融合。第三次是蒙古人统一中国，吸收汉文化，使一部分蒙古族融入汉族；同时内地汉人迁往蒙古、西北、东北、云南等地，并融入当地少数民族之中。另外，蒙藏之间、汉与契丹等的融合也很突出。第四次是满族入主中原，满汉融合，同时，满、蒙、藏在共同宗教信仰基础上也进行融合。值得一提的是明清之际10余万汉人跨海定居台湾，与当地高山等少数民族融合，使台湾成为与中华民族血肉相连的一部分。从以上可以看出，长期以来，经过不同民族的迁徙、融合，形成了今天以汉族为主体的统一的多民族的大家庭。这种格局的形成，各民族在交流中寻求生存，在斗争中走向和谐，在团结中共同发展，在保持各民族丰富多样性前提下结成不可分割的统一整体。这种极强的民族融合、凝聚力、向心力得益于中华民族对"和而不同"的观念的把握和运用，是"和而不同"的精神的典型体现。

在"和而不同"的指引下，中华民族博采众长，不仅融合了国内各个民族的文化，而且吸收、消化了外来文化，保持了旺盛的生命力。从汉朝开始，中国就开始与世界交流，除了与周围的国家朝鲜、日本、越南、缅甸有密切联系外，与南洋群岛、马来半岛诸国也有频繁交往。今人热烈研讨的陆上"丝绸之路"、海上"丝绸之路"就是在这时开通的。佛教在这时也传入中国，随后被中国人以自己的方式在与原有道、儒相互争竞的基础上改造为中国式的宗教，以至于形成天台宗、律宗、净土宗、法相宗、华严宗、禅宗、密宗等中国佛教宗派。这种异域思想又普遍地渗透进中国文化的其他方面，丰富了中国文化的内容，特别是多彩多姿的文学艺术，如诗歌、绘画、音乐、舞蹈都曾因此达到了中国文明史上罕见的高度，创造出诸如龙门、云冈石窟造像艺术以及敦煌壁画之类的震惊世界的文明成果。

中国传统文化中"和而不同"的思想及其在当代中国的外交政策等方面的应用，在促进世界各民族和平相处，共同发展方面具有重要的意义。自20世纪80年代中国实行改革开放政策以来，中国在经济、社会、文化等各个领域取得了长足的进步，尤其是经济增长速度在全世界处于领先地位，近十多年来，中国经济一直以接近甚至超过10%的速度在高速增长。从某种意义上说，中国不仅成了亚洲经济增长的火车头，而且成了全球经济增长的发动机，这大大增强了中国的综合国力，改善了中国的国际形象，也扩大了中国在国际事务中的影响力和发言权。对此，世界大多数国家是持肯定、欢迎态度的，但也有些持偏见的国家表示忧虑，国际上的右翼反华势力或西方文明中心主义者趁机大肆散布"中国威胁论"以及视中国为"文明冲突"的根源的言论。在建设和谐世界新秩序中，我们应该坚持多元文化兼容互补、和谐相处的多元和谐主义，在这个基础上寻求不同文明共通之处，寻求能够为人类普遍认同的普世价值，以和而不同的文明观去化解"文明冲突论"及"中国威胁论"的误导。

今天，"和而不同"的思想已经成为我们构建和谐社会、建设和谐世界的指导性思想。早在2003年12月10日，时任国务院总理温家宝在美国哈佛大学的演讲中提到中华民族的传统文化有它的许多珍贵品质，并特别强调了和而不同："和而不同是中国古代思想家提出的一个伟大的思想，和谐而又不千篇一律，不同而又不彼此冲突，和谐以共生共长，不同以相辅相成，用和而不同的观点观察处理问题，不仅有利于我们善待友邦，也有利于国际社会化解矛盾。"① 国家主席习近平2014年5月15日在中国国际友好大会暨中国人民对外友好协会成立60周年纪念活动上发表讲话，指出："中华民族历来是爱好和平的民族。中华文化崇尚和谐，中国'和'文化源远流长，蕴含着天人合一的宇宙观、协和万邦的国际观、和而不同的社会观、人心和善的道德观。"② 习近平主席2014年6月28日在和平共处五项原则发表60周年纪念活动纪念大会的主旨演讲中还说："中华民族历来崇尚'和为贵'、'和而不同'、'协和万邦'、'兼爱非攻'等理念。"③

费孝通在国际人类学与民族学联合会2000年中期会议上的主旨发言强调，中国传统的经验里所一直强调的"和而不同"的观念在文化上表现为文化宽容和文化共享，这就意味着人类学应当探讨文化的自我认识、相互理解、相互宽容和世界多元文化之间的共生理念以及达到"天下大同"的途径。"和而不同"也是多元一体理论的另一种说法。承认不同，但是要"和"，这是世界多元文化必走的一条道路，否则就要出现纷争。只强调"同"而不能"和"，那只能是毁灭。"和而不同"就是人类共同

---

① 《温家宝哈佛演讲 鼓励中美两国青年更紧密携手》，2003年12月11日02：00，来源：中国新闻网。

② 习近平：《在中国国际友好大会暨中国人民对外友好协会成立60周年纪念活动上的讲话》，2014年05月16日09：16：42，来源：新华每日电讯第2版。

③ 习近平：《弘扬和平共处五项原则 建设合作共赢美好世界——在和平共处五项原则发表60周年纪念大会上的讲话》，2014年06月28日，来源：新华网。

生存的基本条件。可见，中国传统文化中"和而不同"的思想以及当代中国的民族政策，在促进世界各民族和平相处，共同发展方面具有重要的启发意义。①

2. 整合的途径：中庸之道

在世界各大文明的早期宗教、哲学中，都不约而同地有中庸之道的思想，并且以不同的形式——神话、格言、教义、哲学论著等表达出来。除了中国，还有诸如古代希腊亚里士多德的中道观，古印度奥义书、吠檀多"不二"哲学及后来大乘佛教龙树的中观（空观）哲学，还有伊斯兰《古兰经》中的中道思想等。这些中道观在各文明的早期哲学中占有很重要的地位，差不多成为一个共同的文化现象，对后来的文明发展有不同程度的影响。但是，除了中国而外，其他文明都没有走"中庸之道"，而是各有偏向，形成了不同的民族心理性格和文化形态，构成了今天世界文明的格局。

就西方文明而言，由于亚里士多德所奠定的西方哲学后来成为西方文明的一个基本思想渊源，而亚氏以后的西方哲学家很少有人再提倡中道，导致了西方人的思想行为总是倾向于极端和激烈，西方文明在其后的发展中总是习惯于从一个极端跳到另一个极端，从一种偏颇走向另一种偏颇，在动荡、跳跃、断裂中发展到今天。对此，罗素曾有过尖锐的批评，说西方人"有'什么都不过分'的格言；但是，事实上，他们什么都是过分的——在纯粹思想上，在诗歌上，在宗教上，以及在犯罪上"。②

比较而言，中国文化不但历史悠久，博大精深，而且基本上能够走中庸之道。今天，我们面对全球化时代文化发展出现的一系列两极化倾向，我们要在全球性和本土性、世界性与民族性、一体化与多元化、文化帝国主义和文化民族主义等等二元对立倾向中走中道。正如有学者所论："对抗全球经济和文化霸权的可能性在于一种真正为各国、各族人民所共享的文化的出现。这种文化超越边境，兼济各国；它人道而普遍，但也尊重差

---

① 费孝通：《多元一体　和而不同》，在国际人类学与民族学联合会 2000 年中期会议上的主旨发言摘要，《人民日报》（海外版）2000 年 7 月 27 日第 4 版。
② ［英］罗素：《西方哲学史》（上），何兆武、李约瑟译，商务印书馆 1982 年版，第 47 页。

异；它立足于统一性，但也保护多样性；在承认个人、社区、国家、文化、阶级、种族和性别等各种同一性时它探寻一致性。"①

3. 整合的思路：以儒为主，兼容诸教，整合多元思想文化

总体思路是：在传统的基础上走向未来，以集大成的方式完成中华民族文化生命的大飞跃。以儒学传统作为基础性的资源，以儒为主，兼容诸教，整合多元思想文化，构建未来中华民族的文化体系。

这里的"诸教"是指目前在中国流行的传统的道教、佛教、伊斯兰教和近代传入的天主教、基督教等。儒家对道教、佛教经过宋明新儒家的整合，已经完成了以儒为主的三教合流，形成了宋明理学这一儒学的新形态，构成了以儒为主，道佛辅助，儒学居中制衡的结构。但是，对伊斯兰教和基督教，需要做的工作还很多。伊斯兰教和基督教也是很早就进入中国的，其中伊斯兰教与中国文化的交流融会已经取得了很大的成就，这就是中国回族以及中国伊斯兰教的形成。7世纪中叶伊斯兰教开始由阿拉伯传入中国，经过长期的传播、发展和演变而形成具有民族特色的中国伊斯兰教。唐、宋、元三个朝代是伊斯兰教在中国传播的主要时期，迄止明代，中国先后有回、维吾尔、哈萨克、乌孜别克、柯尔克孜、塔吉克、塔塔尔、东乡、撒拉、保安10个少数民族信奉伊斯兰教。伊斯兰教对各穆斯林民族的历史文化、伦理道德、生活方式和习俗产生了深刻影响。伊斯兰教与中国以儒学为主体的传统文化进行交流、融会，成为中国特色的伊斯兰教的历史经验，并认为这些历史经验可以为中国文化、中国伊斯兰文化的伟大复兴和走向现代化，为当代世界文明多元共存，和平发展提供借鉴。但是，在中国境内，信奉伊斯兰教的民族还有很多，他们远离中国文化发展的中心，明清之后由于中国文化的衰微，与中国文化的融合还远远没有完成，这也就是东突问题的历史文化根源。至于基督教，唐代就有属于基督教聂斯托利派的景教传入，后来在汉文化圈的流传中断。元代随着蒙古人入主中原，基督教再次来到中国，而这时被称为"也里可温教"，后来又随着元朝的灭亡在中国销声匿迹。明末，天主教的耶稣会士叩开中国大门，上帝再次来到华夏神州。一开始由于利马窦执行了低调进入，并与中国文化融会的路线，传教相当成功。但是，后来罗马教会反对中国

---

① ［埃及］谢里夫·海塔塔：《美文化·解体和上帝》，［美］弗雷德雷克·杰姆逊、三好将夫编：《全球的文化》，南京大学出版社2002年版，第236页。

人敬天法祖，崇拜孔子，导致了礼仪之争，又中断了传播。近代基督教追随殖民者的脚步，大踏步地进入中国，对中国文化造成了全面的冲击，甚至带来了巨大的祸害和灾难。以儒学对基督教的融化、吸收还差得很远。

  这里的"多元思想文化"指外来的几乎一切思想文化形式，当然最重要的就是马克思主义和西方的民主、自由思想。以文化保守主义的姿态处理儒学与西方自由、民主和马克思主义这两大路向的错综复杂的关系，具体在中国就是儒学与自由主义思潮和马克思主义（激进主义）的关系。笔者的基本思路是，以儒学为主体，向左吸收马克思主义，向右吸收民主自由思想，然后整合成新的思想体系。这方面大概得以思想精英为主体，与官方力量结合起来。儒学的重构是多层面的，自然不应忽视或取消结合马克思主义这一层面的工作。大陆所奉行的马克思主义也像其他西学一样，是属于中西文化在冲突中融合的一个特例。马克思主义对儒学的冲击也是一种挑战，一种对儒学生命力的重大考验，没有必要抱着政治的偏见看待这种文化冲突融合现象。事实上，马克思主义之所以成为大陆的主导意识形态，并非没有历史根据和文化传统的促成，即使在老一代最激进、勇猛的革命家身上，我们也可以看到儒家文化浓重的色彩，无论从人格上，还是思想上，还都有很多儒家的思想因素，是潜移默化地发展过来的。所以有时候，笔者觉得传统是没有断裂的，实际上是也割而不断的。过程是整合，结果是中国文化（儒学自然为其精魂）。

  马克思主义说来说去，是一个开放的不成体系的思想"体系"，所谓"涣散的完整性"的思想"体系"，主要集中在社会层面，注重经济、政治和历史，除了经济这一方面外，与儒学的致思基本一致，完全可以与儒学同构互补。当然，马克思主义毕竟是近代形态的思想"体系"，其丰富言说的广泛内容，现实关怀的问题意识，理论特征的思辨程度，等等，正是儒学需要转换的。这个任务不能依赖孔夫子、董仲舒、朱熹、王阳明，只能依赖我们今天的儒者。如果完全忽视这一方面，最多不过是传统儒学的现代表白而已，大概难以有创造，也难以在现代社会立足，更别说发展壮大，成为未来文化建设的基础。

  从儒学的完整体系来看，它是包含了形而上、形而中、形而下的三层次结构的博大精深的文化体系。其中形而上层面就是天道性命的哲学建构，是形而中人的主体对宇宙万物的本体性把握，包括对具体文化现象的抽象和升华，概括和总结。形而中层面是儒学对人（类）自身及由人组成的社会、历史的理性反思和制度建构，所谓人道政制。形而下层面是形而中人的主体通过形而上层面的理性反思，形成思想观念，理论来具体操作、运行而创造出来的物质化的文化成果。实际上这三个层面是浑然一体的，这样的划分只是逻辑的划分。我们应该特别注意就是这里强调形而中对形而上形而下的主体性、主动性、主导性。正因为有了这样的特性，原始儒家形而上不是"形而上学"的蹈空，形而下不是"机械唯物论"的滞实。当然后世儒者在更新发展儒学过程中往往都是从某一路向开进，必然相对忽视别的路向。今天面临儒学复兴的千年机遇，所以在具体工作中也要有千年的设想，而要有千年的设想，必要有回溯数千年去传承。

4. 整合的目标：世界大同

从中国文化发展的长远路向上，我以为是立足文化民族主义之上的文化大同主义，或者说真正有远见的民族主义文化必然同时是世界大同主义的，这也是儒家传统思想的应有之义。未来中国文化体系应该是既民族的，又是世界的，这就要处理好文化的民族性与时代性，特殊性与普世性，走儒家的中道。对于"大同"，蒋庆先生有很精辟的阐释："所谓'大同'，依儒家不是指'齐一拉平'，而是指'太和一统'。'太和'，是指差别中的合同；'一统'，是指多元中的统一。故未来世界的文化不是单调无别万国齐一的'一体文化'，而是殊异多元而又一统共贯的'大同文化'。此'大同文化'是一与多、同与别、共与殊的综合，是人类文化未来的发展方向。"① 也有国外学者这样期望："对抗全球经济和文化霸权的可能性在于一种真正为各国、各族人民所共享的文化的出现。这种文化超越边境，兼济各国；它人道而普遍，但也尊重差异；它立足于统一性，但也保护多样性；在承认个人、社区、国家、文化、阶级、种族和性别等各种同一性时它探寻一致性。"② 那么，这种文化显然不是偏至的西方文化所能实现的，必然要靠中和的儒家文化来实现。

---

① 蒋庆：《政治儒学——当代儒学的转向、特质与发展》，第357页。
② ［埃及］谢里夫·海塔塔：《美文化·解体和上帝》，［美］弗雷德雷克·杰姆逊、三好将夫编：《全球的文化》，第236页。

早在1956年，毛泽东就曾经说："中国应当对于人类有较大的贡献。"① 因此，中国的文化建设要有世界眼光和心胸，寻求国际层面的理解、对话与认同，使我们的文化建设绝不是狭隘民族主义的，更不是原教旨主义的。

儒学是中国传统文化的主体，只是表明我们对于传统文化中儒学的重视，并不表明我们忽视道、法、墨、佛乃至中国的伊斯兰教等等文化的传统；复兴儒学是复兴传统文化的重镇，并不是不顾及传统文化的其他方面。如我们说儒学在中国的，是一个历史事实的陈述，并不表明我们要以"中国的"儒学强加于世界。历史上中华民族是爱好和平的，很少主动对外的侵略扩张；儒学向世界的传播也是以自己的思想、精神、人格的力量感化的，而不是以武力强加的。东亚、东南亚"儒教文化圈"的形成就是这样以所谓"怀远"的方式逐渐进行的，所以，要把儒学向世界推广，并不是中华文化的扩张，而首先是世界的需要，是儒学自己有可以满足世界需要的品质。笔者相信，"儒教文化圈"扩大到世界范围是必然的，也是自然的，是符合历史趋势，符合各国利益的，符合人类生存发展需要的，不是对世界的征服，而是对人类的福祉。因此，我们说，儒学是中国的，也是世界的。大同文化对本民族来说，它首先是民族的，才是世界的；对整个世界文化来说，它是世界的，才有民族的，两者相辅相成。

费孝通先生在描述20世纪的局面时说："20世纪是一个世界性的战国世纪"，"未来的21世纪将是一个个分裂的文化集团联合起来，形成一个文化共同体，一个多元一体的国际社会。而我们现在的文化就处在这种形成的过程中"。② 所以，我们为中国文化寻求出路，也是在为世界文化寻求出路。这里有一个集大成的基本思路，可以贯通地理解一些基本问题。我们确切的文化传统已经有五千年，这五千年的前两千五百年由孔子做了继承和发挥。孔子所在的时代，中华文明自黄帝算起，已经有了两千多年的历史，积累了丰富的文化遗产，并集中地体现为礼乐文化。《中庸》说孔子"祖述尧舜，宪章文武"，是说孔子的基本思想是承传尧、舜、禹、文、武、周公的业绩而来，也即对上古历史文化进行反思和总

---

① 《毛泽东选集》第5卷，人民出版社1977年版，第312页。
② 费孝通：《从反思到文化自觉和交流》，《读书》1998年第11期。

结，把历史的经验加以理论化、体系化。可以说他的思想学说是"集"了中国上古以来文化之"大成"。故孟子云："孔子之谓集大成。"(《孟子·万章下》)因为孔子的集大成，他才能有那样巨大的思想潜力影响了中国历史文化又两千多年。我们现在又面临着一个文化传统的大飞跃的机遇，说大点说远点甚至可能是开下一个两千多年文化传统的历史机遇。因此，今天我们继承发扬孔子以及其两千年以前的而对我们来说则是五千年的文化传统就是必须的，这是从纵向上说的。今天，从横向上说，我们所面对的则是一个与孔子时代非常相似的礼崩乐坏、诸国争霸的世界图景，我们以自己的文化传统为主体来吸收消化外来文化，同时以自己文化传统为主体来参与世界多元文明的融合也是必然的。孔子当时面对的是一个多元文化世界，孔子立足周鲁文化传统而周游列国，这是学习，是兼容，是推行，是当时的集大成。今天，我们不一定用亲身周游世界的办法，因为各国的文化早已汹涌而来，信息时代更使我们坐在家里就能够知晓天下大事。从近代以来，我们也一直在学习，在兼容，在重构，我们现在正在需要的还有推行，是应该集今日世界之大成。也就是说，贯五千年传统之大道，采五大洲文明之精华，只有这样的集大成，才是中国文化未来的正途。

5. 如何完成整合：塑造儒者群体

最终还是需要形成一个儒家群体，像历史上的士大夫阶层一样，形成一个儒者群体来担当这一历史使命和社会责任。所以，我们还应该努力做个儒者、君子，进一步希贤希圣，以圣贤为理想的人格追求，以人格来担当儒家和中国文化复兴的重任。

中国传统社会是以儒为主，居中制衡，诸子百家，佛道辅翼的文化结构，儒者是士农工商中士阶层的主体，历史上的儒者很多，个性气质也千差万别，人生道路也不尽相同，但有不少共性，根据司马谈、刘向和班固三人对儒家的概括可以归纳出儒者具有的一些特点：(1) 以孔子为宗师；(2) 称颂尧舜、效法文武、憧憬圣人为王的三代之治；(3) 宣扬仁义道德；(4) 主张教化；(5) 以"六经"作为学习和遵循的经典。后来的儒者只是在这些因素的基础上有所拓展和深化，每一个时代的儒者都是在继承这些基本因素的前提下在那个时代进行"现代化"，创造出适应他那个社会的儒学思想体系，挺立起他那个时代的儒者形象。今天儒学和儒者也仍然是这样，今天的儒学和儒者是在现代社会条件下对儒学传统的认同和发展，同时也是对传统儒者人格模式的认同和发展。长期以来我们一直把儒学仅仅作为一种书斋里的学问，儒学的研究与研究者的生命状态和人生追求无关，这样的儒学研究只是学术意义上的，永远不可能实现儒学的真正复兴。儒学的真正复兴有赖于真正的儒者来承担，儒者的承担自然主要是学术思想的承担，但同时也是人格的承担。人格的承担毋宁说正是儒学最根本的载体，没有现代意义上儒者的承担，儒学就失去了可以赋予生命力的载体，儒学的复兴也只能是纸面上的事情，言语中的事情，不可能落到实处。儒者的人生理念和价值观可以推演并贯彻到社会的各行各业，每个人都要结合自己的职业从事道德实践和提高人生修养，进而形成冠以"儒"字的各类现代人群，如"儒商"、"儒官"、"儒师"、"儒生"、"儒医"等等。

　　道德人格是儒者的核心载体。在儒者群体中道德人格具体地又分成不同层级。如以中和为标准，孔子把人格分为四等：中行之人、狂者、狷者、乡愿。《论语·子路》载："不得中行而与之，必也狂狷乎！狂者进取，狷者有所不为也。"《论语·阳货》载："子曰：乡愿，德之贼也。"所谓"中行"就是符合中和之道的行为，就是合情合理的行为，也就是无过不及的行为。狂者是勇于进取，有敢为天下先但又往往急于求成的性格。狷者是处世谨慎，爱惜羽毛，宁愿不为而不妄为。乡愿是那些八面玲珑，四方卖乖，人人称好的"好好人"，是一种欺世盗名的小人人格。《大戴礼记·哀公问五仪》记载了孔子在回答鲁国国君鲁哀公的询问时的一段话，具体地把人格自下而上划分为五个阶段——庸人、士、君子、贤人、圣人。《礼记·儒行》通过孔子与鲁哀公的对话，从各个方面描述了一个真正儒者的行为是什么样子的。儒以道得民，也是以道得名。可在春秋末年，很多儒者没有以道德名世，却穿着儒服自称为儒者。于是鲁哀公有点讥讽地问孔子："夫子之服，其儒服与？"孔子回答说："我听说君子所学非常广博，衣服则入乡随俗。我不知道什么是儒者的服装。"评价儒者只从服饰来谈，当然很可笑。孔子便从十五个方面直接讲述儒行，它们是：容貌、备预、近人、特立、刚毅、自立、仕、忧思、宽裕、举贤援能、任举、特立独行、规为、交友、尊让，描述了一个立体而完美的儒者形象："儒者不陨获于贫贱，不充诎于富贵，不恩君王，不累长上，不闵有司，故曰儒。"这就是儒者的表现或品格，可以说是"儒者"人格形态的全面展示。

孟子把人格分为六类：善人、信人、美人、大人、圣人、神人。《孟子·尽心下》中有一段话："可欲之谓善，有诸己之谓信，充实之谓美，充实而有光辉之谓大，大而化之之谓圣，圣而不可知之之谓神。"意思是说值得追求的叫作善，自己有善叫作信，善充满全身叫作美，充满并且能发出光辉叫作大，光大并且能使天下人感化叫作圣，圣又妙不可测叫作神。这里在圣之上还加了个神。这个神不是宗教迷信当中鬼神的"神"，而是儒家强调的妙不可测的一种境界。

由于圣贤人格一般人难以达到，孔子通常谈的最多的是君子人格，君子只是多层次人格中比较普通的一个层次，也是关键的一个层次，可以说是一种"趋众人格"，即一种较现实的、较普遍的、较易至的人格典型。在孔子的思想中，以君子为基本的理想人格标准，以圣人为最高的理想人格境界。现在一些人笼统地说儒家的理想人格是君子，儒家之学就是君子养成之学，中国社会理想模式是建基于儒家文化之上的"君子社会"，这些说法虽然没有大错，但还是需要辨析。理想人格和理想社会是分不开的，如果一个社会没有普遍的理想人格，就不可能产生真正的理想社会。结合《论语·雍也》"子曰：齐一变至于鲁，鲁一变至于道"与《礼记·礼运》"大同"、"小康"来看，儒家的社会理想是由霸道到王道（小康，大道既隐），最后实现大道之行的大同社会。如果以君子对应王道，以圣贤对应大同，那么"君子社会"并不是最终的"理想模式"，正如君子人格是儒家理想人格的基本追求，但不是儒家理想人格的最高境界一样。

在中国传统文化中，自古就形成了希贤希圣的人格理想境界追求。所谓希贤希圣就是从低层次的凡人不断地经过修养一个台阶一个台阶地上升到更高层次，直到圣人的理想人格境界。周敦颐《通书》说"圣希天，贤希圣，士希贤"，士、贤、圣、天这四级境界虽有高低的不同，但都是道德进步过程中的具体阶段，最终都是要实现下学上达，天人合一的圣人境界。希贤希圣后来就成为中国知识分子的理想追求，不管能不能成为圣人，他们都自己努力以成为圣贤为人生目标，汲汲以求，有的还对后代寄予巨大的希望，在为小孩起名时都喜欢用希贤、希圣，对孩子表达这样的希望。如邓小平的小名就叫邓希贤，国民党有一个很了不起的理论家就叫陶希圣。

所以，我们今天应该做的是塑造儒者，学为君子，希贤希圣，建设一个文质彬彬、和谐美好的道德礼仪社会，进而实现几千年来，从孔子、孟子，到近现代的康有为、孙中山都汲汲以求的大同思想。大同理想在中国上空徘徊了两千余年，成为中华民族孜孜以求的美好境界。但是由于社会历史条件的限制，天时、地利、人和都未达到，所以实际上是流于空想。今天全球一体化，有了实现这一理想的条件和机会。我们中国人应该立足传统，延续命脉，面向世界，建设小康，走向大同。